HISTOIRE
DES ORIGINES
DU CHRISTIANISME

INDEX GÉNÉRAL

CALMANN LÉVY, ÉDITEUR

ŒUVRES COMPLÈTES D'ERNEST RENAN

HISTOIRE
DES ORIGINES DU CHRISTIANISME

Vie de Jésus.
Les Apôtres.
Saint Paul, avec carte des voyages de saint Paul.
L'Antechrist.
Les Évangiles et la seconde génération chrétienne.
L'Église chrétienne.
Marc-Aurèle et la fin du monde antique.

Index général pour les sept volumes de l'Histoire des Origines du Christianisme.

Format in-8°

Le Livre de Job, traduit de l'hébreu, avec une étude sur le plan, l'âge et le caractère du poème. . . . . 1 volume.
Le Cantique des Cantiques, traduit de l'hébreu, avec une étude sur le plan, l'âge et le caractère du poème. . . . —
L'Ecclésiaste, traduit de l'hébreu, avec une étude sur l'âge et le caractère du livre. . . . . —
Histoire générale des langues sémitiques. . . . . . . —
Études d'histoire religieuse. . . . . —
Averroès et l'averroïsme, essai historique. . . . . . . —
Essais de morale et de critique. . . . . —
Mélanges d'histoire et de voyages. . . . . —
Questions contemporaines . . . . —
La Reforme intellectuelle et morale . . . . —
Dialogues philosophiques. . . . . —
De l'origine du langage. . . . . —
Caliban, drame philosophique. . . . . —
L'eau de Jouvence, drame philosophique . . . . . . —
Vie de Jésus, édition illustrée. . . . . —
Souvenirs d'Enfance et de Jeunesse. . . . . —

Mission de Phénicie. — Cet ouvrage se compose d'un volume in-4° de texte, de 888 pages, et un volume in-folio, composé de 70 planches, un titre et une table des planches.

Format grand in-18

Conférences d'Angleterre. . . . . 1 volume.
Études d'histoire religieuse. . . . . —
Vie de Jésus, édition populaire. . . . . —

Brochures

La Chaire d'hébreu au Collège de France.
De la part des peuples sémitiques dans l'histoire de la civilisation.
Discours a l'Académie Française.
Lettre a un ami d'Allemagne.
La Monarchie constitutionnelle en France.
La part de la famille et de l'Etat dans l'éducation.
Spinoza Conférence donnée à la Haye.
L'Islamisme et la Science.
Le Judaisme, considéré comme race et comme religion.

En collaboration avec M. VICTOR LECLERC

Histoire littéraire de la France au XIVᵉ siècle. — Deux volumes grand in-8°.

PARIS. — IMP. P. MOUILLOT, 13-15, QUAI VOLTAIRE. — 28344

HISTOIRE DES ORIGINES DU CHRISTIANISME

INDEX GÉNÉRAL

AVEC UNE CARTE DE
L'EXTENSION DU CHRISTIANISME VERS L'AN 180

PAR

ERNEST RENAN

DE L'ACADÉMIE FRANÇAISE

PARIS
CALMANN LÉVY, ÉDITEUR
ANCIENNE MAISON MICHEL LÉVY FRÈRES
3, RUE AUBER, 3.

1883

Droits de reproduction et de traduction réservés.

PRÉFACE

Cet index comprend l'analyse des matières contenues dans les sept volumes que j'ai consacrés à l'histoire des origines du christianisme. Si l'on excepte la *Vie de Jésus*, chacun de ces volumes n'offre, dans les différents tirages qui en ont été faits, qu'une seule et même pagination. Toutes les éditions proviennent des mêmes clichés et n'offrent, par conséquent, que des différences très légères. La *Vie de Jésus*, au contraire, a été typographiquement recomposée à partir de la treizième édition. La pagination des douze premières éditions n'est donc plus la même que celle de la treizième édition et des suivantes. Le présent index a été fait sur ce second texte, qui est le plus développé. Pour que les personnes qui ont l'une des douze premières éditions de la *Vie de Jésus* puissent se servir de l'index, on a mis à la fin de ce volume une table de concordance, qui permet de se reporter des pages de la treizième édition aux pages des douze premières éditions.

Le grand inconvénient des index est l'entassement des chiffres, qui oblige le lecteur à recourir à des vingtaines, quelquefois des centaines d'endroits, et le laisse en doute sur le passage où se trouve ce qu'il veut savoir. On a paré, autant qu'il a été possible, à cette difficulté, en découpant la matière jusqu'aux derniers détails. Les personnes instruites devineront, j'espère, le langage souvent énigmatique auquel il a fallu recourir pour cela. On a, en outre, désigné par des chiffres plus gras et plus forts le *locus classicus*, c'est-à-dire l'endroit où le sujet dont il s'agit est traité *ex professo*, avec tous ses développements. C'est là une méthode que m'enseigna M. Hase, quand j'avais l'honneur d'être placé sous ses ordres au département des manuscrits de la Bibliothèque nationale. Il avait pris soin lui-même de souligner à l'encre rouge le *locus classicus* dans l'exemplaire de l'index de la *Bibliotheca græca* de Fabricius, qui est au service du département des manuscrits. Il se plaisait à me montrer que, sans une telle spécification, ces énormes tas de chiffres non expliqués ne peuvent être de presque aucune utilité.

A la suite de l'index, j'ai placé une table chronologique des écrits chrétiens primitifs, selon l'ordre qui a été adopté dans l'ouvrage comme le plus probable. Ces dates ne sont que des approximations. Dans toute l'ancienne littérature chrétienne, il n'y a qu'un livre dont la date soit connue à quelques mois près, c'est l'Apocalypse. — Quant à l'ordre chronologique des faits, il ressort suffisamment de la date courante qui est inscrite au haut de chaque page, à partir du deuxième volume. J'ai averti plusieurs fois que ces dates ne sont que des à peu près ; je le répète encore ; car il s'est produit à cet égard certains malentendus, et quelques critiques m'ont reproché de donner à la chronologie de ces âges obscurs une précision que je ne lui ai jamais attribuée.

On a joint à ce volume une carte où l'on a essayé par des teintes d'inégale force de montrer l'extension du christianisme vers l'an 180, date où s'arrête à peu près ce qu'on peut appeler l'ère des origines chrétiennes. On ne veut pas dire que les pays laissés en blanc ou en dehors de la carte n'eussent pas entendu parler de la religion nouvelle ; on a voulu marquer seulement le degré relatif de force que l'établissement chrétien avait, dans les diverses provinces de l'empire, à la mort de Marc-Aurèle.

En dépouillant l'ouvrage ligne par ligne en vue de l'index, on a découvert quelques fautes d'impression, qu'on a recueillies à la fin de ce volume, dans un court *errata*.

PRÉFACE

Chacun des sept volumes de l'ouvrage est désigné, dans l'index, par la tomaison qu'il porte au faux titre, en sorte que :

    I signifie. . . . . . . *Vie de Jésus,*
    II — . . . . *Les Apôtres,*
    III — . . . . *Saint Paul,*
    IV — . . . . *L'Antechrist,*
    V — . . . . *Les Évangiles,*
    VI — . . . . *L'Église chrétienne,*
    VII — . . . . *Marc-Aurèle.*

ORIGINES DU CHRISTIANISME

INDEX GÉNÉRAL

A

Aaron, IV, 287. — Son privilège, VI, 230.
Abaddon, IV, 396.
Abana, rivière, II, 177.
Abba pater, II, 67; III, 319, 468; V, 82 note 3.
Ab-beth-din, V, 5, 22; VI, 189 note 1.
Abdelmélik, VI, 286 note 2.
Abdias (le faux), VI, 521, 524 note.
Abel, IV, 218, 220; VI, 358; VII, 83.
Abennérig, roi de Mésène, II, 256, 260.
Abercius (saint), VI, 432 note 2.
Abgars d'Édesse, IV, 64 note; VII, 437 note, 458. — Rapports avec les Izates, VII, 458. — Avec le Christianisme, VII, 458 et note 2. — Abgar VIII bar Manou, VII, 437 note, 442, 443, 458, 459 et note 1. — Conversion et propagande, VII, 440 note 2, 442, **458-459**. — Bardesane, VII, 442, 443. —
Abgar IX, VII, 443. — Renversé par Caracalla, VII, 443, 459. — Arméniens s'approprient Abgar, VII, 461 note 5.
Abila et Abilène, II, 243; V, 467. Voir Lysanias.
Abîme, IV, 362, 395-396, 397, 430 et note 3, 438, 445, 449 note 4; VI, 170, 530, 534.
Ablutions, I, 104, 235; III, 72; V, 49, **454**, 463.
Abomination de la désolation, IV, 282, 293-294 et note, 294-295 et note 1.
Abonotique, III, 25; VI, 305 note 2; VI, 428-430. — Monnaies, VI, 429-430. Voir Alexandre d'Abonotique.
Abracadabra, VII, 570.
Abraham (le sein d'), I, 57, 182, 373. — Fils d'Abraham, I, 107, 231-232, 237, 238, 256, 371; III, 73, 220, 318, 319, 449, 464; IV, 55, 119, 218, 390; V

2, 32, 136, 169, 268, 269, 270, 363, 492, 518, 521 ; VI, 210, 359, 361. — Légende, VI, 345, 511. — Apocalypse, VI. 527. — révélateur, VII, 83. — mot théurgique, VII, 142.

Abrasax ou Abraxas, être suprême, VI, 160 ; VII, 143 note. — Amulettes, VII, 138, **143** et notes.

Absinthe, étoile, IV, 394.

Absolutisme et christianisme, VI, v.

Abstinences, I, 99, 101 ; VI, 103. — dans l'école de Jean-Baptiste, I, 108. — chez Jacques, III, 78, 79, 479 note 4 ; V, 215. — chez ébionites, etc., III, 479-480 ; V, 51-52, 450, 457, 458 ; VII, 91. — chez Colossiens, IV, 89 ; — chez stoïciens, V, 382. — Abstinence des animaux, VI, 133-134, 280 ; VII, 231. — Abstinents, VI, 420. — condamnées, VII, 234, 300, 328. — Alcibiade à Lyon, VII, 300.

Abstractions réalisées, VI, 158, 159, 160 note 1. Voir Hypostases et Monothéisme.

Absurdum (quia), II, 25 ; III, 386-387, 485 ; IV, 94 ; VII, 109.

Abtalion, I, 93, 95 ; IV, 287 note 2.

Abus (commencement des), III, 382, 385, 391, 451 ; VI, **390** et suiv., **394** et suiv.

Abyssinie (chrétiens d'), judéo-chrétiens, III, 264 note 3 ; VII, 508.

Académie, III, 178.

Achaïcus, III, 218, 384, 418.

Achaie (Églises d'), III, xxix ; 51 note 2, 177 note 5, 217, 341, 372, 448, 494. — Province d'Achaïe, III, 221 ; IV, 268, 278, 413 note 1, 421. — Projet de Paul, III, 420, 423, 430. — Collecte en Églises d'Achaïe, III, 423. — Faux Néron, IV, 351, 421 et note 5, 437 note 2.

Achéménides, I, 53. — Israël les aime, IV, 227-228, 540.

Achérusia Palus, IV, 330.

Achior, dans *Judith*, V, 30, 32.

Achitophel, V, 182.

Acmé, IV, 11 note 3.

Acolytes, VII, 451, 533.

Agra, quartier de Jérusalem, IV, 503, 520.

Acrabatène, IV, 275 et note.

Acre, I, 30, 167, 236 note 1. — Paul à Acre, III, 505-506. — Massacres, IV, 256. — Vespasien à Acre, IV, 277.

Acrocorinthe, III, 213 note 4, 219.

Acropole, III, 171, 180-181 note 1, 183 ; VI, 36.

Acrostiche, VI, 535 ; VII, 297.

Acté, portrait, sa religion, IV, 11 note 2, 14 note 1, 132, 134, 160 note, 180. — Au tombeau de Néron, IV, 136, 313.

Actes des apôtres. Il y en eut plusieurs, V, 445. — Ceux de Luc. Voir Luc. — Actes apocryphes, VI, 496, **520** et suiv. — Origine sectaire, VI, 521-522, 525. — Ne s'imposent plus, VI, 522-523. — Orthodoxie reprend, VI, 526. — Pseudo-Luc, VII, 74 note 1. — Désaccord, VII, 174. Voir Thomas, Philippe, etc.

Actes des martyrs. Voir Martyrs.

Actes de Pierre et Paul, IV, 11

et notes, 28 note 2, 30 et note, 188 note, 193 note, 555-556; VI, 327-328, **336** et note 1; VII, 245 note 2, 413. Voir PIERRE, PAUL.

ACTEURS juifs à Rome, IV, 159 et note 1.

ADAM, premier —, second —, — terrestre, — spirituel, III, 465-466 et note, 488; V, 353, 364, 518; VI, 100; VII, 88. — Chacun est Adam, V, 525 et note 4. — premier Christ, V, 458. — Pénitence d'Adam, V, 465; VII, 144 note 2. — Christ, VII, 84, 85, 88. — Pour Paul, VII, 88. — Chute d'Adam, VII, 88. — Tuniques de peau, VI, 185. — premier révélateur, V, 463; VI, 502; VII, 83, 188. — Révélations, VI, 528. — Immortel, VII, 83, 84, 88. — Kadmôn, III, 465-466 note; IV, 81.

Livres d'Adam, V, 442 note 2, **462** et suiv. — Apocalypse d'Adam, V, 465. — Testament d'Adam, VI, **529-532**. — Liturgies du jour et de la nuit, VI, 530-532.

ADAMAS, éon, VII, 133.

ADAMITES, VII, 125, 126.

ADÉE, VII, 460 note 1. Voir THADDÉE.

ADIABÈNE, II, 254. — Maison d'Adiabène, se fait juive, II, **255** et suiv.; III, **61-63**; IV, 65, note 1. — Sa piété, II, 257-258. — Son rôle dans la guerre juive, IV, 260, 497, 519. — Trajan la conquiert, V, 502. — Conquise sous Marc, VII, 249. — Juifs, VI, 228, 558, 560; VII, 162. — Tobie, VI, 228 et suiv., 558-559. — Tatien, VII, 103 note 1, 162.

ADMINISTRATION, III, 406, 410, 475; VI, 2-3, 8.

ADMONESTATION, III, 240.

ADONAÏ, VI, 533; VII, 143.

ADONIS, III, 184; IV, 168 et note; VI, 225; VII, 131, 575, 579.

ADRAA, ville, V, 43.

ADRAMYTTE, III, 547, 548.

ADRIATIQUE (mer), sens de ce mot, III, 552.

ADRIEN, III, 178, 180, 186; IV, 359; V, II, 25, 44, 56-57 et notes, 58, 147, 406 note 1, 410, 540; VI, **1** et suiv., 147, 148; VII, 6, 117, 158, 366, 448, 490. — Révolte des juifs, IV, 540; V, 514; VI, 2 notes 1 et 2, **190** et suiv., 328 note 3. Voir JUIFS. — Expulsion des juifs, V, 17 note 6.

Adrien gouverneur de Syrie, V, 509, 510; VI, 1. — Avènement, VI, 2, 6. — Caractère, VI, 2, 3, 4, 6. — Organisateur, VI, 2 et suiv. — Progrès légal, VI, 3, 4. — Curiosité, VI, 4, 9 et suiv., 23, 37 note 3, 40. — artiste, VI, 4-5. — philosophe, VI, 5. — Tolérance relative, VI, 5-6, **31** et suiv. — Magie, VI, 14 note 1, 29 note 2. — sophiste et homme de lettres, VI, 35-37. — à Athènes, III, 178; VI, 34 et suiv., 186-187, 190, 201. — Intention qu'on lui prête, VI, 43. — Superstitions, VI, 37-38. — religieux, V, 213.

Situation politique, V, 6 et

suiv. — Recul, VI, 6-7. — voyageur, VI, 7 et suiv., 9 et suiv., 21, 22. — restaurateur, VI, 7, 8, 22. — Travaux publics, VI, 7-8. — Colonies, VI, 9, 22. — Prospérité, VI, 8 note 2, 11. — Archéologie, VI, 9 et suiv. — la Sibylle, VI, 13-14, 20. Idée de relever Jérusalem, VI, 12, **22, 23**. — Exécution de cette idée, VI, 26. — Constructions à Jérusalem, I, 224, 431 note; IV, 523, 537; V, 18 note 3. — Temples, VI, 26-28. — Injure au Golgotha, VI, 28, 225 et note 4. — Aquila, VI, 28-29 et note, 30. — Vénus et Rome, VI, 28. — Temple de Vénus sur le Golgotha, I, 431 note; V, 56 et note 2. — Restaurateur d'Alexandrie, V, 511. — Cyrénaïque, V, 505.

Adrien et le christianisme, V, 392 et suiv. — Miracles, VI, 41-42. — Apologistes, VI, 39-40, 42. — Connaissance du christianisme, VI, 30, 41, 42 et note 2. — Hadrianées, VI, 42. — Souvenir de splendeur chrétienne, VI, 43-44. — Chrétiens favorables, VI, 44. — Antinoüs, VI, 43. — fauteur du paganisme, VI, 533. — Martyrs sous son règne, VI, 293 et note 1; VII, 418 note 1. — Les *Reconnaissances*, VII, 77 et note 3. — Sophistes, VII, 44. — Jurisconsultes, VII, 29. — Méliton, VII, 283 et note 3, 284, 285. — Règne favorable au christianisme, VI, 196, 258.

Lettres, V, 22 note 3, 481 note 2. — Lettre à Fundanus, discussion, VI, **32-33** et notes, 376. — Lettre à Servien, VI, **188-190**. — Lettre au Sénat, VI, 209.

Dernier voyage, VI, 186 et suiv., 187 note 2. — *Adventui*, VI, 187 et notes. — en Égypte, VI, 188 et suiv. — Lois d'Adrien, VI, 192. — se moque de l'Orient, VI, 192. — Légat d'Adrien, VI, 205 et note 4, 209. — Deuxième salutation, VI, 210. — Foires, VI, 210. — Jugement, VI, 213. — Temple du Garizim, VI, 222 note 4. — Statues, VI, 225 note 1. — Circoncision, VI, 241. — à Rome, VI, 290 et suiv. — se pervertit, VI, 290, 292. — Progrès social, VI, 290-291. — Fondations, temples, etc., VI, 36, 37. — Jeux hadrianiens, VI, 10. — Constructions, VI, 292. — Villa Adriana, VI, 9, 10, 291, 292. — Tombeau, VI, 292; VII, 486. — Mort d'Adrien, VI, 293. — Frivolité, VI, 293-294, 295 note 1, 533; VII, 16, 55, 58, 465. — Sa place dans l'histoire, VI, 294. — Son art, VI, 294; VII, 47. — Remarque Marc-Aurèle, VII, 7. — Sibylle contre lui, VI, 532 note 1, 533. — Ses successeurs, VI, 533. — Troisième siège de Jérusalem, VI, 541 et suiv., 549, 552.

ADRIEN de Tyr, VII, 34 note 1, 37 note 7, 286.

ADULTÈRE, I, 89; VI, 391, **411**, 413; VII, 386, 395, 549 et notes 2 et 5.

Æges, en Cilicie, VI, 427.
Ælia Capitolina (voir Jérusalem), IV, 522 et note 3 ; V, 18 note 3, 253 note 4, 517 note 2 ; VI, 13 note 3. — Fondation, date, VI, 22 et note 3, **26**, 193-194, 542, 543, 552. — Colonistes, VI, 26, 542. — Monnaie, VI, 553. — Monnaies musulmanes, VI, 223 note 2. — Juifs écartés, VI, 26. — Juifs chassés, VI, 221-222. — Chrétiens, VI, 26, 29, 196. — Temples, VI, **26** et suiv., 27 note 3. — Retards, VI, 28. — Aquila, VI, 28-29 et note. — Révolte des Juifs, 193 et suiv. — Horreur des Juifs, VI, 194. — Ælia pendant la révolte, VI, 201-202. — non assiégée, VI, 202, 543 et suiv. — Construction définitive, VI, **223-226**. — Nom, VI, **223** et note 2, 552. — Ville profane, VI, 223 et note 3, 260. — Subtilités des juifs, VI, 223-224. — Dieux, VI, 224 et note 4, 225. — Population, VI, 259, 260. — Cultes et miracles, VI, 260. — Église d'Ælia, VI, 260, 261, 262, 263. — Évêques circoncis et incirconcis, VI, 262. — Subordonnée à Césarée, VI, 263 ; VII, 412 note 2. Voir Jérusalem. — Durant la guerre d'Adrien, VI, **541** et suiv. — Pas de siège ni de destruction, VI, 542, 552. — n'appartient pas à la révolte, VI, 551, 552.
Ælius Pullius Julius, évêque de Debeltus, VII, 218, 219.
Ænon, I, 105, 492.
Æons, I, 258 ; II, 268 ; III, viii ; IV, 89 ; V, 452 ; VI, 142, 160 ; VII, 141, note 3, 147, 237, 438. — En hébreu, IV, 213 note 1. — En Pastorales, VI, 103. — Grand Éon, V, 453. — Dieux nationaux, VI, 146, 160-161, 178 ; VII, 361, **366**. — Jésus éon, VI, 146. — Sens du mot, VI, 160 note 2. — Prince des Éons, VI, 161. — selon Valentin, VI, **170** et suiv. — selon Saturnin, VI, **178**.
Æschma daëva, démon persan, I, 272 ; VI, 232.
Æzanes, III, 128, 362.
Afranius, IV, 144.
Africanus, parent d'Adrien, VI, 190.
Afrique, II, 282, 552, 413 note 1 ; V, iii, 504 ; VII, iii, 519. — Grec en Afrique, VI, 478, 479 et note 1. — Latin en Afrique, V, 476 note 3 ; VI, 478, 479 et notes ; VII, **455** note 4, 456 et note 3, ; **457**. — Bible latine, VI, 479 ; VII, **456-457**. — Martyrs d'Afrique, VI, 315 ; VII, 62, 242-243, 279 et note 5. — Actes des martyrs d'Afrique, VI, 478. — Premières Églises, VI, 478. — Haine contre la Grèce, VII, 106-107. — Montanisme, VII, **232** et suiv., 553, 557. — Minucius Félix, VII, 389 et suiv. Voir ce mot. — Églises d'Afrique et Rome, VII, 415. — Commencement de la littérature latine chrétienne, VII, **453-455**, 460. — Empereurs africains, VII, 497.
Agab, prophète, II, 241 ; VII, 242. — à Césarée, III, 506.
Agada, III, 63, 64 ; V, 29, 33, 37,

66, 89, 299, 375, 530, 545 ; VI, 198, 254, 264, 345. — Agadistes et chrétiens, V, **66**. — l'Agada et la vérité, V, **89-90**, 101, **200, 262**. — Triomphe de l'Agada, V, 99, 257. — séduit, V, 99. — Évangile et Agada, V, 100, 101, 182. — Surprise littéraire, V, 100-101. — Fortune, V, 101, 200. — a trompé le monde, V, 200. — Évangiles apocryphes, VI, 505-506. — sur les enfances des grands hommes, VI, 511.

AGAPÉ, III, 265-266.

AGAPES, III, 73-74, 264-270, 302 ; V, 344, 478 et note ; VII, **519** et note 3, 538, 597, 601. — se distinguent de l'Eucharistie, III, 267 et suiv. — pour les pauvres, III, 267. Abus, III, 269 ; VII, 519 et note 3. — supprimées, III, 267-268. — Abus à Corinthe, III, 381-382. — Règles de Paul, III, 405. — Mithriaque, VII, 577. Voir REPAS.

AGATHODÉMONS, VII, 132 note 7, 133.

AGGERES, IV, 506, 518, 519.

AGLAURE, III, 183.

AGNEAU de Dieu (expression d'), I, LXXI, note 2 ; II, 157-158 ; IV, **117, 118**. — en Apocalypse, IV, 382-383. — Apothéose, IV, 383 et suiv., 388, 390, 391, 409, 412, 414, 422, 425, 443, 451, 452, 453, 476. — Agneau pascal, IV, 118, 389.

AGONIE de Jésus, I, **389** et suiv., 404, **437-438, 517-518**, 524. Voir GETHSÉMANI.

AGORA, III, 152, 162, 189, 206.

AGREDA (Marie d'), VI, 506 note.

AGRIPPA (Vipsanius), II, 329 ; III, 179.

AGRIPPA I et II. Voir HÉRODE AGRIPPA I et II.

AGRIPPA, fils de Drusille, V, 131.

AGRIPPA CASTOR, VI, 163.

AGRIPPINE, femme de Germanicus, V, 297.

AGRIPPINE, mère de Néron, III, 109, 255, 339, 534 ; IV, 1, 2, 126 ; V, 224.

AHER, V, 535.

AÏA-SOLOUK, III, 341-342. — Quartier chrétien d'Éphèse, III, 342, 357 note 3 ; V, 434.

AIGLE en Apocalypse, IV, 410. — En pseudo-Esdras, V, 365, 366 et note 1, 367, 368 et note 4. — En pseudo-Baruch, V, 527.

AILES en pseudo-Esdras, V, 349 note, 366-367.

AINAI, VI, 475 ; VII, 303, **322** note, 338 note 3.

AÏN EL-HARAMIÉ, I, 71.

AÏN EL-TIN, I, 145, 146, 167 note 2.

AÏN-MÉDAWARA, I, 145, 146, 147 note.

AÏN-TABIGA, I, 145, 148.

AIR, chez les elkasaïtes, VI, 323, 332. — Puissances de l'air, IV, 78, 81, 82.

AKBAR, VII, 4.

AKHIAKHAR, VI, 556, 557, 561.

ALABARQUE, II, 252, 285 ; III, 107 note 1.

ALACOQUE (Marie), VII, 246.

ALAINS, VII, 252.

ALASSA. Voir LASÆA.

ALBANO, III, 559. — Monts albains, VII, 469.

ALBIN, compétiteur à l'empire, VII, 593, 594.
ALBINUS, procurateur, IV, 66, 67, 68, 69, 240.
ALBO (Joseph), VI, 250.
ALCÉ, femme smyrniote, VI, 456, 463 note 1.
ALCIBIADE, montaniste, VII, 219, 315 et note 1.
ALCIBIADE, phrygien à Lyon, VII, 300, 315 et note 1, **328**.
ALCMÉON, IV, 266.
ALEM, mot arabe, VI, 160 note.
ALEP, V, 102; VI, 284.
ALEXAMÈNE du Palatin, VII, 64 note 4, 66 note 2.
ALEXANDRE d'Abonotique, II, 342; III, 25; V, 407; VI, **310**, **428-430**; VII, **48-51**, 132, 346, 347, 357 note 3. — Alexandre et les chrétiens, VI, **429**. — Partisans romains, VI, 429. — Durée de sa religion, VI, 430 et note 2. — Mystères, VII, 49. — Culte, VII, 50. — Développement, VII, 50-51.
ALEXANDRE (des Beni-Hanan), II, 135.
ALEXANDRE de Cotyée, VII, 10, 260.
ALEXANDRE le Grand, III, 37; IV, 299; V, 394, 502; VII, 52, 465.
ALEXANDRE JANNÉE, I, 115; IV, 299, 436.
ALEXANDRE PÉLOPLATON, VII, 34 note 1, 37 note 7.
ALEXANDRE POLYHISTOR. Voir POLYHISTOR.
ALEXANDRE, fils de Simon de Cyrène, I, 431; V, 115 note 1.
ALEXANDRE, juif d'Éphèse, III, 429.

ALEXANDRE, de l'épître à Timothée, III, XXIX.
ALEXANDRE, évêque de Rome, V, 138 note 1, 498.
ALEXANDRE, martyr d'Euménie, VI, 435.
ALEXANDRE, martyr montaniste, VII, 224.
ALEXANDRE, médecin à Lyon, VI, 471; VII, 209 note, 299, 315. **330-331**, **332-333**.
ALEXANDRE, évêque de Jérusalem, VII, 432.
ALEXANDRE (saint), VII, 343-344 note.
ALEXANDRE SÉVÈRE, III, 108-109; V, 404; VI, 43; VII, 22 note, 538. — Tolérance, VII, 68, 492, 496, 497. — Bonté, VII, 493, 494. — jurisconsulte, VII, 494 et note 1. — Bustes, VII, 497 note 1, 498-499 note. — Assassiné, VII, 497-498. — Jésus en son laraire, VII, 497. — Temple à Christ, VII, 585.
ALEXANDRE le chaudronnier, III, XXXIV, XLVII, 434.
ALEXANDRIA TROAS. Voir TROAS.
ALEXANDRIE, II, 138, 192, 215 note 2, 327, 331; III, 333, 548, 558; IV, 308, 328; V, 418; V, 132, 137. — École juive d'Alexandrie, I, 35, 37; II, 283; IV, 81-82, 212, 504 note 2; V, 306 note. — Idées alexandrines dans le christianisme, I, 479; IV, 212. — Allégorisme, I, 508-509. — Juifs et Alexandrins, II, 195, 223, 245, 246, 287; IV, 250, 257; VI, 267. — Alexandrinisme, II, 267. — L'épître aux Hébreux et l'Église d'Alexandrie, III, LVI, LVIII; IV,

xviii note 1, xx. — Apollos, III, 340, 373. — Massacre des Juifs, IV, **257**. — Vespasien à Alexandrie, IV, 493, 494-495, 500. — Version alexandrine. Voir Grecque (version).

Apocryphes juifs alexandrins, rapports avec le concile de Jérusalem, V, 159, 161. — Sibyllisme, V, 159-160, 162 ; VI, 340. — Faux classiques, V, 160, 161 et notes 1 et 2, 162-163, 245 et note. — Poème de l'an 80, V, 163 et suiv. — Affaires juives sous Caligula, VI, 190 et note 3. — Alerte sous Trajan (révolte juive), V, 506-507, 511. — Grecs et Juifs, V, 506-507. — Appien, V, 507. — Dégâts, V, 511. — Diminution de la juiverie, V, 512 ; VI, 13 note 1. — Quartier juif, V, 512. Marc-Aurèle à Alexandrie, VII, 37.

Alexandrie (école païenne), I, 278 ; V, 168. — Néoplatonisme, VII, **140-141**. — Conflagration du monde, V, 170. — École néoplatonicienne, VII, 435.

Philosophie alexandrine, VI, 66, 179. — Gnosticisme, VI, **142** et suiv., 145. — Décadence des institutions savantes, VI, 143.

École chrétienne d'Alexandrie, opposée à l'Apocalypse, IV, xxxvi, xxxvii, xxxix ; VII, 179, 371, 403, 430, **431-433**. — Pantœnus, VII, **432**. — Église tardive, V, 139, 157. — Fable de Marc, V, 157-158. — Évêques, V, 171. — Église antijuive, V, 171. — Épître de Barnabé, V, 172, 373 note 4. — Gnosticisme, V, 172 ; VI, 322 ; VII, 108, 431. — Cérinthe en vient, V, 417. — Opinion sur l'Apocalypse, V, 431. — Exemple de chasteté, VI, 372. — Justin, VI, 379. — Hermas, VI, 422. — Système d'apologie, VII, 108. — Antitactes, VII, 130. — Gnostiques, VII, 140. — École chrétienne, VII, **140**. — Apelle, VII, 151. — Pâque, VII, 195. — Vierge d'Alexandrie, VII, 246 note 2. — Sibyllin vers 120, VI, 12. — Hadrianée, VI, 43. — Connaît l'Inde, VI, 149. — L'Église d'Alexandrie et la gnose, VI, 150, 157, 166, 177, **179**. — Théosophie, VI, 185. — Tableau par Adrien, VI, **189-190**.

Alexandrinus (Codex), V, 319 note 2, 336.

Ali et les Alides, V, 87, 95, 200.

Alityrus, mime juif, IV, 159.

Allassontes (verres), VI, 190.

Allégorie, emploi des explications allégoriques, I, 483, 508, 520 ; V, **376** ; VI, 150 ; VII, **180-181** et note 1.

Alleluia, IV, 442, 443 ; VI, 236 ; VII, 526.

Allobroges, VI, 469 ; VII, 312 note.

Alma, mot hébreu, VI, 121, 265 note 2, 287.

Alma, village, VI, 240.

Aloges, I, lxiv, lxxvi ; IV, xxxv note 8, xxxvi ; VI, 54 note 1, **434**, 522 note 2.

Alorus, III, 166 note 1.

Alpes juliennes, VII, 252.

ALPHA et oméga, IV, 361, 362, 364, 450, 455. Voir AΩ.

ALPHÉE [Cléophas?], I, 25 ; V, **546 et 548.**

ALUMNI ou Threptes, enfants trouvés, VI, 402-403 et note, 433 et note 1 ; VII, 611 et note 3. — Soin de l'élève des enfants, VII, 20-21 et note 4.

AMAN, type légendaire, VI, 556-557, 561.

AMANUS (mont), II, 223 ; III, 4, 123 ; VI, 298 note 2.

AMASTRIS, V, 476 ; VI, 310 ; VII, 173, 175.

AMATHONTE, III, 14.

AMBITION, V, 233 et note 1.

AMBIVIUS (Marcus), I, 60.

AMBON dans les églises, VII, 516.

AMBROISE, l'ami d'Origène, VII, 107 note 3, 139 note 2, 371.

AMBROISE (saint) et l'Apocalypse d'Esdras, V, 351 note 2, 355 note 5, 362, note 363 note 1, **371.** — Millénaire, VI, 136. — Récit, VII, 245.

AMBUBA, II, 221 note 2.

AMEN, II, 100 ; III, 258, 411 ; IV, 121, 361, 369, 442, 499 ; V, 192 ; VI, 373, 375.

AMES (dépôts d'), V, 357 et note 6, 358, 359, 373. — Ame, corps, esprit, VI, 174 ; VII, 427, 438-439. — L'âme ressuscite, VI, 180. — Ame matérielle, VII, 111, 233 note 2. — Traité de Méliton, VII, 182. — Plaisirs de l'âme, VII, 383. — Théorie d'Athénagore, VII, 386. — Vision de la *soror*, VII, 530.

AMIDA, prière, V, 72.

AMISUS, V, 475.

AMMIA ou Ammias de Philadelphie, VI, 434 ; VII, 212.

AMMON, Ammonites, IV, 227 ; VII, VI.

AMMON (Jupiter), VI, 70.

AMMONIUS d'Alexandrie, III, 180.

AMMONIUS, l'ascète, VII, 465.

AMMONIUS Saccas, VII, 140-141, **435.**

AMMOUKA, VI, 240.

AMOUR. Voir CHARITÉ. — Amour sensuel, VI, 232, 234.

AMPHION, IV, 170.

AMPHIPOLIS, III. 154, 155, 158. — Route de Philippes à Amphipolis, III, 154-155. — d'Amphipolis vers l'ouest, III, 155 et suiv.

AMPHITHÉATRES. — Horreur de l'Orient, II, 321 ; VII, 103, 244 note 3. — Répulsion et interdiction, II, 322 ; III, 212 ; VII, 384, 555. — Monstruosités, IV, 130, 131, 327 ; V, 486-487 et note 1 ; VII, 30, 31. — Supplices, IV, 163 et notes, 164, 184. — Flambeaux vivants, IV, 165-166. — Beaux hommes, V, 486-487 et note. — En bois, en pierre, IV, 164 note 1, 257 note 3. — Danaïdes et Dircés, IV, 167 et suiv. — Juifs réservés, IV, 521, 525. — Martyrs, V, xx, 298, 486. — Parti de l'amphithéâtre, V, 141. Voir COLISÉE. — Bêtes, froment de Dieu, V, 491, 492. — L'esclave, VII, 25. — Réformes de Marc-Aurèle, VII, 30, 31, 384. — Amphithéâtre de Lyon, VII, 321, 323, 331-332 et notes. — Instruments de torture, VII, 323, 324.

AMPLIATUS ou AMPLIAS, III, 433.
AMSCHASPANDS, VI, 160 note 1.
AMULETTES, III, 338; VI, 429; VII, 138-139, **142-144** et notes, 629. — Papyrus dits gnostiques, VII, 142-143 et note 4. — chrétiens, VII, 144.
AMYMONE, IV, 170.
AMYNTAS, roi de Galatie, III, 49, 50 note 1.
ANABATHME de Jacques, VI, 281 note 3.
ANABATICON, VI, 526, 528. Voir ASCENSION.
ANACHORÉTIQUE (vie). Voir ÉRÉMITIQUE (vie).
ANACLET, V, 139, 311 note 2. Voir ANENCLET.
ANACRÉON, VII, 526.
ANAGNOSTE ou lecteur, IV, 360 note 5, 375, 399, 400 et note 1; VII, 451, 533, 539.
ANANIE. Voir HANANIA.
ANANIE, fils de Nébédée, grand prêtre, III, 528, 529, 536. — Son caractère, IV, 243. — Forcé, IV, 245. — Tué, IV, 246.
ANANIE, marchand juif, II, 256; III, 61; VI, 254 et note 1.
ANANIE, légende des *Actes*, II, XXXIX note 2, 80, 87, 89, 383; V, 440.
ANAPHORA de Pilate, VI, 348 note.
ANASTASIS, III, 189-190.
ANATHEMA, II, 67; III, 413.
ANAV, V, 45 note 3.
ANAXAGORAS, II, 315.
ANAXARQUE, VII, 359.
ANCHIALE, ville de Thrace, VII, 218.
ANCIEN des jours (l'), I, 135, 136.

ANCIENS, voir PRESBYTERI. — Les 70 anciens, V, 270.
ANCRE, symbole, VII, 529, 546.
ANCYRE, III, 29 note 4, 48, 50, 52 note. — Montanisme, VII, 228.
ANDOCHE (saint), VII, 290 note 1.
ANDRÉ (saint), I, **155-156**, 483, 484; V, 433, VI, 125. — Chez les Scythes, IV, 64. — Actes apocryphes, VI, 525; VII, 169.
ANDRÉAS, nom fautif, V, 505 note 1.
ANDRONIC, II, 108; III, 434.
ANDRONICUS Cyrrheste, III, 180.
ANE (tête d'), IV, 40 et note; VI, 481; VII, 64-65 et notes, 395 et note 3.
ANENCLET, IV, 191 note 3; V, 138 note 1; 139 et note 2, 311 et note 2.
ANESTHÉSIE des martyrs, VI, 476; VII, 309 et note 2, 313, 335 note 3.
ANGES, III, 529-530; IV, 368, 381, 383, 384, 392, **395**, 409, 423, 424, 425, 445, 451; V, 525; VI, 138, 385, 389; VII, 368. — Chute d'anges, I, 286 note 2; III, 304; IV, 57. — A la résurrection, II, 13 et suiv.; III, 394. — Progrès de l'angélologie, III, VIII. — Les anges amoureux des femmes, III, 402-403. — Anges porte-prières, III, 403. — Jugés par les hommes, III, 394, 413. — Chez Paul, III, 470, 530; IV, 79, 82. — Grand ange, II, 270; V, 452, 453. Voir MÉTATRONE; VI, 67, note 2. — En *Hénoch*, IV, 57. — En hérésies colossiennes, IV, 89, 94. — Substitués à

Dieu, IV, 213 et note 3. — révélateurs, IV, 296, 360. — en gnosticisme, V, 451; VI, 160; VII, 237. — d'abstractions, IV, 362, 363 et notes. — des églises, IV, **363**, et suiv. — des vents, IV, 388. — des nations, IV, 362, 398; V, 271. — des eaux, IV, 426. — Ange de l'Apocalypse, IV, **454**, 455; V, 362. — Origine persane, IV, 472. — des quatre angles, V, 373. — mauvais, V, 376 et note 1. — démiurge, V, 418. — gigantesque des elchasaïtes et mendaïtes, IV, 399, 400, 441; IV, 456, 463. — Ange femelle, V, 456. — de la prière, V, 458. — exterminateur, V, 526 note 1. — prévaricateurs, VI, 131. — des diverses actions, VI, 183. — de l'esprit prophétique, VI, 396. — gardien, VI, 398, 410, 416, 420; VII, 292. — en Hermas, VI, 404, 408, 418, 420.—Thégri, VI, 410.— de la pénitence, VI, 410.

L'ange vénérable, l'ange illustre, l'ange du Seigneur, le saint ange, VI, 410 et 410-411 note. — surveillants, pénitenciers, VI, 412. — Révélation angélique, VI, 422. — consolateur, VI, 499. — Liturgies célestes, VI, 530-531. — du grand conseil, VII, 147. — glorieux, VII, 153. — déchus, VII, 380. — détruisent Jérusalem, V, 518. — L'ange de Jéhovah substitué à Jéhovah, VI, 68. — des ébionites, VI, 280. — Mithriacisme, VII, 579 note 2. — cyniques, VI, 312.

ANGÉLIQUES, VII, 169.
ANGLO-SAXONS, VII, 630.
ANGOISSE (la grande), V, 41, 123 note 4.
ANI, V, 45 note 3.
ANICET, pape, IV, 566-567; V, 138 note 1. — Anicet et Polycarpe, VI, **445-449**; VII, 70, 71, 125, 173, 195, **203**. — Hégésippe, VII, 72.
ANIMAL ou Psychique (homme), VI, 145. Voir PSYCHIQUE.
ANIMAUX de l'Apocalypse, IV, 378; VI, 502. — Les quatre animaux, IV, 381, 382, 383, 384, 442. — polycéphales, IV, 412. — en pseudo-Baruch, V, 525. — dans le *Chérub*, VI, 502. — Influence liturgique, VII, 517.
ANIO, IV, 310 note.
ANNÆA (famille), relations avec les chrétiens, IV, 12-13 et note, 134-135; V, 255.
ANNÆUS CORNUTUS, II, 309, 344.
ANNÆUS LUCANUS, V, 255.
ANNÆUS NOVATUS. Voir GALLION.
ANNÆUS PAULUS, inscription, IV, 12 note 2; 189 note.
ANNE, censée mère de Marie, VI, 509, 510, 511, 512, 517.
ANNE, fille de Phanuel, prophétesse, I, 18-19, 251.
ANNE, grand prêtre, voir HANAN.
ANNIANUS d'Alexandrie, V, 171.
ANNIUS VERUS, grand-père de Marc-Aurèle, VII, 258.
ANNIUS VERUS, père de Marc-Aurèle, VII, 5, 259.
ANNIUS VERUS, fils de Marc-Aurèle, VII, 475.
ANNISER (lampes), VII, 546 note 3.

Anomia, V, 108 et note 3. — *Anomi* désigne les disciples de Paul, V, 108 note 3, 109 note 3.

Antaradus, III, 283.

Antechrist, dans *Thess.*, III, vi-vii, 251 et suiv., **253**; IV, 420. — Formation du type, III, 253 et suiv. — Noms, III, 304 note 2 ; IV, 460 note. — Légende juive, IV, xlvii-xlviii. — Néron, III, 478; IV, i, ii. — Néron devient l'Antechrist, IV, 178-180, 350-351, 421, 458, 459, 461 et note 1; V, 347; VI, **537**; VII, 77. — Destruction de l'Antechrist, IV, 444. — Mythe chrétien, IV, **478**. — en pseudo-Jean, VI, 54. — futur, VI, 136, 224. — Simon de Gitton, l'Antechrist, VI, 324, 537, 538, 539. — Lutte du Messie et de l'Antechrist, VI, 534-538. — en sibyllin de 160, VI, **537** et suiv. — au 3e siècle, VI, 539. — Deux antechrists, VI, 539. — Tertullien, VII, 231. — Lyon, VII, 299, 337 et note 2, 339 note 4, 340. — Mythe du moyen âge, VI, 540.

Antelucanus, III, 263 note 6; V, **478**; VII, 519 note 4, 526. — La messe avant le jour, VII, 519 note 4. — *In galli cantu*, VII, **526**.

Anthédon, IV, 256.

Anthropos éon, VI, 170 et note 1.

Antigone de soco, I, 55, 85, 342.

Antiliban, II, 178; V, 43 note 5.

Antino^{u}s, VI, 43, 190 et note 1, 372, 533 note 1.

Antioche, I, ii, xxxiv, xxxvii, xxxviii; II, 134, **215** et suiv.; 374; III, 1 et suiv.; IV, 228, 259. — Description, II, **215** et suiv.; III, 214, 333; V, 263 note. — ville grecque, II, 217. — Élément syrien, II, 218. — Démoralisation et légèreté, II, 219-221. — Beauté du site, II, 221-223. — Colonie juive, II, 223-224, 225. — Église d'Antioche, II, **224** et suiv., 242; III, 48, 53, 120, 333. — Quartier chrétien, II, 226-228, 233. — Grande question, II, **230** et suiv. — Séparation du judaïsme, II, 236. — Capitaux, II, 239. — Famine de Jérusalem, II, 240-241. — Simoniens, II, 273. — Superstition, II, 370. — Retour de Paul à Antioche, III, 54-55. — Affaire de la circoncision, III, **57** et suiv. — Pacte d'Antioche, IV, 34. — Commencement du débat, III, 74. — Opinion d'Antioche, III, 74, 76. — Retour de Paul à Antioche, etc., III, 94-95, 118, 121, 123. — Caractère de l'Église d'Antioche, III, 246. — Nouveau retour de Paul, III, 278. — Pierre à Antioche, III, 283, 290-294; IV, 26-27, 186 note 2, 552, 555, 556. — Nouveau retour de Paul, III, 289. — Scènes de Pierre et Paul, III, **290** et suiv. — Émissaires de Jacques à Antioche, III, 295 et suiv., 311, 317. — Rupture, III, 298. — Deux Églises à Antioche, deux évêques, III, 298-299. — Paul écrit d'Antioche aux Galates, III, 313 note 2. — |Paul quitte Antioche, III, 330. — Apostolat sur l'Euphrate, IV, 65. — Vespasien à Antioche, IV,

276, 493. — Massacre des juifs, IV, 276-277.—Tremblement de terre, IV, 336. — Titus à Antioche, IV, 526. — Haine des juifs, IV, 526. — Porte des *Chérubins*, IV, 526. — Épîtres prétendues d'Ignace, V, xii.— Ignorées à Antioche, V, xxi.— Importance, V, 139, 155. — Deux séries d'évêques, V, 156-157, 484. — Bilingue, V, 156.— *Diadoche*, V, 156, 157 et note 1. — Ménandriens, V, 452. — Persécution sous Trajan, V, **485** et suiv. — Trajan à Antioche, V, 501, 502 et note 2, 508, 509; VI, 1. — Tremblement de terre, V, 502; VI, 298 note 2. — Adrien, VI, 11, 190. — Faiblesse du côté des Parthes V, 499. — Gnosticisme, VI, 177, 322. — Récit sur Pierre et Paul, VI, 325. — Ménandre de Capharétée à Antioche, VI, 371. — Encratites, VII, 167. — Juridiction, VII, 178. — Pâque, VII, 199-200 note. — La vierge d'Antioche, VII, 245. — Avidius Cassius et les chrétiens d'Antioche, VII, 279. — Théophile d'Antioche.(Voir ce mot.) — Affaire de Paul de Samosade, VII, 415 et note 3, 586 note 2, 618-619.— Statistique, VII, 451, note 3. — Sérapion d'Antioche, VII, 458. — Saint Babylas, VII, 586 note 2.

ANTIOCHE DE PISIDIE, III, xxxvi, **34**, 49, 50, 324, 331, 439; IV, 99 note 1; VI, 462 note 1. — Juifs à Antioche de Pisidie, III, 35. — Paul et Barnabé à Antioche, III, **35-38**, 51, 100,

144. — Retour, III, 54, 126, 127. — Paul y repasse, III, 330. - Juifs, III, 47.

ANTIOCHUS D'ASCALON, III, 178.

ANTIOCHUS DE COMAGÈNE, II, 142.

ANTIOCHUS ÉPIPHANE, I, xliv, 14-15, 54, 343, 370; II, 146, 216 note 3; III, 252; IV, 215, 228, 351, 356, 359, 541; V, 391-392, 394.— Martyrs, V, 304 et suiv.

ANTIPAS DE PERGAME, IV, 183 et note 5, 365 et note.

ANTIPATER OU ANTIPAS (Hérode), son caractère, I, 59, 69, 150, 158. — fait arrêter Jean, I, **113** et suiv.— le fait tuer, I, **204-205**. — Crainte de Jésus, I, 205, 334. — Rapports avec Jésus, I, 334-335, 347, 361 note, **422** et note. — Affaire avec Hâreth, II, 174.— Sa fin, I, **452-453**. — Luc et Antipas, V, 255 et note 4, 280.

ANTIPATRIS, III, 532-533; IV, 262; V, 24.

ANTIQUA, nom de légion, VII, 176.

ANTIQUITÉS JUDAÏQUES de Josèphe. Voir JOSÈPHE.

ANTITACTES, VII, 130.

ANTITHÈSES de Marcion, VI, 357.

ANTIUM, IV, 146, 147-148 et note.

ANTOINE (Marc), III, 141, 177, 182; IV, 139, 483.

ANTOINE (saint), II, 176.

ANTONIA (tour), I, 221, 412; II, 142, 248; III, 524; IV, 241, 243, 246, 503, 508, 510.

ANTONIN LE PIEUX, III, 178; IV, 566; V, ii, 145, 147, 150, 410, 484 note 1 ; VI, i, ii note, 14 note 2, **290** et suiv., 294, 478; VII, 6, 68, 512. — Loi de la circoncision, V, 239 note 1 ; VI,

192 et note 3, 241 et note 1, 254, 430, 486 note ; VII, 490. — Nouvelles révoltes juives, **VI, 226**. — Antonin et le christianisme, V, 392 et suiv. ; VI, 6, 486 note, 487, 492 note ; VII, 283, 284, 285, 418 note 1, 492. — Caractère, VI, **295** ; VII, 493. — Gouvernement, VI, 296. — Lois humaines, V, 487 note 1 ; VII, 20. — Antonin et Marc-Aurèle, VI, 295 ; VII, 260, 479. — conservateur, VI, 300. — Liberté d'association, VI, 300. — Saint Justin, VI, 486 note, 492 et note. — en Sibylle, VI, 533. — Rescrit apocryphe, VI, 33 note, **301-302** ; VII, **284** et note 1. — Temple du Garizim, VI, 222 note 4. — embellit Ælia, VI, 225. — Sentiment des chrétiens, VI, 301-302. — Apologistes, VI, 301, 376 et note 3, 384, 486 note, 491. — Méliton, VII, 283 et note 3. — Antonin et les juifs, VI, 302. — Martyrs, VI, 303. — Le pape *Pius*, VI, 349 note 2. — Saint Justin, apologie, **VI, 367, 368**. — Adoption, VI, 367 et note 4, 368. — Mort, VII, 1, 7. — Honneurs, VII, 1-2. — Parallèle avec Marc, VII, 2, 4. — Portrait par Marc, VII, 3, **12-13**, 260, 261. — Éducation de Marc, VII, 10. — Religion politique, VII, 16 note 4. — Jeunes Faustiniennes, VII, 21. — Sa fortune, VII, 21 note 3. — *Antoniniani*, VII, 21 note 4. — Jurisconsultes, VII, 22. — Sur l'esclavage, VII, **24-26**. —

Lois excellentes, VII, 27, 29. — Philosophes fonctionnaires, VII, 32, 33 note 3. — Antonin et les philosophes, VII, 36-37. — Antonin et Faustine, VII, 47. — pacifique, VII, 253.

ANTONINE (colonne), VII, 47, 50 note 1.

ANTONINS, VII, 5. — Civilisation qu'ils représentent, I, XXXIV ; II, 306 ; III, 178, 512. — Pourquoi ils échouent, VII, 497. — philosophes, V, 384 ; VII, 53. — Leur temps, V, 245. — Le christianisme, V, 398 ; VI, 38, **297** et suiv. — Principes, V, 405 ; VII, 605, 608. — Progrès, V, 410-411 ; VI, 296 et suiv. — En Sibylle, VI, 533. — Créateurs du droit romain, VII, 28-29. — Nom d'*Antonin* consacré, VII, 487. — Idéal, VII, 487, 494. — Les Antonins et l'esclavage, VII, 605, 608.

ANTONIUS JULIANUS, IV, 511 note ; V, **242-243**.

ANTRES mithriaques, VII, 578 et note 3, 580.

ANUBION des *Reconnaissances*, VII, 79, 80.

ANUBIS, VII, 491, 573.

AOUEID, personnage du dialogue de Bardesane, VII, 440 et note 1, 441 note.

APAMÉE Kibotos, III, 39 note 4 ; 331, 362. — Médaille, III, 363-364 et note ; VII, 450 et note 2. — Martyrs, VI, 435. Voir JULIEN D'APAMÉE.

APAMÉE de Syrie, V, 299 note 2. Voir NUMÉNIUS.

APASON, VI, 172 note.

APATE, faubourg d'Antioche, II, 218.
APELLA (*judæus*), II, 113.
APELLE, hérétique, I, LXXIV note 2; VI, 354 note 1, **357, 361**, 504; VII, 83 note 5, 111, 116 et note 2. — Rhodon, VII, 103, **149** et suiv., 162. — Rupture avec Marcion, VII, 149. — Mœurs, VII, 150-151. — Variations, VII, 151, 155. — Sa théologie et sa christologie, VII, 152-154, 163. — Sa critique, VI, 154-155, **164**. — Philumène, VII, 149, 151. — Saint Paul, VII, 154, 156. — *Syllogismes*, VII, 154, 164. — Conversation avec Rhodon, VII, 155-156. — Suite, VII, 157, 162, note 1. — Ressemble à Tatien, VII, 168.
APELLE d'Éphèse, III, 433.
APHACA, VII, 631.
APHRAATE (saint), VII, 446 note 2.
APHRODISIAS, III, 24 note 2, 354 note 2, 356.
APION Plistonice, V, **244**. — Livre contre les Juifs, V, 244; VII, 105. — En *Reconnaissances*, VII, 79 et note 4, 80, 81.
APIS, VI, 188 et note 2. — Mère d'Apis, V, 172.
APOCALYPSE, renaissance du prophétisme, I, 15; IV, 229; V, 66. — Liens avec la résurrection et le Messie, I, 57, 292 et suiv., 298 et suiv.; III, 64. — Socialisme, II, 130. — Mystère, III, 254-255. — Pseudonymie, IV, XXVI et suiv. — Exploitation des nouvelles, IV, 355-356. — Cycle, VI, 534-535, 537. — Premières apocalypses, III, 251; IV, 57, 70, 237, — Apocalypse, synonyme de *Parousie*, I, 83-84 note, 287, 296; III, 248, 251, 253, 468; IV, 76; VI, 122. — Doctrine de saint Paul, III, 161, **248** et suiv. — Apocalypse de Jésus, IV, **292, 293, 294**, 297 et note, 456, 466; V, **123-124**, 197; VI, **133** note 2. — manque en Jean, VI, 60, 63. — en Philon, VI, 63. — Rôle des phénomènes naturels, IV, 329, 334-335 et note 1, 339. — Histoire du genre, IV, **357** et suiv.; V, 37. — Origine persane, IV, 470, 471. — Haine de Rome, V, 444, 457; VII, 616. — Haine du monde, IV, 474. — Rome-Babylone, V, 350 note 1. — Influence, IV, 476-477. — Incendiaires, V, 402-403. — Nouvelle donnée, Domitien, V, 154. — Parallèle au sibyllisme, V, 159-160, 162. — Apocryphisme, V, 159-160. — Apocalypses sous Nerva, V, 347. — Signes, V, 347, 378-379. — Moments des apocalypses juives, V, 347-348. — Fin de l'empire romain, V, 348, 379. — Apocalypses perdues, V, 358 note 4. — Fin de Rome escomptée, V, 369, 468. — mises en défaut par Trajan, V, 468. — Nabuchodonosor, VI, 555. — Rapports avec les *logia*. (Voir LOGIA). — Apocalypses et martyrs, VI, 220. — Hystaspe, VI, 340, 347. — Pierre, épuisement, VI, 397. — Terreurs, VI, 398. — Antipathie des Grecs, VI, 399. — Hermas, VI, 424

— Fin du genre, VI, 424, 496, 526. — Apocalypse d'Élie, VI, 526. — Apocalypses d'apôtres et de prophètes, VI, 526, 527. — Deux apocalypses reçues, VI, 526-527. — Mauvaises nouvelles, fin de l'empire et du monde, VI, 527, 533-535 ; VII, 63, 622. — Crime prévu, VII, 63. — Néron=Simon de Gitton, VI, 539. — Juda, VI, 539-540. — de nos jours, VII, 508.

APOCALYPSE de Baruch. Voir BARUCH.

APOCALYPSE d'Esdras. Voir ESDRAS.

APOCALYPSE dite de Jean, I, XLIII note 2 ; LXII, 161 note 5 ; 163, note 4, 287-288, 311-312, 479, 480, 508 ; III, III, VII, X, note 2, 252 note 4, 255 note 1 ; IV, II, 99. — Opposition contre l'Apocalypse, I, 297; IV, XXVI, XXXIV, XXXV et suiv., XXXVI et suiv., 374 note 3 ; VI, 76. — Haine contre Rome, II, XXIII ; IV, 155, 156. — Poème incendiaire, IV, 155, 156. — Haine contre Paul, I, LXII note 3 ; III, **303-305, 367-369** ; IV, XXXVII, 33 note 1, 34. — Prodiges, III, 255. — ouvrage judéo-chrétien, III, 366 ; IV, 34. — Son rôle dans le christianisme, I, **298-299** ; IV, II.

Date, IV, XXI, XXVIII, 109, 115 note 2, 296 note 2. — Auteur, IV, **XXII** et suiv. — Quel est ce Jean ? IV, **XXII** et suiv. — Est-elle de Jean fils de Zébédée? IV, **XXVI** et suiv. — Lieu, IV, XXI-XXII. — Caractère hiérosolymite, IV, XXIV. — Passions hiérosolymites, IV, XXXII. — Origine en Asie, le faux Néron, IV, 351 et suiv., 356 ; IV, **436** et suiv.; date, 438. — Tessère, IV, 354. — Apparition, IV, **355** et note; 358 note 1, 359. — Jean en eut peut-être connaissance, IV, 438-439. — Néron ressuscité, une des causes de l'Apocalypse, IV, 438-439. — Hypothèse de Cérinthe, V, 418, note 3, **430-431**. — Langue, IV, XXXI, XXXII. — Peu de publicité, IV, XLII-XLIII. — Adoption et canonicité, IV, XLIII.] — Consonnances avec les synoptiques, V, 94 note, 123 note 4. — Effet du livre, IV, 456. — Événements contemporains, IV, 456. — Fortune du livre, IV, 457 et suiv. — Détorses, IV, 457. — Interprétation, IV, 498. — Interprétations chimériques, IV, 459. — Imitations, IV, 458. — Le chiffre se perd, IV, 459. — Discrédit, IV, 460 et notes. — déclarée apocryphe, IV, 460 et note 1. — se sauve, IV, 460-461. — Au moyen âge, IV, 462. — Sa vraie place, IV, 462-463. — Particularités, IV, 463-464. — Procédé, IV, 464-466. — Exégèse, IV, 466. — Eschatologie, IV, 466-467, 468-469. — lue en Égypte, VI, 19. — Style, VI, 116 note. — Influence sur la liturgie, VII, 517.

Caractère : favorable à la révolte juive, IV, XXXII, 413. — Rapports avec le 4ᵉ Évangile, IV, XXXII et suiv.; VI, 68-69 et note 1. — Objection, IV, **XXXIII** et suiv., XLI-XLII. — Opposition, **XXX** IV, **V** et suiv. — Hypo-

thèse probable, IV, **XL** et suiv.
— Son Christ, IV, XLI, XLII.
— Imitation des prophètes, IV, XXXI, XLII. — Sympathique aux rebelles, V, 38. — Échéances, V, 40, 42. — Faux système sur Domitien, V, 298 note 1. — Comparée au 4ᵉ livre d'Esdras, V, 349 note, 350 note 2, 356, 358 et note 4. — Messianisme, V, 356. — Contre Paul, IV, 363, 364, 365, 366, 368, 390 note, 410 note 2, 419 note, 424 note 1, 476. — Explication, IV, **380** et suiv. — Païens convertis, IV, 389-390 et note. — L'auteur à Rome, IV, 397. — La Bête, IV, 412 et suiv. — Idées sur Néron et les Parthes, IV, 428. — sur les généraux et le rétablissement de l'empire, IV, 433, 434, 435. — sur le sac de Rome, IV, 439. — Chant sur la ruine de Rome, IV, 440 et suiv. — Fin des armées romaines, IV, 444-445. — Jérusalem céleste, IV, 450 et suiv. — Règne du Christ, IV, 467-468. — Idées iraniennes, IV, 471-472. — Idées assyriennes, IV, 472. — Défauts, IV, 473 et suiv. — Haine du monde, IV, 474 et suiv. — Dangers, IV, 475. — Livre juif, IV, 475. — Messie juif, IV, 475-476. — Livre sombre, IV, 176. — Antithèse, IV, 477. — Vérité cachée, IV, 478. — Allusions à Othon et Vitellius, IV, 487-488 note. — Amour de Jérusalem, IV, 498. — Livre mal vu des Hellènes, VII, 505-506, 512, 632. — Papias et l'Apocalypse, VI, 132. — Antipathie des Pères hellénistes, VI, 134, 138.

Impression de Rome et des massacres, IV, 27 note 2. — Simon le Magicien, IV, 43, 44. — Allusions au règne de Néron, IV, 44. — Allusions aux massacres, 64, IV, 167 note 1, 163 et note 2, 202, 203. — Allusions aux persécutions d'Asie Mineure, IV, 183 et notes. — L'auteur et Rome, IV, 183 note 2, **198** et notes. — Jean et l'Asie, IV, 207 note. — Homonyme, IV, 207 note, 455. — Destruction du Temple, V, 124. — Le Sibylliste de 80, V, 165. — Le feu, V, 170. — La fuite des chrétiens et l'Apocalypse, IV, **296, 297, 298, 323** et suiv., 325. — Effet des aspects volcaniques, IV, **331**, 334; V, 149. — Tremblements de terre, IV, 337. — L'Apocalypse et le blocus de Jérusalem, IV, 355 note 1. — La mort de Galba, IV, 255. — Idées politiques, IV, 356. — Les martyrs, IV, 356-357. — Titre de l'Apocalypse, IV, 360. — adressée aux sept Églises, IV, 362 et suiv. — Les empereurs, IV, 407, 461. — En quel sens est-elle de Jean? IV, 559-561. — Apocryphes, IV, 559. — faux du vivant de Jean, IV, 559, 560. — prouve Jean en Asie, IV, 560, 561. — Système de Denys d'Alexandrie, IV, 561. — Rapports avec l'Asie, IV, 561. — Idées sur l'Église de Jérusalem, V,

39. — Analogies avec d'autres écrits, V, 358 note 4, 378. — Fin de Rome escomptée, V, 369; VII, 215. — *Logos*, V, 416. — *Logos*-Messie, VI, 68-69. — Le 4° Évangile et l'Apocalypse s'excluent, V, 427, 431. — Embarras, V, 430-431. — L'Ascension, V, 437. — La femme au désert, V, 535. — Le règne de Mille ans, VI, 137. — Nicolaïtes, VI, 181. — Juif, VI, 277. — Sibylles, VI, 299. — Martyre, VI, 316. — — Hermas, VI, 424 et note. — Aversion, VI, 434; VII, 402. — Irénée, VI, 440 note 1. — Fidèles de Lyon, VI, 474. — Canon de Muratori, VI, 526, 532. — Le faux prophète Simon, VI, 538, 539. — Les Parthes, VI, 538. — Jérusalem nouvelle, VI, 559. — L'Empire, VII, 63. — Méliton la commente, VII, 181, 182.

Apocalypse de Pierre, VI, 397. Voir Pierre.

Apocryphes, raison de leur composition, I, III, XXXIX, XLI et suiv., LXVII, 39, 64; IV, 229; V, 334; VI, **114, 115**, 315. — Mélange d'imposture et de sincérité, I, XXVII et suiv., 511. — L'apocryphisme en général, III, L; V, **159-161, 495**. — Fin, VI, 495. — Faux classiques d'Alexandrie, V, 160, 161 et suiv. et note 1, 162-163.

Apocryphes (Évangiles), I, LX-LXI, LXXXVI, LXXXVIII, 486, 531; V, VI, 104, 112, 284-285; VI, 344, 386, **495 - 579**. Voir Évangiles. — Écrits apostoliques apocryphes, IV, X, XIII, LXI, 47, 115 et note 2, 370-371-372; V, 52; VI, 281, 343, 496 et note 2; VII, 121, 166. Tendance, V, XIX. — Vogue du moment, V, 34. — Imitations et modèles, V, 517 note 2. — Fin des apocryphes de l'Ancien Testament, V, **530**. — Basilide, VI, 162, 163. — Mode passe, VI, 270-271. — Apocryphes ébionites, VI, 281, 329. — Actes des martyrs, VI, 314-315. — Liste des Apocryphes, VI, 423 et note 5, 424. — Caractère hérétique, VI, 496 note 2, 516, 521; VII, 145, 169. — Fêtes qui en sortent, VI, 510, 513; VII, 145. — Influence sur l'art chrétien, VII, **545**. — Corrections orthodoxes, VII, 90, 145. — Actes apocryphes, VI, 343, **520** et suiv. Voir Actes, Cérygmes et Périodes. — Apocryphes patriarcaux, VII, 84 note 1. — gnostiques, VII, 145. — Méliton, VII, 180. — Hégésippe, VII, 421.

Apollinaire, évêque d'Hiérapolis, I, LXIII; VI, 434, 436, 446 note 4. — Apologie et écrits divers, réputation, VII, **190-191**, 198 et note 2, 209 note, **281**. — antimontaniste, VII, 191, 218, 225-226. — Caractère, VII, 191. — La Pâque, VII, 197 et 197-198 et note, 198 et note 2. — La *Legio Fulminata*, VII, 273 note 1, 275 note 2, 281.

Apollinaris (*legio* 15ᵃ), IV, 500.
Apollinaristes, VI, 136.
Apollon, VII, 49, 61, 564.

APOLLONIE de Macédoine, III, 157, 158.
APOLLONIE de Pisidie, III, 29, 49, 50.
APOLLONIUS MOLON. Voir MOLON.
APOLLONIUS de Tyane, I, XLVIII, LXXXIX, 266-267, 468; II, 339, 340, 342; III, 24-25, 45, 338-339, 345, 365; IV, 85, 528; V, 288 note 2, 383 note 2, **408** et note 1; VII, 582.—Développements, VI, **426-428**. — Son culte, VI, **427-428**; VII, 582. — Christ du paganisme, VI, 427. — Les impératrices syriennes, VII, 495. — Vogue, VII, 582.
APOLLONIUS de Chalcis, VII, 10 35, 37, 259-260, 261, 444 et note 3. — Autre (?), VII, 444.
APOLLONIUS de Perge, II, 327.
APOLLONIUS l'antimontaniste, IV, 553, 569; VII, 226.
APOLLONIUS l'apologiste, IV, XXXIV, 207 note; VII, 107 note 3.
APOLLOS, I, 210, 479-480; II, 283 III, XXXVII, XXXIX, XLIII, **340-341**; V, 237. — Son baptême, III, 340.—Son groupe, III, 341, 344. — passe à Corinthe, III, 341. — Lacunes de son christianisme, III, 344. — Apollos à Corinthe, III, 372 et suiv.; V, 325. — Son portrait, III, 372 et suiv. — Paul et Apollos, III, 372-373. — Son parti, III, 374 et suiv., 378, 386, 388, 390; — quitte Corinthe, III, 375. — A Éphèse, III, 375. — retrouve Paul, III, 375. — Ce que Paul dit de lui, III, 386, 388, 389, 390. — refuse d'aller à Corinthe, III, 419. — considéré comme disciple de Paul, III, 419. — auteur de *Hébr.*? IV, XVII, 212 et note. — Caractère alexandrin, V, 159, 417. — Le *logos*, V, 416, 417. — Prégnostique, VI, 148.
APOLLYON, IV, 396.
APOLOGISTES, fausses citations, V, II, III, 161 note 1; VI, 495. — Josèphe, premier apologiste, V, 243 et suiv. — Critique, V, 245. — Ruine de Jérusalem, V, 247. — Système sur les persécutions, V, 398 note. —Commencement sous Adrien, VI, 38, 39, 40. — à Athènes, VI, 38 et suiv. — Exégèse, VI, 118, **265, 266, 382**. — Faux, VI, 266. — Apologie catholique, VI, **364** et suiv. —Calomnies contre les païens, VI, 482. — Disputes publiques, VI, 483. — *Reconnaissances*, VII, 79. — Tatien, VII, **102** et suiv.—Deux systèmes d'apologie, VII, **102** et suiv. — antirationnels, VII, 109 et suiv. — Apologies à Marc-Aurèle, VII, 188, 190, 191, **281** et suiv., **379** et suiv. — Avances vers l'empire, VII, **284-286**. — Malentendus voulus, VII, 403, 404.—laïques, VII, 431.
APOLYTROSES markosiennes, VII, 296.
APOSTATS, leur réconciliation, IV, XIV, **215-216, 219**; V, 296, 298, 473, 478, 481; VI, 303; VII, 443 note 3. — Apostats juifs, V, 535. — Gnostiques permettent l'apostasie, VI, 164. Voir MARTYRE. — L'apostasie d'Is-

raël, VI, 228 note 1. — Juifs traitent les chrétiens d'apostats, VI, 276-277. — Degrés divers, VI, **391, 413-414**.—Leur état, VI, **392**. — Opinions diverses, VI, 392.—Demi-apostats, dipsyques, VI, 393 et note 4, 394, 408, 409. — en Hermas, VI, 403, 408, 409, **413**. — par présomtion, VI, 463. — Leur situation, VII, **318, 319, 320, 327, 330-331**. — réconciliés, VII, 331.

Apostolique (vie), tableau, II, **75** et suiv., **127** et suiv., **131** et suiv. — Apostoliques, VII, 169, 170. — Vie apostolique devient idéal, VII, 558 note 3, 559, 602.

Apotactiques, VII, 169.

Apothéose, II, 306, 336-337 ; VII, 487, 500.

Apôtres, VII, 502, 512. — Listes, V, 546, 548. — Choisis par Jésus, I, **302** et suiv. — Miracles, guérisons, I, 306-307. — Instructions aux Apôtres, I, 323. — Médiocrité, V, 102. — Supériorité de Jésus, I, 466. — Conversions d'apôtres dans le quatrième Évangile, I, 482-483. — Défaillance au Calvaire, I, 525. — Après la mort de Jésus, II, III, IV. — en Galilée, II, 27 et suiv. — Retour à Jérusalem, II, 45 et suiv. — Vie des apôtres à Jérusalem, II, **50** et suiv., **57** et suiv., 198. — Descente de l'Esprit, II, **60** et suiv. — Vie apostolique, II, **75** et suiv.; IV, xxxix. — se complètent, II, 82-83. — Légende, II, 84-85. — Les apôtres et saint Paul, II, 210 et suiv., 312. — Apôtres à Jérusalem, III, 73, 76 ; IV, 553. — Leur autorité, III, 116-117, 238 et note 1, 281 et suiv., **292**, 301, 305, 377. — Résistance, III, 288. — Sentiments pour Paul, III, 288, 292. — Prééminence sur Paul, III, 294. — effacent Paul, III, 326, 426 note 2. — Femmes sœurs, III, 400. — Don d'apostolat, III, 406. — Apôtres pauvres, III, 421. — Paul se compare à eux, III, 448, 449 et suiv. — Mort des Apôtres, IV, II, xv, XIX, **182** et suiv., **199-201, 220**; V, 97. — Apôtres martyrs en 64, IV, 556-557. — Faux apôtres, IV, 363, 476. — en la Jérusalem céleste, IV, 451. Paul n'en est pas, IV, 476. — Anciens ayant connu les Apôtres, IV, 564. — Ceux qui les ont vus, VII, 430. — Polycarpe, IV, 565. — Ce qu'ils devinrent, V, 58-59. — Apôtres inconnus, III, 96-97. — Type de l'apôtre, V, 205, 206. — Païens aux Douze, V, 209. — Luc et les Douze, V, 270. — Les 70 disciples, V, **270** et suiv., 274. — Jésus et son apôtre, V, 274-275. — Clément nommé apôtre, V, 313 et note 1. — Théorie de Clément, V, 325. — Source de toute autorité, V, 325, 327, 332, 333. — « Nos apôtres », V, 330 et note 1. — Polycarpe et les apôtres, V, 426. — Disciples des apôtres, V, 432, 433 ; VI, 29, 41, 48 note 2, 124, 125, 126. — Délégation apostolique, V, 433. — Histoire des apôtres, V, 435 ; VI, 385 note 4. — mariés, V, 545 ; VI, 520, 521. — Apôtres et frères du Seigneur, V, 546 et suiv. — appelés les anciens, VI, 125. — Lettres de mission, VI, 324. — Mémoires des Apôtres, VI, 374 et note 1, 375. — Apôtres aux enfers, VI, 418, 419. — Polycarpe, VI, 438, 440, 449-450. — Tradition apostolique, VI, 441, 450, 451 ; VII, 93, 238. — Apôtres falsificateurs, VI, 441-442 ; VII, 210. — Églises apostoliques, VI, 451 note 1. — Attributs des Apôtres, VI, 526 et note 1. — Fausses apocalypses, VI, 526. — Hommes apostoliques, VII, 73 et note 1. — *Reconnaissances*, VII, 86. — *Constitutions*, VII, 94, 95 et note 1. — Montanisme, VII, 218, 220. — *Apostolos* au féminin, VII, 245 note 1. — Églises apostoliques, VII, 414. — Pérégrinations fabuleuses, VII, 462. — Phénomènes spirites, VI, II. — Source du pouvoir épiscopal, VI, 87, 89 et note 7, 90-91, **92-93**. — Tradition, VI, 176, 375. — Évangile selon les Apôtres, V, 110 note 1, 111 et note 1, 216 note 3, 217 note 1. — Justin, VI, 385, 500. — Garanties d'apôtres, V, 111, 217 et note 1, 250, 259 ; VI, **504-505** et note. — Instructions apostoliques, V, 205 et suiv. — Emprunts à Paul, V, 205. — en Luc, V, 270-271. — Écrits apostoliques, VI, 422. — Criterium, VI, 496, 497 ; VII, 93, 160. — Faux écrits apostoliques, *II*ᵃ *Petri*, VI, **107** et suiv., 111, **114-115**. Voir PASTORALES, *II*ᵃ PETRI.

APPIA, diaconesse, III, 360, 361 ; IV, 96.

APPIEN, l'historien, V, 504 note, 507 ; VI, 546 et note 2.

APPIENNE (voie), III, 559 ; IV, 192 note 2 ; 193 et note 1, 199 ; VII, 535, 578 note 1.

APULÉE de Madaure, V, 407, 408 note 1 ; VI, 310 note 3 ; VII, **60, 377** et notes, 448 note 3, 455 note 3.

AQUARIENS, VII, 166 note 4.

AQUIBA (rabbi), V, 307, 308, 310 note 1, **515**. — Exégèse et casuistique, V, **515, 516** ; VI, **118-120** et notes, 199. — au temple, VI, 21-22. — Autorité, VI, 199. — Sa relation avec Bar-Coziba, VI, **198** et suiv. 207, 212. — en prison, VI, 218. — Sa mort, VI, 218, 219 note 2, 220 note. — invente la Cabbale, VI, 220 note 2. — Aquila son disciple, VI, 28 note, 120. — Autres, VI, 122. — Son enseignement, division de la Mischna, VI, 242-243, 244, 245. — exclusif, VI, 246 et note 1. — connu des chrétiens, V, 545 ; VI, 278.

AQUILA, homme apostolique, III, XXXIV, **LXVI-LXVIII**, 111-113 ; VI, 352. — Rapports avec Paul, III, 112, **215** ; — à Corinthe, III, **214**, 217, 385, 459. — part avec Paul, III, 279, 280. — à Éphèse, III, 337 note 3, 339, 340 note ; IV, XXI. — catéchise Apollos, III, 340-341, 372-373. — Paul chez lui

III, 341. — Il sauve Paul, III, 351. — Centre à Éphèse, III, 432; IV, 206 note 2. — Confusions, VI, 27-28 note.

AQUILA le traducteur, V, 65 note 1; VI, 122 note 2, 352. — Confusions, VI, 28-29 note, 119-122. — Juif ou prosélyte, VI, 120 note 2. — disciple d'Aquiba, VI, 120 et note 2. — *Secunda editio*, VI, 120-121 note, 243 note. — déplaît aux chrétiens, VI, 121, 265. — *Alma*, VI, 121, 122, 265 note 2. — Calomnies, VI, 121. — plaît aux juifs, VI, 121-122. — Ecclésiaste, VI, 122 et notes 3 et 4.

AQUILA l'architecte, VI, 28 et suiv. — Relations avec Adrien, VI, 29 notes, 30. — Confusions, VI, 28-29 note.

AQUILA du roman des *Reconnaissances*, VI, 29 note. — Confusions diverses, *ibid.*

AQUILÉE, VII, 252.

ARABIE. — Hauran, II, 187, 188, 254. — Paul en Arabie, III, 316. — Arabes, II, 223; IV, 63, 64; IV, 85, 247, 408, 500; V, 499, 507; VII, 461. — Province d'Arabie, V, 467. — Conquêtes, VII, 437 note, 602-603. — Nomades, V, 507. Voir PHILIPPE L'ARABE; V, 75; VI, 201, 211 note 1. — Sectes chrétiennes, V, 460; VII, 623. — Position à l'égard du christianisme, islam, VI, 284-285 ; VII, 130-131, 632-633. — Philosophie dite arabe, VI, 246-247; VII, 141. — Traductions, VII, 139.

ARAMÉEN, langue primitive des Évangiles, I, LIV, LXXXVIII-LXXXIX, 32 note; V, 82, 98 note, 174 note 2; 214. — Caractère, VI, 115; VII, 442. — Bardesane, VII, 442. — Rythme, VII, 442-443 et note 2. — Versions bibliques, VII, 460, 461. — Araméens chrétiens, VII, 461.

ARATUS, II, 167, 176 et note, 195 note, 196 et note.

ARCADIE (montagne d'), dans Hermas, VI, 414-415.

ARCHANGES, IV, 392. — Le grand Archange, V, 51; VI, 67 note 2; VI, 410 note 4. — Le prince des archanges, VI, 411 note.

ARCHE, son origine, I, 6. — Nouvelle alliance, IV, 406. — *Cherubim*, IV, 526.

ARCHÉ, VI, 71.

ARCHÉLAUS, I, 21 note, 59, 226, 361 note.

ARCHÉOLOGIE : — chrétienne, VII, 546. Voir ART CHRÉTIEN. — juive, VI, 247, 248 et note.

ARCHEVÊQUE, VII, 178, 205, 411.

ARCHIAPÔTRES, III, 377, 448, 450

ARCHIEREUS, III, 29; VII, 411, 412 note 1.

ARCHIPEL, IV, 375-376-377, 421, 436.

ARCHIPPE, III, 360, 361; IV, 96.

ARCHISYNAGOGUES, V, 51; VI, 189, 464.

ARCHONTE ROI, inquisiteur à Athènes, II, 314.

ARCHONTIQUES, hérétiques, VI, 528; VII, 127 note 1, 169.

ARCOSOLIUM, VII, 535, 542.

ARDABAV, village, VII, 211.

ARDACRÈS, VI, 201 note 4.

ARDAI VIRAF NAMEH, IV, 470 note 3.

Ardéatine (voie), V, 342.
Ardeschir Babek, V, 508.
Areæ, VII, 539 et note 2.
Arescusus, IV, 158.
Aréopage et Aréopagite, III, 182, **191** et suiv.; VI, 35. — sous les Romains, III, **192, 193, 194**. — Paul et l'Aréopage, III, 194 et suiv. — Sens topographique, III, 194. — Sens d'aréopagite, III, 209.
Arétée, II, 332.
Aréus, directeur d'Auguste, VII, 43 et note 3.
Argonautiques, VI, 506; VII, 35.
Argos, VI, 379.
Arianisme, III, 207; V, 3, 400, 422 note 1, 363; VII, 149, 413, 508, 632-633-634. — Mahomet, VI, 286, 418.
Aricie, III, 559; VI, 226.
Arimathie, I, 213 note, 309, 445.
Aristarque de Samos, II, 327.
Aristarque, disciple de Paul, III, 161, 428, 458, 491, 539, 546; IV, 9, 73, 97, 100.
Aristéas (pseudo), V, 271 note 2.
Aristide (Ælius), II, 312; III, 25; VI, 70, 274 note, **431**; VII, 54, 56, 286, 448 note 3, 630. — Sur les juifs, VII, 110, 503 note 1.
Aristide, l'apologiste d'Athènes, VI, 38 note 3; VI, vi note 2, 39 note 2, 267 note 2, 274, 316, 495; VII, 108 note 1, 281. — Apologie, VI, 42. — Apocryphes arméniens, VI, vi note 2.
Aristion, disciple de Jésus dont parle Papias, I, lviii note 1, 160; IV, xxiv-xxv note, 345 et note 2, 562; V, **426, 427-428**, 433; VI, 46 note 1; 48 et note 2, 49 note 2, **126-127** et note.
Aristion, athénien, III, 184-185.
Aristobule le juif, V, 160, 162, note 1, 243.
Aristobule d'Éphèse, III, lxvi, 434.
Ariston de Pella, V, 26 note 1; VI, 201 notes 1 et 4, 208 note 5, 274, 379. — Son Histoire, VI, 267 et notes 1 et 2, 543, 544, 546, 549. — Son Dialogue. Voir Jason et Papiscus.
Aristophane, II, 314-315; III, 183.
Aristote, II, 167, 315, 326; VI, 158, 180; VII, 44, 106, 125, 638.
Arius, VII, 445. Voir Arianisme.
Arkeuthas, III, 283.
Arles, VI, 478; VII, 343 note 2.
Armée romaine, excès, V, 378, 390. Voir Empire (despotisme militaire). — Force, V, 379. — Entretien, V, 388 note. — proposée pour modèle à l'Eglise, V, 324, 331. — Épuisement par le christianisme, VII, 499, 589, 590, **595**. — Cultes des soldats, VII, 575, 579. — Les chrétiens et le service militaire, VII, 594-596.
Arménie, IV, 318; V, 2, 131, 500, 501, 502 note 3; VI, 6, 187. — Royaume d'Arménie, V, 499, 500; VII, 381, 461. — Christianisme en Arménie, VII, 461 et note 5.
Arménie (petite), II, 311; VII, 249, 275.
Arméniens, II, 285, 301 note 1; IV, 460 note 2, 540; V, 350. — Rivalité avec les Syriens, VII,

461 note 5. — Bible arménienne, VI, 271 note 2. — Traductions, VII, 139.

Armillus, nom de l'Antechrist, III, 304 note 2.

Arnobe, VI, 310 note 4.

Arnon, V, 460.

Arnouphis, magicien, VII, 275.

Arrien, V, 213; VII, 257, 259 note 3, 440 note.

Arrius Antoninus, aïeul maternel d'Antonin le Pieux, V, 484 note 1.

Arrius Antoninus, le persécuteur, V, 484 note 1; VII, **62** et note 2, 375.

Arsace, l'archiéreus, VII, 412 note 1.

Arsacides. Voir Parthes.

Arsinoé, ville d'Egypte, VI, 136.

Art. — chez les juifs, I, 218-219; VII, 540. — chrétien, III, 272 et note; IV, 474; V, 279; VII, 540-546. — Art des orientaux, IV, 378. — Renaissance d'Adrien, V, 9 et suiv., 292, 294. — Villa Adriana, VI, 291-292. — Commencement hérétique et gnostique de l'art chrétien, VI, 155-156; VII, **145, 540-541, 544-545**. — Influence du *Pasteur*, VI, 423 et note 4, — des Evangiles apocryphes, VI, 509-510, **517, 518**; VII, 145, — des Actes apocryphes, VI, 526. — frappé de mort, VII, 597-598. — Décadence de l'art ancien, VII, 46, **47**, 498-499 et note. — Architecture chrétienne, VII, 517, 521, 540. — Représentations figurées, VII, 541. — Caractère, VII, 543-544, 546. — L'art et l'orthodoxie, VII, 545. — Orient et Occident, VII, 545.

Artaxerxe, VI, 558 note 2.

Artémas, III, xxxvii, xxxix, xl, xliii, 434 et note; IV, 135.

Artémion, juif fanatique, V, 505-506.

Artémidore d'Éphèse, III, 25; VII, 48 note 4.

Artémidore, gendre de Musonius, V, 289, 385.

Artémis d'Éphèse, III, 335, 336-337, 342, **426** et suiv. — Temple, III, 426. — Superstition et fanatisme, III, 427. — Orfèvres, III, 427-430.

Artémon, Artémonites, III, 115 note 6, 116 note; VII, 96, 189, 413, 508.

Artimon (le mât d'), III, 555 note.

Artotyrites, VII, 237.

Arria, II, 307 note 3, 309.

Aryens, VII, 548, 550, 575. Voir Indo-Européens.

Arzareth, terre mythique, V, 355 et note 6.

Asarhaddon, VI, 556.

Ascalon, IV, 256.

Ascension de Jésus, I, 534, 535, xx, xxi, xxvii; II, 31 note; **54-55**; IV, 408 note 2; V, 18, 217 note 2, 281, 374, 422, **436-437**, 440, 447. — en gnosticisme, VI, 173.

Ascensions, récompenses des martyrs, VI, 220 et note 2.

Ascension d'Isaïe, I, 288; IV, xl note, 358 note 1, 458, 470 note 3; VI, **528, 529** note 1, 539. — Vision, VI, 529 note 1.

Ascension de saint Paul, livre caïnite, VI, 183, 526.

Ascétisme, III, 479-480; VI, 412; VII, 79, 270. — des philosophes, V, 288; VI, 273, 294, 295, 485; VII, 9, 163, 171, 502. — Secte, V, 450; VI, 280; VII, 172. — Marcion, VI, 352; VII, 159. — à Lyon, VI, 473, 474. — *politia*, VII, 150 note 1, 175, 182, 183, 200, 201, 557, 558. — Règle du Saint-Esprit, VII, 200 et note 3, 201. — En Phrygie, VII, 211. — Montanisme, VII, 220 et suiv., 236, 298, 300.

Aschdod. Voir Azote.

Asclépios, VII, 359. Voir Esculape.

Aser, VI, 229 note 3.

Asiarques, III, 352-353, 429; VI, 458.

Asie. — Influence asiatique à Ephèse, III, 336. — Religions de la haute Asie, V, 454. — Génie des religions, VI, 318.

Asie Mineure, I, LXXI, 211, 239, 282, 284, 285, 311, 312, 327, 373, 374; III, **32** et suiv. — Cultes, III, **24, 25, 44**, 190; IV, 85. — État politique, III, **26** et suiv.; V, 499; VII, 167. — Églises, III, XV, XX. — Hérésies, VI, 142. — Culte pur. Voir Asie (province d'). — Juifs en Asie Mineure, III, **30-31, 40** note 1. — Missions en Asie Mineure, III, 55 et suiv., **128-130**. — Aspect, III, 129-130, 330, 420. — Pays chrétien par excellence, III, 56, 126, 351, 366, 560, 562; IV, 16-17; VII, **449-450**, 586, 621, 622. — Judéo-chrétiens, III, 366. — Églises riches, III, 423. — Pierre leur écrit, IV, 110, 121. — Persécutions, IV, 46. — Jésus s'y divinise, IV, 84. — Derniers rapports de Paul, IV, 85 et suiv. — Persécution de Néron, IV, 183-184. — Gladiateurs, IV, 184 et note 2. — Tremblements de terre, IV, 335-337. — Crédulité, V, 408. — Pline, V, 472. — Collèges, V, 473. — Ignace, V, 486, 487, 496. — Adrien, renaissance, VI, 11, 187. — Millénarisme, VI, 124. — Martyrs, VI, 303, 312, **434-435**. — Marcion, VI, 360-361. — Montanisme, VI, 425; VII, 218, 228, 229, 236, 237, 298, 449. Voir ce mot. — Asie Mineure centre du mouvement chrétien, VI, 433, 435. — Rapports avec la Gaule, VI, 468; VII, 290, 298, 299. — Paraclet, VII, 210, 214, 298 note 1. — Christianisme le plus dense, VII, 449. — Pâque, voir Asie. (province d') — Azymes, VII, 509. — Synodes, VII, 533.

Asie (province d'), III, 23, 332, 337, 372. — Prairie d'Asie, III, 332; IV, 413 note 1; VII, 224. — Sens de ce mot pour saint Paul, III, 51 note 2. — Asiates à Rome, III, 98, 138. — Paul en Asie, III, 126, 331, 346; IV, 349. — Juifs en Asie, III, 35-352, 342. — Religion pure, VII, 450 note 1. — Tableau de la vie, III, 352-353, 354. — État politique, III, 352-353, 430 note 1. — Le *commune Asiæ*, III, 353; VI, 302 et note 1. — Pays essentiellement chrétien, III, 353; IV, 134. — Associations, III, 354-355; IV, 341. — Industries, III, 355. — Richesse, III, 355, 356, 361.—Judéo-chrétiens, III, 366, 367; IV, 345. — Paul n'y est pas seul missionnaire, III, **366**, 369-370. — Députés d'Asie, III, 459, 521. — Juifs d'Asie à Jérusalem, III, 521, 522, 540. Apôtres et disciples en Asie, IV, II, **340** et suiv., 343, 344-345, 408; VI, 81. — Paul et l'Asie, IV, 17, 98. — Églises d'Asie, IV, 63, 90, 95. — Importance des Églises d'Asie, IV, 206. — Épître, IV, 93. — Marc, craintes de Paul, IV, 98-99. — Chrétiens et gens de la maison de Néron, originaires d'Asie, IV, 196 note 1. — Rome et l'Asie, IV, 206. — Luttes, IV, 209. — Tremblements de terre, IV, 335-336, 340; VI, 298-299. — Éclat chrétien, IV, 344. — Jérusalem et l'Asie, IV, 345. — État d'âme, IV, 345-346. — Cauchemar de Néron, IV, 350, 351, 352, 417, 421 et note 5, 428, 437. — Faux Néron. — Apocalypse en Asie, IV, 348 note 2, 355, 359, 360, 371, 375 et note 2, 395, 417, 419, 437 note 2, 439, 456, 482. — Culte de Rome et Auguste, IV, 414, 419. — *Presbyteros*, IV, 562; VI, 49. — Jean et apôtres en Asie, V, 412 et suiv., 426; VI, 46 et note 1. — Persécutions, V, 484 note 1. — Juifs en Asie, persécuteurs, V, 431 note 2. — Ignace, V, 487. — Granianus, VI, 31. — Réunions provinciales, VI, 34. — Docétisme, VI, 50. — L'hébreu en Asie, VI, 288. — Christianisme en Asie, VI, 426, 467 note 2. — Progrès du christianisme, V, 473. — Crédulité, VI, 426 et suiv. — Impostures, VI, 427 et suiv. — Milieu favorable au christianisme, VI, 432. — Proportion des chrétiens, VI, 432. — Écoles de littérature, VI, 440. — Confesseurs, VI, 442. — Polycarpe, VI, 444, 461, 465. — La Pâque, VI, 446 et note 4, 447; VII, 452. — Légèreté, VI, 464, 465. — Asiates à Lyon, VI, 467-468 et note, 469, 470, 471, 473 note 6, 474. — Millénarisme, VI, 474. — Opposition au 4ᵉ Évangile, VI, 522. — Thécla, VI, 523. — Martyrs, Arrius Antoninus, VII, 62. — Markos, VII, 128, 292 note. — Le diacre d'Asie, VII, 295. — Asie et Lyon, VII, 128-129. — Grand prêtre d'Asie, III, 352-353, 429; VI, 458. — Évêques d'Asie, VII, **172** et suiv., **177** et suiv., 362. — Centre, VII, 172, 177. — L'Asie et Rome, VII, 178 — Polycrate, VII, 192. Voir ce mot. — Synode d'Asie, VII, 178 note 4. — Activité littéraire, VII, 192, 403. — Réveil de la question de Pâque, VII, 195 et suiv., 197 note 3, 198 et note 3, 199 et suiv. — Asie et Gaule, VII, 198, 218, 306, 316, 339, 343, 452. — Gloires de l'Asie, VII, 200, 201. — Églises mères, VII, 202, 290. — Montanisme, VII, 230. — Persécution,

VII, 280, 282. — Apologies, VII, 281. — Proconsuls, VII, 280, 281, 284. — Voyage de Marc-Aurèle, VII, 286. — Lyon se détache de l'Asie, VII, 342-343. — Asiates en Bretagne, VII, 452-453.

Asmodée, démon. Voir Aeschma Daeva.

Asmonéens, I, 218, 246, 247 note, 473; II, 254; IV, 228, 230, 242, 245, 287, 540; V, 80; VI, 212. — Palais des Asmonéens, IV, 245, 246, 261. — Monnaies asmonéennes, IV, 273 et note; VI, 203, 547.

Asochis (plaine d'), I, 75.

Asprénas, IV, 352-353 note, 436-437, 438.

Assemblées des fidèles, III, **257** et suiv.; VI, 307, **372** et suiv.; VII, 516 et suiv. — Calomnies, VI, 481. — Façon de congédier, VII, 518 et note 2. Voir Église.

Assistance publique, II, **323** et suiv.; V, 387-388 et note, 410; VII, **20-21**.

Associations. Voir Collèges. — Droit d'association, conditions, V, 400-401; VII, 57, 68. — Pline, V, 473, 474, 475, — à Hiérapolis, VI, 432, 433. — Transformations, VII, 569. — Nécessité, VII, 644-645.

Assomption de Moïse. Voir Moïse.

Assomption de la Vierge, VI, 513 et note 1, 516.

Assos, III, 500, 501.

Assuérus, I, 53; VI, 558 note 2.

Assyrie, influence, I, 135; IV, 142, 227, 398, 472; VI, 159; VII, 131, 135. — Art assyrien, influence, IV, 357, 378. — Planètes, IV, 472. — Trajan en Assyrie, V, 502 note 3; VI, 6. — Tatien, VI, 484; VII, 103 note 1, 105, 162. — Proverbe, VII, 100. — Ophiolâtrie, VII, 132. — Prépon, VII, 157.

Astaroth-Carnaïm, V, 43.

Astarté, VI, 224.

Asterius Urbanus, VII, 226-227 note.

Astrolatrie, V, 462 note 5.

Astrologues chaldéens, mages, I, 251; V, 457, 463. — Astrologie, VI, 29, 30, 189; VII, 161, 348. — Marc-Aurèle, VII, 16 note 2. — Celse, VII, 348. — Bardesane, VII, 439 et suiv., 441.

Astyrius, VI, 309 note 3.

Asyncrite, III, 433.

Athanacum, voir Ainai. — Martyres athanacenses, VII, 322 note, **338** note 3.

Athanase (saint), l'épisode de la vierge d'Alexandrie, VII, 246 note 2, 511.

Athéisme des juifs et des chrétiens, V, 232 et note 1, 295 et note 2, 391; VI, 189 note 3, 307-308; VII, 54, 302-303, 304, **382**, 583 et note 3. — Crime, V, 404; VI, 307-308, **431-432**; VII, 350. — Chrétiens et épicuriens, VI, 309, **310**. — Saint Justin, VI, 370. — Polycarpe, VI, 455, 457. — Marc-Aurèle et l'athéisme, VII, 16, 262 et suiv. — Cæcilius, VII, 396-397.

Athénagore, I, lxiii; VI, 38 note 3, 39 note 2, 316, 386 note 2; VII, 50 note 2, 107, 388, 424 note 2. — Apologie, VII, **381** et suiv. — Obséquiosité, légitimisme, VII, 384-

385. — Traité *de la Résurrection*, VII, 385-386. — laïque, VII, 431.

ATHÉNÉ, III, 184. — Hypostase, VI, 70 ; VII, 368.

ATHÉNÉ ARCHÉGÈTE, III, 180.

ATHÉNÉ POLIADE, III, 184, 185.

ATHÈNES, I, 321, 351. — Paul à Athènes, III, **166** et suiv., 170. — Tableau, III, **170** et suiv., **176** et suiv. — Histoire, III, 176, 177. — Athéniens très religieux, III, 173, **188**, 190, **195**. — Dieux inconnus, III, **173** et suiv. — L'inquisition à Athènes, II, 314. — Renaissance, III, 177-178. — École philosophique, III, 178, 179, 379. — Respect et faveurs, III, **181** et suiv. — Religion d'Athènes, III, **183** et suiv., 188. — Ville d'écoles ou université, III, **185** et suiv., 344. — Caractère du peuple, III, 187, 189. — Prédication de Paul, III, 188 et suiv. — Juifs à Athènes, III, 189. — Esprit libéral, III, 191. — Peu de succès de Paul, III, 197, 201. Athènes et le christianisme, III, 199, 210, 212. — Faiblesse de l'Église d'Athènes, III, **209-210**, 459 ; VI, 38. — Opposition au christianisme, III, 210. — Conversion tardive, III, 210. — Chrétiens peu nombreux, III 563 note. — Chaires, temples, etc., VI, 36, 37 et note 1, 186. — Naissance de l'apologétique, VI, 38. — Philosophes chrétiens, VI, 38 note 3. — Destruction et restauration de l'Église d'Athènes, VI, 40 note 2,

42. — N'invite pas Néron, IV, 304. — Idéal réel, V, 87-88. Influence sur Rome, V, 382. — Jouet, VI, 35, 36. — Adrien à Athènes, VI, 34 et suiv., 186-187, 190, 209 ; VII, 37. — Société, VI, 35. — Rescrit d'Antonin, VI, 301 ; VII, 284. — Souvenirs, VII, 10. — Marc-Aurèle à Athènes, VII, 37, 286. — Éclectisme, VII, 44. — Université, VII, 78. — Denys de Corinthe, VII, 173. — Troubles et chutes, VII, 176-177. — Légende de Denys l'Aréopagite, VII, 177. — Athénagore, VII, 381. — Harmonius, VII, 444. — Apulée, VII, 455 note 3. — Les Goths, VII, 498. — Lois, VII, 513.

ATTALES (les), II, 315.

ATTALE, philosophe, V, 382.

ATTALE, chrétien de Lyon, VI, 471, 477 ; VII, 234 note 1, 325. — Sa vision, VII, 328. — Supplice, VII, 332-333.

ATTALIE, ville, III, 54.

ATTICUS (Titus Pomponius), II, 329 ; III, 178.

ATTICUS (Tiberius Claudius), V, 497 et note 2. — martyrise saint Siméon, V, 497-498.

ATTICUS (Hérode). Voir HÉRODE.

ATTYS, IV, 168 ; VII, 214 note 1, 579.

AUBERGES, VII, 597, 601.

AUGUSTALES, VII, 411-412, 565.

AUGUSTE, I, 41, 59 ; II, 161, 329, 331, 341 ; III, 49, 168 note 4 ; IV, 407 et note 2, 432, 434, 483, 494 ; V, 146, 148, 191, 220, 366, 374 ; VI, 2 ; VII, 275,

501. — Sa politique, II, 305, 355 ; IV, 354 ; V, 379, 394. — En religion, II, 347-348. — Auguste et les Juifs, II, 347-348. — Sur les collèges, II, 355-356. — Culte d'Auguste et Rome, III, **28-29** ; IV, 414, 419 ; V, 394 ; VII, 303, 304, 411 note 2, 566. — Autel de Lyon. Voir Lyon. — Origine du clergé, III, 29 ; VII, **411**. — Auguste et Philippes, III, 141, 177. — Auguste et Athènes, III, 177, 179, 180, 182 ; IV, 139, 171, 304, 305. — Chevaliers d'Auguste, IV, 305. — *Augustus*, mot blasphématoire, IV, 413. — Synchronisme de Méliton, VII, 283. — Nom consacré, VII, 487. — Famille d'Auguste, VII, 492. — Règlements religieux, VII, 564-566. — Auguste et les Lares, VII, 564-566. — Epithète d'augustes donnée aux Lares et à certains dieux, VII, 565, 566.

Augustin (saint), II, 334 ; III, 570 ; VI, 137, 535 note 1 ; VII, 507 note 1, 594 note 1.

Augures, V, 404.

Aulon d'Aréthuse, III, 156.

Aulu-Gelle, V, 408 note 1.

Aulus Plautius, IV, 3, 4.

Aumône, I, 87, 90, 345 ; II, 129 ; V, 276 ; VI, 374, 375, 412. — Droit de Jérusalem à l'aumône, III, 421 ; IV, 546-547 note. — Vivre d'aumône, V, 44, 45. — louée, VI, 230, 235. — Justice, VI, 235 note 6 ; VII, 600. — La collecte du dimanche, VI, 375 ; VII, 73, 100, 101. —

Aumônes souillées, emploi, VII, 100, 101. — Devoir : judaïsme, VII, 600 ; christianisme, *ibid.* et 601. — Limitation chez les juifs, VII, 600.

Aurélien, V, 399 ; VII, 68, 69 note 2, 415, 492. — Affaire de Paul de Samosate, VII, 618-619.

Aurélius de Cyrène, VII, 218.

Aurelius (M.), tombeau obscène, VII, 579 note, 581 note 2.

Autel du temple de Jérusalem, IV, 517.

Autolyque. Voir Théophile d'Antioche.

Autrui (règle envers), VI, 232, 233 note.

Autun, VII, 288. — Grecs à Autun, inscription, VI, 470 note 2 ; VII, 289 et notes, **297-298**. -- Le grec à Autun, VII, 343 et note 2.

Avarice, I, 176 et suiv., 180, 181 et suiv ; III, 393 ; VII, 600.

Avatars, V, 458 ; VI, 142.

Averne, IV, 330.

Averroès, VII, 638.

Avesta, I, 52, 56 note 3, 272.

Avidius Cassius, VII, 38, 39 note 1, 249. — Jugement sur Marc, VII, 253 note 4. — Révolte, VII, 256, 279, 475, 477, 484, 490. — Rapport avec la persécution, VII, 279, 593.

Avilius d'Alexandrie, V, 171.

Avortement, VII, 384.

Avortons sauvés, VI, 398.

Axionicus, gnostique, VII, 117.

Azaï. Voir Ben-Azaï.

Azarias (cantique d'), VI, 220 note.

Aziz, roi d'Émèse, III, 535.
Azote évangélisée par Philippe, II, 159-160.

Azymes, III, 498, 499; IV, 340; VII, 509.
AΩ, symbole, VII, 529.

B

Baal (face de), V, 415 note 3.
Baalbek, culte, VII, 575.
Bab Bolos, à Antioche, II, 227.
Baber, VII, 4.
Babisme, I, 530; II, xlix, **378-3?1**; V, 88; VI, **318**.
Babylas (saint), VI, 309 note 3; VII, 586 note 2.
Babylone. Sa place dans l'histoire religieuse, I, 3 et suiv.; IV, 124, 141; V, 449, 458, 463. — Influence bouddhique, I, 102. — Le sabisme et Babylone, I, 211. — Le christianisme à Babylone, IV, **122** note. — Rome appelée Babylone, IV, 36, **122**, 198, 423 et note, 430 et note 1, 439, 440, 441, 552, 555; V, 351 note 1, 354; VII, 616. — Edom, IV, 36 note 4. — Juifs à Babylone, IV, 122 note 2; V, 503; VI, 238-239. — Origine du charlatanisme, IV, 323-325, 398, 439; V, 351, 354. — Théorie des sept planètes, influence, IV, 472. — Babylone n'a pas d'Église, IV, 552. — Secte, VII, 131, 134, 135. — Elchasaïtes, V, 455. — Mendaïtes, V, 463 et suiv., 465. — Trajan à Babylone, V, 502, 503, 507; VI, 12 note. — Rapports avec la Palestine, V, 503, 534. — En Sibylle, VI, 18. — Origine des contes, VI, 560.

Bacchanales, VI, 305 note 2.
Bacchius, grand-père de saint Justin, VI, 271-272, 368.
Bacchus. Voir Dionysos, IV, 124; VI, 224; VII, 546. — Le judaïsme confondu avec le culte de Bacchus, V, 391.
Bacchylle de Corinthe, VII, 199.
Baïa, IV, 265, 331 et suiv., 333 note 1; V, 404 note 2.
Baiser de paix, III, **262**; VI, 307, **373** et note 3; VII, **65-66, 247-248**, 383 et note 1, **520**, 524. — Ses dangers, VII, 383, 520. — Baiser devant les temples et les idoles, V, 293; VII, 61, 391. — Baisers infâmes, VII, 64.
Bains, III, 67; VII, 97, 397. — Juifs et chrétiens, VII, 555, 556 note 1.
Bakiin, V, 24.
Balaam, III, 253, 302. — désigne saint Paul, III, **302, 303, 304**, 368, 509, 522; IV, 209, 348-349 et note, **365** et notes, 390 note, 476. — désigne Jésus, III, 304 note 5. — Mot symbolique, IV, 348-349 note. — apologiste involontaire, VI, 311.
Balbillus, charlatan, III, 336 note 5; 339; IV, 43, 44, 326, 420 et note 3.
Banou, sectaire, I, 108, 210 228 note 2; III, 77.

BANQUIERS, I, 187. Voir CHANGEURS.

BAPTÊME. En quoi il consiste, I, **103-104**; V, 167. — Baptême chez les juifs, I, 104; VII, 526. — chez les chrétiens, I, 234, 248, 371, 484; II, **94, 95**; V, 167; VII, **526-528**. — Baptême par le feu et l'Esprit, I, 310; II, 61, **63**, 153. — Paul et le baptême, III, 216, 217, 218, 319, 344, **386**, 466. — Baptême pour les morts, III, **241-242**; VI, 418; VII, 78. — Baptême d'Apollos, III, 340, 344. — L'Esprit et l'imposition des mains, III, 344; VII, 527. — Baptême du Christ, V, 50, 196 note 3, 419; VI, 152, 161, 173, 340. — Pratique journalière, V, 167, 454. — Vogue sous Trajan, V, 454. — Formule en Matthieu, V, 197. — Baptême de Ménandre, V, 451-452. — Baptême des elchasaïtes, V, 455, 458; VI, 322-323. — des mendaïtes, V, 462 et suiv., 463 note 4, 464. Voir BAPTISME. — chez les gnostiques, VI, 154. — chez les isiastes, VII, 572. — Mithriaque, VII, 577. — Onctions, VI, 154, 525; VII, 144, 296. — en *Cérygmes,* VI, 331. — Marcion, VI, 355. — Justin, VI, **373**. — des enfants, VII, 528. — Confirmation, VII, 144. — Réitération, VII, 161. — Méliton, VI, 182. — Immersion, VII, 247 et note 1. — Baptême des hérétiques, VII, 413 note 3, 417. — Catéchumènes, VII, 431. — *Sphragis,* VII, 527.

BAPTISME, I, 102-103, 211; V, **159, 166, 167, 168, 454** et suiv. — succède au temple, V, 454. — Secte en Orient, V, **462** et suiv., 463; VII, 134. — Voir SABIENS et BAPTÊME.

BAPTISTE. Voir JEAN-BAPTISTE.

BARABBAS. Voir JÉSUS BAR RABBAN.

BARAK, IV, 218.

BARBARE (monde), IV, 61, 81, 466, 468; VI, 11; VII, 277, 282, **369, 370**, 392. — Substitution dans l'armée, VII, 254, 255-256, 498. — Philosophie barbare, VII, 104 et note, 107, 283, 360. — Superstitieux, VII, 377 note 2. — Dieux barbares, VII, 564 et suiv. — Chrétiens chez les barbares, VII, 426, **452** note 2. — Le christianisme et les barbares, VII, 593, 613, 614, 624. — L'Occident, VII, 622, 623, 624, 625. — Conversion en masse, VII, 626, 628.

BARBÉLONITES, VII, 138 et note 2.

BARCABBAN, VI, 162.

BARCOCHÉBAS, VI, 200. Voir BAR-COZIBA.

BARCOPH, VI, 162.

BAR-COZIBA, I, 124; V, III, 19, 430 note 2, 532; VI, 13 note 3, **197** et suiv., 542. — Nom, VI, 197 et note 2, 199-200, **549**. — Rôle messianique, VI, 197, 198, 199, 207. — Obscurités, VI, 197-198. — Fables, VI, 198 note 3. — Aquiba le reconnaît, VI, 199, 207. — change son nom, VI, 200 et note 2. — Guerre, VI, 200 et suiv., 380. — Monnaies, VI, 204, 547, 549. — Tactique, VI, 206-207. — Impostures, VI, 207. — persécute les chrétiens, VI, 207, 261 et note 4, 274. — Jugement sur lui et conséquences de sa révolte, VI, 211 note 5, 212, 237, 239. — chez les samaritains, VI, 223. — Jérusalem, VI, 547. — Justin et Bar-Coziba, VI, 274, 379. — Tobie, VI, 554, 557. — Rupture absolue, VI, 557; VII, 617.

BARDESANE, IV, 65 note ; VII, 75 note 2, 117, 158. — École à Édesse , VII, 122, 440 note, 441, 446; VII, **436-446**. — Date, VII, 436-437 note. — Homonymes, VII, 437 note. — Caractère, VII, 436-438 et notes, 445-446. — Culture, VII, 438, 461. — anathématisé, VII, 439, 445. — Dialogue *de Fato*, VII, **439-442** et notes. — Langue syriaque, VII, **440**, note, 442. — Doctrine, VII, 441-442. — Astronomie, VII, 441-442. — Rapports avec les Abgars, conversions, VII, 442-443, 459. — Poésies, VII, 442-443 et note 2, 445, 460. — Bardesane et l'empire, VII, 443-444 et notes. — Apologies, VII, 444. — trop distingué, VII, 445. — rattaché à Manès, VII, 437 note, 446 et note 2. — Arménie, VII, 461 et note 4.

BARDESANE de Babylone, VII, 443-444, note.

BARDESANE, historien arménien, VII, 444 note, 461 note 4.

BARDESANE (autre), VII, 444 note, 461 note 3.

BAREA SORANUS, IV, 203 ; V, 287.

BARJÉSU, III, 14-16.

BARKOKEBA, sens de ce nom, I, 251 note 3. Voir BAR-COZIBA.

BARNABÉ, I, XXXII, XXXIV, **105** et suiv. — Rôle de conciliation, II, 207-208. — Amitié avec Paul, II, 208-209, 232. — Association avec Paul, II, **214**. — Son rôle à Jérusalem, II, 230 et suiv.; III, 316, 317. — à Antioche, II, 231-232, 233. — cherche Paul, II, 232. — prophète, II, 237. — Collecte portée à Jérusalem, II, 241, 278. — Retour à Antioche, II, 278. — s'adjoint Jean-Marc, II, 278 et suiv., 385. — Départ de Séleucie, III, **1** et suiv., 4, 7. — A Chypre, III, **13** et suiv., **19-20**. — subordonné à Paul, III, 19-20. — Abnégation, III, 20. — reste après la rupture de Marc, III, 32. — à Antioche de Pisidie, III, 36 et suiv. — chassé, III, 38. — à Iconium, III, 40 et suiv. — à Lystres, III, 44-47. — à Derbé, III, 47-48. — en Galatie, III, 52 note. — Mission avec Paul, III, 55-56. — à Antioche, III, 57 et suiv. — Barnabé et la circoncision, III, 74. — à Jérusalem avec Paul, III, 76, 82. — Réconciliation, III, 93. — Retour à Antioche, III, 94. — Genre de prédication, III, 96. — Rupture avec Paul, III, 119. — Son caractère, III, 120. — part pour Chypre, III, 120-121. — Suite de son apostolat, III, 121. — Suite des relations avec Paul, III, 121-122. — Paul le retrouve, III, 290, 291 note 1. — se laisse gagner par les judéo-chrétiens, III, 296. — n'a pas de femme, III, 400. — va à Rome, IV, 28 et note 1. — Barnabé et les Colossiens, IV, 99. — à Éphèse (?), IV, 210. — Rôle après la mort des apôtres, IV, 210. — prétendu évêque d'Alexandrie, V, 373 note 4. — *Apocrypha*, VI, 505 note 1. — Épître aux Hébreux, attribuée à Barnabé, III, LIII, LIV, LVI, LVII; IV, **XVII-XVIII**, 28 note 2, 210, **211** et suiv.; V, 373 et note 4. Voir HÉBREUX. Prétendue épître de Barnabé, IV, XIII, XVII note, XL note, 294 note 3, 295 note 1, 469-470; V, 172, 336 note 3, 370, 530; VI, 316, 400 note 1.— Clément Romain, V, 374 note 4. — Texte, V, 373-374 note. — Date, V, 374. — Passage sur le temple, VI, **24** note 2. — Ses Évangiles, V, 217 note 2; VI, 498 note. — Paroles de Jésus, V, 217 note 2, 521-522 note. — Quatrième d'Esdras, V, 373-374.— Séparation du judaïsme, V, **375, 376**.— ex-juif, V, 375. — Opinion sur le temple et sa reconstruction, V, 375 et note 4; VI, 24 note 2, 556. — Sombres prédictions, V, 377. — Résurrection et Ascension, V, 436 note 4. — Jeux de lettres, VI, 535 note 1; VII, 78, 94. — Explications allégoriques, VII, 180.

BAR-RABBAN. Voir JÉSUS BAR RABBAN.
BARSABA. Voir JOSEPH BARSABA.
BARSAMIA, IV, 65 note; V, 480 note 1, 483 note 1.

BARTHÉLEMI (Saint), I, 159 et note, 302. — dans l'Inde, IV, 64. — Prétendues missions dans l'Inde, VII, 462. — Apocryphes VI, 505 note.
BARTIMÉE, mendiant, I, 372.
BAR-TOLMAÏ. Voir BARTHÉLEMI.
BARUCH réel, V, 528 note 1. — Livre de Baruch, V, 37, 160, 517 note 1; VI, 117. — Apocalypse de Baruch, I, XLII, XLIV; IV, XXVI, XL note, 57, 339 note 2, 346 note 4, 358 note 1; V, **517** et suiv., 529 note 2; VI, 298; VII, 632 note. — comparé à l'Apocalypse d'Esdras, V, 350 note 2, 355 note 5.—Rapports avec pseudo-Esdras, V, 517 note 2. — avec pseudo-Daniel, V, 517 note 2. — Plan, V, **517** et suiv. — Providence, V, 519 et suiv. — Voies de Dieu sur les justes et les pécheurs, V, 519-520, 528.— Règne messianique, V, 356, 521-522, 523, 526-527.— Vignes, VI, 133 et note 2, 521-522. — Empire romain, V, 522 et suiv. — Le cèdre, V, 523. — Paradis et enfer, V, 524-525.— Pitié, V, 525.—Au contraire, V, 526 et note.— Cruauté, V, 526. — Symbolisme des zones et déluge, V, 526. — Vengeance d'Israël, V, 521, 528. — Lettre aux dix tribus, V, 527-529 et notes.— Retour en terre sainte, V, 528. — Baruch enlevé au ciel, V, 529. — ne meurt pas, *ibid.* — Fortune du livre, V, 529 et note 2, 530; VI, 270, 557. — Usage liturgique, V, 529; VI, 110. — en Syrie, V,

529. — Sa Bible, V, 530. — Ses apocryphes, V, 530. — Papias, VI, 133 note 2.

BARUCH, titre de livre, VII, 135.

BASILIDE, I, LXXIV, LXXV note; VI, 55, 71 et note 2, 148. — Sur le martyre, VI, 153, 154 et note 1, **157-165**, 164-165, 306 note 4; VII, 115, 117, 140. — Origines, VI, 157-158, 177. — Métaphysique, VI, 158-159. — Cosmogonie, VI, 159 et suiv. — Théogonie, VI, 160-161. — Christologie, VI, 161. — Son Évangile, etc., VI, 159 et note 2, **161-163**, 185 note 1, 504. — Son Exposition, VI, 162, 163. — Livres apocryphes, VI, 162. — Psaumes, VI, 162-163. — Théurgie, VI, 163. — Abraxas, VI, 143 note, 163. — Pierres prétendues basilidiennes, VI, 163 note 5, 165; VII, 143 note. — Aristocratie, VI, 164; VII, 115. — Calomnies, VI, 164-165. — permet l'apostasie, VI, 164. — Superstitions, VI, 165. — Style, VI, 165. — Antichrétien, VI, 176. — Docétisme, VI, 184. — Mort, VII, 117. — Continuation, VII, 122, 127, 151 et note 4, 152.

BASILIQUE, VII, 149. — Basiliques des apôtres, IV, 194 et notes.

BASSÆUS, VII, 38.

BASSORA (Sectaires de), V, 464, 465.

BASTARNES, VII, 252.

BATH QÔL, III, 127.

BATANÉE, pays des Évangiles primitifs et des parents de Jésus, I, LVII, LXXXIX, 59, 161, 189, 502; II, 243; IV, 63, 548; V, 43 et note 5, 45, 46, 48, 58, 62, 64, 73, 74, 155, 173-174, 186, 190, 299. — Pays d'Agrippa II, IV, 242, 300; V, 43, 97, 466. — Rédaction des Évangiles, V, 97, 428; VI, 57. — Langue, V, 98.

BAULES, IV, 332.

BE, particule hébraïque, VI, 66 note 3.

BÉAT (Saint), idées sur l'Apocalypse, IV, 407 note 2, 461-462 et note 2.

BÉATITUDES (les), I, 173; V, 195.

BEAUTÉ, sa valeur, VII, 554-555. — sacrifiée, II, 372-373.

BÉDRIAC, IV, 327, 456, 483.

BEELZÉBUB (Démons chassés par), I, 308; V, 183.

BÉHÉMOTH, V, 521 et note 3.

BEIT EL-MOKADDÈS, V, 461 note 1; VI, 25 et note 3.

BEL et le dragon, V, 37.

BÉLIAL ou BÉLIAR, IV, 458. — Simon le Magicien, VI, 537, 538 et note 1. — Satan ou l'Antechrist, VI, 539.

BELLONE ASIATIQUE, VII, 575.

BÉLURIT du Talmud, V, 234 note 1.

BEN-AZAÏ, VI, 264 note 1, 266 note 3. — Son mot sur le célibat, III, 397; VII, 550, 551. — cabbaliste, VI, 148 note 2.

BEN DAVID, nom du Messie, I, 247 note 1.

BENÉ-BERAK, V, 24.

BENEDICTA, de l'inscription de Cagliari, IV, 204 et note 4.

BENEDICTA de Marc-Aurèle, VII, 55 note 2, 261.

BÉNÉDICTION, en repas, I, 316; III, 268; V, 163. Voir BERAKA.

Bénigne (Saint), VII, 289 note 1, 290 note 1.
Benjamin (Tribu de), II, 164; IV, 21.
Ben Joseph, nom du Messie, I, 74 note 1.
Béotie, VII, 48,
Beraka, VII, 515.
Berbers, VII, 232.
Bérée, en Macédoine, III, 162, 163, 166 et note, 170, 215, 235 note 4, 439, 458, 493 note. — Juifs, III, 163.
Bérénice, fille d'Agrippa Ier, III, 193. — Paul et Bérénice, III, **543** et suiv.; V, 136. — Bérénice à Jérusalem, IV, 242, 245. — Bérénice et Titus, IV, 488, 501, 503-504 et note 2, 512, 514, 527, 538. V, **130-131**, **145-146**. — Piété, IV, 504 et note 1; V, 130. — à Rome, V, 130-131, 255. — Relations avec Agrippa, V, 131.
Bérénice, nom de l'hémorroïsse, VI, 345-346 et note; VII, 460 note 1. — Voir Véronique et Pétronice.
Bernard (Saint), VII, 635.
Berour-Haïl, V, 21, 24.
Béryte, III, 283; IV, 493, 525.
Bête (la) de l'Apocalypse, III, 478; IV, xliii, 18, 44, 198, 202, 203, 350, 353, 354 note 1. — Jeu atroce, IV, **179-180** et notes. — Retour de la Bête, IV, **350** et suiv., 356, 402, 438; V, 219. — Vision de la Bête dans l'Apocalypse, IV, **410** et suiv., **427, 430, 431**. — Explication, IV, 412 et suiv., 414-415. — Deuxième bête, IV, 414-415, 488 note. — Le chiffre de la Bête, IV, 415 et suiv., 457, 458. — Explication de la seconde Bête, IV, 417-422, 428. — Culte de la Bête, IV, 418, 423, 425, 446. — Vainqueurs, IV, 425. — Châtiment, IV, 426. — Sa destruction, IV, 444, 448. — Résurrection, IV, 483. — Bête de la courtisane, IV, **430, 431**. — C'est Néron, IV, 432, 461. — C'est l'empire romain, IV, 433, 434 et note 1, 435. — Faux Néron, IV, 437-438. — La Bête de l'Épître de Lyon, VII, 340 et note 2.
Bêtes (Supplice des), V, 486-487 et note 1, 491, 492; VI, 458; VII, 31, 67, 320, 321, **323**, 330, 384. Voir Amphithéâtre. — craignent de toucher les martyrs, V, 491; VI, 324. — Taureau, VII, 335 et notes 2 et 3.
Béthabara, I, 104, 481.
Béthanie, I, 353, 384, 386, 389, 505, 507, 508, 514; II, 52. — Famille de Béthanie, I, lxxx note 2; 194 note, 213 note, 228, **353-355**, 372, **374**, 384, **389**, 394, 395. — Discussion du festin de Béthanie, I, 514-516; II, 90.
Béthanie (de Jean-Baptiste), I, 104, 481.
Beth-din, V, 5, 21, 22. — Beth-din de Iabné, V, 22, 530-531. — à Ouscha, V, 531. — devient galiléen, VI, 329.
Béthel, I, 71, 381.
Beth-Éloah, V, 31 et note 1 Voir Bétulie.
Béther, V, 17 note 6. — Site, **26** et suiv., 58 et note 2; VI, 202 note 6, 203, 545, 550. —

Livre de Judith, V, **29** et suiv., 34. — Travaux, V, 28 note 3; VI, 194-195, 203. — Grande révolte, VI, 11, **194-195, 200** et suiv., **202, 203, 544, 552**. — Sorte de Jérusalem, VI, 203. — Prise, VI, 208. — Décalque de la première révolte, VI, 208 note 5. — Monnaie, VI, 547, 551.

BETHESDA, I, 495; VI, 260.

BETHLÉHEM, de Juda, VI, 224. — Pourquoi on y fait naître Jésus, I, 20-22, 247, 248, 249, 528. — Massacre, V, 180, 191. Voir INNOCENTS. — Adonis, VI, 225. — Lieux saints, VI, 260-261, 386 note 1.

BETHLÉHEM, de Galilée, I, 249 note 2.

BETHOMESTAÏM, V, 31 note 1.

BÉTHORON, IV, 262.

BETHPHAGÉ, I, xv, 353, 386-387, 392, 516.

BETH-RIMMON, VI, 208.

BETHSABÉ, VI, 187, 190.

BETHSAÏDE, I, 146, 147 note, 154, 155-156, 336.

BETH-SCHEARIM, V, 531 note 4; VI, 239.

BETH-SCHÉMESCH, V, 27 note.

BÉTULIE, V, **31** et note 1. Voir BÉTHER.

BÉTYLUA, V, 31 note 1.

BEYROUTH. Voir BÉRYTE.

BÉZÉTHA, II, 246, 261.

BHAGAVADGITA, V, 268 et note 5.

BIBLE, texte hébraïque, VII, 503. — Ordre des livres, V, 36 et note 1. — Fixation du texte, V, 36 et note 4. Voir ANCIEN TESTAMENT. — Citations, V, 96. — Josèphe et la Bible, V, 241-242, 247, 250. — Emprunts prétendus des Grecs à la Bible, V, 243. — Luc et la Bible, V, 264 et note 5. — Bible de Clément, V, 334-335. — Imitation du style biblique, fin, V, 530. — La Bible chrétienne, VI, 107 et suiv., **112** et suiv., 400, 422; VII, 502, 507, 509, 512. — Lectures dans l'Église, VI, 114-115, 422. — Bible et tradition, VI, 243. — Scènes bibliques peintes, VII, 542, 543. — Explications allégoriques, VI, 150, 382. — Nouvelle Bible juive, Talmud, VI, 245. — Bible hébraïque sauvée par les juifs, VI, 257. — « Livres saints », VI, 269. — Prétendues mutilations, VI, 384. — Bible latine, VI, 479; VII, 456-457. — Tatien, VI, 484-485. — Évangile devient Bible, VI, 498, 499, 502 note 1. — Thécla, VI, 523. — Saint Thomas, VI, 525. — Lecture privée, VII, 97, 201. — Critique, VII, 155, 163, 164. — En Asie, VII, 179 et note 3. — Apocryphes, VII, 180. — close, VII, 234. — Bible de Celse, VII, 353. — Fortune, VII, 635-636. — Respect, VII, 640-641.

BIBLIOTHÈQUES, VI, 37.

BIBLIS ou Biblias, à Lyon, VI, 471 note 5; VII, 320.

BITHYNIE, III, 23, note 3, 28, 128, **362**; IV, 63, 139; V, 470 note 1, **471** et suiv.

BITTIR. Voir BÉTHER.

BLANDINE, IV, 171-172 note, 174; VI, **474, 476**, 477; VII, **312-313**, 324, 325, **333-335**, 610

et note 1, 613. — devient Jésus, VII, 324, 325, 344.
BLASTUS, valet d'Agrippa Ier, II, 251.
BLASTUS, sectaire, VI, 471; VII, 157 note 5, 203-204, 291, 297.
BOANERGE, ou fils du tonnerre, I, 161; IV, XXIX.
BODHISATTVA, VII, 136 note 3.
BOETHUS d'Alexandrie, I, 226, 377; IV, 49 et note 4, 51.
BOETHUSIM, I, 226, 247 note, 359, 360, 377; II, 247; IV, 236, 243; VII, 127 note 2. Voir BOETHUS.
BOGOMILES, VI, 529.
BOHÈME, VII, 250, 251, 256.
BOÏENS, VII, 250.
BON SENS et illuminisme, III, 246-247.
BONS PORTS. Voir KALI LIMENES.
BONTÉ, déesse, VII, 68.
BORBORIENS, VII, 138.
BORVO AUGUSTUS, VII, 565 note 2.
BOSPHORE, VII, 415.
BOSTRA, V, 467; VII, 461.
BOUCHERIES (Question des), III, 71. Voir VIANDES.
BOUD LE PÉRIODEUTE, VII, 160.
BOUDASF, Boudasp ou Bodhisattva, I, 120; VII, 136 note 3.
BOUDDHA et bouddhisme, I, 5, 47, 190, 321-322, 470, 510-511; II, XLIX. — Influence vers l'occident, I, **102**. — Paraboles bouddhiques, I, 174-175; V, **100**. — Effets sociaux, II, 115-116, 267, 338; III, 273; IV, 85; V, 50, 90, 457; VI, 149;

VII, 242, 483, 587, 591. — Soutras et biographies, V, 80, 100. — *Gnosticos*, VI, 149-150. — Rapports avec le christianisme, VII, 134, **136** et notes, 462. Voir ÇAKYA-MOUNI.
BOUNAÏ, disciple supposé de Jésus, I, 210 note 3, 228 note 2.
BRAHMANES et brahmanisme, V, 100; VI, 83 note 2, 149, 175-176, 289, 463. — Numénius, VII, 434. — Influences chrétiennes, VII, 463.
BRENTANO, VI, 506 note.
BRETAGNE et Bretons, IV, 3, 413 note 1; VI, 1, 8, 204; VII, 452-453. — Pâque, *ibid*.
BREUVAGE de Jésus, I, 439, 527, 529.
BRIGANDS à Jérusalem, IV, 237, 241 note, 244 note, 275, 280 et note, 281, 283.
BRUTTIUS, historien, V, 227 note, 228 notes, 295 note 1, 297 note; 343 note.
BRUTUS, III, 137, 145, 177, 178, 179, 181, 187; V, 381; VII, 5, 260.
BURRHUS (Afranius), IV, 6, 12 note 2, 126.
BYBLOS, III, 283; VI, 471 note; VII, 135, 320. Voir PHILON DE BYBLOS.
BYTHOS, VI, 170, 171, 177, 178.
BYZACÈNE, VI, 9 note 1.
BYZANCE, martyrs, VII, 279-280. 508. Voir THÉODOTE.

C

CAABA, VI, 286 note 1. — Voir MECQUE (la) et KIBLA.

CABBALE, commencements de la Cabbale, I, 258, 311; II, 267,

270; IV, 82, 213 et note 2, 378, 380, 390 note 2, 417; V, 16, 51, 93, 449-450, 451, 458, 516; VI, 67 note 2, 83, 142, 148 et note 2, 149, 150, 158, 160 note 1, 252. — réservée aux martyrs, VI, 220. — Spéculation libre, VI, 249. — Gnosticisme des juifs, VII, 141.

CADMUS (Mont), III, 332, 357 note 3, **358**, 359. — Établissement sémitique, III, 359.

CÆCILII, VII, 453-454.

CÆCILIUS NATALIS de Minucius Félix et des inscriptions de Constantine, VI, 493; VII, 372 et note 2, **390** et suiv. Voir MINUCIUS FELIX. — Inscriptions de Constantine, VII, 390-391 note. — Conversion (?) VII, 402 et note 3.

CÆCILIUS CAPELLA, gouverneur de Byzance, VII, 280.

CÆCINA (Aulus), V, 131.

CÆSENNIUS PÆTUS, III, 559.

CAGLIARI, IV, 204.

CAÏN, III, 302; VI, 358. — Caïnites, VI, **182, 183**, 358. — Perversions, VI, 183. — condamnent le mariage, VI, 183. — Livres, VI, 183.

CAÏPHE. Voir JOSEPH KAÏAPHA.

CAÏUS DE LYCAONIE, disciple de Paul, III, 53, 331, 459, 491

CAÏUS DE CORINTHE, III, 218, 386, 459.

CAÏUS DE THESSALONIQUE, III, 161, 428.

CAÏUS des épîtres johanniques, V, 426-427; VI, 80.

CAÏUS, martyr d'Euménie, VI, 435.

CAÏUS, prêtre romain, IV, xxxv et note, xxxviii, 187 note, 188 notes, 191 note 3, 194 note 1; V, 138 note 1, 418 note 3, 423 note 3; VI, 47 note 3, 132 note 1; VII, **227**, 506.

ÇAKYA MOUNI, I, 47, 78, 79, 474; V, 204; VII, 136 note 3, 483. — Récits de sa vie, V, 80, 87, 100. Voir BOUDDHISME.

CALENDRIER, VII, 204-205.

CALIFAT musulman, VII, 624.

CALIGULA, I, 361 note, 453. — Désarroi sous son règne, II, 142, 174, 175 note 2, 188, 243; IV, 407 et note 2. — Les juifs et Caligula, II, **191-197**, 246, 288; IV, 157, 158; V, 290. — Hérode et Caligula, II, 243, 244, 247. — Sa mort, II, 245, 305, 337, 348; III, VII, 114; IV, 434. — Caligula l'Antechrist, III, 254. — Caractère, actes divers, cruautés, IV, **124, 127, 128**, 130-131, 141, 165, 166, 238, 332, 335, 417 note 5, 432; V, 141, 144, 160, 366, 374, 380, 390, 468; VII, 480, 490. — Son genre de méchanceté, V, 219, 220, 222-223. — Ses sœurs, V, 297 note. — Affaires juives, VI, 190 note 3.

CALLISTE ou CALIXTE, pape, VII, 236, 376 note 2, 611 note 1, 612 note 2. — Catacombe de saint Calliste, VI, 423 note 4; VII, 55 note 2, 70 note, 537, 539 note 5, 542 note 4.

CALLIRHOÉ de la mer Morte, IV, 334, 445 note 2.

CALOGRIE, II, 124-125; III, 150.

CALOMNIES contre les chrétiens, III, 269-270; IV, **37, 39**, 40, 119, 120, 154, 155; V, 295; VI,

32-34, **305** et suiv., 366, 369, 372; VII, 304-305 et note, 308-309, 382, 383, 384, 385, **394, 395**. — Fondement chez les gnostiques, VI, 181, 306 et note 4; VII, 304-305. — Type de calomnies, VI, 305 et note 2, 306. — viennent des Juifs, VI, 380, 381 et note 1; VII, 60 et note 1. — Redoublement, VI, **480-482**. — Fronton, VI, 493. — sous Marc-Aurèle, VII, 63-65, 382. — L'Église et l'*aspasmos*, VII, 65. — Théophile, VII, 389. — Minucius, VII, 400.

Calonyme, V, 228 note 3, 308 note 2; VI, 29 note.

Calvaire, V, 265. Voir Golgotha.

Calvin, III, 486, 570.

Campagnes (les) et le christianisme, VII, 410.

Campanie, IV, 10, 16, 17, 328. — Voie Campanienne, VI, 404, 409.

Camulus Augustus, VII, 565 note 2.

Cana de Galilée, I, 74-75, 159, 483, **486-487, 495**; VI, 58.

Canacé, IV, 266.

Candace (L'eunuque de la), II, xxxviii, **157-159**.

Canon biblique, V, **34-36**, 306; VI, **114** et suiv. — Livres exclus, V, 36-37, 370. — se perdent en hébreu, V, 37. — conservés par les chrétiens, V, 37, 38. — Canon des Nazaréens, V, 49. — Adoption des apocryphes, V, 335, **530**. — Les 22 livres, VII, 180. — Canon du Nouveau Testament, V, 336; VI, 110, 113 et note 3, 138. — Pseudo-Esdras, V, 370-371, 373. — Pseudo-Baruch, V, 530. — Juifs et chrétiens, V, 530. — Canon chrétien, VI, **116** et suiv., **270, 271**; VII, 507. — Testament des 12 patriarches, VI, 270-271. — *Antilegomena*, VI, 497. — Deutéro-canoniques, VI, 271 note 2. — Hermas, VI, 421, **496, 497**. — Canon de Méliton, VII, 179-180. — *Homologumena*, VII, 179 et note 1. — Apocryphes, VII, 180. — Canon juif, VII, 180. — Montanisme, VII, 227, 234. — Celse et Justin, VII, 354. — Rome, VII, 414.

Canon dit de Muratori, I, lxiii; III, liv; IV, xxxiv, 105, 106 note 3, 186 note 1, 252 note 1; VI, 73 notes, 113 note 3, 349 note 1, 401 note, 421 note 5, 527 note 1, 528 note 2; VII, **227, 414, 455** note 4, 456 note 3, 509 note 3, 510 note.

Canon de la messe, VII, 518.

Canthéras, IV, 51, 243.

Canticum, IV, 129.

Cantiques, II, 70; IV, 464 note; V, 34, **278**, 279, 283.

Cantique des cantiques, IV, 391-392 note, 442 et note 1; V, 35; VI, 117.

Canus Julius, VII, 42.

Capène (Porte), III, 101 note 3, 559; IV, 145, 199. — Quartier juif, V, 234.

Caphar, dans beaucoup de noms de bourgs. Voir Kafar, Kafr, Kaphar.

Capharétée. Voir Ménandre de Capharétée.

CAPHAR-HANANIA, IV, 56 note 2.
CAPHAR-NABORIA, IV, 56. Voir KAFR-NABARTA.
CAPHARNAHUM, I, 134, **137-138**, 139, 145, **146-147**, 154, **155**, 167, 312, 314, 336, 497; II, 31; IV, 56 note 2. — Centre des *minim*, V, 195, 208, 260 note, 262 note 1, **533. 534. 535.**
CAPHAR SAMA ou CAPHAR SAMIA, V, 533 note 1, 534-535 note.
CAPHAR-SCHEKANIA, IV, 56 note 2. Voir JACQUES de Caphar-Schekania.
CAPITATION. Voir FISCUS JUDAÏCUS.
CAPITOLE, IV, 355 note 1, 456-457, 494, 530, 538; V, 149, 290, 308; VII, 68, 392.
CAPITON, IV, 434.
CAPPADOCE, III, 365; IV, 63; VI, 429; VII, 49. — Prophétesse, VII, 229.
CAPPARÉTÉE. Voir CAPHARÉTÉE.
CAPRUS, III, 357 note.
CAPTIVITÉ de Paul (épîtres de la), objections, III, IX, XX-XXI, XLV.
CARACALLA, IV, 131; VII, 437 note, 443, 444, 459, 493, 496, 499 note.
CARÊME, VII, 195.
CARICATURES contre les chrétiens, IV, 39-40 et note; VI, 481; VII, 64-65 et notes. — Caricature de Jésus-Christ, IV, 40 note; VII, 64-65 et notes.
CARIE, III, 23 note 2, 28, 29.
CARINES, IV, 145-146.
CARLOVINGIENS, VII, 624.
CARMEL, I, 29, 100, 506; IV, 492.
CARNÉADE, II, 327.
CARNONTE. Marc-Aurèle à Carnonte, VII, 255, 272, 481.

CARPOCRATE et carpocratiens, V, 184 note 2; VI, 172 note, **179-181**, 183; VII, 123, 139, 541. — Statues de Jésus, VI, 180. — Idées sur Jésus, VI, 180. — Résurrection, VI, 180. — Magie, VI, 180. — Compromettent l'Église, VI, 181 et note 1. — Nicolaïtes, VI, 181-182. — Esclavage, VII, 606.
CARPOPHORE, VII, 611 note 1.
CARPUS, III, XXXIII, XXXIV, 439.
CARTHAGE, IV, 175; VI, 8, 9; VII, 451, 457, 500. — Caricature, VII, 64-65. — Grec, écoles, VII, 455 note 3.
CARURA, III, 332.
CASIOUN, VI, 240.
CASIUS (Mont), II, 218, 221; III, 2-3.
CASPERIUS ÆLIANUS, V, 377-378.
CASPIENNE (Mer), IV, 447 note; V, 501.
CASTABALE, V, XII.
CASTOR ET POLLUX, III, 558.
CASTRA PRÆTORIANA, IV, 5, 6, 310.
CASTRATION, VI, 192, 241 note 1, 302, **372**, 436 et note 6. — en Syrie, VII, 459. — interdite, VII, 534 et note 3, 535 note. Voir EUNUQUES.
CASUISTIQUE, III, 486 et suiv.; V, 4-5, 7-9, 16, 37, 67, 68, 97, 168, 449, 509; VI, 195, 199, 252. — Préceptes pour lesquels on doit mourir, VI, 216. — Fin de l'originalité, codification, VI, 245. — Cas de conscience, VII, 40 et note 1, 41.
CATACÉCAUMÈNE. Voir PHRYGIE BRULÉE.
CATACOMBES, IV, 192 note 2, 193 note 1; VII, **536** et suiv. —

Catacombe juive, IV, 192 note 2, 193 et note; VII, 537 note 1.
— Catacombe de Domitille, V, **342-344** et notes; VII, 536 note 1, 539 note 5. — de Naples, VI, 423 note 4; VII, 537.
— de saint Calliste, VII, 70 note, 454 et note 2. — de saint Sébastien, VII, 535-536.
— Inscriptions, VII, 536, note 1.
— soin des catacombes, VII, **537-539**.— Lieux saints, VII, 538. — *Cubicula, scholæ, triclinium,* VII, 538. —masquées, VII, 539 et note 5. — Vibia et Vincentius, VII, 578 et notes 1 et 4; 579 et notes 1 et 2.

CATAPHRYGES, IV, 89; VII, 237. Voir PHRYGIENS.

CATÉCHISTE, III, 239, 361; V, 83, 95. — Femmes catéchistes, III, 243-244; VII, 96, 386, 431.

CATÉCHUMÈNE, III, 239; VII, 431, 528. — Rite prétendu, VII, 395-396.

CATHARES, VI, 529; VII, 169, 237, 240, 248.

CATHEDRA, VI, 89, 422. — Protocathédrie, VI, 420 note 4.

CATHERINE DE SIENNE (Sainte), I, 540; VII, 216.

CATHOLICISME, V, II, XIX, 75, 448; VI, 351, 363. — Église catholique, VI, 451 et note 3; VII, 416. — Le mot: V, XVIII; VI, 365 et note, 456 note 2; VII, 96 et note 2, 404 et note, 418.
— Rome centre, V, II, 448; VI, 348-349, 445.—Clément Romain, V, 316, 333-334. — Origine à Rome, V, 333; VII, 96. Voir LUC. — opposé à l'Orient. V, 461. — en Pastorales, VI, 103 et suiv. — Emprunts au gnosticisme, VI, 155. — opposé aux prétentions gnostiques, VI, 168-169. — Développement logique, VI, 279. — Avenir du catholicisme, II, LIX et suiv. — résulte de la fusion de Pierre et Paul, VI, 335. — Corrections catholiques de livres hérétiques, VI, 521, **522**, 526. — Saints, fêtes d'origine hérétique, VI, 522. — Église moyenne, VI, 526. — atténue les pratiques gnostiques, VI, 531. — en *Reconnaissances*, VII, 86. — Constitution définitive, VII, 113. — Emprunts aux hérésies, VII, 114.
— recueille les hérétiques, VII, 139, 158. — Opposition du montanisme, VII, 222, 223.
— Bon sens moyen, VII, **235, 239, 247,** 297, 329, **405-406.** Caractères négatifs, VII, 406.
— rejette les extrêmes, VII, 406. — Irénée, VII, 342. — Celse, VII, 361-362. — Théophile, VII, 389. — Progrès, VII, 405 et suiv. — Règle fixe, VII, 409. Voir PRESCRIPTION.
—Pseudo-Ignace, V, 495; VII, 418 et suiv., **420.**—Obéissance, VII, 420. — Hégésippe, VII, 422-423. — de nos jours, VII, 631. — Désespoir, VII, 641, 642.
— Avenir, VII, 642.

CATHOLIQUES (Épîtres), III, LXXII note 2; VI, 49; VII, 173. Voir CIRCULAIRES.

CATON L'ANCIEN, II, 319.

CATON D'UTIQUE, V, 381; VII, 5, 260.

CATULLE, gouverneur de Cyrénaïque, IV, 539.
CATULLUS MESSALINUS, V, 345.
CAUCASE, IV, 447 note ; V, 501.
CAVERNE des trésors, VII, 144 note 2, 182 note.
CAYSTRE, III, 332.
CÉBÈS (le Tableau de), VI, 414 note 5.
CÉDRON, I, 352, 369, 404, 429, 521 ; II, 80 ; IV, 425 note 1, 510 ; V, 353 et note 1 ; VI, 261 note 3.
CELER, architecte, IV, 142.
CELESTE (vierge ou déesse), VII, 570 note.
CÉLIBAT, I, 320 ; II, 86 ; III, 78, **244**, 394 et suiv. ; VII, 201 note, 208. Voir VIRGINITÉ. — Le judaïsme et le célibat, III, 397 ; VII, **549-551**.—Mendaïtes, V, 464. — conseillé, VII, 383. 407, **549-550**, 558 et note 1. — ecclésiastique, VII, **534-535**. — Idée romaine, VII, 550 note 2.
CELLÆ des apôtres, IV, 191.
CELSE, I, LXIV note 2 ; V, 460 note 2 ; VI, 74, 268, 299 note 5, 313, 493. — A Rome, VII, 361. — Celse et le surnaturel, VI, 431 et note 3 ; VII, 346 et suiv., 378. — Celse et les Évangiles, VI, 501. — Religion nationale, VII, 60. — Railleries, VII, 64 note 4, 374 ; VII, **345** et suiv., 398, 420 note 4, 424. — Son point de vue, VII, 346, 393, 592 notes. — Rapports avec Lucien, VII, 346-347, 373. — Caractère, VII, 347. — Indécision, VII, 347-348.—Sa théologie, VII, 348-349, 373. — Surnaturel d'État, VII, 349-350. — Patriotisme, VII, 351, 365, 373-374, 434, 595. — Dieux nationaux, culte, VII, 351, 373. — Juifs ont tout volé aux Grecs, VII, 351. — Jugement sur le christianisme, VII, 352 et note 3. — *Discours véritable*, VII, 352. — Son érudition, VII, **352** et suiv., 373. — Sa bible, VII, 353. — Sa littérature ecclésiastique, VII, 353-354. — Sa légende de Jésus, VII, 354. — Exégèse, VII, 354 et suiv. — Vie de Jésus, VII, 356 et suiv. — Christianisme, VII, 360 et suiv., 404 note. — Judaïsme, VII, 366. — se rapproche du christianisme VII, **369-370**, 448 note 1.—Histoire du livre, VII, 371-372, 390. — Origène, VII, 371, 372 et note 1. — Raison d'État, VII, 375.
CELSE, médecin, II, 330.
CELSUS, traducteur, VI, 263 note 2 ; 267 note 3.
CELTES en Thrace, III, 136. — Caractère, III, 205. — Langue celtique, Irénée, VI, **469, 472** ; VII, 250-251. — superstitieux, VII, 629. — christianisés, VII, 635, 636, 637.
CÉNACLE, sur le mont Sion, V, 18, 57, 58, 59, 447 ; VI, II.
CÈNE (la). — Récit de la Cène, I, XIII, LXXVI, **312** et suiv., **399-401**, 498-499, **518-520**. — Supériorité du 4e Évangile, III, 261, **403** et suiv. Voir EUCHARISTIE. — En Paul et Luc, V, 269-270, **284, 478**. — Transfert du soir au matin, II, 82 ; III, 263 ; V, 478 ; VII, 502, 519.

— Une fois par semaine, III, 263 ; V, 478.— Transformations, III, **264** et suiv., 266 et suiv. — Cène mithriaque, III, 269. — Sens pour Paul, III, **403** et suiv. ; IV, **60.** — Récit de Justin, VI, 374. — Récit de Paul, V, 78 et note 1. — Formules, V, 78, note 1. — en Évangiles, V, 85. — Pâque et la Cène, VI, 445 ; VII, 205. — Jeudi saint, VII, 205. — Montanistes, VII, 221. — Exclusion du vin, VII, 166, 221.— Tableau de Cæcilius, VII, 396. — Azymes VII, 509. — Vases, VII, 528-529. Représentation, VII, 543.

CÉNÉDÉE, IV, 260.

CÉNOBITIQUE (Vie) des apôtres, II, **75** et suiv., 78, 131 et suiv., 147 et suiv. Voir MONACHISME.

CENSURE des mœurs, VI, 102-103.

CENTURIONS vertueux, II, XXII, 203 ; V, 254, 260 note, 267, 439.

CÉPHALONIE, VII, 123.

CÉPHAS. Voir PIERRE. I, **155-156** et note, 164-165 ; III, **316, 317, 386,** 400 ; V, 327, 544 ; VII, 70.

CÉRÉALIS, IV, 492, 510.

CÉRÈS (Prêtresses de), IV, 168.

CERDON, évêque d'Alexandrie, V, 171.

CERDON, hérétique, IV, XXXV. — Sa doctrine et sa vie, VI, **321-322, 349,** 352, 353, 357 note 3, 360, 434 ; VII, 157.

CERDONES, V, 301 note 3, 339.

CÉRINTHE, I, LXXI. — à Éphèse, IV, 88 ; V, 184 note 2. — Système gnostique, christologie, V, **417** et suiv. — Scandale, V, **420.** — Cérinthe et Jean, V, 420-421.— Docétisme, V, 421, 462 ; VI, 55. — anathématisé, V, 422 et suiv. — Cérinthe et Paul, V, 422.— Cérinthe et *Ebion*, V, 423 et note 1. — Légende, V, 423. — premier hérétique, V, 423-424 ; VI, 142. — Deux Cérinthe, V, 423 note 3. — antijuif, V, 423 note 3, 151. — Cérinthe auteur de l'Apocalypse, IV, XXXV-XXXVI ; V, 418 note 3, 430-431 ; VI, 53 note 4. — Cérinthe et les écrits johanniques, VI, 46 note 1, 47 note 3, **53-54.** — Spectre de Jean, VI, 53, 54. — Impostures apostoliques, VI, 53. — Épiphane, VI, 53-54. — millénaire, V, 423 note 3, 132 note 1. — Cérinthe et les gnostiques, VI, 152.

CÉRYGMES de Pierre et de Paul, IV, 28 note, 30 note, 188-189 note ; V, 445 et note ; VI, 320, 324, **327** et notes, **328, 336,** 520. — Rédaction ébionite, VI, **328** et suiv., **329,** 336, 341, 342 note 1. — Précautions, VI, 330. — Importance, VI, 331. — Retouches, VI, 332, **336.** — Position dans le canon, VI, **340-341.** — Naïvetés, VI, 340, 341. — Roman pseudo-clémentin, VII, 74. — Dédicace à Jacques, VII, 75, 76 et note 1. — Transformation, VII, 76. — lus par Héracléon, VII, 118. Voir PÉRIODE.

CÉSAR (Jules), II, 329, 331, 341, 355 ; III, 29, 177, 178, 181, 212 ; V, 148, 366, 382, 506. — César et les Juifs, II, 288. — Génie de

César, II, 304; IV, 150; V, 378. — Ses idées sur la liberté de conscience, II, 347; V, 394, 397, 406 note 1. — premier empereur, IV, 402 et note 2; V, 366 et note 3, 374; VI, 13.

Césars (les), II, 304 et suiv., 309, 323, 332, 340; III, 177; IV, 354, 493; V, 220, 408; VI, 2; VII, 5, 6. — Les sept têtes du dragon, IV, 407 et notes, 413, 432. — Le denier dû à César, I, 64, 123, **360-361**, 417, 422-423; V, 309. — Appel à César, causes religieuses, III, 527 note, **543**; IV, 5. — Honneurs sacrilèges, IV, 154 et note. Voir Empereurs. — Césarisme, IV, 123, 138. — Vœux pour l'empereur, IV, 244. — Culte des Césars, VII, 185, 186. — Orthographe sémitique du mot, IV, 415-416 note. — Adoption et hérédité, V, 142-143, 378; VII, 478-479. — Horreur, V, 225. — Anti-Césars, V, 366, 368. — Antipathie contre les Césars, V, 384 note 2. — *Cæsariani*, VI, 190 note 3. — Titre, VI, 367-368 note, 456. — La fortune de César, VII, 57. — Temps des Césars, V, 245. — Nom de César consacré, VII, 487. — Les Césars en mauvaise part, VII, 490. — Chrétiens de la maison de César, VII, 55 et note 2, 491, 497 note 1. Voir Chrétiens. — Opposition de César et de chrétien, VII 616 et note 5.

Césarée de Palestine, I, 34, 41, **161**, 244, 249, 250; IV, 416 note. — Philippe à Césarée, II, **160-161**, III, 506. — port du christianisme, II, 161-162. — Pierre à Césarée, Cornélius, II, 202 et suiv.; III, 282. — Paul à Césarée, II, 213; III, 280, 506, 507, 508. — Procurateur à Césarée, III, 532, 532, 541, 241. — Paul renvoyé à Césarée, III, 531-532, 533. — Festus, III, 541, 542. — Agrippa et Bérénice, III, 543. — Vespasien et Titus, IV, 279, 302, 486, 493, 500, 501, 522, 525; V, 132. — opposée à Jérusalem, II, 161; III, 523; IV, 232 note 235. — Rixes, III, 541; IV, **254-255**. — Massacre des Juifs, IV, **253** et suiv. — Docteurs juifs, V, 25, 534. — Bibliothèque, V, 102. — Route, VI, 202. — Ælia subordonnée à Césarée, VI, 263 et note 1; VII, 199, 205 note, 412 note 2. — École, VII, 179, 431. — Origène, VII, 431.

Césarée de Philippes, I, 30, 149, 151-152, 236, 361 note; IV, 522, 525; V, 129; VI, 278, 309 note 3.

Césarée de Cappadoce, III, 26.

Cestius Gallus, légat de Syrie, sa campagne contre les Juifs, IV, **259-263**, 268, 269, 273.

Cestrus, III, 31, 32.

Cévenols (Protestants), hallucinations, II, 16-17, 61, 68. — Chants, II, 101 note 2.

Chæréa, II, 194.

Chair, III, 468; VI, 167 note 4, 174, 179; VII, 426. — Anathème, VI, 179. — Délivrance, VI, 180. — Fin des sexes, VI, 185. — Macération, VII, 171. — Mar-

cion, VI, 355. — Jules Cassien, VII, 168.
Chalcis, II, 244; V, 467.
Chaldée, rits chaldéens, II, 96; IV, 323-324; VI, 347. — Chaldéens, IV, 421.—Astrologues, IV, 484. — Pseudo-Chaldéens, VII, 107. — Bardesane, VII, 438, 439 et notes, 441.
Chalon, VII, 289.
Cham, prophéties prétendues, VI, 162.
Chameau et le trou de l'aiguille, I, 183 et note.
Champ de Mars (Juifs au), III, 101 note 5. — L'Icare, IV, 36, 419 note; VI, 326.—Tombeau de Néron, VI, 314. — Synagogue, V, 234.
Chanaan, IV, 122; VI, 354.
Chananéenne (la), I, 66; V, 119, 207-208, **210-211**, 273.
Chandeliers dans l'Apocalypse, IV, 361, 362, 363.—Chandelier à sept branches, IV, 530. — Chandelier renversé, VII, 396.
Changeurs (mot de Jésus), I, 187; VI, 499; VII, 86 note 2, 154 et note 1.
Chant chrétien, II, 99-101; VII, 525-526.
Char (Visions du), V, 16.
Charandama, II, 218, 229.
Charbons ardents, IV, 392-393.
Charinus (Lucius), VI, 521 note 3. Voir Leucius. — Charinus en Nicodème, VI, 521 note 3.
Charismes, II, 72, 104, 154; III, **258**, 384; IV, 213; VII, **212**, 502. Voir Esprit (saint).—Énumération des charismes, III, 405 et suiv., 410; IV, 81, 213; V, 317, 318-319, 327-328, 333;

VI, II, 416, 419; VII, 407.—Suspicion, VII, 532. — arrêtés par l'épiscopat, VI, 91; VII, 235, 529-530, 532-533.—deviennent sacrements, VI, 91, 93; VII, 236. — en Phrygie, VI, 471. — à Lyon, VII, 290, 299. — Renaissance par le montanisme, VII, 208, 212, 220, 224, 232, 236, 298, 301 note, 530-532. — soumis à l'Église, VII, 213, 236, 238, **240**, 406.
Charité, Institution de la charité, II, **120** et suiv., **199** et suiv., 324, 325; III, 245 et suiv., 406, 475; IV, 77. — Morceau de Paul, III, 408; V, 327, 333, 410. — en Asie Mineure, VI, 432, 433. — « Voyez comme ils s'aiment, » VII, 65 note 5, 99, 375, 395, 573 et note 2. — Assistance, VII, 451 et note 3. — chez les païens, II, 317, 320; VII, 562 note 2.
Charlatanisme religieux, V, 407; VII, 362, 365.
Charlemagne, VII, 415.
Charta, III, 234 note 2.
Chasteté, III, 246, 395. Voir Pudicité. — Attrait, IV, 10-11, 422; V, 318; VI, 153, 233 note 2, 270, 411, 436 et note 6; VII, 169, 175, 534 note 3, **551-552**. — maladive, VI, 343-344, **414-415**. — Exemple, VI, 372. — Actes de saint Thomas, VI, 524-525. — en *Reconnaissances*, VII, **78**, **91-93**. — en roman chrétien, VII, **242** et suiv. — Chasteté dans le mariage, VII, **243** et suiv., 245. — Montanisme, VII, 243-244. — Chasteté impudique, VII, 245. —

Volupté, VII, **245, 246** et notes, **247-248**.

Chérubim, I, 135; IV, 378; 381, 526. — Porte *Chérubim* à Antioche, IV, 526; VI, 502. — Les Évangiles et le chérub, VI, 502-503.

Chevaux de l'Apocalypse, IV, 393 et suiv. — Leurs couleurs, IV, 472-473.

Cheveux des femmes, VII, 244 et notes 1 et 2, **553-554**.—Faux cheveux, VII, 553.

Chloé, III, 149, 218, 384.

Chiffre de la Bête, IV, **415** et suiv. et notes, 425.

Chine. Sa place dans l'histoire religieuse, I, 3.

Chiliasme, I, 49.

Chios, III, 501.

Chirotonie, III, 238 ; VI, 89 note 6; **93-94** et note 2.

Chnoubis, VII, 51.

Choba, V, 43 note 5. Voir Cochaba.

Chonas, III, 357 note 3.

Chorazin, I, 146, 336.

Chrème (Le saint), VII, 144.

Chrestus (Sédition de), II, 234; III, **99, 100, 110-111**, 112.

Chrétiens (Nom de), II, **233-236**; III, 99, 100 et notes; IV, 37, 46, 49, 110, 120 ; VI, 285 et note 3, 369, 372; VII, 444, 594, 607. — en Phrygie, III, 363. — à Rome, IV, 37. — Chrétiens à Jérusalem, VI, 21, 196. — opposés à la reconstruction du temple, VI, 24 et note 2, 277-278. — dans Ælia, VI, 26. — Idée de Vénus sur le Golgotha, VI, 28. — Devoirs des chrétiens, VI, 100-101. — Chrétiens responsables des malheurs, IV, 37, 38, 39. — Calomnies inhérentes. Voir Calomnies. — Interrogatoires, VII, 307, 310, 311, 313, 325, 329, 331. — Néron rejette sur eux l'incendie, IV, 153 et suiv. — Causes de cette accusation, IV, 156-159. — Hypothèses, IV, 159-161. — Rôle des Juifs, IV, 159-161. — Chrétiens persécutés pour leur nom, IV, 110, 120, 185, 197 ; V, 477 note ; VI, 31-32, 302, 487, 492 ; VII, 66, **384**. — *Flagitia cohærentia nomini*, IV, 155, 166-167; V, 402, **477**; VI, 369 et note 2; VII, **384**. — Nom honnête (*chrestos*), VI, 369 et note 3. — *Chrestiani*, VI, 368 note 3. — Supplices des chrétiens en 64 ; IV, **165** et suiv. — hors la loi, 184-185. — solidaires des Juifs, IV, 259, 276-277, 286, 321 ; V, 38. — Avanies de la capitation, V, 128-129. — Soumission à Rome, V, 135. — persécutés par Domitien, V, 287-288, 290 et suiv.

Préjugés contre les chrétiens, VI, **305** et suiv.; VII, 54. — Causes des fléaux, VI, 308. — Le bas peuple, VI, 308-309. — Traits communs avec les épicuriens VI, 310-311, 429 ; VII, 374. — Chrétiens et stoïciens, VI, 311 et suiv. — Chrétiens et cyniques, VI, 312-313. — solidaires des sectes, VI, 372. — Nom de chrétien ne sauve pas, VI, 421. — Morts à effet, VI, 466.

Rôle des chrétiens à Jérusalem pendant la guerre de 70, IV, **289** et suiv., 290, 234; V, 135. — Leur fuite, IV, 294 et suiv. — escomptent la fin de Rome, IV, 494, 497-498. — sympathiques aux révoltés, V, 38. — Idéalisme, V, 38. — écartés sous Trajan, V, 391 et suiv., 393. — État légal par suite du rescrit de Trajan, V, 480-484. — Chrétiens de la maison de l'empereur, V, 393; VII, 55 et note 2, 66 note 2, 491, 497 note 1. — Apulée, VII, 377. — Situation exceptionnelle, VII, 381-382, 397. — Leur dieu impuissant, VII, 397. — Près de Commode, VII, 491. — ennemis de Rome, VII, 616.

Chrétiens ne se révoltent pas, VI, **196**, 207, 261 et note 4. — Bar-Coziba les persécute, VI, **206**, 261 note 4; VII, 617. — Avantages de cette révolte, VI, 259, 261. — Tranquillité dans le malheur, VI, 218. — en dehors de la politique, VI, 237, 262, 276.

Rapports des Juifs et des chrétiens, V, **64** et suiv. — viennent des Juifs, IV, 511. — Connexité, IV, 545. — Communauté littéraire, V, 37, 38. — Exclusion des synagogues, V, 72-73. — Conversions, V, 73. — Opinion sur la mort de Titus, V, 153-154. — Juifs et chrétiens confondus, V, **231** et notes, 481-482 et notes. — Distingués par Tacite, V, 231 note 2. — se séparent des Juifs, V, 511, **513** et suiv. — Livres passent des Juifs aux chrétiens, V, 517 note 2, 530. — gardent des livres que les Juifs délaissent, V, 529-530. — Juifs et chrétiens en Galilée, V, 533. — Juifs chrétiens, VI, 12, 13, 17. — Rupture avec les Pharisiens, VI, 257. — Haine des Juifs et des chrétiens, V, 7, 11, 39; VI, **259** et suiv., **276** et suiv. — Controverses, VI, **263** et suiv. — Progrès dans la séparation, VI, 274, 276. — Chrétiens et *Thora*, VI, 274-275. — Substitution, nouveau peuple, VI, 276. — Chrétien=juif, VII, 84. — vivent entre eux, VII, 98-99. — Juifs et Grecs, VII, 424, 426-427. — Tableau de l'épître à Diognète, VII, **425-427**. — Mœurs, VII, 54. — Chrétiens et Marc-Aurèle, VII, 55. — Vie privée, VII, 545-546. — Bains, VII, 555, 556 note 1. — Leur air, VII, 557. — Patriotisme, VII, 592-593. — Sujets loyaux, VII, 593-594. — Service militaire, VII, **594-596**. — Les honneurs, les charges, VII, 596. — Tribunaux, VII, 597. — pas superstitieux, VII, 629.

CHRÉTIENS de Saint-Jean, I, 102, 211. Voir MENDAÏTES.

CHRISMON ou CHRISME, VII, 529.

CHRIST, II, 234; V, 478; VII, 317, 502-503, 504, 505. — Membres du Christ, III, 395. — Christ soumis à Dieu, III, 414. — supérieur à tout ce qui n'est pas Dieu, IV, 79, 94. — Nom de Christ, IV, 49. — Nouveau nom, IV, 369 et note 3. — Modifications de l'idée, IV, 75-76. — Christ résume, concilie tout, IV, 77, 81. — Christ=Dieu, IV, 77, 82. — Œuvre de Christ, IV, 80. — Le chrétien en Christ, IV, 80-81. — Théorie mystique, IV, 83, 84. — Rôle en Apocalypse, IV, 382 et suiv. — Intronisation, IV, 382-384. — ouvre les sceaux, IV, 382 et suiv. — Inauguration, IV, 443, 444. — Règne de mille ans, IV, 446. — Christ en Jésus, V, 50, 419, 420, 421 note. — Formule XMΓ, V, 51 note 2. — Souffrances, tombeau, V, 321, 419, 421; VII, 134.

Éon Christos, VI, 55, 151, 152, **171-172, 173, 174,** 321; VII, 134, 147. — sauve l'homme, VI, 178. — Christ et Serapis, VI, 189. — Christ de Marcion, VI, 357, 358. — L'Ange vénérable, VI, 410. — Second Christ des elkasaïtes, VI, 410. — Christ géant, intermittent, VI, 508, 509. — Orthographe, VI, 535 note 2. — Christ éternel, VII, 83. — Adam-Christ, VII, 84. — Christ=vérité, VII, 109. — Christ d'Apelle, VII, 153. — Naissance, Prépon, VII, 157-158. — Méliton, VII, 182, 183. — inférieur au Père, VII, 189. — créé, VII, 182, 183, 189 et note 3. — obéit au Père, VII, 418. — devient Dieu créateur, VII, 505. — Réapparition, VII, 508.

Parti de Christ à Corinthe, III, 378, 386, 446. — Christologie, disputes, V, 421,**424,** 457; VI, 55, 177, 285, 347-348 note, **505**. — Liberté de la christologie, VII, 409. — Successions de christs, V, 457-458; VI, 184 note 1. — En Hermas, VI, 417. — en *Reconnaissances*, VII, 84. — chez Tatien, VII, 165, 166. — chez Méliton, VII, 181, 189. — Celse, Justin, VII, 354. — Christ et l'évêque, VII, 418. — Christ et l'Église, VII, 419. — Temple à Christ, VI, 43.

Christ, représentations, I, 260; VII, 125, 145. Voir Images.

Christianisme, le mot, VII, 420 et note 4, 503 et note 1. — En quel sens nous sommes chrétiens, I, xxx. — Sa naissance, I, 1 et suiv.; II, ii. — ruine l'empire romain, I, 455. — Christianisme et religion, I, 462. — Sa nécessité, II, LXIII et suiv. — Raisons de son triomphe, II, 366 et suiv.; III, 260-261, 273-274. — Haine du genre humain, IV, 36-37. — Revanche du judaïsme, IV, 534. — Ruine de Jérusalem, fortune pour le christianisme, IV, **545** et suiv. — Quand formé, V, III. — Embryon, V, IV. — Christianisme et judaïsme soudés encore, V, 38. — Christianisme et Talmud, V, 67. — sous les Flavius, V, 128 et suiv., 155. — Propagation, V, 155 et suiv. — indécis, V, 167, 169-170, 231, 237. — sans Jésus, V, 228. — Esprit chrétien, V, 232. — Origine juive, V, 264. —

retardé, puis déborde, V, 411.
— Mendaïsme et christianisme, V, 464. — Champ du christianisme, tout romain, V, 468. — Progrès, V, 473 et suiv. — opposé au judaïsme, V, 482-483 ; VI, i. — Tentatives parallèles, VI, iii. — Cause de son succès, VI, iv. — Rupture avec le judaïsme, VI, 77, 123, 259. — Séparation du judaïsme, V, iii, 375 ; VII, 503, 509. — Deux religions distinctes, V, 48 ; VI, 445-446. — Christianisme et judaïsme, VI, 350, 362, 382, **557**. — Haine, VII, 503. — confondu avec le judaïsme, VII, 449 note 1, 503 note 1. — Deux christianismes, VII, 194-195.

Le christianisme et Domitien, V, 293, 295 et suiv., 297-298, 301, 302. — Le christianisme et les grands empereurs, V, 392 et suiv., 397 et suiv., 469-470. — Lois contre le christianisme, V, 398, 401. — parallèle à l'empire, V, 398 note. — Termite de l'empire, V, 482-483. — Paix possible avec l'empire, VI, iv. — Absolutisme, VI, v. — sous Adrien, VI, 5-6. — Christianisme en Égypte vers 130, VI, 188-189. — à Ælia, VI, 259-260, 262. — Pessimisme à l'égard de l'empire, VI, 297 et note 1, 298 ; VII, 63. — Guerre des deux, *ibid*. — ami de l'autorité, VI, 308-309, 490. — Le christianisme selon Marcion, VI, 356, 359. — n'agit pas sur les lois antonines, VII, 23 note 1. — Le christianisme et l'empire, VII, **283, 286, 369-371, 385, 619** et suiv.—Commode, VII, 491 et suiv. — Les empereurs et les impératrices dits syriens, VII, 495, 496, 497 et note 1.

Le christianisme verse dans le dogmatisme, VI, 83-84. — non représentatif, VI, 91, 93. — anticonstitutionnel, VII, 594. — Christianisme et gnose, VI, 145 et suiv., 150, 151, 166, **183-184**. — admet une part d'hellénisme, VI, 246. — Controverse, VI, **263** et suiv. — Théologie, VI, 285, 286. — Progrès au iie siècle, VI, 294. — presque complet vers 160, VI, i. — ensemble de toute vérité, VI, **387-389**. — Publicité, VI, 493 ; VII, 448-449. — Décadence de l'art, VII, 47. — Situation légale à part, VII, 59-60, 63. — Prophéties contre, VII, 63. — responsable des malheurs, VII, 63. — religion parfaite, VII, 86, 106. — rationnelle, VII, 108. — Celse, VII, 352 et suiv., **366-367**. — religion absolue, VII, 366. — Position isolée, dogmatisme, VII, 366, 391. — religion de villes, VII, 410. — Moyenne intellectuelle, VII, 445. — Extension géographique, VII, 447 et suiv., et la carte à la fin de ce volume. — *Genus tertium*, VII, 449 et note 4, 503. — complet vers 180, VII, 503, 504, 507, 508. — Diversités intérieures, VII, 510. — anti-esthétique,

4

VII, 554-555. — Le christianisme et le monde, VII, 555 et suiv. — Raisons de sa victoire, VII, **561** et suiv., 582-583, **585**. — idéal de justice sur terre, VII, 561, 562. — religion de pardon, VII, 568. — Part du surnaturel, VII, 582-583. — En quel sens le christianisme était un progrès VII, **582-583**. — Suppression des sacrifices, VII, 584. — culte pur, VII, 584. — Foi en Jésus remplace tout, VII, 584. — Théocratie, V, 399 ; VII, 587. — révolution sociale, VII, **589** et suiv. — Fin de la patrie, VII, 591-592. — État dans l'État, VII, 592. — Mariages mixtes, VII, 597 et note 2. — Révolution économique, VII, **598** et suiv., **601** et suiv. — Esclavage, VII, **605** et suiv. — Christianisme libéral, VII, 625. — transformé par les convertis, VII, 626, 631, **634**. — Superstitions introduites, VII, 620. — Préjugés grecs, VII, 631. — Valeur relative, VII, 634-635. — s'aryanise, VII, 635, 636, 640. — Christianisme occidental, VII, **635, 640**. — Miracles inhérents, VII, 638. — Le christianisme et la science, VII, 638-639. — Christianisme pur, VII, 640 et suiv. — Bonnes parties, VII, 643-645. — Modèle d'associations, VII, 645.

CHRISTODULE (Saint), IV, 372-373 note, 375 note.

CHRISTOPHE COLOMB et l'Apocalypse d'Esdras, V, 371.

CHRONIQUE PASCALE, VII, 198 notes 1 et 2.

CHRYSÉRÔS, VII, 387 note 3.

CHRYSIPPE, II, 327, 341 ; VII, 8 note 3, 593 note 3.

CHRYSOPHORA, VII, 175.

CHYPRE, I, 105, 106, 134, 224, 282, 285, 373 ; III, 32, 504, 548 ; VII, 622. — Paul et Barnabé à Chypre, III, **13** et suiv., **19** et suiv., 55, 120-121, 563 note ; IV, XVII ; V, 164 note. — Massacres faits par les Juifs, V, 505-506, 510-511, 531. — Haine contre eux, V, 506. — Valentin, VI, 166, 349 ; VII, 117. — Ébionites, VI, 280, 284.

CICÉRON, III, 178, 179, 181. — Cicéron et les Juifs, II, 288, 292, 295, 328, 329 ; IV, 331-332 ; V, 406 note 1 ; VI, 479 ; VII, 82, 390 et note 4, 400, 402, 566 note 1. — traducteur prétendu de l'acrostiche sibyllin, VI, 536.

CIEL, CIEUX. Royaume du ciel, I, 82 ; IV, 390 note 2. Voir ROYAUME DE DIEU. — Cieux nouveaux, IV, 449. — Témoin elchasaïte, V, 458 ; VI, 323. — Cieux superposés, II, 238 ; IV, 472.

CIERGES, VII, 517.

CILICIE, II, 138, 163, 168, 213, 254 ; III, 4, 27, 49, 123, 316, 548 ; VI, 1, 427 ; VII, 167, 199-200 note.

CILICIUM, II, 168.

CIMETIÈRES juifs à Rome, III, 101-102 note, 103 note, 105 note ; VII 536, **537** et note 1. — Cimetières chrétiens, IV, 191 note 4, 193 note 2 ; VII, **536**

et suiv. Voir Catacombes. — Sens du mot, VII, 538 et note 1. — lieu ecclésiastique, VII, 539.
Circoncellions, VII, 62, 232, 243.
Circoncision, origine, VI, 254 ; II, 254 ; III, 55-56. — Les Juifs et la circoncision, III, **60** et suiv., 62-63, 312, 322, 323. — Grande affaire de la circoncision, III, **57** et suiv., 311. — Lutte pour le maintien ou la suppression de la circoncision, II, **xxxiv** et suiv., xxxviii ; V, 237-238 ; VII, 425. — Paul et la circoncision, III, 72 et suiv., 125, 257, **318-322**, **464**; IV, 21, 81, 94. — Double courant, III, 73, 74. — Concile de Jérusalem, III, **81** et suiv. — Inconvénients, III, **66** et suiv., 69. — Incommodité en lieux publics, VII, 556. — Affaire de Titus, III, 88-89. — Éclat d'Antioche, III, **295** et suiv. — Affaire de Galatie, III, **311** et suiv., **322-323**. — à Corinthe, III, 377. — Circoncisions de païens par force, IV, 299 ; V, 32, 526 ; VI, 241. — Pseudo-Barnabé, V, 375. — Elchasaïtes, V, 457. — Évêques circoncis, V, 531. — Chrétiens circoncis et incirconcis, VI, 262. — Nazaréens, V, 49. — *Improfessi*, etc., V, 231 note 2, 235, 236 note 3, **238**, 239. — Interdiction de circoncire les non-Juifs, V, **238-239** ; VI, 302. — Circoncision de Jésus, V, 279. — de Clemens(?), V, 309. — Lois romaines, VI, 192 et notes 2 et 3, 193, 214, 215 note, 241 et note 1, 254, 302. — Recirconcis, VI, 192, 201. — Réjouissances, VI, 216. — interdite aux Samaritains, VI, 222-223. — Païens, VI, 254. — Judéo-chrétiens, VI, 330. — mauvaise chose, VI, 382-383. — Son but selon Justin, VI, 382, 383. — Vanité, VII, 425. — tolérée par les chrétiens, VI, 275-276. — Chrétiens l'observant, VII, 508. — Baptême, VII, 526.
Circulaires (Épitres), III, **xv** et suiv., **xxi**, **xxii**, **lxxii** et suiv., 229 et notes, **461-462** et notes ; IV, **90** et suiv., 95, 110, 111, 113 ; VI, 105 note 2, 462 ; VII, 409, 410.
Cirque, IV, 130-131, 163, note 3. — Grand cirque de Rome, IV, 145, 305 et note. — Cirque de la place Saint-Pierre, IV, 165, 166 et note, 182 et note, 188 note, 195, 217 note 1.
Cirtha, VI, 493 note 1 ; VII, **390-391** et note, **396**, **402** note 3, 457.
Cithéron (le), IV, 170.
Citoyen, antithèse du chrétien et du citoyen, I, 126-127, 327 ; III, 478. — Citoyen romain, III, 153, 526-527, 543 ; V, 477, 486 ; VI, 471, 473 ; VII, 325, 329, 332. — Citoyen du ciel, VII, 428, 591, 592.
Cittium, III, 14.
Civitas, l'évêque, la petite ville, VII, 410, 412.
Claranus, V, 382.
Classiques (Faux), V, **160-163**.
Claude, empereur, II, 156, 175 note 2, 243-244 ; III, 221, 222 ;

IV, 407 et note, 432. — favorable aux Juifs, II, 245-246, 249, 252-253, 282, 288, 305, 307, 348-349 ; III, 27, 39, 44, 111, 524 ; IV, 158, 165, 332, 335 ; V, 366, 374, 390, 393 ; VI, 371 ; VII, 303 note 2. — En religion, II, 348-349. — Collèges, II, 362. — Claude et Chrestus, III, **99**, 109, 110-111, 214, 483. — *Qui claudit,* III, 255. — Sa mort, III, 255, 339, 534. — livre tout aux affranchis, III, 534, 535. — Famine, IV, 386.

CLAUDE AGATHOCLE, médecin du *Ludus matutinus*, IV, 196 note 1.

CLAUDE (LE LANISTE, IV, 196 note 1.

CLAUDÉ ou CLAUDOS, île), III, 551, 557.

CLAUDIA des *Pastorales*, III, XXXIV ; IV, 14 et note. — Autre, IV, 135.

CLAUDIANUS (?), VI, 190 note 3.

CLAUDIUS LYSIAS. Voir LYSIAS.

CLAUDIUS SEVERUS, le péripatéticien, VII, 9, 10. — « Mon frère », VII, 9, 15 et note 2, 33, 260.

CLAUDIUS MAXIMUS, maître de Marc, VII, 10.

CLAUDIUS EPHEBUS, V, 320.

CLAZOMÈNES, III, 501 ; IV, 240.

CLÉANTHE, II, 167 note 3, 176 et note, 196 et note.

CLEF (la) de Méliton, VII, 181 et note 1.

CLEFS de Pierre, I, 165.

CLÉMENT (de Philippes), III, 147.

CLEMENS (Flavius), II, XXIII, 367 ; III, 16 note 1 ; V, XXXIII-XXXIV, 154, 226 note 4, 227-228 note. — adopte les mœurs juives, V, **227** et suiv., 238. — peut-être chrétien, V, **228-229** et note, 238. — indécis, V, 232. — Apparences, V, 232. — Légende, V, 229 note, 313 note 2. — Consulat, V, 230, 296 — Ses fils, V, 230, 290-291, 342. — Quintilien, V, 230-231. — Luc, V, 256. — mis à mort, V, **296** et note, 297. — dans le Talmud, V, 228 note 3, 308 et note 2. Voir CALONYME. — Confusions, V, 311, 337. — Rapports avec Clément Romain, V, **311-312** et notes. — Sa mort vengée, V, 339 et suiv. — Rôle dans le roman des *Reconnaissances,* confusions, VI, 29 note ; VII, 77 et note 3. Voir FLAVIUS.

CLÉMENT ROMAIN, I, LVI ; II, LI, LVII, 564 note 2 ; III, II, VIII note 1 ; IV, XVII, XIX-XX, XXVII, 30 note, 105 note, 106 note, 160, 211 note 2, 555-556 ; V, XXXIII-XXXIV, 29 note 1, **138** note 1, 157, 295 note 1, 298 note 3. — Confusions et relations avec les Flavius, V, 229 note, 311 et note 3, **312** et notes. — Clément et Luc, V, 254, 442, 444. — Clément et les Pastorales, VI, 95-96 note. — Situation, V, 298 note 3, 301-302 et notes. — ancien de Rome, V, 311. — Caractère, V, 312. — apôtre, V, 313 et note 1. — Origine juive, V, 312 note 1, 313, 331 ; — Judaïsme, concorde, V, 331. — Autorité, V, 314. — Contrôle sur les livres, V, 315. — Mort, V, 316 note 2. — conservateur,

V, 331. — esprit hiérarchique, V, **331-334**. — Relations avec Pierre et Paul, V, 314 et note 4, 341-342 et note 1. — Réconciliation de Pierre et Paul, V, 441-442. — Le traité de l'*Empire de la raison*, V, 305 note 5. — Formules sur Jésus, V, 331. — Sa Bible, V, 334-335. — Ses Évangiles, VI, 497-498 note. — cité, V, 374 note 4; VI, 228 note 2. — Clergé, VI, 89 note 3. — homme de conciliation, VI, 334. — Judith, VI, 559. — eût cité Tobie, VI, 559. — garant du *Pasteur*, VI, 401-402 et notes, 407. — Polycarpe, VI, 144. — Église de Saint-Clément à Rome, V, 313 note 2, **336-337** et notes. — Maison, V, 337; VII, 578 note 3. — Souvenir, V, **336-338**.

Épître, V, viii-x, xvii, 312, note 1, 313 et note 2, **318** et suiv., 374 note; VI, 316; VII, **173-174**. — Authenticité, V, **319**, note 2. — Analyse et traduction, V, **320** et suiv. — Succès de l'épître, V, 335-336. — Canonicité, V, 336; VII, 509 note 3. — Hébraïsmes, V, 313 note 4. — Connaissances, V, 314. — Neutre, V, 314-315. — Agent de réconciliation, V, 314-315, 330. — Église, V, 323 et suiv. — Pouvoir civil, V, 329 et suiv.; VII, 594, 616. — Esprit, V, 330-332. — Style, V, 334. — imite Paul, V, 334. — Passage sur la mort des apôtres, III, 522; IV, 160, 185 note 5, 186 notes, 187, 188, 191, 199-200 note; V, 232-323.

Littérature apocryphe, sous le nom de Clément, V, 315 et note, 319 note 2. — Légende de Pierre, V, 315. — *Constitutions apostoliques*, V, 315. — Caractère hiérarchique, V, 316. — Prétendue deuxième épître, V, 319 note 2, 336; VI, **399-400** et notes. Voir Clément (pseudo-).

Clément (Pseudo-), le roman pseudo-clémentin. — Origine, VI, **323** et suiv., **327** et notes, 328-329 note. — Première rédaction, VI, 329 et note 1. — Rôle de Simon de Gitton, VI, 324 note 1. Voir ce mot. — Philosophie, VI, 388. — Évangiles de l'auteur, VI, 59-60 et notes, 73, 344, 500 note 2. — Succès, VI, 495. — Théologie, VI, 525. — Homélies pseudo-clémentines ou *Reconnaissances*, I, lvi, lx, lxxiv et note; III, 288 note 2, 299-300 note, 303-304 note, 306 note 4; IV, ix; V, 138 note 1, 229 note, 247 note 1, 313 note 2, 337, 445 et note, 458 note 1, 459, 538; VI, 539; VII, **74** et suiv., 409, 418 note 4, 420, 440 et note 2, 459 note 3. — Rédactions diverses, VII, 75 et notes. — Clément et Pierre, VII, **75-76**, 94. — Jacques, VII, 75, 76 et note 1, 76, 95. — L'auteur, VII, 74, 80. — Hostilité contre Paul, VII, 76, 77, 87, 88. — lisible pour les catholiques, VII, 77. — Cadre, VII, 77-78. — Nom et rôle de Jésus, VII, 82 et note 5, 86 et note 2. — Théologie et christologie,

VII, 82 et suiv., 88, 152, 505. — Syncrétisme, VII, 86, 87. — Conciliation, VII, 87. — Caractère, VII, 89. — Fortune, VII, 89. — Corrigé, VII, 89-90. Rapports avec les *Constitutions apostoliques*, VII, 90 note 2, 95 et note 3. — Épiscopat, VII, 90-91. Voir Constitutions apostoliques. — Clément garant des faux livres, VII, **74, 93-94, 95**. — Caractère des écrits pseudo-clémentins, VII, **95** et suiv. — Organisation, VII, 95, 96.

Clément d'Alexandrie, III, liv-lv, lvii, lviii, 199; IV, xxxv, xxxix, 343 note 1, 563, 564; V, vi, 312 note 2, 319 note 2, 371; VI, 50 note, 158 note 1, 228 note 2, 267 note 2, 422, 509 note 2; VII, iii, 95 note 1, 105 note 3, 107, 118 et note, 197-198 note, 354, 435, 506, 511, 512, 513, 560, 612. — Son idée de la philosophie, VII, 108, 110. — gnostique, VII, **140**. — contraire au montanisme, VII, 226. — Pantænus, VII, 432-433. — Hymne à Christ, VII, 526. — Patrie, VII, 591.

Cléobius, II, 273; V, 451; VI, 147.

Cléodème, V, 245.

Cléonyme, VI, 29 note.

Cléopas (d'Emmaüs), II, 18 et suiv.

Cléopatre, IV, 139, 527.

Cléopatre, femme de Gessius Florus, IV, 240.

Cléophas, I, 25-27; V, 58 note 2, 546, 548. — frère puîné de Joseph, V, 544, 545. Voir Alphée. — Famille de Cléophas, IV, 290, 548; V, 55 et suiv., 56 note, **466-467** et note, **539** et suiv.; VI, 58-59 et note. — Titre, V, 466, 549; — sous Trajan, V, **496-497**. 540, 549. Voir Famille de Jésus. — Clopides distincts des frères, V, 541. — Généalogie, V, 547, 548-549. — Hypothèses, V, 543-544, **547**. — Fin, V, 549.

Clergé, II, 352-353 et note; V, 318, 332; VII, 620. — Église et clergé, V, 333-334; VII, 408. — Judaïsme n'en a pas, VI, 87. — accapare le christianisme, VI, 87-88; VII, 408. — Épîtres pastorales, livre clérical, VI, 96 et suiv., 101 et suiv. — Hermas, VI, 420. — Révolte montaniste, VII, 222. — *Clerus*, VII, 408 note. — Le docteur, VII, 431. — Clercs nourris des offrandes, VII, 522. — Sacrements, VII, 533. — Organisation, VII, **533-535**. — Célibat, VII, **534-535**. — Clergé mithriaque, VII, 578 et note 4. — Cultes orientaux, VII, 581. — Église devient clergé, VII, 633. — Décadence, VII, 633, 634.

Clérotes, II, 352.

Clet, prétendu pape, V, 138 note 1, 139, 311 note 2.

Climats (Théorie des), VII, 440, 459.

Clopas pour *Cleopatros*, V, 548. Voir Cléophas.

Clopides. Voir Cléophas.

Clysma, VII, 462.

Cnide, III, xxxv, 548.

Cnosse, VII, 173, 175.

COCHABA, I, 189 note 3; V, **43-44** et note, 45, 48 note, 52, 114; VI, 283.

CODDIENS, VII, 138.

CODIFICATION de la Thora, VI, 243, 244 et note 1.

COELIUS (Mont), IV, 145; V, 337.

COERANUS, VII, 42.

COETUS ILLICITI, V, 396; VI, 300; VII, 57. Voir COLLÈGES.

COLARBASE, VII, 129.

COLISÉE, V, 151, 224; VI, 28.

COLLÈGES, leur importance et leur législation, II, **351** et suiv., 361 et suiv. — Vogue et développement, II, **357** et suiv. — Le christianisme et les collèges, II, **360** et suiv. — Sainte Photini, II, 360-361. — Associations d'ouvriers en Asie, III, 354-355, 361; IV, 340-341. — Tontines d'esclaves, III, 436. — interdits, V, **396** et suiv., 398, 400. — en Asie mineure, V, 473, 474. — *Ministræ*, V, 479 note. — sous Adrien, VI, 31. — sous Antonin, VI, 300. — Marc-Aurèle, VII, 29-30 et note, 57. — Empereurs syriens, VII, 494. — Sépultures, VII, 540 et note. — Transformations, VII, 569.

COLLINE (Porte), IV, 310, 320.

COLOGNE, V, 378.

COLOMBE, V, 50; VI, 173; VII, 529, 542, 546.

COLONIES ROMAINES, portées vers le christianisme, III, 37, 39, 44, 131-132, **144**, 169, **212**, 438-439; VI, 259; IV, 537; VII, 250. — Adrien, VI, 9 et note 1. — aux environs de Jérusalem, VI, 202 et note 4. — à Sichem, VI, 272. — Ælia, VI, 553.

COLONNES (apôtres), II 85; III, 77, 316, 317; V, 322, 330, 431; VII, 200 et note 2.

COLOSSES, III, 126, 331, **357**, **358**, **360**. — Paul et les Colossiens, IV, 16, **86**, **90**, **91**, **95**. — Hérésies colossiennes, IV, **87**, **88** et suiv; VII, 211. — Épître. Voir COLOSSIENS. — Marc et les Colossiens, IV, 98-99. — Tremblement de terre, IV, 99, 337. — disparaît, IV, 99, 341, 359 note 1.

COLOSSIENS (Épître aux), I, 480; II, XVI, XVII, XVIII; III, XXXV, XLV; IV, **111** et suiv., 25 notes, 79 note 3, **90** et suiv., 356; VII, 505. — Authenticité, II, XLI; III, VI, XIII; IV, **77**. — Discussion, III, VII-XI, XIX. — circulaire, III, 461 note 1. — Son caractère, I, LXXI, 480; II, 272; VII, 137, 211. — Changement des idées de Paul, III, X-XI. — Rapports avec Eph.; III, XVI-XVII, XX, XXI; IV, VIII, 91. — Hypothèse, III, XX, XXI, XXII. — Divinité de Jésus en Col., III, 275; IV, **76** et suiv. — Doctrine, IV, 93-94; VI, 75, 148. — Excès, IV, 94-95. — Gnose, VI, 156 note 2, 162; VII, 211.

COMAGÈNE, IV, 65, 489; V, 467; VI, 35.

COMANES (les deux), III, 24 note 2, 26 et note, 35; IV, 343. Voir ZOTIQUE DE COMANE.

COMMODE, IV, 131, 148 note 1, 531 note 1; V, 219, 391, 393,

411, 484 note 1; VI, 316; VII, 20 note 1, 55 note 2, 578 note 3. — Commode et Marcia, VII, **287-288, 491**. — Commode et Marc-Aurèle, VII, **472-481**. — Marc put-il, dut-il le déshériter ? VII, 473 et suiv. — Pourquoi Marc ne le déshérita pas, VII, 476 et suiv. — Proclamations successives, VII, 474, 475 et note 2, 476. — Ressemblance, VII, 474-475 et note 1, 478 et note 2. — se contient, VII, 476. — Haine contre Commode, VII, 477-478. — Bruits sur sa naissance, VII, 477-478. — Tristes pensées de Marc, VII, 480-481. — sur le Danube, VII, 484. — parricide (?) VII, 485 et note 3. — au lit de mort de Marc, VII, 485, 486. — Mort, VII, 288, 498. — Commode et les chrétiens, VII, **491-492**. — Cultes étrangers, VII, 491. — Chrétiens près de lui, VII, 491. — plus doux pour le christianisme, VII, 279, 283 note 2, 287, 288, 381, 385, 387 note 3, 424 note 2, 453, 483, 491-492. — Athénagore, VII, 381, 383 note 3. — Martyrs scillitains, VII, 457 note 5.

COMMODIEN, IV, 356 note 1, 358 note 1, 459, 460 note, 461, 470 note 1; VI, 135, 539 et note 3; VII, 456 note 3, 558 note 1.

COMMUNION eucharistique, VII, 247, 516, 518. Voir EUCHARISTIE. — quotidienne, VII, 519-520. — pour les morts, VII, 525.

COMMUNISME (du christianisme naissant et des sectes d'où il sort, I, xv, 179, 180, 320, 350; II, **79-80, 117** et suiv., **131** et suiv., **147** et suiv.; VII, 602. — à Jérusalem, effets, II, 239, 242; V, 440. — Paul, III, 453-454. — Lucien, VI, 466. — Épiphane, VII, **124-125**. — Sectes, VII, 169. — Égalité, VII, 600-604, 602.

CONCILES ŒCUMÉNIQUES, VII, 417, 509, 511, 633.

CONCILIATION (Parti de la), III, 289. Voir PIERRE et PAUL.

CONCUPISCENCE, III, 467.

CONFESSEURS, leur préséance, VI, 407-408. Voir MARTYRS. — nombreux, VI, 434 et notes 2 et 3. — à Philippes, VI, 442 et note 3. — Peregrinus, VI. 465. — appelés martyrs, VII, 218. — montanistes, VII, 327. — Autorité, VII, 315-316. — aux mines. Voir ce mot. — Prière pour eux, eucharistie, VII, 518 note 1, 519.

CONFESSION, III, 260; IV, 56, 57; VII, 528. — chez les juifs, VII, 528.

CONFIRMATION, III, 118; VII, 144, 527.

CONFRÉRIES religieuses, II, 127-128; VII, 563, **569** et note 1. — Esprit congrégationiste, VII, **577, 578, 581**, 619-620, 627 note 1. — Voir COLLÈGES.

CONGRÉGATIONS. Voir CONFRÉRIES.

CONSCIENCE (Cas de), VII, 40 et note 1. — Directeurs de conscience, VII, **41** et suiv. — des souverains, VII, 43-44. — Gnostiques, VII, 114, 115.

Conseils évangéliques, VII, 167, 241-242, **558**.

Constantin, I, 224, 429 et notes, 430 note, 447 note 3, 454 note; II, 344; III, 489; IV, 139, 191; V, 57; VI, IV, 27 note, 222 note 1, 278 note 1; VII, 47, 60, 71, 286, **415**, 487, 497, 568, **586**. — Constantin et l'esclavage, VII, 608. — Sa politique, VII, **620-621**, 622. — Coup qu'il porte à Rome, VII, 622-623.

Constantinople, VII, 250, **415**, **623**. — centre d'empire orthodoxe, VII, 623, 625, 631.

Constitutions apostoliques, IV, xxxv; V, 315, 466 note 3; VI, 59 note, 495-496, 531 note 2; VII, 90 note 2, **93-94** et notes, **95, 96**. — Analyse, VII, 96-101. — en temps de persécution, VI, 390 note 1. — Remaniements, VII, 94, 95 et note 1. — Rapports avec les écrits pseudo-clémentins, VII, 95 et note 3. Voir Clément.

Controverses avec les Juifs, V, **68** et suiv., 208, 532, 534; VI, 118, 287, 347, **379** et suiv., **381, 383, 384**, 543. — Monothéisme, V, 532-533; VI, **263** et suiv.— Textes messianiques, VI, 264 et suiv., 267, 287. — Bataille exégétique, VI, 265-266, 267, 268. — Prétendues altérations juives, VI, 266. — avec les païens, VI, 346, 347, 384; VII, 80-81. — des philosophes et des apologistes, VI, 483 et suiv.

Coponius, procurateur de Judée, I, 60, 64; III, 535.

Copte (Littérature), VII, 139.

Coq guéri, VII, 378.

Coran, V, 86 note 2, 96; VI, 105 note 4, 243 note; VII, 508.

Corbulon, IV, 327.

Coré, III, 302; IV, 182.

Coressus (Mont), III, 332, 342, note 3.

Corinthe. Corinthiens, II, 321, 339 note, 374; III, 144, 221, 330, 333. — Église de Corinthe, II, iv-v. — Légèreté, III, 418-419, 425, 441. — Paul à Corinthe, III, xxxiii, xxxv, xxxix, xl, xli, xlii, xliii, xlvii, lxviii, lxix, 131 note, 167, 209, 520; IV, 7. — Aquila à Corinthe, III, 112, 339, 341. — État de Corinthe, III, 169. — Juifs de Corinthe, III, 169, 214. — Paul arrive à Corinthe, III, **211** et suiv. — Tableau, III, **211** et suiv. — préparée au christianisme, III, 211 et suiv., 214. — Ville mixte, colonie, III, **212-214**. — Mœurs, III, 213-215, 217. — Abus, III, 215, 226. — Église nombreuse, III, 217. — Mécontentements de Paul, III, 226. — Son activité à Corinthe, III, 227 et suiv. — Les deux épîtres aux Thess., III, **235-237**. — Paul quitte Corinthe, III, 278-279.— Apollôs à Corinthe, III, 341, **372** et suiv. — Paul à Éphèse, rapports avec Corinthe, III, **371** et suiv. — Mouvements intérieurs, III, **372** et suiv. — Partis, III, **374** et suiv., **378** et suiv., 386; V, **317**.— Immoralité, III, 380 et suiv., 383. — Message de Paul, III, 384, note. — Première épître, III, **386** et suiv. — Collecte, III, 422, 424, 441, 453, **455-456**. 460. — Situation tendue, III, 424, 425. — Paul envoie Titus, III, 424 et suiv., 430. — Il Change d'avis, III, 430, 443. — Projet de nouvelle lettre, III, 431.— Inquiétude, III, 440-441. — Effet de la lettre, III, 441-443. — Ennemis, III, 442, 443, 445. — Deuxième épître, III, **443** et suiv., **454, 455, 456**. — Pierre à Corinthe, IV, 31-32. — Prétention à avoir été fondée par Pierre, III, 325, 367 ; IV, 30 note, 31-32, 187 note 1. — Second séjour de Paul, III, **458** et suiv. 492 note. — Défiance, III, 459-460.— Paul écrit l'épître dite aux Romains, III, 460 et suiv., 484 ; IV, 105. — Nombre des fidèles de Corinthe, III, 562 note 2.— Corinthe renie Paul, III, 564. — Timothée à Corinthe et à Rome, IV, 210 et note.— Importance, V, 155.— Nouveaux troubles, V, **317, 320** et suiv. — Spirituels, V, 317-318. — Eucharistie, V, 318. — Épître de Clément Romain, V, **318** et suiv., **320** et suiv.— Prétendue deuxième épître, V, 319 note 2. — Fin des troubles, V, 335-336. — Légende de Pierre et Paul, VI, 336, 380 ; VII, 174, 177. — Hégésippe, VII, 71-72. — Denys de Corinthe, VII, **173** et suiv. — Pâque, VII, 199. — Illuminés, VII, 530. — Isthme, IV, 265, 278 et note, 303.

Corinthiens (Épître aux), II, xxxvii et suiv., xli ; III, **iv-v**, xiii, xx, xxxi, xliv, lxvii ; IV, iv ; V, 325. — Intégrité, III, lxii-lxiii. — Première aux Corinthiens, analyse et extraits, III, **386** et suiv., 480 ; V, 490 note 2, 491 note 2. — Finale, III, 418. — Deuxième aux Corinthiens, extraits, III, 275-277, 424 et suiv., **443** et suiv. — Épître perdue, III, 383.

Corneille, pape, IV, 192 note 2, 198 note 1 ; VII, iii, **415** et note 1, 417, 451 notes 2 et 3, **454** et note 2, 538.

Cornelii, VII, 453-454.

Cornelius (Le centurion), II, xxii note 2, xxv note 4, xxxviii. 159 ; — Son baptême, II, **202** et suiv. ; V, 119 et note 4, 441,

Cornes dans l'Apocalypse, IV, 383 et note 2, 406, 410, 411, 413, 414, 420 note 1, 430, 431, 433.

Cornutus, IV, 203.

Corporelles (Peines), dans la synagogue, I, 142. Voir Flagellation.

Corps, glorieux, incorruptible, III, 515 ; IV, 22. — Corps humain, modèle de l'Église, V, 324, 331. — Supplices destructeurs du corps, V, 491 ; VI, **460** et note 3 ; VII, 244 note 3, 333 note 1. — La résurrection et la destruction du corps, VII, **338**, 386, **398**. — Ame, corps, esprit, VI, 174. — Corps mauvais, ne ressuscite pas, VI, 179, 180. — Homme esprit pur, VI, 185.— Corps et âme, idées d'Athénagore, VII, 386.

CORRECTION FRATERNELLE, VI 417; VII, 91, 100, 101, 241.
CORYBANTES, IV, 89; VII, 212.
CORYPHÉE (Mont), III, 2, 4.
Cos, III, 504; IV, 378.
COSMÈTES, III, **186, 200**.
COSMOGONIES, VII, 120, 131, 132, 135.
COSTOBOQUES, VII, 252.
COTIÉE ou Cotyée, III, 362. Voir ALEXANDRE DE COTYÉE.
COTISATIONS, VII, 100-101. Voir DIMANCHE.
COTYS, II, 143.
COULEURS dans l'Apocalypse, IV, 472-473 et notes.
COUPE eucharistique, III, 403, 404, 533, 546.
COUPES symboliques, IV, 383, 425 et suiv., 458.
COURONNES, IV, 380, 382, 410, 424, 444.
COURTISANES, leur goût pour les cultes orientaux, VII, 573-574.
COURTISANE (la) de l'Apocalypse, IV, 429 et suiv. — C'est Rome, IV, 432, 443.
COZIBA, VI, 197 et note 1.
CRAIGNANT DIEU (Gens), II, 224. Voir METUENTES.
CRASSUS, VI, 6.
CRATIPPE, III, 178, 179.
CRÉATION DU MONDE, III, 264, 270, note 4. — Système gnostique, V, 418. — Marcion, VI, 160, 358. — Hermogène, VII, 126. — Lucain, VII, 157. — Tatien, VII, 163. — maudite, VII, 170, 300, 328-329.
CRÉMONE, IV, 327.
CREMUTIUS CORDUS, II, 309.
CRESCENT, disciple de Paul, III, XXXIV, 566 note 2; IV, 73, 135.

CRESCENT LE CYNIQUE, VI, 381, **485** et note 3, 488, **491**, 492 et note.
CRÈTE, III, XXXV, XXXVII, XXXVIII, XXXIX, XL, XLI, XLII, XLIII, 419 note 3, 548, 549, 550, 552; V, 132; VII, 173, **177**.
CRISPUS, de Corinthe, III, 216, 217, 222, 386.
CROCUS, V, XXXI et note 1.
CROIRE sans avoir vu, II, 24.
CROIX, sa forme, I, **432-433**. — Absurdité de la croix, III, 379, 386, 387; IV, 220. — Ennemis de la croix, III, 440. — Laureolus en croix, IV, 169, 173. — Blandine, IV, 174; VII, 324, 325. — Pierre, IV, 189-190. — Symbolisme, V, **374, 376**; VI, **377** et note 4; VII, **399**. — chez Cérinthe et les gnostiques, V, 419; VI, 161, 173. — chez les musulmans, V, 461-462; VII, 508 et note 1, 544. Voir DOCÉTISME. — Amour, V, 492. — en Sibylle, VI, 15. — Éon. Voir STAVROS. — Le bois, VI, 265. — Dieu crucifié, VI, 371; VII, 395. Voir SOPHISTE CRUCIFIÉ. — Signe de la croix, vertus magiques et d'exorcisme, VI, 525; VII, 61, 144, 529, 557. — Dans le culte, VII, 395, 397. — Figure, VII, 458 note 2, 529. — Culte de la croix, VII, 529. — supprimée, VII, 544. — Railleries des païens, VII, 544.
CRURIFRAGIUM, I, 443, 446, 528.
CRUCIFIEMENT (supplice), I, XV, **427-428, 432-433**; VII, 67, 395, 397. — Crucifiement de Jésus, I, **427** et suiv., **433** et suiv. — Longueur de ce sup-

plice, I, **438-440**, **444**. — Crucifiement de Pierre, IV, 189-190 et note. — Précinction, IV, 190 et note 4. — Substitution. Voir Passion. — Martyrs crucifiés, VI, 434. — « Le Crucifié », VI, 461, 466.

Crucifix grotesque, I, 432-433 note; IV, 40 note; VII, **64** et note 4. — Railleries des païens, VII, 544. — Représentations, VII, 544, 545 note 2.

Ctésiphon, IV, 122 note; V, 502.

Culte chrétien primitif, II, **94**. — Culte pur, III, 474; V, 14; VII, 584, 641. Voir Religion. — Fin du culte Juif, V, 4, 375-376. — Culte chrétien, VI, 449; VII, 425, 427, **514** et suiv. 528, 529, 620. — Emprunts aux gnostiques, VI, 531-532.

Cultores deorum, VII, 569.

Culture intellectuelle, opposée à moralité, II, **326** et suiv., **330** et suiv.; VII, **562-563**. — faible chez les chrétiens, VII, 454.

Cumes, IV, 330, 332, 333 note 1. — *Cumæum carmen*, IV, 490; V, 162. — Hermas, VI, 404, 406, 407.

Cumlaboronus, III, 106 note 3; VII, 599-600, note.

Cuspius Fadus, II, 251, 263.

Custodia militaris, III, 532, 536, 538, 539; IV, 6.

Cuthéens, IV, 36 note 4, 122 note; V, 72 note 3.

Cybèle, VII, 214 note 1.

Cyclades, IV, 352, 353.

Cyniques, VI, 301 note 2, 307 note 2, 311; VII, 44. — Peregrinus, VI, 464-465. — Fins théâtrales, VI, 312, 313, 465, 466, VII, 375-376. — Chrétiens et cyniques, VI, 312-313. — Ordre religieux, VI, 312-313 et note 1. — Mauvais côtés, VI, 313. — Le parfait cynique, VI, 313 notes 1 et 4. — Crescent, VI, 485. — Aboyeurs, VI, 36, 39. — Cours publics, VII, 44, 45. — Austérités, VII, 167. — Suicides, VII, 375. — Voir Démétrius, Diogène.

Cyprien (Saint), VII, iii, 389 note 3, 413 notes 2 et 3, 500 et note 4, 532.

Cyrène, II, 134, 138, 224, 285; III, 30. — Juifs en Cyrénaïque, IV, 249 et suiv., 538-539; V, 504. — Massacres en 73, IV, 539. — Fin, IV, 539. — Massacres sous Trajan, V, 504-505, 508, 510-511. — Fanatisme, V, 504. — Horreurs, V, 505. — Destruction et restauration, V, 505. — Cyrénéens en Égypte, V, 506-507. — Massacre des Juifs, V, 511. — Fin de la juiverie, V, 512. — Voir Aurélius de Cyrène.

Cyria, personnage douteux, V, 426-427; VI, 80 et note 1.

Cyrille, de Jérusalem (Saint), VI, 27 note, 515 note 2.

Cyrrhestique, II, 223.

Cyrus, son rôle historique et messianique, I, 15, 52.

Cythnos, IV, 319 note 2, **352-353** et notes, 355, 436, 437, 438, 560.

Cyzique, IV, 184; VI, 11, 36 note 2.

D

Dabar, VI, 65, 66.
Daces, Dacie, V, 499; VII, 50, 252, 256.
Daïsan, fleuve d'Édesse, VII, 444 note.
Daïsanites, VII, 446.
Dal, V, 45 note 3.
Dalmanutha, I, xv, 145, 146 et notes.
Dalmatie, III, xxxiv, 493 note; VII, 452.
Damaris, III, 209.
Damas. Le christianisme à Damas, II, 162, 174, 198. — Hâreth, II, 174-175, 188. — Juifs à Damas, II, 175, 254-255, 260; IV, 270. — Massacre des Juifs de Damas, IV, 270; V, 43 note 5, 467; VI, 22. — Saint Paul à Damas, II, 176; III, 21. — Environs, II, 177, 178. — Rue Droite, II, 184. — Fuite de saint Paul, II, 206; III, 100.
Damase, pape, VII, 624.
Damis (Le faux), VI, 427 note 3.
Damnation, V, 360 et suiv., 362 et notes, 363-364, 523, 524, 525, 529. — éternelle et irrévocable, V, 363, 372; VII, 506. — mitigée, VII, 506. — Les damnés verront le triomphe des justes, V, 525; VII, 506.
Dan, tribu, V, 24.
Danaïdes, dames chrétiennes, IV, **167** et suiv., **169-170**, 179 note 3, 182, 186 note 3, 187 note 1, 197, 305 note 2; V, **323**.
Danger (L'argent du), IV, 274.

Dante, VI, 525, 529.
Daniel, sa légende, livre qui lui est attribué, I, xlii, **XLIV-XLV**, 14, 15, 39 note 2; IV, xxvi. — Importance pour le christianisme, I, 15-16, **39-40**, 50, 82, 120, 262, 263, 292; IV, 471, 559, 560; V, 160, 374, 446; VI, 68, 78; VII, 353. — Le Fils de l'homme, I, **135-136**. — L'Antechrist, III, 252. — Abomination de la désolation, IV, 282, **293** et note 2. — Date, mort d'Antiochus, IV, 356. — crée l'Apocalypse, IV, 358 et note, 362 note 3, 371 note, 378, 401, 407, note 4 464, 465. — Les quatre empires, IV, 412. — Sa canonicité, V, 35-36; VI, 270. — Appendices grecs, V, 37, 106; VI, 117. — Imitations, V, 164, 350 note 2. — Messianisme, V, 356. — Apocalypse, VI, 527. — Les semaines, VI, 539-540. — Daniel et les lions, VII, 359, 542.
Danube, V, 500; VI, 11; VII, 50, 249, 251, 252, 255, 256, 278, 485, 579.
Daphné, près d'Antioche, II, 217; III, 2; IV, 526; VI, 11, 309 note 3.
Dareya, II, 177.
Darom, V, 24; VI, 209, 239.
David, IV, 218, 227, 368; V, 182. — Prétendue race de David, I, 21 note, 23 note 3, 246-250. — Restauration de David, I, 15, 52. — Messie-David, I, 82;

V, 355. — Jésus, fils de David, I, 137, 138-139, **246-250**, 256, 262, 372, 475 ; V, 53, 60 et notes 3 et 4, 61 note 2, **184** et suiv., 186, 187, 188, 273, 492, 496 ; VII, 423. — Les Romains et la race de David, V, 61, 496. — Origine davidique chez les Juifs, Hillel, V, 61 note 2, 66, 299, 531. — Domitien et la race de David, V, 299, 300, 496, 538. — Messie fils de David, V, 355, 356 ; VI, 207.— Autres descendants de David, se dénoncent, V, 497, 498, 531. — David faible prophète, VII, 83-84.

Débauches secrètes, VI, 307. Voir calomnies.

Debborius, charlatan, II, 225.

Debeltus, ville de Thrace, VII, 218.

Débora, V, 29-30.

Décapole, I, 236 ; IV, 63, 256, 298, 299.

Dèce, IV, 192 note 2, 356 note 1, 359 ; V, 399, 471 ; VI, 464 note ; VII, iii, 68, 279, 492.

Décébale, V, 499.

Dédale, IV, 168.

Déisme, V, 249 ; VII, 81-82, 563. — de Marc-Aurèle, VII, 262-263. — Irénée, VII, 297. — Celse, VII, 348.— Minucius Félix, VII, 399-400, 402, 403, 404.

Délateurs, V, 222, 223, 295, 296, 302, 345, 346, 475, 477, 480, 483 ; VI, 33, 34, 41, 306. — Délateurs chrétiens, VI, 391, 392, 393, 403, 413, 414 ; VII, 66 et note 4, 277 et note 3, 282, 283.

Délos, IV, 373.

Delphes, III, 171.

Delphon, nom altéré, V, 70 note 4.

Delta d'Alexandrie, IV, 257.

Déluge d'eau, VI, 536 ; VII, 181. — de feu, VI, 111 et note 1, **536** ; VII, **182**. — de vent, VI, 536 ; VII, 181.— en pseudo-Esdras, V, 526 et note 5.

Démas, III, xxxiii-xxxiv, xxxv IV, 73, 97, 103.

Démétrius Poliorcète, III, 184.

Démétrius de Phalère, V, 245 ; VII, 52.

Démétrius le Cynique, II, 345 ; V, 382 ; VII, 42, 444.

Démétrius, orfèvre d'Éphèse, III, 427.

Démétrius, des épîtres johanniques, V, 426-427.

Démiurge, V, 418 ; VI, 66, 160, 170, **173-174**, 321, 354, 355, 356, 358, 359, 362, 371-372. — Anéantir l'œuvre du démiurge, VI, 183. — Anges démiurges, V, 160, 161, 178, 180 ; VII, 131. — Apelle, VII, **152-153**, 157, 163.

Démocratie et christianisme, VI, 87, 88 et suiv. — doit devenir conservatrice, VI, 92. — Élection du supérieur, V, 94, — Démocratie de Marc-Aurèle, VII, 259, 260. — Démocratie juive, IV, 238.

Démonax, VI, 431 et note 5 ; VII, 35, 45, **373** et note 3.

Démons, dieux inférieurs, VII, 349, 368. — Origine des maladies et de la folie, I, **271-274**. — Jésus et les démons, I, 275 ; V, 183, 277. — Démoniaques, V, 117 note 1, 179, 195. — Démon muet, V,

194 note 5. — Légions de démons, etc., III, 347 et note, 348. — Dieux sont démons, table des démons, III, 399; IV, 413; VI, 370; VII, 502, 532. — Jésus prêche les démons aux enfers, IV, 58. — Démons ont la foi, IV, 55. — Démons gnostiques, IV, 89, 427, 430 note 3, 439 note 3; VI, 172, 531.—Monde livré aux démons, IV, 476; VI, 43, 367. —Exorcisme, V, 271, 456, 457; VII, 531. Voir ce mot. — Démon des juifs, V, 504 et note 2. — Surnaturel, VI, 309.—haïssent le christianisme, soutiennent le polythéisme, VI, 370. — Miracles, VI, 371; VII, 382. — Saint Justin, VI, 375, 378, 385, 389, **489-490**.— Prophéties démoniaques, VI, 396. — Adoration des démons, VI, 530. — en Tobie et contes analogues, VI, 557, 559, 560. — Tatien, VII, 110. — Démon des cheveux, VII, 244 et note 2. Voir DIABLE.

DENDÉRAH (Temple de), II, 284.
DENDROPHORES, VII, 569.
DENYS D'HALICARNASSE, III, 30.
DENYS DE CORINTHE, III, XLVII; IV, 187, 188 notes; V, 319 note 2. — Son système sur l'apostolat des gentils, IV, 187 note 1; VI, 40 note 2, 336 et note 1. — Altération des Écritures, VI, 497; VII, **173-177**.—Épitres, VII, **173** et suiv. — à Soter, VII, 173-174. — Système sur Pierre et Paul, VII, 174. — Montanisme, mariage, etc., VII, 175. — Hérésies, VII,

176. — Athènes, VII, 177.
DENYS D'ALEXANDRIE, IV, XXIII, XXIV et note, XXV note 2, XXXV note 8, XXXVI, XXXVII, XXXVIII, 207 note, 460 note 1; V, 418 note 3, 423 note 3. — Sur l'Apocalypse, son système, IV, 561; VI, 47 note 3, 132 note 1, 134, 526 note 2; VII, 506, 620 note.
DENYS L'ARÉOPAGITE, III, **209** et note; VII, **177**.
DERBÉ, III, 34, **42** et suiv., 324. — Paul et Barnabé à Derbé, III, 47-48, 49, 51, 52 note. — Voir GALATIE. — Paul et Silas, retour, III, 123. — Paul y repasse, III, 330, 331.
DESCARTES, VII, 638-639.
DÉSERT, VI, 211. — Jésus au désert, I, 72, **117-118**, 124; V, 196. — Désert de Judée, I, 99, 104, 117-118; IV, 247. — Jean-Baptiste, I, 99. — Élie, retraite au désert, I, 101.—Entraîner au désert, II, 265; IV, 290 note 4; 292. — Femme au désert, IV, 408, 410; V, 39, 75.
DESPOSYNI, IV, 300, 548; V, 48 note, 60, 63; VI, 283.
DEUTÉROSIS, VI, 120-121 note, 242 note.
DÉVAS deviennent les *divs* de la Perse, I, 52.
DIABLE (Croyance au), I, 43; IV, 121, 409 et note 1; V, 109 note 3; VI, 411. — Traité de Méliton, VII, 182. — Voir DÉMONS et SATAN.
DIACONESSES, institution, II, **121** et suiv.; III, 147, 150, 265-266; VI, 98; VII, 247. — Femmes-sœurs des apôtres, III, 281-

282, 283; VII, 79, 534. — en Pline, V, 475, 479.

DIACRES et diaconat, institution des diacres, II, **119** et suiv.; V, XVIII. — Ils prêchent, II, 151. — Leur service, III, 266. — Diaconies, III, 405-407, 410, 475, **506**; VI, 89; VII, 90-91, 96, 533. — institués par les apôtres, V, 325, 326, 332. — Élection, VI, 94. — Devoirs, VI, 97; VII, 97, 99.— portent l'eucharistie, VI, 373, 375.— à Rome, VII, 451. — Soin des sépultures, VII, 535. — Sous-diacres, VII, 451, 533.

DIADOCHÉ des évêques, V, 433; VII, 409, 506. — de Rome, V, 138 et note 1, 311 et note 2, 316, note 2, 326, 332-333, 498. — d'Antioche, V, 156-157 et note 1. — d'Alexandrie, V, 171. — Mode de formation des listes avec des *presbyteri*, V, 498. — Hérédité spirituelle, VI, 90 et note 3. — Hégésippe, VII, **71, 72** et note 1, **422-423**.

DIAGORAS DE MÉLOS, II, 315.

DIALOGUE (Forme du), VI, 266 et suiv.

DIALOGUE CÉLESTE, VII, 354.

DIAPLEUSTON, synagogue d'Alexandrie, V, 512.

DIASPORA, IV, 114.

DIASYRMOS, VII, 107 et note 2, 374, 380.

DIATESSARON, VI, **164, 165** et note 1, **166**, 501, **503-504**.

DIDACHE des apôtres, VII, 95 note 1, 418 note 4, 460 note 1.

DIDASCALIES des apôtres, VII, 94 note 2, 383 note 1, 418 note 4.

DIDYME. Voir THOMAS DIDYME.

DIEU. Dieu dans l'Apocalypse, IV, 473. — Vie complète en Dieu, IV, 479. — Dieu sera, IV, 479. — Tout en tous, IV, 480. — Anthropomorphisme, IV, 480. — Union avec Dieu, V, 50. — Dieu-raison, V, 304, 305. — Invocation, V, 478, 480. — Philosophie égyptienne, VI, 64 et note. — Dieu suprême du gnosticisme, VI, 146, 161, 180, 321, 332. — Judaïsme et Dieu, VI, 248. — Marcion, VI, 354. — Monarchiens, VII, 82, 149, 152. — Apelle, VII, 152-153. — Conversation d'Apelle et de Rhodon, VII, **155-156**. — Tatien, VII, 163. — Dieu corporel, VII, 183 note 1. — Celse, VII, 348, 349, 356, 361, 367, 368. — Athénagore, VII, 381. — Cæcilius, VII, 396-397.

DIEUX sont démons, III, 399; VII, 532. — Dieux nationaux ou planétaires, éons, VI, **146, 160-161, 178**; VII, 354, **366, 392, 397**. — Nouveaux dieux, V, 404, 446 et note 2; VII, 347. — Dieux de Marc-Aurèle, VII, 263, 268. — Celse, dieux secondaires, VII, 348, 349, 351, 361, 366, 367, 368. — Apparitions en songes, VII, 393 et note 1. — Voyages sur la terre, VII, 495. — démasqués, VII, 532. — Dieux augustes, VII, 565, 566 et notes.

DIJON, VII, 289.

DIMANCHE, III, **263-264, 270**; IV, 361; V, 49. — Réunion le soir, III, 499. — remplace le sabbat, V, 376; VII, 509, 523.

— Réunion, tableau, VI, **372** et suiv.; VII, **517** et suiv., 520. — Raisons du dimanche, VI, 375. — Collectes, VI, 375; VII, 73. — Lectures, VII, 174, 410. — Repos, VII, 523. — Œuvres serviles, VII, 523. — Méliton, VII, 182. — Pâque, VII, 196, 205.

DIOCÉSARÉE, I, 41.

DIOCÈSE, VII, 410-411 et note.

DIOCLÉTIEN, IV, 197 note 1; V, 399, 471; VI, 2; VII, III, 68, 492, 620, 623. — admirateur de Marc-Aurèle, VII, 272, 487, 498.

DIODORE, musicien, IV, 304.

DIODORE D'ANTIOCHE, VII, 441 et note 3.

DIOGÈNE, fondateur des cyniques, VII, 44, 105.

DIOGÈNE, cynique, V, 145-146.

DIOGNÈTE, maître de Marc-Aurèle, VII, 10, 259, 424 note 1.

DIOGNÈTE (épître à), 1, LXIV; VI, 336 note 1; VII, 109, 420, **423-427**, 435, 454, 591, 592 note 1.
— critique, VII, 424 note 2,
— antijuif, VII, 424-425, 631.
— Tableau, VII, 425-426.

DION CHRYSOSTOME, II, 332; III, 23 note 1; IV, 319 note 2; V, 289, 385; VI, 296; VII, 44, 45.

DION CASSIUS, IV, 145 note 1; 147 note 2, 148 note 1, 280 note 1, 324 note, 504, 505 note 2, 515; V, 149, 227 note, 295 note 2, 301 note 3, 504 note. — Sa règle en religion, V, 404-405; VI, 204 note 1, 543, 546; VII, 271, 350 note 4, 449 note 1, 485 note 3.

DIONYSOS (mystères de), dionysiaques, II, 340, 353; VI, 506.
— en Thrace, III, 142; VII, 563 et note 2. — Théâtre de Dionysos, III, 188.

DIOSCORIDE, II, 330.

DIOSCURES, VI, 224.

DIOTRÉPHÈS, V, 426-427.

DIRCÉS, dames chrétiennes, IV, **167** et suiv., **169, 170-172**, 173, 179 note 3, 182, 186 note 3, 187 note 1, 197, 305 note 2; V, **323**.

DIRECTION des âmes, VII, 644.

DISCIPLES, défaillance au Calvaire, I, 525. — Les soixante-dix disciples, V, **270** et suiv., 274.
— Voir APÔTRES.

DISCIPLINE, VI, 85 et suiv., 91. — Pastorales, VI, 96 note 2, **390** et suiv; VII, **93** et suiv., 95 note 3, 96, **515** et suiv.

DIS MANIBUS, IV, 158.

DISPERSION (Juifs de la), VI, 236. Voir DIASPORA.

DITHÉISME, VI, 354 et suiv., 359.

DIVAN des mendaïtes, V, 464 note 1.

DIVINATION juive, par textes et pronostics, IV, 356 note 2. — Divination romaine, V, 404; VII, 348, 349, 392.

DIVINITÉ DE J.-C., I, 480-481, 536-537; VII, 505, 509, 634. Voir JÉSUS.

DIVORCE, interdit par Jésus, I, 89, 309; V, 179. — Saint Paul, III, 395; VI, 480. — Juifs et chrétiens, VII, **549** et notes.

DIVS de la Perse, I, 52, 272.

DIX MARTYRS (les), VI, 215 note 3, 218 note 2, 220 note 2.

DIX-HUIT MESURES (les), code de séquestration, V, 9-10.

DOCÉTISME, dans l'écrit prêté à

Simon, II, 271; V, III, XVIII, **421** et note 2, 422, 424; VI, **55**. — chez les musulmans, V, 421-422, 461-462; VI, 286; VII, 508. — Pseudo-Ignace, V, 495.—Écrits johanniques, VI, 50, 54, 55, 79 note 2. — chez les gnostiques et Marcion, VI, 152, 183-184; VII, 137, 151. — en Polycarpe, VI, 444.— en Protévangile, VI, 510. — Tatien, VII, 166. — Jules Cassien, VII, 168. — Bardesane, VII, 439. — Art chrétien, VII, 544.

Docimie, III, 362.

Docteur de la Loi, IV, 286. — Sa victoire sur le prêtre, V, 5, 67; VI, 254. — Docteurs de Iabné, V, 21-22. — modérés, VI, 195, 199. — poursuivis, VI, 215. Voir Sofer.

Docteurs, titre chrétien, II, 237; III, 406, 410, 475; IV, 229; VI, 156; VII, 140, 431. — non prêtres, VII, 431.

Dogme, marche du dogme chrétien, IV, 74-75; VII, 503-504. — Esprit dogmatique chez les juifs et les chrétiens, VI, 82-84, 248-250. — Méliton, VII, 187, 188.

Dolica (Jupiter de), VII, 575.

Dominations, IV, 79.

Domitia, impératrice, V, 240, 303, 340.

Domitien, II, 305, 343; IV, 124, 173, 319 notes, 359, 374 note 1, 417 note 5, 481 note 1, 491 note, 516, 525, 530, 531 note 2, 532; V, 137, 140, 142, 151, 168, 169, 302-303, 306 note, 366 note 1, 468. — Domitien et Titus, V, 143-144. — scélérat, V, 143-144. — Contre philosophes, V, 147, 287-290. — En quel sens il tue son frère, V, 152-153 et notes. — Domitien fratricide en Apocalypse, V, 153-154, 367.— Avènement, V, 153, 159. — Sa méchanceté, V, 218 et suiv. — Néron renaît, V, 219 et note 1. — Hypocrisie, V, 221. — restaurateur de la religion, V, 221, 294, 395. — *Censor,* V, 221 et note 2, 291 et note 2, 395. — Vanité, V, 221-222. — Tyrannie, V, 222-224 et notes, 345. — Popularité, V, 224. — cruel pour sa maison, jaloux, V, 225, 226 note 4, 227. — Successeurs désignés, V, 230. — *Fiscus* contre les juifs, V, **235-237**. — Domitien et Josèphe, V, 240, 242 note 1. — Épaphrodite, V, 240 et note 3. — Monstruosités, V, 286-287. — persécuteur, V, 154, 302-303, 305-306, 308-309, 316 et note 2, 329, 398 et note, 469; VI, 402. — persécute les juifs et les chrétiens, V, 290 et suiv., **293-295**, 346, 509. — Domitien et la famille de Jésus, V, 62, 299, 301, 466, 538, 547, 548. — Honneurs divins, V, 290-292. — Domitien et la parousie, V, 300, 301. — Fin de la persécution, V, 301-302 et notes, 346 note 2. — se pervertit, V, 219. — Mort, V, **339** et suiv., 380; VII, 288. — Funérailles, V, 341. — Meurtriers et complices, V, 343, 345. — regretté

de l'armée, V, 377, 378, 379.
— abhorré des sages, V, 382, 386, 389; VII, 5, 480, 490. — Méliton, VII, 283, 285.
Domitille (Flavie), femme de Vespasien, V, 227 note.
Domitille (Flavie), fille de Vespasien, V, 227 et note.
Domitille (Flavie), petite-fille de Vespasien, femme de Flavius Clemens, II, 367; III, 16 note 1; V, 226 note 4, **227** et suiv. et note. — Confusions, V, **227-228** note. — adopte les mœurs juives, V, **227** et suiv. — peut-être chrétienne, V, **228-229** et note. — exilée, V, 296-297 et note. — Vengeance, V, 297, 339-340. — dans le Talmud (?), V, 309. — survit, V, 342. — Postérité, V, 342, 343 note. — Traces chrétiennes, V, 342 et notes, 344 note. — Sépulture, catacombe, V, **342-344** et notes; VII, 536 note 1, 538 note 5, 563 note 3. — *Familia*, V, 344 et note.
Domitille (Flavie), prétendue quatrième Flavie Domitille, vierge; légende, V, **227-228** note, **229** note.
Domitius (les), IV, 136, 313-314 et note.
Domna (Julia), II, 299; VI, 427; VII, 495, 497 note 1.
Don (fleuve), VII, 252.
Donatistes, VII, 232.
Dons de l'esprit, III, 406-407 et notes. Voir Charismes.
Dorcas. Voir Tabitha.
Dorée (maison), IV, 142, 149, 322, 483.

Dorée (porte), à Jérusalem, I, 369-370.
Dorothée d'Antioche, VI, 288.
Doryphore, IV, 179.
Dosithée, II, 273 note 3; V, 452; VI, 147.
Dosthaï. Voir Dosithée.
Dothaïm, V, 30.
Douleurs du Messie, IV, 290, 327 et note, 338-339 et note, 385, 406 et note; VI, 14.
Douze (les), I, 302-303, 314; II, III, xxxi, 120; V, 58, 440, 445. Voir Apotres. — Paul et les Douze, II, 186. — Nombre sacramentel, V, 271.
Dracena, VII, 51.
Dracon, VI, 36.
Dragon apocalyptique, IV, 297-298 et note; 406, 407, 408, 409, 410, 412, 445. — Le Dragon et la Bête, IV, 410-411, 414, 427. — lié pour mille ans, IV, 445.
Droit canonique primitif, V, 315.
Droit romain, II, 329; IV, 533. — pénétré par la philosophie, devient le Droit, VII, **22-23**. — Progrès par Antonin et Marc, VII, **22-23**, **28-29**. — Destinée, VII, 28-29. — Progrès au IIIe siècle, VII, 494. Voir Législation.
Droits de l'homme, VII, 606.
Droit divin, III, 476, 478; VII, 6, 7.
Droserius et Drosériens, VII, 118 note 3.
Druidisme, II, 350; V, 294.
Drusiana, dans la légende de Jean, VII, 245 et note 4, 247 note 1.
Drusille, III, 535. — Drusille et

Paul, III, 538. — à Rome, V, 130, 131.
Drusus, fils de Livie, VII, 43.
Duæ viæ, VII, 95 note 1.

Dualisme, VII, 130, 151, 153, 446. Voir Perse et manichéisme.
Dynastie chrétienne, 1ᵉʳ exemple à Édesse, VII, 443, 459.

E

Eau. Eau vive, V, xxiii, 492. — L'eau chez les elchasaïtes, V, 458. — chez les mendaïtes, V, 464; VI, 323. — dans les Actes de saint Thomas, VI, 525. — en Testament d'Adam, VI, 530-531. — Emploi dans l'eucharistie, VI, 373, 375.

Ébal (mont), I, 242.

Ébion, prétendu chef des ébionites. Il n'a point existé, I, **189** et note 4; V, 195, 196 et note 1, **423** et note 1; VII, 600. Voir Ébionites. — Le pauvre de Dieu, IV, 236; V, 45-46. — Les *ébionim* de Jésus, VI, 283. — Ébion au delà du Jourdain, V, 39 et suiv. — Titre de noblesse, V, 44-45; VI, 283. — Sens du mot, V, **45-46**. — Irénée, V, 75. — Épiphane, *ibid*. — Erreur des Pères, V, 46 et note 2, 75. — Injure, V, 47; VI, 281, 283. — Plaisanteries, V, 47; VI, 283. — En quel sens nous sommes *ébionim*, V, 74. — Le fier Ébion, V, 74. — Hermas, VI, 416. — Hégésippe, VII, 72, 421, 423. — *Reconnaissances*, VII, 74, 76, 82, 83 note 5, 86, 88 et note 2, 90 et note.

Ébionim, pauvres, goût de la pauvreté; — primitifs, I, lxxxvi, 186, 188 et suiv., 190; IV, xxxix, 237; V, **276-277**; V, 368 note 3. — Malentendu, V, 195-196. — Pauvres en esprit, V, 196. — Nom des premiers chrétiens, I, **189, 376**; III, **511**; V, **44-45**. — Pauvres, IV, 539; V, 44-45. — Première rédaction des Évangiles, I, 502. — L'ébionisme dans les Actes, II, **77**. — Le pauvre de Dieu, II, 117; III, 79. — Ébionites de Rome, III, 115, 475; IV, xx. — Ébionites d'Orient, III, 264. — *Ébionim* de Jérusalem, IV, xi, 45; V, 47. — *Ébionim* de Pella et au delà du Jourdain, V, 45, 419. — *Ébionim* = nazaréens, V, 48 note. — Sens sectaire, V, 47. — Erreurs d'Épiphane, V, 48 note. — Relations diverses, V, 49 note 2. — en Asie, V, 419. — conservent la tradition évangélique, IV, 222, 300; VII, 402.

Ébionites. Les *Ébionim* deviennent hérétiques, I, **189**, 298; IV, 88; V, 47, 53, 155, 418, 419, 422; VI, 283, 323 note; VII, 584. — Caractère, V, 73-74. — parlent hébreu ou syro-chaldaïque ; rapports avec la famille de Jésus, I, LXXXIX, 102 note 2; V, 497. — Abstinences, III, 479. — Fanatisme, IV, 41. — Missions, IV, 62. — Ennemis de Paul, II, XXXIX note 1; III, 292, 293 note, 299 et suiv., 303 et suiv., 479; IV, 31; 55 note 1. — Haine contre Paul, V, 52, 108 note 3; VI, 281. — Juifs, Thora, V, 53-54. — Légende et écrits ébionites contre Paul, VI, 324 et note 2, 328. — Sectes, V, 448 et suiv., 456 note 1. — Rapports avec les esséniens, V, 450, 454. — avec les gnostiques, VI, 152, 162, 163, 177. — avec Elchasaï, V, 457, 459. — à Rome, V, 459; VI, 322 et suiv., 402; VII, 96. — en Arabie, rapports avec l'islam, V, 460, 461. — Rapports avec les juifs, VI, 278, 279. — Deux sortes, VI, 279 et note 1. — décentrés, VI, 280. — hérétiques, VI, 276. — Continuité, VI, 278, **284** et suiv.—Position fausse, VI, 280, **281-282**. — Amoindrissement, VI, 280. — Pas d'orthodoxie, VI, 280. — continués par l'islam, VI, 284-286; VII, 83 note 1. — étudient l'hébreu, VI, 286-287. — traducteurs, VI, 286-287. — Littérature, V, 52. — en hébreu, VI, **280-281**. — Évangile des ébionites, I, LXXXIX, 185 note 1, 196 note 3, 250; V, 84 note 3, 110 note 1, 111-112 et notes ; VI, 279 note 2. — en grec, V, 112, 216 note 1, 260-261 note. — Défauts, V, 112. — Diversités, VI, 343, 344, 386. — Les généalogies, V, 61 note 3, 110 note 1. — Apocalypse, IV, XXXVIII, XXXIX. — Légendes sur les apôtres, III, 479 note 4. — Actes ébionites des apôtres, IV, 28 note 2. — Destruction de la littérature ébionite, IV, **XXXIX-XL** et notes. — Origine, IV, 548. — Esprit, V, **48** et suiv., 53-54. — Idées sur Jésus, V, **49-51**. — Révélations apocryphes, V, 52. — Aquila, VI, 122, 278. — Christologie, V, 457; VI, 419. — *Actes* ébionites, VI, **281**. — *Cérygmes* et *Périodes*, VI, 328. — Fusion, VI, 333-334. — Les obstinés, VI, 335. — Clément garant des fraudes, VI, 402. — Le grand archange, VI, 410 note 4. — Hermas, VI, 410 note 4, 419. — Évangile des Hébreux, VI, 500. — Protévangile, VI, 510. — Pâque, VII, 198. — Épiscopat, catholicité, VII, 407. — rendus acceptables, VII, 421, 423, — en Syrie, VII, 507, 508.

ECBATANE, VI, 231.
ECCLESIA, VII, 516. Voir Église.
ECCLESIA, éon, VI, 170.
ECCLÉSIASTE, I, 50-51, 53 note 1 ; IV, 47, 101 ; V, 35, 36 note 3 VI, 117 et note 3, **122** et notes 3 et 4, 228 ; VII, 579.
ECCLÉSIASTIQUE. Histoire, VI, VII; VII, III-IV, 431. — Hégésippe, VII, 421. — Pouvoirs ecclésiastiques, VI, 90 et suiv. — Devoirs, VI, 96 et suiv., 464. — Esprit, VI, **101** et suiv. — Autorité, VI, 422. — Canon

ecclésiastique, VI, 451 note 3. — L'ecclésiastique et le iaïque, VII, 339, 341, 431, 432. — Géographie, VII, 412. — répond à la géographie romaine, VII, 412.

Ecdippa, VI, 197 note 1.

Éclectisme, III, 179; VI, 143; VII, 44-45, 434-435, 438. — sous Adrien, VI, 10-11, **23**.

Eclectos, cubiculaire, VII, 287-288 et notes.

Éclipses, IV, 326, 395.

École, chez les Juifs, V, 5. — à Iabné, V, 21. — à côté de l'église, VI, 156; VII, 430. — u Alexandrie, VII, 140, 430, **431-433**.

Économie (contre l'), I, **175-179**; VII, 600. — Économie politique chrétienne, VII, 598, 600, **601** et suiv., **613-614**.

Écritures, anciennes et nouvelles, III, 230-231; V, 530. — Épîtres de Paul, III, 234-235. — Évangiles altérés, VI, 497. — Écritures du Seigneur, VI, 497 et note 3; VII, 176 et note 2. — « Dieu a dit », VI, 498. — *Constitutions apostoliques*, VII, 94, 95 et note 1. — inférieures à Platon, VII, 361. — Étude, VII, 432. Voir Bible.

Édesse.—Christianisme à Édesse, IV, **64** et suiv. — vient d'Antioche, IV, 65 et note 3. — Trajan, V, 503. — *Peschito*, VI, 288. — Bardesane, VII, 122, 436, 444 note. Voir ce mot. — École, VII, 430. — Chronique d'Édesse, VII, 436-437 note, 446 et note 2. — Dynastie; voir Abgar et Manou. —

Conversion, VII, 442-443. — Grande Église, VII, **458-461**. — Église, VII, 458. — Palut, VII, 458. — Légendes et fraudes, VII, 459-460 et note 1. — La Véronique, VII, 460 note 1. — Portrait du Christ, VII, 460 note 1. — Tombeau de saint Thomas, VII, 463 note.

Édom, IV, 227. — nom de Rome, IV, 36 note 4, 122 note; V, 2 et note 1, 349 note, 509.

Éduïoth, traité talmudique, V, 6-7, 81; VI, 245 note 1.

Efféminés (chrétiens traités d'), III, 242.

Égalité; Sénèque et Ulpien, VII, 29-30. — Épiphane, VII, 124, 125 et note 1. — Minucius, VII, 399, 401, 402 et notes. — Caracalla, VII, 493. — chrétienne, VII, 600-601, 612.

Égée (mer) ou Archipel, III, 504, 548-549.

Égérie (Fontaine), V, 234.

Église, *ecclesia*, réunion, VII, 516. — Premier germe, I, **302** et suiv., **308** et suiv., II, ıı; V, 333; VI, 86; VII, 502. — l'Église apostolique, II, **86** et suiv. — Idée de l'Église, III, xix, 12, 76-77; IV, 533. — Tableau des Églises primitives, III, **237** et suiv. — Autorité de l'Église, III, 239. — Solidarité, III, 242 — Mœurs, III, **242** et suiv. — Charité, III, 245 et suiv. — Piété, III, 256 et suiv. — Réunions, III, **257** et suiv; VII, 516. Voir Assemblées. — Inspiration, III, 257-258. — Églises domestiques, III, 272-273, 433; IV, 96

— Églises multiples, III, 273 et note. — est un corps, III, 407, 474-475; IV, 79, 81. — La secte et l'Église, V, 448. — L'Église et les révélations privées, III, 294-295. Voir Révélation individuelle. — Église des glossolales, III, 412.

Ce qu'était une Église, III, 561. — Nombre de personnes, III, 561-562. — Importance de ces réunions, IV, 215. — Esprit de l'Église, IV, 291. — Église d'Israël, Église du Ciel, IV, 406, 409, 410, 422, 443 et notes, 447, 468, **475**. — Séparation de la synagogue, V, II. — L'Église et l'évêque, V, xvii, xviii. — Deux évêques, V, **155-156, 157**. — Prétentions apostoliques, V, 157. — en Matthieu, V, 181, **196-197** et note 1; VII, 507. — en Clément Romain, V, 323 et suiv., 329, 331. — Église et clergé, V, 333. — L'Église absorbe tout, V, 411. — Influence des sectes juives, V, 453. — Croissance tranquille, V, 535-536. — Progrès de discipline, VI, II. — Transformations, VI, 86 et suiv., 88 et suiv., 90. — *Ecclesia* en saint Mathieu, VI, 87 note, 94; VII, 407-408, 416, 507. — L'évêque, VI, 88-89. — Le fidèle disparaît, VI, 89. — Protestations, VI, 90.

L'Église universelle, VI, 89-90. — Société complète, VI, 99; VII, 92. — Esprit, VI, 101 et suiv. — Censure et correction, V, 329; VI, 102, 103. — trop simple, VI, 166, 167, 169, 175-176. — L'Église et Valentin, VI, 167-169, 176. — L'Église gnostique, VI, 173-174. — L'Église pratique, VI, 176. — compromise par les gnostiques, VI, 181. — Horreur pour les mystères gnostiques, VI, 181. — « La grande Église », VI, 351. Voir Celse, catholicisme. — Source de douceur, VI, 392; VII, **248**. — en Hermas, VI, 405. — La Vieille, VI, 405 et suiv. — L'éon *Ecclesia*, VI, 407 note 1. — La tour, VI, 408. — Rajeunissement, VI, 409.

Églises de saints, VI, 421; VII, 167, 210, 222. — Opinions moyennes, VI, II, 141; VII, 234, 239. — sous Marc-Aurèle, VII, I et suiv. — La femme à l'église, VII, 91, 92, 116. — *Reconnaissances*, VII, 92-93. — nombreuses et peu nombreuses, VII, 114. — Traité de Méliton, VII, 181. — Affaire de la Pâque, VII, 205-206. — Refroidissement de plusieurs, VII, 207-208, 221-222. — L'Église et l'inspiration individuelle, VII, **213**.

L'Église spirituelle et l'Église de tous, montanisme, VII, **222, 223, 232, 238, 239, 240**, 406, 407. — Jugement de Celse, VII, 360. — Progrès, VII, 405 et suiv. — Esprit moyen, VII, 406. Voir Catholicisme. — aimée, VII, 528. - représente Jésus, VII, 407. — Les anciens, clergé, VII, 408. — Église et municipe, VII, 410. — Églises fondées par apôtres, VII, 414. — Abdications successives, VII, **416**. — Église catholique, VII, 416. — L'Église c'est l'évêque, VII, 418. — Harmonie, VII, 419. — L'Église et le docteur, VII, 431. — L'Église attire tout, VII, 499. — L'Église vers 180, VII, 506-507. — Employés, VII, 516. — Séparation des deux sexes, VII, 520. — Dons spirituels, VII, 530, 533. — Organisation, VII, 533-535. — L'Église de tous et le monachisme, VII, 558, 559. — Les Églises primitives, VII, 562. — Agence d'intérêts, VII, 586-587. — Tyrannie, VII, 507.

L'Église et l'État, VII, 592. — seule riche, VII, 602. — Esclaves de l'Église, VII, 609. — L'Église et l'empire chrétien, VII, 618. — conservatrice, VII, 618 et note, 619. — Église ouverte à tous, VII, 626, 633. — Lutte contre la superstition, VII, 629-630. — Elle cède, VII, 630. — devient clergé, VII, 633. — Église établie, VII, 633. — Nécessité, VII, 644.

Église (bâtiment), II, 335; III, **272**; VII, 540, 557, 620. — Églises domestiques, III, 272-273. — Hadrianées, VI, 43. — Employés, VII, 516. — Chœur, *presbyterium*, VII, 516. — Ambon, VII, 516. — Non temple, VII, 521. — Description, modifications, VII, 521-522. — devient temple, VII, 521-522. — Ornements, peintures, VII, 541. — Mithriaque, VII, 577, 578 et note 2. — Auberge, VII, 597, 601. L'esclave à l'église, VII, 610.

Egnatienne (voie), III, 139 note, 140, 154.

Egnatius, V, 485 note 2. Voir Ignace.

Égrégores, IV, 362.

Égypte, Égyptiens. Voir Alexandrie. Sa place dans l'histoire de la religion, I, 3-4; VI, 18-19, 354; VII, 131-132. — Emprunts que lui font les Hébreux, I, 6; — les chrétiens, I, 251 note 1, 258 note. — Égypte païenne, II, 283-284. — École juive d'Égypte, I, 35-36; V, II, II, 283; V, 376. — Origine du cénobitisme, II, 79. — État sous Rome, II, 312, 317, 327; III, 22; IV, 170, 352, 413 note 1. — Temples et institutions charitables, II, 325. — Juifs en Égypte, III, 30; IV, 249, 250; V, 92. — Égyptiens à Rome, III, 98, 137; V, 390. — Superstitions égyptiennes, III, 169. — tardive en Christ, III, 492. — Néron et la préfecture de l'Égypte, IV, 139, 309, 317 note 2, 437. — Massacres en Égypte, IV, 249 et suiv., **257**. — Sens symbolique, IV, 296, 402 et note. — Plaies d'Égypte, IV, 392, 396, 425, 426. — Esclaves juifs, IV, 521. — Juifs échappés de Jérusalem, IV, 538-539. — Le prêtre vêtu de lin, VI, 18-19. — Singularité de l'Égypte, VI, 19-20. — Hypostases en théologie égyptienne, V, 415. — Révolte sous Trajan, VI, 546 note 2. — Massacres faits par les Juifs, V, 505, 506-507, 508, 510-511, 531. — Alexandrie, V, 506. — Haute Égypte, V, 507. — Basse Égypte, *ibid.* — Massacres de Juifs, V, 511 et note 2; VI, 2 note 1. — Diminution des juiveries, V, 512; VI, 12.

Le christianisme en Égypte, II, 134, 283, 285; V, **157** et suiv. — Le Juif d'Égypte faux prophète, II, 265; III, 525. — Mention tardive, V, 158. — Préchristianisme, V, 158. — Indécis, V, 158, 159. — Sibyllisme, judaïsme mitigé, V, 159-160, 169. — Influence de l'Égypte, V, 172, 376. — Juifs et Égyptiens, V, 244; VI, 18. — Synagogue nom des églises, V, 51 note 3. — Jésus en Égypte, V, 92, 180; VI, 345. — Idolâtrie, VI, 16.

Philosophie égyptienne, VI, 63-64 et note, 65-66; VII, 105. — Juifs d'Égypte hellénisés, VI, 65. — Platonisme en Égypte, VI, 144. — Religion égyptienne, VI, 149. — Gnosticisme, V, 449; VI, 157, 166, 177, 354. — Adrien en Égypte, VI, 188 et suiv., 201, 291, 292. — Christianisme que vit Adrien, VI, 188 et suiv. — Lettre d'Adrien, VI, **189-190**. — Juifs d'Égypte, VI, 195. — Captifs juifs en Égypte, VI, 210. — Style néo-égyptien, VI, 291. — L'Égypte et le gnosticisme, VII, **139** et suiv., 143. — Pas de judéo-christianisme, VII, 139. — Sortie d'Égypte, VII, 199. — Sibyllisme, VII, 278 et note 1. — Celse, VII, 353 et note 2, 354. — Jésus et la science égyptienne, VII, 354. — Le polythéisme égyptien et les chrétiens, VII, 433, 434. — Prêtre égyptien converti et temple, VII, 433. — Emprunts de la Grèce à l'Égypte, VII, 434-435. — Cultes égyptiens à Rome, VII, 491. — Origine du monachisme, II, 78 et suiv.; VII, 558, 559 et note 1, 590. — perdue comme nation, VII, 590, 622. — Règne du paupérisme, VII, 602.

ÉGYPTIENS (Évangile selon les), I, LXXXVIII; V, 112, 216 note 3, 374 note 5; VI, 185, **343-344**; VII, 169. — Contre les sexes, VI, 185. — Évangile de Basilide, VI, 185 note 1. — cité à Rome, VI, 400, 498 note. — Ophites, VII, 133. — Apocryphes égyptiens, VI, 516 et note 2. — Rituel, VI, 528. — Hébreu inconnu en Égypte, VI, 558. — Désert de la haute Égypte, VI, 559. — Séthiens, VII, 135.

ÉHAD (le mot), VI, 218-219.

ÉLAGABAL, VII, 496 note 2.

ELCHASAÏ, ELCHASAÏSME, ELCHASAÏTES, I, 103 notes 1 et 2, 211; V, 106 note 2; VI, 280; VII, 584. — Elkasaï, V, **448** et suiv., **455** et suiv. — Livre, V, 455, 456, 457. — Nom, V, 456 note 1. — Formules, V, 456. — Baptême, VI, 323, 331. — Rapports avec le christianisme, V, 457. — avec les ébionites, V, 457. — Judéo-chrétiens, haïssent Paul, V,

457, 497. — Naturalisme, V, 458. — Morale, V, 459. — Fortune, V, 459-460 et notes. — Famille, V, 460 et notes 2 et 3.— Rapport avec l'islam, V, 460-461. — avec les mendaïtes, V, 463-464 ; VII, 134 note 1. — *El-hasih*, V, 463. — Rapports avec le gnosticisme, V, 463. — dure encore, V, 465 ; VII, 86 note, 507. — en épître johannique, VI, 50. — en Pastorales, VI, 103. — *Kibla*, VI, 280. — à Rome, VI, 322-323. — Littérature, VI, 328, 329. — Second Christ, VI, 410 note 4. —Ange géant, VI, 417-418. — Théologie, VI, 525 ; VII, 86 note.— Naturalisme, VI, 531. — Objurgation, VI, 531 note 1. — Catholicisme atténué, VI, 531, — Mahomet, VII, 86 note.

ELDAD ET MODAD, livre apocryphe, VI, 396-397. — Canonicité, autorité, VI, 397 note 1.

ÉLÉAZAR, frère de Juda et de Simon Macchabée, VI, 549 note 3.

ÉLÉAZAR, martyr, V, 304.

ÉLÉAZAR, fils de Jaïre, parent de Juda le Gaulonite, I, 64 ; IV, 536-537.

ÉLÉAZAR, en Adiabène, II, 256 ; III, 61.

ÉLÉAZAR, fils d'Ananie, IV, 243-244, 245, 246, 271.

ÉLÉAZAR, fils de Simon, démagogue, IV, 271, 274 et note 2, 496, 497, 503.

ÉLÉAZAR HAC-COHEN (monnaies censées au nom de), VI, 548 et note 3.

ÉLÉAZAR BEN AZARIA, V, 307.

ÉLÉAZAR de Modin, VI, 198.

ÉLECTION par *chirotonia*, III, 238.

ÉLEUSIS, III, 182 ; VI, 37, 145 ; VII, 16-17, 286.

ÉLEUTHÈRE, pape, V, 138 note 1 ; VI, 467 note 2 ; VII, 72, 291 note 1, 301, **316.**

ÉLEUTHÉROPOLIS, ébionites, V, 24 ; VI, 280 note 1.

EL-HASIH, V, 463 et note 3. Voir ELCHASAÏ.

ÉLI, IV, 50, 51 note 1.

ÉLIE n'est pas mort, II, 2. — Sa vie et son caractère, I, **100-101**, 217 note 4, 266, 465 ; II, 176 ; V, 91. — Son rôle messianique, I, 100 ; IV, 402, 403-404 et notes ; V, 432. — précurseur du Messie, I, 105, 206, 208 ; IV, II ; V, 355, 359. — Jésus s'entretient avec lui, I, 170, 268, 437. — Jean lui est assimilé, I, 208. — Élie et Jésus, I, 262, 268. — Sa vision, II, 60-61. — Abroger la Loi, V, 15-16. — Rôle mythique, VI, 191.

ÉLIEN, sur le surnaturel, VII, 351, 378, 630.

ÉLIÉZER BEN HYRKANOS (Rabbi), V, 10, 533.

ÉLIÉZER BEN JACOB, auteur d'une Mischna, V, 6, 7, 24-25.

ÉLIHOU, personnage de *Job*, VI, 235 note 4.

ÉLISA BEN ABOUYAH, V, 535 ; VI, 150 note 2.

ÉLISABETH, prétendue mère de Jean-Baptiste, V, 279 ; VI, 511.

ÉLISÉE, prophète, III, 500.

ELKASAÏTES, voir ELCHASAÏTES.

ELKESI, village, V, 456 note 1.

ELOAÏ, VII, 143.

Élogium, III, 532, 535.
Élohim, disputes, V, 532.
Élus, bonté de Dieu, V, 40. — Petit nombre, V, 360, 372, 516 note 2, 524. — Parure de Dieu, V, 360. — voient les supplices des méchants, V, 362 et note 4, 524, 525. — transfigurés, glorieux, V, 524.
Elxaï, V, 460 note 3. Voir Elchasaï.
Elymas, III, 15.
Embolisme, VI, 240.
Embryonnaire (âge) du christianisme, III, lxxvii ; V, iii, iv ; VI, vii ; VII, ii.
Émanations, VI, 151, 170, 171.
Émèse, II, 254 ; IV, 489, 543 ; V, 467 ; VII, 495.
Émissaires de Jacques. Voir Jacques, frère du Seigneur.
Emmaüs=Kulonié, II, **18** et suiv. ; IV, **301-302** note, 537 ; V, 282, 263 note 2.
Emmaüs = Nicopolis, IV, 301 ; V, 58 note **2**.
Emmerich (Catherine), I, 540 ; VI, 506 note.
Empire. — Empires (succession des), voir Daniel. — en Sibylles, V, 163 ; VI, 13, 378 note 4. — Système de l'Apocalypse de Jean. Voir Apocalypse de Jean. — Système de l'Apocalypse d'Esdras. Voir Esdras. — Empire romain. Voir Rome. — L'empereur devient républicain, V, 381. — Bons et grands empereurs, V, 379 et suiv., 392-393, 395 et suiv. ; VII, 6. — Leur rapport avec le christianisme, V, 397 et suiv., 398 note. — Esprit administratif, V, 397. — Conservateurs, V, 398-399. — Parallélisme du christianisme et de l'Empire, V, 398 note ; VI, iv ; VII, **283-286**. — Paix possible, VI, iv ; VII, 492. — Empereurs persécuteurs, V, 399, 404 ; VII, 492. — Empereurs tolérants, V, 404, 480 ; VII, 492. — L'Empire et l'Église, V, 399. — Honneurs idolâtriques, V, 402, **478**. — Impertinences des martyrs, V, 487 note, 494 et note 4. — Christianisme flatte l'autorité, VI, 40 ; VII, 285-286, 371, 384-385. Voir Méliton, Athénagore, apologistes. — Guerre de l'Église et de l'Empire, VI, 297, 377. — L'empereur et la vertu, VII, 3, 4. — Progrès, VI, 290-291, 296-297. — L'adoption, VII, 4-5, 474, 478-479, 492-493. — État rationaliste, non théocratique, VII, 40. — Avilissement, VII, 98. — Celse, VII, 366-367, 373-374. — Chrétiens en domesticité, VII, 491.

Empire chrétien, VI, 227 note 2, 297 ; VII, **285-286, 369-371**, 417, 510, 593 note 2, **615** et suiv. — Sécession des chrétiens, VII, **370, 371, 394, 428, 448, 499, 589-590**. — Patriotisme, VII, 370, 371, 373-374, 428, — Opposition sourde du christianisme et de l'Empire, VII, 428, 429, 448. — envahi, VII, 448. — épuisé par le christianisme, VII, 499. — Despotisme militaire, VII, 492, 493, 497, 498, 499. — Conservateurs du iie siècle, VII, 494. — Le christianisme et l'Empire, VII, 540, **589** et suiv., **592-593, 615** et suiv., **619** et suiv. — au III⁰ siècle, VII, 620. — l'Empire et l'égalité, VII, 598-599. — Constantin, VII, **620-621.** — Théodose, VII, 624. — Suite, VII, 623, 624. — Carlovingiens, VII, 624.

EMPIRE DE LA RAISON (traité de l'), V, 303 et suiv. et notes, 370. — Doctrine, V, 304-306. — Fortune, V, 306-307.

ENCENS, IV, 383, 392-393; VI, 531; VII, 517. — Voir PRIÈRES.

ENCRATES, ENCRATITES, VI, 420; VII, 125, 159, 160, **162** et suiv., **166** et suiv., 169, 534 note 3. — Sévériens, VII, 168. — Femmes, VII, 169-170. — Martyrs, VII, 170. — Excès, VII, 170-171, 191. — Pinytus, VII, 175. — combattus, VII, 191, 192, 239. — Montanisme, VII, 215. — Équivoques, VII, 244.

ENCYCLIQUES. Voir CIRCULAIRES.

ÉNÉE, paralytique, II, 198.

ENEMESSAR, faute, VI, 229 note 4.

ENFANCE, récits sur l'enfance de Jésus, I, LXXXVI; V, 173, **190** et suiv., 259, 278; VI, **505**, 507, 510, 511. — en Luc, V, 278, 279. — Enfance des grands hommes, V, 191 et note 1. — Enfances de Jean-Baptiste, V, 278-279. — Enfances de Marie, V, 279 note 1; VI, 510 et suiv. — Enfants prodiges, V, 279 note 3. — Type général, VI, 511. — Miracles, VI, 514-515. — L'Enfant Jésus, VI, 517. —

Évangile selon Thomas, origine, VI, 513.

Évangiles de l'enfance, VI, 513. — Leur succès en Orient, VI, 513. — Caractère, VI, 513-514, 515. — Sort du pseudo-Thomas, VI, 515.

ENFANTS. — Goût de Jésus pour les enfants, I, **197-200**; VI, 147. — Services qu'ils lui rendent, I, 198-199. — Enfants syriens, II, 296. — Enfants attirés, VII, 66, **362-363**. — exposés, VII, 384, 426, 611. — Enfant mangé, VII, 395-396. — Eucharistie, VII, 519. — Baptême, VII, 528. — extatiques, VII, 531. — Enfance dans le royaume de Dieu, V, 283. — Hermas, VI, 417.

ENFER. — Représentation, IV, 170. — Séjour des démons, IV, 395 et note 5, 397. — en pseudo-Esdras, V, 362, 365, 372. — Première esquisse, VI, 525, 529.

ENFERS. — Croyances, IV, 57. — Jésus aux enfers, IV, 58, 61 note 2; VI, 265-266, **358, 516** et note 1, 517, 521 note 3. — Apôtres aux enfers, VI, 418, 419, 516 note 1. — Jean-Baptiste, VI, 516.

ENNOIA, VI, 371; VII, 150.

ENTYCHITES, sectaires, V, 452; VII, 126.

ÉPAGATHUS. Voir VETTIUS EPAGATHUS.

ÉPAPHRAS ou ÉPAPHRODITE de Colosses, III, 360; IV, 86, 90, 95, 97, 100.

ÉPAPHRODITE de Philippes, III, 147; IV, 19-20, 23.

ÉPAPHRODITE de Néron, IV, 159 note 3, 310, 313 ; V, 340.

ÉPAPHRODITE de Josèphe, peut-être identique au précédent, V, 240 et note 3, 241.

ÉPAPHRODITE, maître d'Épictète, V, 240 note 3.

ÉPÉNÈTE, III, LXVIII, 339, 349 note, 432.

ÉPHÉBIES à Athènes, III, 185-186.

ÉPHÈSE, Éphésiens, II, 138, 222, 370, 374; III, 214, 313 note 2, 366, 419 note 3; IV, 90 note 3. — Histoire et tableau, III, **333** et suiv. — Ville banale, III, 333, 337. — Juifs, III, 335, 429. — conquise par l'Asie, III, 336. — Port, III, 337. — Débauche et superstition, III, 338, 339, 344, 347, 348, 426 et suiv. — Apollos à Éphèse, III, 340. — Quartier chrétien, tombeaux, III, 342; IV, XXIII note 2. — Translation de la ville, III, 342-343, 357 note. — Basilique de Saint-Jean, III, 343 note 1 ; V, 434. — Émeute à Éphèse, III, 426 et suiv., 439. Voir ARTÉMIS. — Théâtre, III, 428. — Temple, VI, 27 note 1, 36 note 2.

Première Église d'Éphèse, I, 210; III, XII, LXVII, LXVIII; IV, XXI. — Première apparition de Paul, III, 280. — Paul à Éphèse, III, XXVIII, XXIX, XXX, XXXII, XXXIII, XXXIV, XXXVI, XXXIX, XL, XLI, XLII, XLIII, XLVII note, 9, 52 note; 330, 331, **341** et suiv.; IV, 349. — Aquila et Timothée à Éphèse, III, 279, 280, 339, 424. — Église de Paul, III, 344 et suiv. — Église judéo-chrétienne, III, 350. — *Ephesia grammata*, III, 344 et suiv. 348. — Phrygiens à Éphèse, III, 364, 371. — Judéo-chrétiens, III, 366, 431-432, 482. — Éphèse renie Paul, III, 367-368, 369, 432, 564. — Paul songe à quitter Éphèse, III, 384. — Députés d'Éphèse pour la collecte, III, 431, 492 note. — Coup d'œil sur l'œuvre de Paul à Éphèse, III, 431 et suiv., 438. — Éphèse reçoit l'épître dite aux Romains, III, 461, 481-482; finale, 482. — Entrevue de Paul et des anciens d'Éphèse, III, 501-504, 539. — Nombre des fidèles d'Éphèse, III, 562 note 2. — Romains à Éphèse, IV, XXI. — Rapports des Églises d'Éphèse et de Rome, IV, XXI, 350. — Épître aux Hébreux écrite d'Éphèse, IV, XX-XXI, 212. — Épîtres pastorales écrites à Éphèse (?), III, LI. — Jean à Éphèse, IV, XLIII, 88, 207 et note, **347** et suiv. 560; IV, **551** et suiv., **557** et suiv., **563**; V, XX-XXI. — Apôtres à Éphèse, IV, 344. — Marie à Éphèse, IV, 347, note 1. — Prégnosticisme, IV, 88. — Cérinthe, IV, 88; V, 417, 420-421; VI, 53-54. — Paul aux Éphésiens, IV, 91-92, **93**. — Juifs de Rome et d'Éphèse, IV, 206. — Éphèse centre des ressentiments juifs IV, 206. — Église mixte, IV, 208. — Prééminence momentanée, IV, 209

— Lutte, IV, 209. — Barnabé, IV, 210 et note 2. — Barnabé et Timothée, IV, 210. — Faux Néron à Éphèse, IV, 354. — en Apocalypse, IV, 361, **363**, 409, 476, 560. — Éphèse et Patmos, IV, 374, 375 et note 1, 378. — Voyages, IV, 374 note 2, 560. — Balbillus et balbillies, IV, 420 et note 3. — Imposteur néronien, IV, 420-421. — Magicien d'Éphèse, IV, 421. — Martyrs d'Éphèse, IV, 446. — Filles de Philippe à Éphèse, IV, 343 et note 1, 344; VII, 200. — Tombeaux, IV, 344. — Voyage, IV, 567. — Vieillesse de Jean à Éphèse, V, 412 et suiv.; VI, 46, 81. — Théorie du *logos*, V, 416-417. — Cercle éphésien, V, 462-427, 428. — Presbyteros Joannes, V, 427. — évêque d'Éphèse, VII, 226 note 5. — Évangile, V, 428. — Jean enterré à Éphèse, VII, 200. — Tombeau et basilique de Jean, V, 433-434. — Second tombeau, V, 434. — Ignace aux Éphésiens, V, 488. — Quatrième Évangile né à Éphèse, I, 482, 492, 493; VI, 46 et note 1, 47. — Parti de Jean, VI, 46, 53. — Tradition, VI, 47-48, 58. — Presbyteros et Aristion, VI, 48. — Tradition apostolique, VI, 126. — École d'Éphèse, I, LXXVI. — Justin, VI, 279 note 3. — Hermas, VI, 402 note 1. — Polycrate d'Éphèse. Voir ce mot. — Juridiction, VII, 178 note 4. — Bible à Éphèse, VII, 179 et note 3. — Centre, VII, 179 note 3, — Gloires, VII, 200.
— *Matrone d'Éphèse*, VII, 245 note 4.

ÉPHÉSIENS. (Épitre dite aux), II, XLI; III; VI, XI, 397 note 4; IV, III, VI, 137. — Discussion, III, XII, XXIII; IV, XLI, **91**; V, XX. — Destinataires, III, XII et suiv.; IV, 92. — Ressemblance avec *Col.*, III, XVI et suiv. — Hypothèse d'un décalque, III, XVIII, XXI; IV, **91, 92, 93**. — Caractère, III, XIX, — Circulaire, III, XX-XXI, 461 note 1; IV, **91-92, 93**, 113. — Emprunts qu'y fait la *Iª Petri*, IV, VII., 112 et note. — Secrétaire de Paul, IV, VIII, 91. -- Doctrine, IV, 93-94, 211. — Éphésiens dans l'épitre aux Romains, III, LXV, 481. — Partie d'une épitre aux Éphésiens dans *Rom.*, III, LXIX-LXX, LXXIII, 461, 481. — Métaphysique, VI, 75.

ÉPHÉSIENS (Épitre d'Ignace aux), V, XII, XV, XX, XXIV, XXV-XXVI note, XXVIII, XXXI; VI, 356. — Rapports avec Paul, V, XX. — Importance, V, 139, 155.

ÉPHRAÏM ou ÉPHRON, I, 381, 514.

ÉPHREM (saint), a conservé le Diatessaron, VII, 165 note 1. — contre Bardesane, VII, 439 note 2, 441 et notes. — Hymnes, VII, 445 et note 3, 446 note 2, 463 note.

ÉPICTÈTE, II, 332, 333; II, 359, 436; IV, 175 note, 341-342; V, 213, 240 note 3, 287, 289, **385-386**, 407; VI, 4, 301 note 2, 311 note 4, 313 notes 1 et 4, 393 note 4, 404; VII, 39 note 3, 43, 82, 257, 259 et note 3, 272, 440 note, 449 note 1, 593 note 3. — comparé à Jésus, V, 385. — aux chrétiens, VI, 477. — et Marc, VII, 8-9. — sur les Galiléens, VII, 56, 448 note 3. — Celse, VII, 352, 359. — Lucien, VII, 377 note 1.

Épicure, II, 326; IV, 101, 236; VI, 310; VII, 44. — libérateur, VII, 347, 377. — Cataplasme, VII, 378.

Épicuriens, sens du mot chez les Juifs, I, 225, 227; IV, 52; V, 72 note 2; VII, 127 note 2. — Les épicuriens et Paul, III, 190. — Les épicuriens et les chrétiens, VI, 308, **309-311, 429**; VII, 374. — nom maudit, dangereux, VI, 310; VII, 350. — seuls raisonnables, VI, 431; VII, 347, 348, 350. — Livres, VI, 490; VII, 44. — non persécutés, VII, 61. — Anecdotes, VII, 377-378.

Épigone ou Praxéas, VII, 230 et note.

Épiménide, II, 167.

Épiphane, fils de Carpocrate, VI, 179-180; VII, **123-126**, 139. — Livres, VII, 124-125. — communiste égalitaire, VII, 124-125. — Utopie, VII, 124-125. — Culte de Jésus, VII, 125. — Aberration, VII, 125.

Épiphane (saint), discuté, IV, 296 et 297 note; V, vi, 43 note 5, 56 note 2, 65 note 1, 103 notes, 105 note 2, 110 note 1; V, 138 note 1, 460 notes 2 et 3, 543; VI, 280 note 1, 324 note 2, 347-348 note, 492 note, 518; VII, 83 note 5, 121 note, 127 note 1, 160, 209 note, 437 note, 439 note 2. — Ses erreurs sur les nazaréens et les *ébionim*, V, 48 note, 75. — sur Aquila, VI, 28-29 note, 120 notes 1 et 2. — Épiphane et Cérinthe, VI, 53-54. — Le millénarisme, VI, 137-138. — Sur les ébionites, VI, 283. — inquisiteur, VI, 137. — gnostique, VI, 158 note 1. — Plaisanterie, VI, 281-282.

Épipode (saint), VII, 343-344 note.

Épire, III, xl, xli note, xlii, 552.

Épiscopat. Voir Évêque. — III, xxiv-xxv note, 238-239; V, ii, iii, xvii, xviii, xix, 433; VII, 502. — Obéissance due, IV, 221, 291. — Jésus et l'épiscopat, IV, 552. — Rôle des épîtres pseudo-ignatiennes, V, xiv, xvii, **xviii**, xxx-xxxi, 495. — L'évêque est l'Église, V, xviii. — L'évêque rattaché aux apôtres, V, 171, **325-326**, 332. — Transmission, V, 332, 333. — Listes d'évêques. Voir Diadoché. — Établissement, V, **332**. — L'État détermine l'évêque, V, 400. — Confédération des évêques, VII, 416, 417. — Correspondance des évêques, VII, 415. **416-417**. — en l'affaire des Phrygiens, VI, ii. — Progrès sous Adrien, VI, **85** et suiv.,

94 et suiv. — opposé de la démocratie, VI, 87. — Pouvoirs émanant de la masse, VI, 87 et note, 90, 93. — Abdications, VI, 88. — Un seul *episcopos*, VI, 89. — vient des apôtres, hérédité spirituelle, VI, 89 et note 7. — vient de Jésus-Christ, VI, 93. — Nécessité de cette évolution, VI, **91** et suiv. — L'ordre, VI, 92. — Élection, VI, 93-94. — Les anciens, l'acclamation, VI, 93-94. Voir Chirotonie. — Apocryphes épiscopalistes, VI, **96** et suiv., **103**. Voir Pastorales (épîtres). — L'évêque idéal, VI, **96-97**. — Valentin et les évêques, VI, 169. — chez les judéo-chrétiens, VI, 280. — Fait urbain, VI, 280. — Hermas, VI, 420. — Polycarpe, VI, 443, 444. — Exagérations de pseudo-Clément, VII, **90-91**, 96, 97, 99. — Juridiction de l'évêque, VII, 97-98. — Maison de l'évêque, VII, 98, 619. — Gnostiques, VII, 148. — Marcionites, VII, 159. — en Grèce et en Asie, VII, 172 et suiv. — Direction moyenne, VII, 172, 234, 235. — Centre à Rome, VII, 172. — se généralise, VII, 177. — en Asie, VII, **177-178**, 204. — Affaire de la pâque, VII, 205. — Montanisme, VII, 210, 222, 223, 232, 235-236. — Femmes évêques, VII, 217, — Victoire de l'épiscopat, VII, **234, 235** et note, **238** et suiv.

L'épiscopat et l'Empire, VII, 239-240, 280. — fonde l'ordre, VII, **407** et suiv., 633. — hérite de l'*ecclesia*, VII, 408, 416. — L'évêque et la *civitas*, VII, 410, 412. — L'évêque et le flamine, VII, **411**. — assujétit les charismes, VII, 213. — Pseudo-Ignace, VII, **418** et suiv. — Les cordes et la lyre, VII, **419**. — Obéissance, VII, 418, 419, 420. — L'évêque est tout, VII, 418-419. — Origine apostolique, VII, 506. — préside, VII, 516, 518, 533. — possède pour l'Église, VII, 539, 586 et note 2. — Importance dès le IIIe siècle, VII, **586** et note 2, **587, 618-619**. — Magistrature, VII, 586, 597. — Réconciliation avec l'Empire, VII, 615.

Episcopos dans les éranes, II, 353 note; III, 238-239. — dans l'Église, III, xxxvii, **238-239**. — Synonyme de *presbyteros*, III, 238-239, 406 note; V, 298, 311, 325 et note 3, 326, 332 et note 1, 498; VI, 88, 420 et note 4; VII, 420 note 6. — Histoire du mot, III, 238-239. — en *I*[a] *Petri*, IV, viii. — en Clément Romain, V, **326**, 329. — Voir Épiscopat.

Épispasme, III, 67; V, 236; VI, 192, 201.

Épîtres, VII, 502, 503. — Luc n'en parle pas, II, xiv. — Leur autorité, II, xxix-xxx, xl. — Discussion générale, III, iv et suiv. — Épîtres circulaires, III, xv et suiv. — Épîtres de Pierre. Voir Pierre. — Épîtres de Paul. Voir Galates, etc. — *Editio princeps* de Paul, III,

LVIII, LXXIII; IV, **93**; VI, 105, 106.
— Intégrité, II, LXII et suiv.,
234, 462. — Épîtres écrites de
Corinthe, III, 226. — Épîtres de
Paul en général, III, 288 et
suiv. — Leur sècheresse, V,
100. — Le courrier, III, 228.
— Leur importance, III, 229. —
Épîtres chez les Juifs, III, 228-
229. — Correspondance des
Églises, III, 229-230. — Genre
littéraire, III, 230-231; IV, **110-
111.** — dictées. III, 232. —
Précautions, III, 233. — Comment conservées, III, 234-235.
— deviennent Écriture, III,
234-235. — lues dans l'église,
III, 234-235. — De qui connues, III, 234-235 et notes. —
Épîtres aux Thessaloniciens,
III, **235-237.** — Classification, III, 235-236 note. —
Fausses épîtres, III, 251. —
Leur importance dans les siècles suivants, III, 325. — Lettres perdues, III, 383. — Finales autographes, III, 418, 482;
IV, 91, 97. — Emprunts, IV,
VIII, 112.

Caractère des épîtres catholiques, IV, XI, XII, XIII, **110,
111, 113,** 211. — Épîtres
apostoliques, IV, 111, 211. —
Influence, IV, 476-477. — Épîtres de saint Ignace. Voir IGNACE.
— en Clément Romain, V, 334,
335. — Peregrinus écrit des
épîtres, V, 494. — Formulaires
épistolographiques, VI, 79-80.
— Ce que dit *II*ᵃ *Petri*, VI, 112. —
« L'Apôtre » de Marcion, VI,
355 note 2. — Marcion corrige
Paul, VI, 361. — Polycarpe,

Ignace, etc., VI, 442. — Denys
de Corinthe, VII, 173 et suiv.
— Falsifications, VII, 176. —
Correspondance entre Églises,
VII, 409-410, **416, 417,** 518.
ÉPREUVES, VI, 235.
ÉRASTE des Pastorales, III, XXXIII,
384.
ÉRASTE, trésorier de Corinthe,
III, 218, 384.
ÉRATOSTHÈNE, II, 327.
ÈRE chrétienne, I, 22.
ÉRÉMITIQUE (vie); Jean-Baptiste, I,
99. — chez les Juifs, I, 101,
102.
ERMOLAÜS, nom de l'Antechrist,
III, 304 note 2.
ERYTHRÉENS (poèmes), V, 162, 536.
ÉSAÜ, IV, 219; VI, 182.
ESCHMOUN, III, 218.
ESCLAVAGE, ESCLAVES, II, 301, 318-
319, 322; III, 257, 319, 436;
IV, 38, 41, 81, 96-97; IV, 441
et note. — Esclaves chrétiens, III, **434, 435-436**;
IV, **96-97, 116.** — Condition des esclaves, III, **435-
436.** — L'esclave capable de
vertu, IV, 341. — Esclaves
juifs, IV, 519, 521, 536; V, 128.
— Prostitution, V, 128. —
Amélioration, VI, 3. — Devoirs, VI, 99. — Législation
d'Antonin et de Marc, VII,
24-26. — Jamais question
d'émancipation, VI, 99. —
Favor libertatis, VII, 25. —
Affranchissements, VII, 26,
613-614. — Blandine, VII,
312-313, 344. — Chrétiens ont
des esclaves, VII, **384.**

Le christianisme et l'esclavage, VII, **605** et suiv. — L'esclavage accepté, VII, **606, 607**. — Affranchissement idéal, VII, 607, 610. — Égalité religieuse, VII, 607, 610. — Devoirs réciproques, VII, 607. — Esclaves chrétiens et leur maître, VII, 607-608. — Plan des Antonins, VII, 605, 608. — Les Pères, VII, 608, 611-612. — Esclaves de l'Église, VII, 608-609. — Action indirecte, VII, 609 et suiv. — Maître chrétien et esclaves, VII, 611. — Rachats, VII, 611, 613. — Esclaves prêtres et évêques, VII, 612 et note 2. — Sympathie, VII, 612.

Judaïsme et esclavage, VII, **612-613**. — Abolition, VII, **613-614**. — rural, VII, 614. — Esclavage musulman, VII, 610 note 3.

ESCULAPE, à Pergame, IV, 184, 365 et note 1 ; VII, 564. — à Abonotique, VI, 428, 429 ; VII, 49. — Superstitions, VI, 430-431 et note 1 ; VII, 377-378, 382, 393. Voir ASCLEPIOS.

ESDRAS, V, 348-349 et note ; VI, 199. — reconstitue les livres, V, 349, 373 ; VII, 83 note 2. — Rôle messianique, V, 355, 432. — ne meurt pas, V, 529.

Apocalypse d'Esdras I, XLII, XLIV, 136 note 2 ; IV, XXVI, XL note, 335 note 1, 358 note 1, 407 note 2, 458 et note 2, 468 note 1, 469 note 2 ; V, 37, 160, 378 ; VI, 117, 270, 398, 555. — Circonstances de son apparition. V, 348. — Discussion, V, **348-349** et note, 361 - 362 note. — Addition chrétienne, V, 348 note 2. — Mutilations, V, 348-349 note, 363 note 1. — Date, V, 349 note 369, 377. — Ailes, V, 349 note. — en grec ou en hébreu, V, 350 et note 1. — Citations ou imitations, V, 350 note 2 ; VI, 424 et note. — adoptée par les chrétiens, changements, V, 351 et note 2, 370 et suiv. — Caractère et plan, V, 351. — Doute, V, 352 et suiv. — Messie et jugement, V, 355, 356 et note 1, 524. — Dépôts d'âmes, V, 357-358, 517 note 2. — Rapports avec Jean, V, 358 et note 4. Voir APOCALYPSE DE JEAN. — Petit nombre des élus, V, 360, 517 note 2, 524, 525. — Révoltes, V, 361. — Sort des âmes, V, 361-362. — Prière pour les morts, V, 362-363 et notes, 517 note 2. — Pseudo - Esdras comparé à pseudo-Baruch, V, 517 note 2, 519, 524, 526 note 1, 529. — Symbolisme des empereurs, V, **365** et suiv. — Punition de Rome, V, 368-369. — Révolte de 70, V, 351, 354, 370.

Fortune de pseudo-Esdras, V, **370** et suiv., 509 ; VI, 557. — chez les Grecs, V, 371 ; VI, 632 note. — chez les Latins, V, 371. — Rôle en théologie, V, **372-373**. — Office des morts, V, 372, 528. — en iconographie, V, 372-373. — Canonicité, V, 373. — en Barnabé, V, 373-374, 375, 520-521 note. — à Rome, V, 437. — imitée, V, 517 et note 2. — Usage en *II^a Petri*, VI, 110. — Traduction grecque, particule *et*, VI, 122 note

3. — Troisième livre d'Esdras V, 37. — *Liber quartus*, deux parties, VI, **527** et note 3. — Manuscrit d'Amiens, VI, 527 note 3. — Méliton, VII, 180.

ESDRELON, I, 27 ; V, 30.

ESNEH (temple d'), II, 284.

ÉSOTÉRIQUE (enseignement), VI, 145, 162, 164, 168. — de Jésus, VI, 176.

ESPAGNE, II, 282 ; III, XLIV, 420, **494** ; IV, 307, 413 note 1. — Pas de Juifs, III, 494. — Voyage de Paul en Espagne, IV, **105, 106, 107, 108, 199. 200** et notes ; VI, 8. — Juifs d'Espagne, VI, 227-228. — Markos, VII, 292 note. — Christianisme en Espagne, VII, 452.

ESPÉRANCE, III, 409.

ESPRIT, opposé à corps et à âme, VI, 173-174. — Esprit opposé à la chair, III, 468 ; V, 167. — Pauvres en esprit, V, 196.

ESPRIT. Esprit saint, Esprit de Dieu. Voir SOUFFLE DE DIEU. I, 258, **309, 311**, 323, **521** ; III, 387, 388, 389, 395, 468, 469 ; IV, 215, 424, 435 ; VII, 504. — Descente du Saint-Esprit selon le 4ᵉ Évangile, I, 534 ; II, II, XXVII. — Descentes parmi les apôtres, II, **51-52**, 60-62 ; IV, XVI ; V, 440. — Pentecôte, II, **62** et suiv. ; III, 271 ; VII, 205. — Dons du Saint-Esprit, II, 95, 153-154. Voir CHARISMES. — L'Esprit et le baptême, II, 95, 153 note. — Guérisons, II, 96, 104. — Inspiration, II, 159, 279 ; III, 491, 502. — Transports aériens,

II, 160. — L'Esprit sur des incirconcis, II, 204, 226 ; III, 82. — Exercice habituel des dons, II, 238 ; III, 258, 405 et suiv. — Inspirations directes, III, **127, 128, 238,** 419, 491, 502, 503, 505, 506-507 ; V, 321, 325, 332. — à Thessalonique, III, 159. — Élections par inspiration, III, 238. — Les dons du Saint-Esprit en Grèce, III, 247. — Inspirations dans l'Église, III, 257-258. — Exercices divers, III, 258. — Apollos ignore le Saint-Esprit, III, 344. — L'Esprit vivifie, III, 409. — en Apocalypse, IV, 364, 367, 368, 370.

Jésus né de l'Esprit, V, **50**, 188, 422. — Esprit descend en lui, V, 50, 106, 419. — féminin, masculin, père, mère, V, 103 note 2, **106** et note 2 ; 176 note, 185 et note 3 ; VI, 525. — transporte Jésus au Thabor, V, 106. — Trinité, V, 197. — inspire l'apôtre, V, 205. — inspirateur permanent, VII, **83, 84, 329**, 433, 452 note 2, 502, 533. — Esprit prophétique, VI, 370, 396 ; VII, 84, 85, 179. — Union avec l'âme, VII, 111. — Méliton, VII, 179. — Règle du Saint-Esprit, VII, 200-201. — Montanisme, VII, 213. — Baptême de l'Esprit, VII, 527. — Élections par l'Esprit, VI, 93. — L'Esprit et l'Église, VI, 173. — Rôle dans les conversions, VI, 267, 269.

Esprit de Dieu, VI, **66, 67, 69**, 373, 389. — Saint-Esprit en

Hermas, VI, 410-411 note, 418, 419. — à Lyon, VI, 473. — Athénagore, VII, 382.

Esprits, IV, 361, 367, 381, 383, 427, 472. — Discernement des esprits, III, 406, 412, **413**; V, 317. — Esprits saints des elchasaïtes, V, 456, 458. — dans Hermas, VI, 416. — Origine perse, IV, 472.

Esquilies, IV, 142, 146, 147 note; V, 337. — Mithræum, VII, 578 note; 579 note 1.

Esséens, V, 450, 454, 455, 456 note 1, 458, 460 note 3, 461, 465, 497; VI, 103, 280, 328, 329. — *Asaïa*, V, 459 note 1. Voir Esséniens et Osséens.

Esséniens, I, xiv, 16, 63, 95, 103 et note; II, 78, 98 note, 147 note; III, 65, 79 note 1; IV, 237; V, 166 note 2; VII, 403. — eurent peu d'influence sur Jésus, I, 36-37, 180. — Leur nom, I, 36 note 4.—Leur pays, I, 101. — Baptême des esséniens, I, 104. —Communisme, I, 179.—Religion pure, I, 231, 474 note 3; IV, 225; VII, 584. — guérisseurs, I, 272; V, 458, 459 et note 1. — Repas, III, 268, 479; IV, 68; V, 170. — Poème essénien, V, 159. — Sibyllisme, V, 168. — Rapports avec le christianisme, V, 168. — vers l'an 100, V, **450** et notes 1 et 2, **453**; VI, 12; VII, 74, 79, 82, 83 notes 1 et 4, 91. — Révélations successives, VII, 84 note 1. — Esclavage, VII, 613.

Esther (livre d'), I, 50, 53 note 1; V, 33, 36, 513 note 2; VI, 556, 557, 558. — Interpolations, V, 32 note 1, 33; VI, 117, 288, 557. — Exemple, V, 329. — en *Tobie*, forme différente, VI, 556-557. — Date, VI, 557. — Caractère dur, VI, 558. — Peut-être deux formes, VI, 561. — Méliton, VII, 180.

Esther, juive affranchie, IV, 158.

Esthétique chrétienne, IV, 172, 173, 180-181. — Esthétique de l'Apocalypse, IV, 473.— Vierge martyre, martyrs, VII, 242, 243. — Parure des femmes, VII, 243-244. Voir parure et cheveux.

Éranes, II, **351** et suiv.; III, 238-239; VII, 568 et note 1. Voir confréries.

Et, particule hébraïque, VI, 119, 120 et note 4, 122 note 3.

État. La religion et l'État, II, 375-376; IV, 233-234; VII, 587-589, 590-591. — Utilité de l'État, V, 16, 399. — L'État et la liberté, V, 397, 400-401, 405. — Tyrannie, V, 405. — Le christianisme et l'État, VI, iv-v; VII, 426. — La philosophie et l'État, VII, 46. — Les lois, VII, 426. — L'Église et l'État, VII, 499, 592, 644-645.

Éthiopie, la Candace, II, 158, 254. — Traductions, VII, 139

Ethnarque d'Arétas, II, 175, 206. — Ethnarque juif, II, 285; IV, 250.

Étienne (saint), sa conversion, II, 108. — Chef des diacres, II, **119-120**. — Son martyre, II, **138** et suiv., 243; III, 505; V, 441, 493; VII, 327.

INDEX GÉNÉRAL

Étoile en Orient, I, 251 ; IV 490. — Étoile en Apocalypse, IV, 361, 362, 363, 367, 394, **395**, 406, 407. — Bar-kokab, VI, 200.

Étrusques, IV, 470 note 1.

Eubée, III, 166.

Eubule, III, xxxiv; IV, 13.

Eucharistie, I, **312-319, 399-401, 498-499, 518-520** ; II, **81-82** ; III, **261-263** ; V, 318, 478 note; VI, 16 et note 5, **58**, 307, **373-375** ; VII, 315, 516 et suiv., 525. — portée aux absents, III, 266; VI, 373-375; VII, 533. — se distingue de l'agape, III, 267. — Paroles eucharistiques, III, 404. — Envoi de l'Eucharistie, VI, 448; VII, **203** et note; VII, **519** et note 1. — Célébration, VI, 448, 203. — Rite de Markos, VII, 127-128, 294. — Eucharistie sacrifice, IV, 225 ; VII, 516, **522**. — Volupté, VII, 247-248. — Inscription d'Autun, VII, 297-298. — L'évêque et l'Eucharistie, VII, 418. — mithriaque, VII, 577, 578. — L'esclave et le maître, VII, 610. Voir Cène.

Eulogies, III, 258, 268.

Euménie, en Asie-Mineure, VI, 435, 436; VII, 200. Voir Thraséas.

Eunape, VI, 427 et note 3.

Eunice, III, 46.

Eunuchisme, I, 159 note 1, 320-321 ; V, 180; VI, **436** et note 6; VII, 200-201 et note, **534** note 3, 558 note 1. Voir Castration.

Euphrate, fleuve, et le faux Néron, IV, 355, 398, 427, 428, 438, 497, 526; V, 164, 165; VII, 275, 278. — Baptisme du bas Euphrate, V, 454, 461.— Pérates, VII, 134 note 2.

Euphrate de Tyr, II, 340; V, 385, 408 note 1.

Euphronius, épicurien, VII, 377-378.

Eupolème, V, 245.

Euraquilon, III, 551.

Euripe, III, 167.

Euripide, VII, 103.— Le tombeau d'Euripide, III, 156. — Le *Bellérophon* d'Euripide, IV, 144

Eurymédon, III, 32.

Eusèbe, I, lviii-lix et notes; lxv note 4; lxxiii note; IV, xxiii et suiv. et notes, xxxiii, xxxiv et note 4, xxxv note 8, 185 note 5, 553, 562; V, vi, xxvi, xxvii, xxix, xxxi-xxxiii xxxiii, 17 note 6, 26 note 1, 43 note 5, 54-55 note, 57 note, 59 note 1. — Opposition à l'Apocalypse, IV, xxxiv note 4, xxxvi, xxxix, 346 note 3. — Chronologie, IV, 566; V, 138 note 1; 187 note 2, 227 note, 228-229 note, 239-240 note.— Critique, V, 245, 247 notes 1 et 3, 297 note, 299-300 note, 316 note 2, 343 note, 431 note 2, 459 note 5, 486 note 1, 489, 497 note 2, 504 note, 541; VI, vi note 2, 2 note 1, 27 note, 32 note 2, 33 note 1, 48 note 2, 49 note 2, 124 notes, 126-127 note, **127-128, 129**, 134, 192-193 note, 198, 201 note 4, 208 note 5, 267 notes 1 et 2, 268 et note 1, 293 note 1, 302 note 1, 311, 316, 379 note 3, 402 note 1, 423 note, 462 note 3, 463-464 note, 486 note, 543, 544 et note 3, 545; VII, 59 note 1, 72 note 2, 73 note 2, 141 note 1, 159 note 3, 179 note, 183 note 1, 184 note, 198 note 2, 199 et note 3, 202 note 2, 206 et note 2, 209 note, 214 note 1, 226 et note 6, 278 note 3, 341 note 2, 423 et note 3, 437 note, 439 note 1, 440-441 note, 459 note 3, 462 note 1, 496-497 note, 631-632. — Contre les images, VII, 541-542.

EUSTOLIUM, VII, 535 note.

EUTYCHUS, *medicus ludi matutini*, IV, 196 note.

EUTYQUE, III, 500.

ÉVANDRE, IV, 37, 152.

ÉVANGÉLISTES, III, 406 note, 506. Voir ÉVANGILES.

ÉVANGILE ou bonne nouvelle, I, 120. — fait pour les pauvres et les petits, I, 191-192, 200; III, 315; V, 44, **85-86**. — Évangile éternel, IV, **423**. — Abandonner tout pour lui, V, 192. — A qui destiné, V, 207-208.

ÉVANGILES, I, V-VIII, XVII, XXXIX, XLVII et suiv. — Critique des Évangiles, I, **XLVIII** et suiv. — Absence de chronologie, I, CII-CIII. — Caractère privé, I, 312. — Langue des Évangiles primitifs, I, LIV, LXXXVIII-LXXXIX, 34 note. — Supériorité sur les autres écrits du Nouveau Testament, I, 466-467; III, 230-231; IV, 476-477. — Agada, III, 63-64. — Lente croissance en Judée, III, 275, 309-310, 328, 540; IV, 59, 60, 83-84, 117 et suiv., **222**; IV, **476-477**. — chez Paul, IV, 60, 222. — Premiers récits fixés, IV, 61. — Plan, *ibid.* — Mort des apôtres, IV, 61. — Les Évangiles et les livres d'Hénoch, IV, 70-71. — Apocalypse en Évangiles, IV, 71, 72, 406. — Évangile d'Asie, IV, 346. — ont converti le monde, IV, 476-477. — Idylle, IV, 486. — Miracles, IV, 492. — Les Évangiles et la famille de Jésus, V, 38, 63. — L'Évangile et la casuistique, V, **67**. — Les Évangiles et Tarphon, V, 70, 71 et note 1. — dans la Gémare, V, 71 note 1. — chez les Nazaréens de Batanée, V, 74-75. — Beautés, V, 99, 101. Voir MATTHIEU. — Plusieurs perdus, V, 217 et note 1.

Rédaction, V, I-II, V, VIII, **76** et suiv. — Trois sortes, V, V-VI. — Variété persiste, V, VI, VII. — Tradition orale, V, VI, VII. — Retour à l'unité, V, VII-VIII. — dans Ignace, V, XXIII. — Fixation tardive, V, 76-77. — sus par cœur, V, 77-78 et note 1, 113-114. — Tradition, V, 68 et note 1. — Incertitudes, V, 81. — Sentences et paraboles, V, 78 et suiv. — Recueils, V, 79 et suiv., 81. — Langue, V, 81 et suiv. et notes, **97-99**. — Mots de Jésus, V, 82 note 3, 83. — Évangile hébreu, V, 82-83 note. — Actes, V, 83. — inséparables des sentences, V, 83-84. — Cadre synoptique, V, 84 et suiv. — Cadre galiléen, V, 84-85. — Jérusalem supprimée, V, 85. — Pâque, passion, résurrection, V, 85. — Vie publique, V, 85. — Additions, mots prêtés, V, 86. — Livre et *hadith* V, 86 note 2. — s'épurent, V, 87. — Vérité du portrait, V, **87** et suiv. — Traits de personnalité, V, 88-89. — Critique, V, 89. — Vies écrites d'avance, V, 90. — Idéal messianique, V, 97. — Traits *a posteriori*, V, **90-91**. — pris de l'histoire, V, 91. — Fuite en Égypte, V, 92. — Réalisation des textes, V, 92 et note 4. Voir Hébreux, Matthieu, Marc, Luc, Jean, Pierre, Apôtres, Égyptiens, Ébionites, Basilide, Ève.

Cadre et texte se figent, V, **94, 114**. — Consonances avec Apocalypse, V, 94 note. — Fixé avant d'être écrit, V, 95. — Inutilité de l'écriture, V, 95. — Variantes, V, 95. — Textes flottants, V, 95, 113. — Infériorité de l'écriture, V, 95-96. — Écrits peu considérés, V, **96-97**. — Date, V, 97. — Style, hébreu et grec, V, 98-99, 100-101. — Force convertissante, V, 100. — Jésus véritable auteur, V, 101, 204. — Vieux textes se conservent, V, 120. — Progrès des récits, V, 122-123. — L'Apocalypse de Jésus, V, 123-124, 174 note 1. — Traductions, V, 113, 175-176 et note. — Création par textes bibliques, V, 182. — par besoin apologétique, V, 182-183.

Les quatre canoniques, V, 103; VI, 130. — Apologues ajoutés, V, 201. — Distinction de Jésus et non-Jésus, V, 203-204. — Josèphe et les Évangiles, V, 247, 305 note 5. — Rédactions nombreuses, V, 251, 256-257. — Évangiles d'apôtres, V, 251, 259. — Aucun n'épuise, V, 251, 285; VI, 72. — Effets rétroactifs, interpolations, V, 258 note 2, 267 note 3, 272 note 3, 274 note 3. — Loi générale, V, 261. — Disparates, V, 263. — Variété non supprimée, V, 285. — Évangiles en Clément Romain, V, 334-335. — Calembour des Juifs, V, 535 et note 1. — Inexactitudes, V, 537, 545. — Publicité, VI, 72. — Genre libre, VI, 72.

Papias, VI, **125-126, 127-128**, 131. — Air fabuleux, VI, 131. — arrêtent le délitement, VI, 133. — Gnostiques refont l'Évangile, VI, 150-151. — Sens transcendants, VI, 151. — Évangiles selon eux faussés, VI, 151. — Exposition de Basilide, VI, 162. — Évangile de la vérité de Valentin, VI, 120, 176-177. — Évangiles gnostiques, VI, **184-185**. — Dernière germination, VI, 343. — Diversités, VI, 343 et note 3. — Voir Égyptiens, Pierre. — Mémoires des apôtres, VI, 374. — Évangiles de Justin, VI, **385-386**. — cités, VI, 400. — Opinion des païens, VI, 427-428. — Pâque, VI, 445, 446; VII, 196, 205. — commentés, VII, 387. — Lecture, VII, 502, 503. — Scènes évangéliques peintes, VII, 544. — Évangile supprimé au moyen âge, VII, 634. — inconnus de Marc-Aurèle, VII, 55. — Code de couvent, VII, 241. — Évangile et Marc-Aurèle, VII, 272.

Évangiles apocryphes. Voir APOCRYPHES. VI, **495** et suiv., **505** et suiv. — Épuisement, VI, 496. — Remaniements, amalgames, VI, 497, 498. — écrits privés, VI, 498. — Tradition orale, VI, 498-499. — Retranchements, VI, 499-500. — Importance, VII, 311. — Sélection des quatre, VI, 497, **500-503**, 503 note; VII, 510. — *Unum ex quatuor*, VI, 501, 503, 504. — Évangile *a priori*, VI, 501. — Contradictions respectées, VI, 401. — Harmonistique, VI, 501, 503. — *Diatessaron*, VI, 503-504. Voir ce mot. — Diversité l'emporte, VI, 503-504. — Évangiles de secte, VI, 504 et suiv. — Évangile de la perfection, VI, 504. — Évangile et Paraclet, VII, 214-215. — Évangiles apocryphes naissent des canoniques, VI, 505 et suiv., 520. — Rhétorique, VI, 506. — Côtés puérils, VI, 507. — Le Jésus des canoniques, VI, 507. — des apocryphes, VI, 507-508. — Nécessités internes, VI, 512-513. — Fêtes, VI, 510, 513, 517. — Sectes, pays, VI, 516. — Importance, VI, 517, 518. — Succès, VI, 518, 519. — supriment presque les canoniques, VI, 519. — Évangile des ophites, VII, 133. — Évangile de Celse, VII, 353. — Impossibilités, VII, 356. — Apocryphes d'abord blâmés, puis passent, VI, 512.

ÉVANGILE (quatrième), son apparition, VI, **45** et suiv. Voir JEAN.

ÉVARESTE, pape, V, 138 note 1, 493.

ÉVARESTE, chrétien d'Asie, VI, 462.

ÈVE (Évangile d'), VI, **528**; VII, 217.

ÉVÊQUE, V, 312; VI, 349, 400 note 1. Voir EPISCOPOS et ÉPISCOPAT. — Peregrinus évêque, V, 494. — Évêques cyniques, VI, 312. — en *Cerygmes*, VI, 331, — Familles d'évêques, VI, 436; VII, 201. — Caricature, VI, 464. — Hégésippe, VII, 71. — Deux évêques en une ville, V, 155-156 et note 2. — Évêque=curé, VII, 451-452 note. — Évêques de Sérapis, VI, 189. — Siège, VII, 516.

ÉVHÉMÉRISME, VII, 185, 382, 387.

ÉVRODE, évêque d'Antioche, II, 237; III, 299; V, 156; VII, 95 note 3.

ÉVHODIE, III, 147; IV, 19, 22.

EVOCATUS, V, 300.

EXCOMMUNICATION, chez les Juifs, I, 356. — dans l'Église chrétienne, II, **87**. — équivaut à la mort, II, **87-90**. — Effets, II, **88-90**; IV, 238. — chez les chrétiens, III, 391-392. — Paul, III, **391-392, 441, 442**. — chez les Juifs, V, 9; VI,

248. — Hérétiques excommuniés, VI, 349. — Victor, VII, 201-202. — Rome excommunie, VII, 206, 413.

EXÉGÈSE, I, IV et suiv., IX et suiv. — Exégèse de Jésus, I, 32. — Exégèse du temps, I, 38. — Exégèse messianique, I, **265-266**; VI, **265-266**, 267, 268. — Exégèse allégorique, I, 508-509; II, 93-94, 139-140; V, 90, **92-93**; VII, 353. — Au second siècle, VI, **118, 265**. — Sens divers, VI, 252. — Passages altérés, VI, **265-266**. — de saint Justin, VI, 365. — Exégèse mythique de certains gnostiques, VII, 135. — Exégèse gnostique, VII, 135-136. — Alexandrie, VII, 140. Voir APELLE, TATIEN, JULES CASSIEN, MARCION. — Celse, VII, 354 et suiv. — Origène, VII, 512, 513 et note 1.

EXIL volontaire, V, 328-329.

EXORCISMES, I, 261; VII, 378 note 1, 531 et note 3. — Exorcismes de Jésus, I, **272-274**. — des apôtres, I, 307, 393; II, 104. — au nom de Jésus, I, 307-308; III, 347; V, 64-65; VII, 531. — Paul exorciste, III, 347. — Exorcismes elchasaïtes, III, 456-457. — Force des exorcistes chrétiens, VI, 489; VII, 531-532. — Exorcismes de l'eau, VI, 531; VII, 219. — Exorciste, ordre, VII, 451, 533. — Magie, VII, 532.

EXTASES, II, 66, 68, 70, 76; III, 159; VII, 220, 223. — Pour et contre l'extase, VII, 226 et note 2, 233 note, 235, 516, 531, 532, 533.

ÉZÉCHIEL, I, 135, 393 note. — créateur du genre apocalyptique, IV, 357, 378, 380 note 2, 381, 400, 447 note, 464, 465-466; V, 16, 34-35, 106, 123 note 4. — Apocryphes, V, 335; VI, 117 note 2. — Apocalypse, VI, 527.

EZNIG l'Arménien, VII, 160.

F

FABIANUS (Papirius), II, 309; V, 382 note 2, 383 et note 2.

FABIEN, pape, VII, 538.

FAIBLESSE est force, III, 386. — Faiblesses nécessaires pour l'action, III, 515-517, 520.

FALASYAN ou Falashas, juifs d'Abyssinie, II, 158; VI, 529 note 2; VII, 141 note 4.

FAMILLE, II, **126-127**; III, 245; VII, 548, 644.

FAMILLE de Jésus, I, LVII, **25-27**. — hostile à Jésus, I, **139**, 160, **348-349, 499-500**; III, 285-286; V, 63, 191; VI, 58-59 et note. — Rapports avec Jésus, I, **160-161**. — Rapports avec les *ebionim*, I, LXXXIX. — Pharisiens, V, 8. — Son importance dans l'Église de Jérusalem et en Batanée, I, 161, 189; III, 283-285; IV, 546. —

fait les généalogies de Jésus, I, 249 note 5; V, 60-61, 186, 189. — Comment elle entra dans l'Église, II, **48-50**. — Système probable, III, 285 et note, 286 note 1 ; V, **537-549**. — *Ebionim*, IV, xxxix ; V, 38. — à l'époque du siège, IV, 290. — est pour la fuite, IV, 295. — à Pella, en Batanée, IV, 300. — Rapports avec les synoptiques, IV, 300 ; V, 38, 207. — Centre de l'Église de Jérusalem au Hauran, IV, 548 ; V, 39, 58, 63. — Origine des ébionites, IV, 548. — quittent Pella, V, 42-43. — Nazaréens, V, 46, 48 note. — Esprit, IV, **48**, 53. — Juifs complets, V, 53-54. — Successeur de Jacques, V, 54. — Frères et cousins de Jésus dans l'Église judéo-chrétienne de Syrie, V, **54-56** et notes. — au delà du Jourdain, V, 58, 59. — gouvernent les Églises, V, 59. — Leur caractère, V, **59-61**. — Descendance de David, V, 60, 62, 496-497 ; VII, 423. — Généalogies, V, 60, 61, 62. — Soupçons des Romains, V, 61-62. — Vexations, *ibid.* — Danger pour l'œuvre, V, **62-63** ; VI, **283-284**. — Vraie famille, V, 63. — Disparition, V, 63. — Haine contre Hérode, V, 190. — Domitien et la famille de Jésus, V, 299-301, 496. — en Syrie, V, 448, **465-466**. — Dangers qu'elle court, V, 496. — Sous Trajan, V, 496. — foyer de légendes, V, 542. — Quatrième Évangile, VI, 357 note 2. — Marcion, VI, 357,

362. — Hégésippe, VII, 422, **423**.

FAMINES, II, 240-241 ; IV, 327-328 et notes, 338, 386 ; V, 150, 164.

FANATISME, IV, 177, 233, 234, 238, 239, 286, 541 ; V, 33, 71, 511-512, 513, 526.

FANNIA, II, 307 note 2 ; V, 141, 287, 381.

FANTOMES (Croyance aux), II, 17-18, 35.

FATUM, VI, 30. — Dialogue de Bardesane, VII, **439-442**. — Réfutation du fatalisme, VII, 440.

FAUSTINE, femme d'Antonin, VI, 295 note 3 ; VII, 21, 22 note, 47.

FAUSTINE, femme de Marc-Aurèle, VI, 294 ; VII, 39 et note 1, 261, **469-471**. — Bruits, VII, 477-478, 495. Voir COMMODE.

FAUSTINE, juive, IV, 159 note 1.

FAUSTINIENNES (jeunes), VI, 295 note 3 ; VII, 21, 22 note.

FAUSTUS, FAUSTINUS et FAUSTINIANUS, V, 313 note 2 ; VII, 77 et note 3, 78.

FAUX PROPHÈTE de l'Apocalypse, IV, 43, 44.

FÉLICITÉ (sainte), IV, 172 note ; 174 ; VII, 58 note, 610 note 1.

FELICULA, IV, 135.

FÉLIX, procurateur, II, 265, 276 ; III, 532, **534** et suiv. ; V, 131. — Félix et Paul, III, **535** et suiv., 536, 537, 538, 543. — Sa chute, III, 540-541. — Josèphe et Félix, IV, 29.

FÉLIX, gouverneur d'Égypte, VI, 372.

FEMMES. Femmes attachées à Jésus, I, 157-158; V, 115 note 1, 192, 280. — Goût des femmes pour lui, I, **197-198**. — Situation religieuse des femmes dans le judaïsme, II, **122-124**. — dans le christianisme, II, **123**. — Direction des femmes, II, **125** et suiv. ; VII, 114-115, 169. — portées vers le judaïsme, II, **292**. — Femmes romaines, II, 307. — Progrès, II, 318-319. — dans les thiases, II, 352. — Collèges, II, 357. — Femmes chrétiennes, III, 149-150, 158 et suiv., 163, 165, **242, 243**; IV, 180-181; VII, **91-93**. — Femmes grecques, III, 150, 163, 165, 206. — Devoirs, IV, **118-119**; V, 321, 324; VII, 91-93, 97. — Femmes de Corinthe, III, 381, 402. — Les femmes dans l'Église, III, **402**; VI, 100; VII, **516**. — La femme tirée de l'homme, III, 397-398, 403. — Danaïdes et Dircès, IV, 167 et suiv., 169 et suiv. Voir VIERGE CHRÉTIENNE, ESTHÉTIQUE CHRÉTIENNE. — Crimes secrets, V, 403. — Condition légale, VI, 3. — Vieilles femmes, VI, 99-100. Voir VEUVES. — Femmes mariées, VI, 100. — Séducteurs hérétiques, VI, 104. — Femmes de Lyon, VI, 472, 477. — Atmosphère de femmes, VII, 63 et note 2, **362-363**, 374, 392. — Parure, VII, 91, 96. Voir PARURE. — Séductions gnostiques, VII, **115-117, 119**. — Femmes - prêtres, VII, **116, 127-128, 161, 215** et suiv., **217, 229, 234**. — Thécla, VII, **244** et note 3, 245 note 1. — Montanisme, VII, 216, 217. — Prophétesses, VII, 216, 217. — Timidités, VII, 243, 244. — Le voile, VII, **246-247, 552-553**. — Horreur du mariage, VII, 552 et note 2. — Les femmes et le culte romain, VII, 573. — Cultes égyptiens et orientaux, VII, **573-574**. — Mithriacisme, VII, 578. — Autres cultes chers aux femmes, VII, 579. — Nécessité de l'Église, VII, 644.

FEMME ADULTÈRE (récit de la). I, LVI note 1, **358-359, 500-501**; V, **107,** 267, 268, 277; VI, 128 note 2, 499.

FEMME PÉCHERESSE, I, LXXX note 2, LXXXVI, **193-194**; V, 277, 282. — Femme aux parfums, V, 282.

FEMME qui oint les pieds, I, 385, 515.

FEMME de l'Apocalypse, IV, 406 et suiv., 408, 409, 410.

FOURVIÈRES, VI, 475; VII, 294 note 1, 303 note 3, 306 note, 321, 322 note 1, 337 note 3, 344.

FLÉAUX, III, 253, 255-256; IV, 35, 425, 426, 429. — Fléaux vers l'époque de l'Apocalypse, IV, **321** et suiv., 323, **326** et suiv., 385 et suiv., 387, 392. Voir SCEAUX, TROMPETTES, COUPES. — sous Titus, V, 149. — Sibylles, V, 162, 164. — Pseudo-Baruch, V, 521, 526. — sous Antonin, VI, 298 et note 2. — Chrétiens responsables, VI, 308; VII, 60-61, 63, 302. —

Ruine de Rome, VI, 534. — Réactions, VII, 254.

Fenius Rufus, IV, 6.

Férouer, IV, 363.

Festus, III, 541 et suiv. — Paul et Festus, III, 542 et suiv., 544, 545, 546. — Son administration, IV, 65, 69. — Mort, IV, 66.

Fêtes chrétiennes, III, **270** et suiv.; VI, 449, **509, 513**; VII, 524. — Origine gnostique, VI, 155; VII, 144. — Fêtes juives, VI, 214; VII, 503, 524. — Fêtes païennes, VII, 98, 119, 368, 397.

Feu final, feu de l'enfer, III, 248-249, 301, 413; IV, 154, 205, 216; V, 368, 372, 523; VI, 16, **536, 537**; VII, 355, 593. — Influences volcaniques, IV, 330-332. — Prophéties sibyllines, V, **166, 169, 170, 171**. — Hystaspe, VI, 347. — Charlatanisme, V, 171; VI, 298 note 1. — Malfaiteurs, VI, 537. — Feu chez les elchasaïtes, V, 458. — chez les mendaïtes V, 464. — en *II^a Petri*, VI, 111 et note 1. — en gnose, VI, 173, 174. — en Hermas, VI, 410. — en Justin, VI, 489-490. — en Sibylles, VI, 536. — Méliton, VII, 181. — Théophile, VII, 398. — Minucius, VII, 398, 399. — Supplice, VI, 450 et suiv.; VII, 67, 500.

Fidèles (simples), VI, 168-169, 174.

Fils (le), I, **254-255**, 262, 288, 309; II, 95; III, 467-468, 469; IV, 78, 212, 213, 214; V, 197; VI, 67 note 2, 71, 373, 374; VII, 147. — soumis au Père, III, 414; IV, 212, 213; VII, 82, 504.

Fils de Dieu, I, 244, 246, 247, **253-255**, 260, 262, 332, 436; V, III, 50, 416. — Hommes devenus fils de Dieu, IV, 213; V, 458, 492; VI, 56, 57, 69, 370, 371, 389, 410-411 note, 416, 417, **418, 419**. — Inférieur au Père, VII, 85-86 et note, 91, 349, 359, 382, 418, 419.

Fils de l'homme, dans le livre de Daniel, I, 15, **135-136**, 193, 262, **284** et suiv., 286, 288, 289, 313; VI, 68. — dans l'Apocalypse, IV, 361, 363, 424. — Jésus dans le rôle de Fils de l'homme, I, xvi, **135-137**, 246, 260; IV, 75-76, 83, 85; V, 267, 416; VI, 107.

Fin du monde, I, **284** et suiv.; III, 413, **415**; V, 123, 253; VI, 534-535; VII, 299, 337, 398, 407, 551, 614 et note 1. — Influence de cette idée, I, 293 et suiv. — Embarras du christianisme à cet égard, I, 293 et suiv., 297-298. — en saint Paul, III, 248 et suiv., 256, 396. — Le mariage et la fin du monde, III, 396. — La richesse et la fin du monde, IV, 53, 54. — Épreuves finales, IV, 115, 120; V, 359-360; VI, 14. — Prophéties, IV, 359-360. — en Apocalypse, IV, 391, 466. — Quatrième Évangile, VI, 74, 75. — Idées parsies, IV, 472. — Erreur, IV, **478-479**. — Sibyllins, V, 166; VI, 19. — Pseudo-Esdras, 358-359. — Signes, V, 166, 359, 377. — Le siège de Jérusalem, V, 253. — Sous Nerva, V, 348, 368, 377. — Farceurs, V, 406 note. — Pseudo-Baruch, V, 520, 521, 528. — Pessimisme, VI, 14, 297, 298, 534. — en *II^a Petri*, VI, 112. — en gnostiques et johanniques, VI, 123-124. — sous Antonin, VI, 297, 298 et note 1, 347, 489-490. — Justin, VI, 389, 489-490. — Hermas, VI, 409, 410. — Échéances, VI, 534, 540. — Lyon, VII, 299, 337 et note 2. — Minucius, VII, 398-399. — Fin de l'empire chrétien, VII, 622.

Fiscus judaïcus, IV, 538, V, **16, 235-237**; VI, 214. — appliqué aux chrétiens, V, 237, 238, 346. — *Fisci judaïci calumnia sublata*, V, 346. — rétabli, VI, 214.

Flagellation et crucifiement, I, 420, 524. — de Jésus, I, 420. — des hérétiques dans les synagogues, II, 136; III, 5-6, 11, 449, 456, 527 note. — Femmes flagellées, VI, 277.

Flamine, *flamen civitatis*, VII, 411 et note 2, 565. — poursuit en Actes des martyrs, VII, 411 note 2.

Flaminienne (voie), V, 343-344.

Flavia Neapolis, VI, 272. — Voir Naplouse.

Flavius (les), I, xxii; III, 177; IV, xliii, 164 note 1; IV, 457, 531; V, 157, 292 note 1, 351, 408. — Race, IV, 532 et note 4. — Avènement, IV, **481** et suiv. — Raison de leur succès, IV, 488. — Messianisme juif, IV, 489 et suiv., 492. — sympathiques à la Syrie, IV, 492; V, 129, 393. — au christianisme, IV, 492. — Caractère, IV, 493-494, 512. — Josèphe le fausse, IV, 504 note 2, 512 note 1. — Monnaies, IV, 532; VI, 203. — Les juifs, IV, 538. — Christianisme chez les Flavius, V, xxxiv-xxxv, **128** et suiv., 136, 137, 155; **218** et suiv., **226** et suiv., 313 note 2, 342, 343 note, 344 note. — Rapports avec le judaïsme, V, 129. — Rois juifs, V, 131. — Josèphe, nom de Flavius, V, 131, 311 note 3, 312 note 2. — Pas de préjugés, V, 136. — Charlatanisme, miracles, V, 136-137, 146 et note 3. — Économie, V, 140. — Amphithéâtre flavien, V, 224. — Cruautés de Domitien sur sa famille, V, 225-226. — Caractère, V, 225-226. — Rapports avec les chrétiens, V, 226. — Juifs chez eux, V, 226, 228. — Tableau de la famille, V, 227-228 note. — Interdiction de la circoncision, V, 238-239. — Littérature juive, V, 245, 249. — Coterie juive et chrétienne, V, 254, 302, 390, 391, 393, 399. — Fin, V, 339 et suiv., 379, 393. — Temple, V, 292 note 1, 341. — Discrédit, V, 342. — Impression de leur chute, V, 348, 349 note. — en pseudo-Esdras, V, 366-367. — Calomnies juives, VI, 19 et note 4. — Les Flavius dans le roman des *Reconnaissances*, VI, 29 note. —

restaurateurs provinciaux, VII, 492-493.

FLORENTINUS, jurisconsulte, VII, 494.

FLORINUS (lettre à), IV, 207 note, 563, 564-565, 569; V, 425 note 2. — Florinus, VI, 440, 447. — à Rome, VI, 451, 471. — combattu par Irénée, VII, 291 et note 2, 297.

Foi absolue, II, 381 et suiv.—Foi d'Israël, V, 2. — La foi et les œuvres, III, **320-321, 463**; VI, 76; VII, 120.— Don de foi, III, 406, 408, 409. — Justification par la foi, III, **464** et suiv., 486; IV, 77. — Jacques, IV, 55. — en *Hebr.*, IV, 217 et suiv. — en Luc, V, 272, 439. — Croire sans avoir vu, VI, 82.

FIRMICUS MATERNUS, IV, 310 note 4; VII, 568 note, 570 note.

FOLIE, Jésus cru fou, I, 331, 368; V, 191.— Idées de l'Orient sur la folie, I, XXIII et suiv. — Le fou et l'inspiré, I, 80.— Le fou est un possédé, I, **272-274**. — Guérisons de fous, I, 272-274.— Mot relatif, I, 469. — Folie de la croix, III, 386-387. — Folie de Paul, III, 449-450; IV, 94.— Folie des juifs, V, 511-512, 516.

FONTEIUS AGRIPPA, IV, 419.

FONTEIUS CAPITON, IV, 354.

FORMULES magiques, V, 456-457.

FORNICATION, VII, 386, 395.

FORTUNAT, corinthien, III, 218, 384, 418.

FORTUNATUS, romain, V, 320.

FORTUNE de Rome, VI, 27 note 1. —Statue de la Fortune, VII, 1, 7.

FORUM de Rome, IV, 145.

FORUM d'Appius, III, 559.

FOSSOR, VII, 539 et note 3.

FOUDRE, idées des Romains, VII, 273.

FOURNAISE (les trois enfants dans la), V, 37.

FRACTION du pain, I, 314-315, 399-400; II, **26**; III, 263, 267, 268, 500, 554; VII, 502, 515.

FRANÇOIS D'ASSISE, comparaison avec Jésus, I, XCI; III, 569.— relève la pauvreté évangélique, I, 190-191, 322. — Miracles, I, 268, 279, 465-466, 468, 505, 506, 511, 538; II, LIII, 74, 147 note 4, 376; III, 207; IV, 118; V, 87; VI, 282, 339; VII, 483, 604, 635.

FRANCS, VII, 251.

FRATERNITÉ humaine, I, 179, 241; II, 129, 316.

FRATRICELLES, III, 512.

FRÈRES (appellation de), I, 163-164; VI, **307** et note 2, 400, 460; VII, 65, **383, 395,** 573.

FRÈRES de Jésus, plus âgés, I, 25-27. — hostiles à Jésus, I, **139**; III, 80; IV, 72; V, **541, 542, 543, 547**; VI, 58. — se rapprochent de lui, I, **160-161**; II, **48-50**; III, 400. — Rapports avec les apôtres, II, 85 et suiv., 198; V, 546 et suiv. — avec Paul, III, 81. — voyagent, III, 283.—Leurs femmes, III, 283, 400; V, 545.— Jacques, III, 285 et note. — Rôle, V, 55 et notes, 56 note. — Voir FAMILLE DE JÉSUS. — Rapports avec les Évangiles, V, 95, 97. —Système sur les frères et les cousins, V, **537-549**. — dis-

INDEX GÉNÉRAL

tincts des Clopides, V, 541. — mariés, V, 545. — Tableau, V, 547. — Fin, V, 549.

FRETENSIS (*legio* X[a]), IV, 500, 523, 526; V, 18 et notes 2 et 3, 57; VI, 202, 542, 551.

FRONTON (L. Cornelius), VI, 480; — Discours contre le christianisme, VI, **493-494**; VII, 53, 434. — Les Frontons à Cirtha, VI, 493 note 1. — Sa religion, VI, 494. — maître et ministre de Marc-Aurèle, VI, 494; VII, 8, 33, 53, 260, 469, 474-475 et note 1, 478, 488. — Minucius Felix, VII, 389 note 3, **390** et note 4, **391**, 396 et note, 398, 402.

FRUMENTARIUS, III, 532, 536; IV, 6 et note; V, 490 et note 1, 492 note 1.

FULBERT de Chartres, VI, 518 note.

FULMINATA (*legio* 12[a]), au siège de Jérusalem, IV, 500; VII, 275-276, 278. — à Melitène, devient chrétienne, VII, 278. — Confusion, VII, 278. — Incident sous Marc-Aurèle, VII, 59 note 1, **273** et suiv. 280-281. — Version officielle, VII, 273 note 1, 274. — Version chrétienne, VII, 276-277. — Sens du mot *Fulminata*, VII, 275 et notes. — Légende, VII, 277-278.

FUNDANUS (Caïus Minicius), VI, **32** et suiv., 33 note, 376; VII, 284. — Authenticité de sa lettre, VI, 32-33 note.

FUNÉRAILLES, VII, 517.

FURIES, III, 182; IV, 127.

G

GABAATH-SAÜL, IV, 501.

GABAON, IV, 260, 261, 262.

GABBATHA, I, 412.

GABRIEL, V, 51 note 2, 373.

GADARE, I, 151 note 1, 216 note 1; IV, 256.

GAIETÉ, III, 240-241, 437; VI, **411**.

GAÏUS le jurisconsulte, VII, 494.

GALANT HOMME, opposé du chrétien, III, 392-393; IV, 101-103.

GALATIE, GALATES, III, XXXVII note, 23 note 3, 28, 41, 144; IV, 437. — Sens administratif du mot, III, **48-53**. — Sens pour saint Paul, III, **48-51** et suiv., 126 note 2. — Mission de Paul, III, 22-53. — Paul les aime, III, **52-53**, 118-119, 201. — Deuxième voyage de Paul en Galatie, III, **118** et suiv., 123, 126. — Troubles de l'Église de Galatie, II, XXXVII, 126; III, **311** et suiv. — Simplicité des Galates, III, 312. — Émissaires de Jacques en Galatie, III, **311** et suiv.; IV, 63.

Épître aux Galates, II, VI, XXIX, XXXI, XXXIII, **XXXV** et suiv., XL, XLI, 209, 210, 213, 214 note; III, V-VI, XIII, XXXI, XLIV, **313** note 2, **314** et suiv., 329; IV, IV, IX. — écrite d'Antioche,

III, 313 note 2. — Particularités, III, **322-323**. — Récit du concile de Jérusalem, III, 81-82 note, 84 note; 92 note 2, 125 note 1, 279-281 notes. — Récit de la rupture, III, 298. — Récit des *Cerygmes*, VI, 341 et note 1. — Passage en Cyprien, VI, 341 note 1. — Paul fait porter la lettre, III, 324. — Paul visite de nouveau la Galatie, III, 330-331. — Sentiments de Paul, III, 320, 331. — Leur écrit sur la collecte, III, 422. — Nombre des Galates convertis, III, 562, note 2. —Perdent de leur importance, III, 564. — Barnabé et les Galates, IV, 99. — Églises de Galatie, VI, 361, 362 note 1. — Montanisme, VII, 229. — Sectes, VII, 237. — Galatie et Gaule, VII, 290 note 2. — Crescent et la Galatie, III, xxxiv. — Arsace, VII, 412 note 1.

GALBA, IV, 307, 309, 310, 324 note, 353, 354, 355, 356, 407, 413, 419 note 1, 432, 434, 437, 456, 481 et note 1, 482, 486; V, 140, 366, 367, 374. — Esprit républicain, V, 381.

GALIEN, II, 315, 332; III, 23 note 1, 25 note 3, 127 note 1. — Superstition, VI, **431** et note 1; VII, **48, 54,** 56 note 3, 448 note 3; VII, 262, 567 note.

GALILÉE (Galileo), VII, 638-639.

GALILÉE, GALILÉENS, I, XCVIII, 167. — Nature de Galilée, I, LXX. — Vie en Galilée, I, **175-176, 177, 178,** 184, **372.** — Accord avec les Évangiles, I, XCVIII-XCIX. — Population mêlée, I, 23, 236. — Situation politique, I, 59. — Sectes, I, 64, 123, 124. — État de la Galilée, I, 65. — Sa destinée à part en Israël, I, 66, 150. — Description, I, **67** et suiv. — Idylle galiléenne du royaume de Dieu, I, 70, 73, 334, 349, 356, 372, 391, 496, 515. — Synagogues, I, 140. — Jésus en Galilée, I, 244, 248, 334, 335, 347, 371 note. — Arbres de Galilée, I, xv, 147-148. — La direction galiléenne se continue au delà du Jourdain, I, LVII.

Galiléens, leur caractère, I, 68. — Leur dialecte, I, 217, 408. — méprisés à Jérusalem, I, 216-218, 222, 350, 356, 445. — Pas de prophète galiléen, I, 217, 350, **500.** — font un triomphe à Jésus, I, 387-388. — Femmes galiléennes I, 435, 446-447, **448, 525-527.** — au tombeau, II, 6 et suiv., 13-15. — Leur retour en Galilée, II, 13-15, **27** et suiv., 31; III, 165; V, 183. — Nouvelle vie galiléenne, II, 29-30. — Corps en Galilée, II, 40-41. — Ignorance, II, 17-18. — Sympathie pour Jésus, II, 34. — Éclipse de la Galilée, I, 487.

Révolte, IV, 247, 258, 260, 265, 298. — Josèphe en Galilée, IV, 274, 275-276. — La guerre de Vespasien, II, 46. — Vespasien en Galilée, IV, 276. — Héroïsme, IV, 277. — Massacre, IV, 277, 278, 327. — Galiléens vendus en masse, IV, 278. — Galiléens à Jérusalem, IV, 279, 484. — passent le Jourdain, IV, 300. — Juifs et chrétiens réfugiés en Galilée, après la destruction de Jérusalem, I, 140 note 2; II, 46; V, 24-25, 44. — pays du Talmud, V, 6, 25, 44. — pays des nazaréens, V, 46, 64.

Langue aramaïsée, V, 83 note. — Cadre galiléen des Évangiles, V, 84-85. — Disciples galiléens, V, 95. — Réapparition du ressuscité, V, 107, 214. — Œuvre de la Galilée, V, 158. — Paraboles galiléennes, V, 172. — Galiléens, nom des chrétiens, II, 46 note, 235 note 4. — Obscurité de l'Église de Galilée, II, 46, 162, 198. — Influence sur l'Évangile, II, 46, 47 note. — Évangiles, œuvre galiléenne, V, 204, 386, 424, 426; VI, 57, 58, 61, 74, 133, 142, 152, 167, 362, 439; VII, 241, 402, 407. — Matthieu galiléen, V, 214, 266. — Marc, V, 266. — Apôtres galiléens, II, 210, 240; III, 77; V, 107. — Christ de Galilée, II, 211; IV, XLII, 62, **84**; V, 107. — opposé à celui de Paul, IV, 221-222. — opposé à l'Apocalypse, IV, 476. — Juifs en Galilée, V, **531**; VI, 195, **239**, 240. — Rapports des juifs et des chrétiens, V, 533. — Pas de prophète, VI, 75. — Martyrs, VI, 215. — Galiléens d'Épictète et Marc-Aurèle, IV, 175 note; VII, 56. — Communisme, VII, 604.

GALILÉENS, secte, I, 64; II, 235 note 4; IV, **277**; V, 450. —
Épictète et Marc-Aurèle, IV, 175 note; VII, 56.

GALLES, prêtres phrygiens, IV, 89.

GALLI CANTU (IN), office, VII, 526.

GALLION (L. Junius), III, 221; IV, 12 note 2.

GALLION (M. Annæus Novatus), I, 418; II, 328; III, **221** et suiv., 339. — Gallion et saint Paul, III, **222** et suiv. — Réflexion, III, 224.

GALVIA CRISPINILLE, IV, 132.

GAMALA, I, 63; IV, 277.

GAMALIEL, I, XCIV, 95, **229-230**, 342; II, **137-138**. — Maître de saint Paul, II, 172, 176; III, 373; IV, 271. — Les Gamaliel, V, 12-13. — Gamaliel le jeune, V, 7, 21, 72 note 2, 234 note 1, 307; VI, 198.

GANDIGURA, II, 218.

GANGAS ou GANGITÈS, III, 145, 147.

GANGRES (concile de), VII, 551 et note 5, 558.

GAREB, I, 429 note 2.

GARIZIM (mont), I, 239, **242-243**; II, 264; VI, 76, 222.

GARONNE, VII, 292 note.

GAUDOS ou GAULOS. Voir CLAUDÉ.

GAULE et GAULOIS, II, 282; IV, 108, 306, 307, 308, 309, 314, 321, 322, 326, 413 note 1, 532; V, III, 426, 500; VI, 8, 467 et suiv.; VII, 392. — Rapports avec l'Asie, le grec, VI, 468 et suiv.; VII, 220, 452. — Syriens, VI, 468 et note 2. — Phrygie en Gaule, VI, 471. — Caractère religieux, VI, 472. — Gloire chrétienne, VI, 474-475. — Encratites, VII, 167. — Pâque,

7

VII, 198, 199, 202. — Montanisme, VII, 209 note, 221. — Évangélisation, VII, 289, 290 et note 2, 452.—Églises gallo-grecques, VII, 289-291, 343. — Commencement du gallicanisme, VII, 203. — Fin du gnosticisme, VII, 297-298. — *Concilium Galliarum* à Lyon, VII, 303-304, 329 et note 2. — Foires, fêtes, jeux, VII, 303-304, 329 et note 2. — Langue gauloise, VI, 469 note; VII 452. — Superstition, VII, 629, 630, 631.

GAULONITE. Voir JUDA LE GAULONITE.

GAULONITIDE, pays des Évangiles primitifs, I, LVII, 59, 149; II, 178; IV, 256, 300. Voir JUDA LE GAULONITE.

GAZA, II, 157; IV, 256; VI, 22, 210.

GÉANTS rebelles, IV, 57.

GÉDÉON, IV, 218.

GÉHENNE, I, 285-286; IV, 334; V, 167; VII, 500. Voir ENFER.

GÉLASE, pape, son décret, VI, 423-424, 518 note, 521 note 4, 523 note 3, 525 note 3.

GELBOÉ (monts), V, 31 note 1.

GÉMARES, I, 459.

GÉNÉALOGIES de Jésus, I, **248-250**; V, XXIII, **60-61, 105**, 121, 172, 180, 186, 259. — Généalogies de Joseph, V, **184** et suiv. — en Matthieu, V, **186** et suiv.—Deux systèmes, V, **186** et suiv. — Fautes et arrangements, V, 264 et note 5, 273. — Système probable, V, **537-549**. — Tableau, V, 547.

GÉNÉSARETH (lac de). Voir TIBÉRIADE (lac de). — Plaine de Génésareth, I, 145, 148, 150, 153.

GENÈSE, V, 187; VII, 353. — Critique, VII, 154-155, 354-355, 388. — Longin, VII, 436 et note 2.

GÉNISTES, V, 450 et note 5.

GENIUS, IV, 363 et note 1.— Génie de l'empereur, VII, 565. — Génies divers, VII, 565, 566 et note 4.

GENNA MARIAS, VI, 344, 385, 509 et note 3.

GENTILS (conversion des), I, 237, 367.—Les Actes, faits typiques, II, 159. — Saint Paul et la conversion des gentils, I, IV; III, 55-56, 57 et suiv., 72-73, 83, 464; IV, 99; VI, 333-334, 339.— Paul apôtre des gentils, III, 93.—Pierre et Paul apôtres des gentils, V, 422 Voir DENYS DE CORINTHE. — Saint Pierre et les gentils, II, **201** et suiv., **203** et suiv.; VI, 334, 339. — La grande question, II, 205 et suiv.— à Antioche, II, 229; III, **57** et suiv.— à Jérusalem, III, **81** et suiv., **87**. — Gentils débiteurs des juifs, III, 421-422. — Juifs et gentils, III, 471, 472, 473. — Jésus réconcilie, IV, 80. — Inégalité, IV, 452, 475. — en Matthieu, V, 207, **208**, 211. — substitués, V, 272. — Les juifs et les gentils selon Luc, V, 269, 439.

GEORGES (Saint), II, 176.

GÉRASA, I, 151 note 1, 216 note 1; IV, 256, 485; VI, 22.

GERGÉSA, I, 151; V, 179, 195; VI, 508, 513 note 3.

GERMAINS et GERMANIE, IV, 123, 306, 355, 413 note 1, 483, 487; V, 500; VI, 6; VII, 6, 30, 249, 250, **251-252**, 256, 475, 484, 595, 635, 636, 637. — rompent la théocratie, VII, 625, 628, — Superstition, VII, 630, 631. — Renaissance, VII, 636-637.

GERMANICUS CÉSAR, III, 177, 182; IV, 157.

GERMANICUS, martyr, VI, 455.

GESSIUS FLORUS, IV, 240-241 et note, 244-245, 247, 255, 256, 261, 262 note 3, 263, 273; VI, 542.

GETHSÉMANI, I, 352-353, **389-399**, 404, 408, **517-518**, 521; IV, 102; V, 114 note 2, 280; VI, 58, 499.

GÉTULES, VI, 205 note 5.

GHEMATRIA, IV, 346 note 1, 417 et note 2; V, 376; VI, 13, 151.

GHISIRA, II, 218, 229.

GHOR (le), IV, 298.

GHOUEIR (El), I, 145.

GIBTHON, V, 24.

GIMSO, V, 24.

GINÆA, I, 71.

GISCHALA, II, 164; IV, 279; VI, 240. Voir JEAN DE GISCHALA.

GITTA ou GITTON, II, 152-153; VI, 371. Voir SIMON DE GITTON.

GLADIATEURS, II, 321; IV, 184 et note 2; VI, 153; VII, 30, 322, 324, 333, 384, 478.

GLAUCIAS prétendu, VI, 162.

GLOSSOLALIE, II, I, XXVII, **63** et suiv., **406**. — Transformation, II, **66-72**, 94. — à Thessalonique, III, 159. — en Églises de Paul, III, **258, 259, 260**. — à Éphèse, III, 344. — à Corinthe, III, 381; V, 317. — chez les femmes, III, 402. — subordonnée, III, 408, **410-413**. — Glossolalie selon Paul, II, 237, III, **410-413**, 468 et note. — selon Luc, V, 440-441, 447; VI, II. — arrêtée par l'épiscopat, VI, 91; VII, 235, 406, 407. — Montanisme, VII, 219 et note 6.

GLYCON, dieu d'Abonotique, VI, 428, 429, 430 et note 2; VII, 49, 50, 51, 132.

GLYCON (Publius Ælius), d'Hiérapolis, VI, 432 note 2.

GLYCON et GLYCONIEN, stratèges, VII, 50 note 4.

GNOSIS, gnose supérieure, V, 327-328; VI, 76, 83, 142, 145, 153, **159**, 164, 175, 184; VII, 120. — Gnose alexandrine, VI, **143** et suiv. Voir GNOSTICISME. — Gnostiques et chrétiens, VI, 145 et suiv. — Gnose rectifie les fausses interprétations, VI, 151. — Philosophie grecque, VI, 388. — Salut par la gnose, VII, 120, 156, 512, 513. — Influence sur le néo-platonisme, VII, 140, 141. — Gnose parfaite, VII, 295-296.

GNOSTICISME, I, LXIV, LXVII, LXXI, LXXIV, 258, 539, 540; IV, XXXV, 77, 82, 88, 89, 378, 417; V, 418, 420, 451; VI, II, 71, 418, 434. — Simon de Gitton, II, **167** et suiv., **271** et suiv. — en *Coloss.*, III, VII, X, XI; VI, 156; VII, 211. — en *Eph.*, III, XIX. — en *Pastorales*, III, XXVII; VI, 104, 156. — à Rome, IV, 28 note 2. — Pré-gnosticisme, IV, 88-89, 94; V, XXIII, 51. Voir CÉRINTHE. — antijuif, V, 172, 375,

418, 423 note 3; VI, 450-451; VII, 631. — Christologie, V, 424; VI, 71; VII, 133-134. — Maladie, V, 449; VI, 140. — en sectes samaritaines, V, 451. — chez les mendaïtes, V, 463. — Gnosticisme modéré, IV, xxxix; VI, 441. — Pseudo-Ignace, V, 495. — — *Presbyteri*, VI, 439 note 1. — Le gnosticisme et le 4º Évangile, VI, 54, 55, 71, 72. — en *II*ª *Petri*, VI, 110 et note 5. — opposé au millénarisme, V, 123. — Papias, VI, 131, 133.

Apparition et raison d'être, V, II, III, XVIII; VI, **140** et suiv. — Aristocratie, VI, 141; VII, 222 note 1, 239, 406. — Gnose alexandrine, VI, **143** et suiv. — *Gnosticos*, VI, 143, **149-150**, 152. — Syncrétisme et charlatanisme, VI, 143. — Origine samaritaine, VI, **146-147**, 177 note 5. — Gnostiques non chrétiens, juifs, etc., VI, 148, 150. — Philon de Byblos, VI, 149. — Explications philosophiques, VI, 150-151, 152. — Leur Évangile, VI, 150-152. — Morale, VI, 152-153. — Le martyre, VI, 153-154. — Culte, VI, 154-155. — Influence sur le catholicisme, VI, **155-156**. — Propagande, VI, 155. — Vie puissante, VI, 156. — Docteurs, VI, 156 et note 2. — Résurrection, VI, 167. Voir Basilide, Valentin, Saturnin, Carpocrate.

Gnostiques avant Jésus, VI, 173. — Prétention de former seuls l'Église, VI, 174. — pneumatiques, VI, 174. — ne voient que la nature divine de Jésus, VI, 176. — Fausse position avec l'Église, VI, 176. — Hommes du bien, VI, 179. — Immoralité, accusations, VI, 179. — Aberrations, VI, **182-184**. — Suppression de Jésus vivant, VI, 183. — Destruction du christianisme, VI, 183-184. — Résistance, VI, 181, 184. — Évangiles gnostiques, VI, 184-185, 504, 516; VII, 122 note 1. — Idées sur le martyre, VI, 220 note 1, 316; VII, 115, 119, 137, 146. — mal famés, VI, 299 note 5. — n'ont pas de martyrs, VI, 317. — à Rome, VI, 320, 322, 449; VII, 70. — Cerdon, VI, 321-322. — Marcion, VI, 353 et suiv. — *Genna Marias*, VI, 344. — Défaut de leur théologie, VI, 362, 364. — Danger, VI, 365. — Hermas, VI, 419-420. — Polycarpe, VI, 441-442, 443. — à Lyon, VI, 477. — Actes de saint Thomas et de saint Philippe, VI, 523, 525. — Baptême, VI, 525. — Apocalypses, VI, 526. — Psaumes, etc., VI, 121 note, 528 et suiv. — Exorcismes, VI, 531 et note 2. — Hégésippe, VII, 72 note 2, 421. — Leur part, VII, 73-74, 82. — Contre judaïsme, VII, 87. — *Reconnaissances*, VII, 87 et note 1. — Gnosticisme de l'école d'Alexandrie, VII, 108. — Extension, VII, 113-114. — Direction des consciences, VII, 114-115, 128. — Les femmes, VII, 115-117, 127, **128**. — Gens du monde

VII, 119. — gagnent des partisans à Christ, VII, 122, 126, **139, 140**. — Émiettement, VII, 123. — Suite, VII, 130. — en Orient, VII, 130, 165. — Syncrétisme, tolérance, VII, 134. — chrétiens (?), VII, 137. — Mœurs, VII, 137. — Pour et contre, VII, 139, **146**, 148. — L'Égypte et le gnosticisme, VII, 139-140. — Clément d'Alexandrie, VII, 140. — *Gnostique* pris en bonne et en mauvaise part, VII, 140. — Papyrus et pierres supposés gnostiques, VII, 142-143 et note. — Éléments égyptiens, VII, 143. — Contre Jéhovah, VII, 143. — Ingratitude des orthodoxes, VII, 144 et suiv. — Services que rendit le gnosticisme, VII, **144** et suiv. — Sacrements, VII, 144 et notes. — Fêtes, etc., VII, 145. — Marie, VII, 145, 505. — Malentendus, etc., VII, 150, 157, 158, 168, 177, 237, 439 et note 2. — Erreurs, VII, 151, 153, 163, 172, 405, 406. — Mot de Jésus, VII, 154. — Canon de Muratori, VII, 228. — à Lyon, VII, **289** et suiv., 290, 291, 344. — Florinus, VII, 291. — Irénée, VII, 291, 296-297, 300, 339 note 4, 341. — Onctions, VII, 296. — Fin en Gaule, VII, 297-298. — compromettent, VII, 305. — Dieux nationaux, VII, 351. — Celse, VII, 354, 361. — Liberté, VII, 408, 409. — Pseudo-Ignace, VII, 420. — Alexandrie, VII, 431, 512. — Pantænus, VII, 432. —
Art chrétien, VII, 540, 541, 544-545 et note. — Contre mariage, VII 551. — Patrie, VII, 591.

Goath, I, 429 note 2.
Gobar (Étienne), VII, 72 note 2.
Goètes, VII, 347, 357, 374. Voir Chaldéens, Magiciens, Astrologues.
Gog et Magog, III, 253; IV, **447** et note, **465-466**.
Golgotha, I, xv, **429-431** et note, 448 note; V, 18-19, 422; VI, 261. — Vénus sur le Golgotha, Adrien, VI, 28, 225. Voir Vénus.
Gondaphorus, VI, 524 note; VII, 462-463 note.
Gorion. Voir Joseph ben Gorion.
Gorothéens, V, 451.
Gortyne, VII, 173. Voir Philippe de Gortyne.
Gotama et Thomas, VII, 463.
Goths, IV, 359; VII, 252, 498.
Gourous du brahmanisme, I, 102.
Gouvernement. Voir Pouvoir civil.
Grace, III, 74, 466, 485; IV, 77; V, 167; VI, 57, 71. — Élection gratuite, III, 471, 473-474; V, 361, 372. — Markos, VII, 292-293.
Gracques, V, 230 et note 5.
Gran (le), rivière, VII, 255, 257, 272, 273 note 2, 481.
Grande déesse (la), VII, 131, 133, 569, 580.
Granianus (Quintus Licinius Silvanus), VI, 31-32, 33 et note.
Grappes du Messie, IV, 346; V, **521-522** et note.
Grapté, diaconesse, V, 337; VI, 407.
Gratus (Valerius), I, 60, 376.

GRATUS, proconsul d'Asie, VII, 209 note.

GRÈCE, GRECS, II, 282, 284, 285, 324, 327, 374; III, 22, 330, 560, 562. — Génie grec, sa sérénité, II, 328, **338** et suiv., **374**; III, 188, **202** et suiv. — Sa décadence, 331. — Résurrection au IIᵉ siècle, II, 332. — Grecs à Rome, III, 98, 206; VI, 319. — Aspect de la Grèce, climat, III, **138**, 203. — Femme grecque, III, 150, 163, 165. — La Grèce et le christianisme, III, 164-165, **201-202, 205-206**, 387. — Sa noblesse, III, 167, 177, 182. — Paul et la Grèce, III, 167. — Tableau, III, **167** et suiv. — Pédagogie grecque, III, 185-186. — Vie grecque, III, **203** et suiv. — Grecs modernes, II, 285, 301 note 1; III, 138; IV, 230; V, 199. — Décadence, III, 206. — Grec à Rome, IV, 17. — Jeux de la Grèce, IV, 128-129, 168. — Goût grec, IV, 143. — Empire grec en Daniel, IV, 407 note 4. — Voyage de Néron, IV, 265 et suiv., 268. — Jeux, concours, IV, 265. — Goût de Néron pour les Grecs, IV, 268, 302-303, 304. — Liberté de la Grèce, IV, 303-304. — Tremblements de terre, IV, 336. — Faux Néron, IV, 352. — Ange de la Grèce, IV, 362. — Part de la Grèce dans le droit, IV, 999. — Style, V, 148. — Grec et syriaque, V, 156, 199. — Esprit libéral, V, 288. — Fin de la civilisation hellénico-romaine, VII, II. — Dernier voyage d'Adrien, VI, 186-187. — Juifs réfugiés, VI, 195, 380. — Haine de la vie grecque, VI, 226. — de la culture grecque, VI, **246-247**. — Polythéisme grec, antipathie, VII, 433. — Philosophie prise à l'Orient, VI, 377, 388; VII, 434-435. — Bardesane, VII, 438, 442, 443. — Harmonius, VII, 445. — Grecs ont tout pris à l'Orient, aux juifs, V, 243; VI, **377, 388**; VII, 105 et note 3, 163, 168. — L'inverse Celse, VII, 351-352. — Crime des littérateurs, VII 105. — Lois des Grecs, VII, 106. — Sympathie des uns, VII, 106. — Haine des autres, VII, **103, 106** et suiv. — Défaut de l'hellénisme, VII, 110-111. — Mythologie grecque, VII, 136, 142. — Éducation hellénique, VII, 178. — Rescrit d'Antonin, VII, 284. — Marc-Aurèle en Grèce, VII, 286. — Invasion barbare, VII, 252. — Les moins superstitieux, VII, 377 note 2. — Opposition à la résurrection, VII, 381 et note 2. — Grèce attardée pour le christianisme, VII, 450. — Partie grecque de l'empire, VII, 451, 452. — Isis en Grèce, VII, 570-571. — Mystères grecs, VII, 576. — Paganisme grec, VII, 564, 569, 570 note. — Vie grecque et vie juive, IV, 249, 257, 258, 276, 299. — Grecs ont parlé des juifs, V, 241, 243 et suiv., 244 et note 4. — Grec et juif, V, II, 29 note 1, 241, 244, 283 et note. — Pays grecs, V, 113. — Philosophie grecque, I, 78, 79. — Saint Paul ne la connaît pas, II, 166-168. — Culture grecque, chez les Juifs, I, **35-36**. — Sa perfection, II, 326-327. — Sa décadence, II, 327. — Opposition à la domination grecque I, 53. — Civilisation grecque. Son caractère unique, II, l. — Besoin de spéculer, VI, 390 ; VII, 403. — Épître à Diognète, VII, 424-425, 427. — Sages grecs pneumatiques, VI, 174.

Église grecque et Église latine, III, **202, 206, 207, 208** ; V, 461. — La Grèce peu chrétienne, III, 208. Voir Hellénisme. — Mœurs, III, 213, 220 ; V, 317. — Corinthe, centre chrétien de la Grèce, III, 217, 221. — Esprit faux et léger, III, 225. — Églises avancées, III, 270. — Grecs opposés à l'Apocalypse et aux écrits millénaires judéo-chrétiens, IV, **xxxix** et suiv., 374 note 3, 460-461, 462, 561 ; V, 48 note, 371 ; VI, 134, 133, 271, 399 ; VII, 505, 632. — Persécutions en Grèce, IV, 46 ; V, 312. — Tatien et l'hellénisme, VI, 484. — Christianisme grécisé, VI, 284, 286. — Antonin, VI, 302. — Évêques de Grèce, VII, 172 et suiv. — L'Église grecque et l'art, VII 545. — Monde grec l'emporte, VII, 623. — Schisme des deux Églises, VII, 623. — Le christianisme et les préjugés grecs, VII, 631. — Les Pères helléniques opposés au judaïsme, VII, 632. — anéantissent la littérature judéo-chrétienne et millénaire, VII, 632. — Retour à l'hellénisme, VII, 637.

Influence grecque à Rome, V, **382** et suiv. — Le pédagogue, V, 382. — Grecs conquièrent les grandes familles romaines, V, 390-391 et note 3. — Mépris d'Auguste pour eux, V, 394. — Ignace en Grèce, V, 487, 496. — Civilisation grecque, V, 505. — A quel point elle pénètre l'Orient, V, 500. — Christianisme s'hellénise, judaïsme au contraire, V, 514. — Verbe, philosophie grecque, VI, 74. — Préférence pour le quatrième Évangile, VI, 74, 75. — L'hellénisme, civilisation, VI, iii, 18 ; VII, 360. — L'hellénisme et Adrien, VI, 10, 37. — Renaissance, VI, 10. — Joujou des Romains, VI, 35. — Panhellénie, VI, 35. — Génie grec altéré par l'Orient, VI, 144, 145. — Part de la Grèce, VII, 73-74. — Génie grec et génie latin dans le Droit romain, VII, 22.

Grecque (langue), Jésus ne la sut pas, I, 34-35. — Paroles de Jésus en grec, V, 83. — Évangile en grec, V, **98-99,** 112, **113** et suiv., 215. — Évangile hébreu traduit en grec, V, 102 et note 1, 214. — Évangiles grecs contre Jacques, V, 107. — Traduction, V, 113, 175-176. — Style, V, 114, 199. — L'Évangile grec se modifie et se complète, V,

119-120. — Le grec et l'hébreu en Luc, V, 283 et note. — Chrétiens de Rome parlent grec, V, 113 note. — Grec à Lyon et dans les Gaules, VI, 469, 470 et notes 1 et 2, 472 ; VII, 289, 343 note 2. — Les apôtres et le grec, II, 110, 111 ; III, 113. — Les Juifs et le grec, II, 111, 151. — Le grec d'Orient, II, 110-112 ; VI, 115. — Grec opposé à langue sainte, II, 65. — Prédication en grec, II, 151. — Le grec de saint Paul, II, 166. — Langue grecque, langue chrétienne, II, 228 ; III, 98 ; IV, 16, 17 ; V, 476 note 3 ; VI, 118 ; VII, **69, 70** et note, **454-455**. — Grec de l'Apocalypse, IV, xxxi ; V, 350. — Grec de Jacques, IV, 47. — Pierre, Marc et le grec, IV, 112. — en Batanée, V, 98. — Josèphe, V, 133. — Grec ou hébreu, V, 350 et note 1, 370 ; VI, 268 et note 4. — Interdiction de l'apprendre, V, **514**. — Évêques d'Ælia, VI, 262. — Grec du Nouveau Testament, VI, 268. — Le grec de Marc-Aurèle, VII, 11. — Grecs à Rome, VII, **35, 40-41** et note. — Triomphe du grec, VII, 46. — Langue grecque à Rome, VII, 69-70. — à Carthage, VI, 478, 479 ; VII, **455-456** et notes. — Iotacisme, VII, 455. — Apulée, VII, 455 note 3.

GRECQUE (version) des Écritures, IV, xvi, xix, xxxi-xxxii et note, 213 note 3, 465 ; V, 27 note. — Fautes de lecture, IV, 221. Voir SEPTANTE. — Méliton, VII, 180 et notes. — Actes des Scillitains en grec, VII, 456 note 1, 457 note 5.

GRÉGOIRE de Nazianze, opposé à l'Apocalypse, IV, xxxvi. — Simplicia, VII, 612 note 2.

GRÉGOIRE de Nysse, VI, 518.

GRÉGOIRE LE GRAND, VII, 624, 630.

GRÉGOIRE de Tours, VI, 467 note 2 ; VII, 245, 322 note, 339 note 2, 630.

GRÉGOIRE VII, pape, VII, 625.

GRÊLE, IV, 393.

GRENOUILLES, signification, IV, 427 et note 3.

GUÉRISONS miraculeuses, I, **270** et suiv.

GUERRE, en Apocalypse, en Sibylle, VI, 15.

GUTTA JUGITER MANANS, IV, 194.

GYARE, IV, 374 note 1.

GYMNASES, II, 321 ; III, 67, 346 ; VII, 555.

H

HABACUC, V, 374 note 3, VI 527.

HADITH de Mahomet, V, 86 note 2, 200 et suiv.

HADRIANÉES, VI, 42-43 et note.

HADRIANOPOLIS, villes d'Adrien VI, 9, 11, 37.

Hæmus, III, 135.

Hagiographie grecque et latine, III, 207.

Hakamim à Rome, III, 104; IV, 7.

Hakamoth, VI, 154 note 3, **171-174**; VII, 121. Voir Sophia.

Hakeldama, I, 453-454; II, 83; V, 215 note 1.

Halaka, III, 63, 64; V, 65, 100. — *Halakoth*, V, 6. — Halakistes, V, **66-67**; VI, 257.

Hallucinations, II, 22, 61, 179-180; VI, 476.

Hamartolus (Georges), IV, 562-563; V, 431 note 2.

Hanan, grand prêtre, son rôle, I, lxxxi note, **376-378, 407-409**, 410, 452, 522; II, **145**; III, 528 note 3; IV, 66. — Famille de Hanan, I, 359, **377**; III, 528; IV, 51. — ennemie du christianisme, I, 452; II, **135** et suiv.; **141**, 247; III, 528 et note; IV, 66, 236, 243, 261, 285, 294. — Fin des Hanan, IV, **284-285**.

Hanan fils, I, 378. — Caractère, IV, 66, **284**. — tue Jacques, IV, 66, 67, 68, 243. — Son rôle dans la guerre, IV, 271, 274 note 2, **274-275, 283**. — tué, IV, **283-284**. — Réflexions, IV, 285.

Hanania. Voir Ananie.

Hanania, chrétien de Damas, II, 184-185.

Hanania, neveu de Josué ben Hanania, V, 533.

Hanina (rabbi), V, 16.

Haphtara, I, 141, 143.

Haram de Jérusalem, I, 220, 351; IV, 451 note, 523; VI, 26, 224.

Hareth, roi de Petra, I, 114, 115, 116, 205; II, 143, **174-175**, 188.

Harmagédon, IV, 428-429 et note 4, 460.

Harmonie des Évangiles, V, 179; VI, 501, **503-504**. Voir Diatessaron. — Théophile, VII, 387 et note 2.

Harmonius, fils de Bardesane, VII, 438 note 4, **444-445**, 461.

Hartat. Voir Hareth.

Hasidim, IV, 52; V, 51, 53; VI, 26, 190 note 3.

Hassan et Hossein, martyrs, VI, 72, 75.

Hatra, V, 507-508, 510; VII, 437 note, 459 et note 3.

Hauran, pays des Évangiles primitifs et des parents de Jésus, I, lvii, 189; II, 177; IV, 548; V, 39, 58, 63. — Paul dans le Hauran, II, xxxi, **187, 188**, 206. — Ébionites dans le Hauran, II, 189; IV, 548; V, 39, 58, 63. — État politique, II, 243. — prêché, IV, 63. — Secte, VI, 278. — Philippe l'Arabe, VII, 620 note.

Haute (ville) à Jérusalem, IV, 503, 518. — prise, IV, 519, 520.

Hazar, chiliasme persan, I, 49; IV, 470-471.

Hazzan, appariteur des synagogues, 1, 33, 141, 142, 143.

Hébreu, langue sainte, dépossédé, II, 65-66. — Caractère, VI, 115. — Chrétiens ne le savent pas, VI, 117. — *Hebræus* de Méliton, VII, 180 note 3. — Hébreu vulgaire, III, 526; IV, xix; V, 82, 97-98 et note. — Hébraïsmes, V, 279. —

L'Apocalypse et l'hébreu, IV, xxxi-xxii; V, 530. — Bible en hébreu, V, 49. — L'hébreu et le style de l'Évangile, V, 99, 199. — Goût hébreu de pseudo-Esdras, V, 350. — Formules chez les gnostiques, VI, 154 note 3. — Basilide, VI, 162 et note 1. — Littérature ébionite, VI, 281. — Étude chez les chrétiens ébionites, VI, **286-288**. — *Peschito,* VI, 288 et note 1. — Oubli de l'hébreu, VI, 288-289, 381. — Service des Juifs, VI, 289. — Hégésippe, VII, 422. — Matthieu hébreu dans l'Inde, VII, 462. — Évêque des Hébreux, VII, 75. — Caractère, VI, 549, 550. — Mots hébreux, VII, 139, 143.

Hébreux, sens classique, VI, 213 et note, 538. — Le meilleur des Hébreux, VI, 15, 16, 19 et note 3.

Hébreux, secte, chrétiens parlant hébreu, I, 189; II, 110; V, 49, 186, 214. — Opposé à helléniste, II, 108, 111, 112, 119, 147, 151, 231 ; IV, 21.

Hébreux (Épître aux), III, x note 2, xix ; IV, ii ; V, 334. — Discussion, III, lii, et suiv. ; IV, xiii-xxi. — Place, VI, 106. — attribuée à Barnabé, III, liii ; IV, xvii-xviii, 211 et suiv. ; V, 373 note 4. — n'est pas de Paul, III, lvi et suiv. — Style, III, lix ; IV, xvi ; VI, 116 note. — Date, III, lx et suiv. ; IV, xiii. — Auteur, IV, xiii, **xv** et suiv., **211-212**. — Exégèse, IV, xvi. — Pourquoi attribuée à Paul, IV, xvii-xviii. — Raison du titre, IV, xx. — D'où écrite, IV, xiii, **xx-xxi**. — Qui sont ces Hébreux, IV, xiii et suiv. ; **xviii** et suiv., 212 note 2. — Traits de circonstance, IV, xiv et suiv., 211-212, 217 note 1. — Rome et Alexandrie, IV, xx. — Théorie du Christ, IV, 83. — Caractère de la théologie de *Hébr.*, IV, 212. — Analyse, IV, **212** et suiv. — écrit de l'école de Paul, IV, 220. — Importance, effets, IV, 222 et suiv., 225. — Suppression des sacrifices. Voir Sacrifices. — Imitations, V, 373 et note 4. — Basilide, VI, 162. — Jacques, chef des Hébreux, III, 284.

Hébreux (Évangile selon les), I, lxxxviii, 87 note 7, 250 note 1, 501 et note, 533, 534 ; V, vi, 82 note 3, 216 note 3 ; VI, 78, 340, 343. — Saint Justin, VI, 385, 386 note. — Évangile hébreu, V, **94-112, 97-98** et note, 113. — Papias, VI, 128, 281. — Son existence, V, 102, 104. — Rapports avec Matthieu, V, **103** et note 2, **104, 105, 109, 110**, 261. — Destruction, V, 103, 104. — Traductions, V, 103-104, 260, 418-419. — Genre de *rouah*, V, 103 note 2. — Fragments, V, 104 et note 1. — altéré, V, 104, **111-112**. — Plan, V, 104 et suiv. — Naissance et généalogies, V, 105 et notes. — surnaturel, V, 105-106. — choquant, V, 106 ; VI, **340**. — Femme adultère, V, 107. — Écritures chrétiennes hébraïques, V, 102 note 2. — Apparition du ressuscité, V, 107.— Rôle de Jacques, V, 107-108. — Allusions contre Paul, V, 108. — Matthieu auteur ? V, 109-110 et notes, 216.—L'ivraie, V, 109 et notes 1 et 3. — Évangile selon les douze apôtres ou de Pierre, V, 111 et note 1. — contenait le discours apocalyptique, V, 124. — Discours, V, 173, 175, 176, 177. — Exégèse, V, 181. — Naissance de Jésus, V, 185 et note 1. — Esprit sa mère, V, 185. — Généalogies, V, 186. — Usage en Matthieu, V, 214; VI, 287. — en Syrie, V, 214.—Rapports avec Luc, V, 260, 261 et note, 281. — Vie du ressuscité, V, 281. — chez Cérinthe, V, 418-419. — Baptême, V, 419; VI, 152, 340. — La famille de Jésus, V, 541-542. — Évangile selon les Hébreux, rapports avec le quatrième, VI, 59 et note 1.—avec les gnostiques, VI, 152, 163. — avec l'Évangile selon les Égyptiens, VI, 185. — Évangile ébionite, VI, 281, 287. — traduit en grec, VI, 281. — Autorité, usage, VI, 497 et note 1, 498 et note, 503, 504. — Discrédit, VI, 500. — Hégésippe, VII, 71.

HÉBRON, I, 98-99, 105 note 2 ; IV, 492. — Tombeaux des patriarches, II, 2-3. — Râmet, V, 271 note; VI, 210.

HÉCATÉE D'ABDÈRE, V, 245.

HÉGÉSIPPE, III, LI, 78 notes, 81 notes; V, 46 note 2, 54, 55, 56 et notes, 82 note 3.— Hégésippe et Paul, III, **299-300** note, 325 ; V, 319 note 2 ; VII, 72 et note 2, 73. — Portrait de Jacques, III, 307 ; V, 538. — Récit de sa mort, IV, 67 notes, 68 note; V, 40 note 3; VII, 422. — Sur Jean, IV, 208 note, 563. — Hégésippe et les chrétiens de Batanée, V, 74-75, 299-300 note; VI, 422. — Sa *diadoché*, V, 138 note 1.— Tableau de l'Église de Jérusalem, V, 453. — Saint Siméon, V, 497 notes 1 et 2, 498. — Famille de Jésus, V, 537, 538, 539, 540, 541, 544; VI, 59; VII, 422, 423. — Épiscopat, VI, 90, 422-423. — traditionniste, VI, 495; VII, 423, 430. — Apocryphes, VI, 496 note 2 ; VII, 421. — Voyages, VII, 71, 430. — Voyage à Rome, VII, **71-73**.— Origine, éducation, VII, 71, 421, 422. — Pacification, VII, 71, 72 et note 2, 420-421. — homme ancien et apostolique, VII, 73 et note 1. — Ses *Mémoires*, VII, 421-423.—Langue et style, VII, 422. —Idée de catholicité, VII, 422, 423. — Oubli, VII, 423 et note 3, 632 note.

HELCIAS, VII, 83 note 2.

HÉLÈNE, reine d'Adiabène, sa conversion au judaïsme, II, 256. — se fixe à Jérusalem, II, 257-258. — Monuments qu'elle bâtit, II, 257. — Sa piété, 257, 260; III, 61.

HÉLÈNE de Simon, II, 269, 275; VI, 371; VII, 116, 150.

HÉLÈNE (sainte), VII, 621.

HÉLI, père supposé de Joseph, V, 547.

HÉLICON, II, 195, 305 note 2.
HÉLIOGABALE, VII, 437 note, 441 note, 443 note, 444. — Culte qu'il rêve, VII, 496.
HÉLIOPOLIS en Égypte, IV, 165, 305 note 2.
HÉLIUS, favori de Néron, IV, 159 note 3, 303.
HELLÈNES, sens de ce mot, I, 238-239, 388-389, 517; II, 225; III, 319, 463, 541; IV, 81; VI, 16 et note 4; VII, 86, 89, 103, 106, 107. — Leur nécessité, IV, 201. — *Contre les Hellènes.* Voir TATIEN. — *Logos aux Hellènes*, VII, 107 note 3. — convertis, VII, 381, 386.
HELLÉNISME envisagé comme religion, II, **339**; III, **202** et suiv., **208**; VII, 637.
HELLÉNISTES (juifs), II, 109, 111, 112, 119. — dominent dans l'Église, II, 111 et suiv., 134, 145, 146-147, 151, 213, 225; VI, 190 note 3; IV, XVI, XVII; V, 306 note. — Chrétiens hellénistes, V, 48; VI, 262; VII, 512.
HELLESPONT, VI, 464.
HELPIS, IV, 135.
HELVIDIUS PRISCUS, II, 309, 315 note 2, 344-345; V, 141, 142, 381; VII, 260. — Le fils, V, 287.
HÉMÉROBAPTISTES, I, 103 note 2, 211; V, 167.
HÉMORRHOÏSSE (l'), V, 195; VI, 172 note; VII, 460 note 1. — Sa statue, VI, 172 note, 345; VII, 541-542, 544-545 note. Voir VÉRONIQUE.
HÉNOCH (livre d'), I, XIII-XIV, **XLII-XLIII**; 16, **40**, 50, 136 note 2, 262, 263, 286 note 2, 292, 355 note 3; IV, XXVI, XL note, 57, 70, 218, 237, 273, 358 et note, 362 note 3, 371 note, 471; V, 37, 160, 358 note 4, 374. — Rapports avec certaines parties des Évangiles, I, XIV, XV, **XLII-XLIII**, XLIV, LV note, **40** note, **361** note 1; IV, 70; VI, 498. — Ébionisme de ce livre, I, 188-189. — cité, III, **301-302**. — Hénoch, associé à Élie, rôle messianique, I, 207; II, 2; IV, II, **403-404** et notes; V, 355, 359, 432; VII, 353. — Croyances sur les anges et les enfers, IV, 57. — Règne messianique, VI, 133 note 2. — Rôle du patriarche, IV, 58. — enlevé au ciel sans mourir, V, 529. — révélateur, VII, 83. — Apocalypse d'Hénoch, confusion avec celle de Jésus, IV, 294 et suiv.; V, 521-522 note. — Mythe volcanique dans Hénoch, IV, 331 note 2, **332** et suiv. — Discussion de date, IV, 333 note 1. — Géhenne, Solfatare, Vésuve, IV, 334. — Haine du monde, IV, 474. — canonique, VI, 114, 117, **269**, 527-528. — Interpolations chrétiennes (?), VI, 527 et note 4. — Discrédit, VI, 528, 632 note. — Méliton, VII, 180.
HÉRACLÉON, I, LXXV note 2; IV, 563 note; VI, 71 note 2, 336, note 1; VII, 62 note 1, 115, 117, 118, 140, 437 note.
HÉRACLITE (pseudo-), III, 66 note 2, 91 note 4, 351 note 1; V, 161; VII, 583 note 2.
HÉRAS, cynique, V, 146.

HERCULANUM, culte d'Isis, VII, 571 et note 3.
HERCULE (temple d'), IV, 145 note 2. — *Hercule furieux*, pièce, IV, 168 et note 2. — Rôle, 266, 267, 305. — ressuscité, VII, 48, 359.
HERCYNIENNE (forêt), VII, 250.
HÉRÉDITÉ dans l'empire, V, 142-143 ; VII, 474, 478-479. — favorisée par les chrétiens, VII, 283, 474 note 2. — Athénagore, VII, 384, 385, **386**. — Méliton et autres, VII, **617-618** et note.
HÉRÉSIES, HÉRÉTIQUES, V, II, XVIII, XIX et note 1, XXIX, 55 note; VII, 238, 239. — Fondateurs deviennent hérétiques, V, 47, 75; VI, **282-283**. — Premier hérétique, V, 423, 424 et note 1. — Ne pas saluer l'hérétique, VI, 82-83, **102-103**, **104**. — Les hérésies des IVᵉ et Vᵉ siècles, VI, 285. — Les hérésies à Rome, VI, 348, 349 et note 1, 352-353, 368 note. — Calomnies, VI, 354, **372**. — retombent sur les orthodoxes, VI, 372. — Sectaires vendent le relâchement, VI, 395. — Polémique, VI, 440 note 1. — Polycarpe, VI, 441, 444, 451. Voir PRESCRIPTION. — Livres hérétiques, on les corrige, VI, 521, 522. — Source en philosophie grecque, VII, 109. — en parsisme, VII, 446. — créent les Évangiles apocryphes, VI, 507 et suiv. — Hégésippe, VII, 72 et note 2, 421, **422-423**. — *Reconnaissances*, VII, 86. — Tatien, VII, 106. — Sectes nombreuses, VII, 114. — Pénitence, VII, 175. — Denys de Corinthe, VII, 176. — L'archaïque hérétique, VII, 204. — Phrygie, Galatie, VII, 237. — Irénée, VII, 342. — Celse, VII, 361. — Hérésies et orthodoxie, VII, 408-409, 432. — Baptême des hérétiques, VII, 413 note 3, 417. — Salut, VII, 458. — Art chrétien œuvre d'hérétiques, VII, 540-541, 544-545.
HÉRÉSIOLOGUES, leurs procédés, VII, 134, 138 et notes.
HERMAS d'Éphèse, III, 433; VI, 402 note 1.
HERMAS, auteur censé du *Pasteur*, I, 508 ; VI, 402 note 2, 444 note 4 ; VII, 222. — Son presbytérat, VI, 90. — Auteur, VI, 401 et note. — Hermas nom fictif, VI, 401-402 et notes. — Identifications arbitraires, VI, 402 note 1. — Texte, VI, 402 note 2, 403 note 2. — Roman, VI, **402** et suiv. — La Vieille, VI, 405 et suiv. — Garants d'origine céleste, VI, 407. — Le livre, IV, XXVII, XXXIV, XXXVI, XL note, 358 note 1; V, 255, 295 note 1, 315-316, 371; VI, VI, 90, 117 note 3, 168 note 2, 398, **401** et suiv., 410 et suiv. — Canonicité, VI, 90. — L'ange vénérable, VI, 410. — Anges, 410, 411, 412. Voir ARCHANGE. — Christologie, VI, 410-411 note, 417-419; VII, 82 et note 5, 409, 504 note, 505. — La tour, VI, 408 et suiv. — Parousie, VI, 409-410. — Pénitence, VI, 412 et suiv.; VII, 528. — Martyre, VI, 303, 316. —

Montagnes d'Arcadie, VI, 414-415. — *ébion,* VI, 416-417, 419 ; VII, 402. — Bizarreries, VI, 419-420. — Montaniste, VI, 420-421 ; VII, 238. — Sa constitution ecclésiastique, VI, 420. — Objection, VI, 421. — Fortune du livre, VI, 421-424, 495, 509 note 3. — Protestations, VI, 422-424 et notes. — dans l'art chrétien, VI, 423 et note 4. — Critique, VI, 424. — Ses Évangiles, VI, 498 note. — Scrupules, VII, 243, 560.

Hermès, livres hermétiques, V, 415-416 ; VI, 64 et note 1, 170 note 1. — Triade, VI, 170 note 1.

Hermès à Lystres, III, 45.

Hermès aérien, VII, 275.

Hermès, chrétien d'Éphèse, III, 433.

Hermias, VII, 107 note 2, 109 et note 1, 374, **379-380**, 424 note 2.

Hermogène des *Pastorales,* III, xxxiii, 435 ; IV, 100.

Hermogène, le peintre, VII, 126, 152, 386-387 et note 1.

Hermon, I, 30, 149, 151 ; II, 177, 181, 188 ; V, 130.

Hermonthis, II, 284.

Hermundures, VII, 252.

Hermus, III, 351, 355.

Hérodes (les), leur politique, leur genre de vie, I, 41, 58, 60, 113, 138, 247 note, 473 ; II, 116 ; IV, 230, 231, 235, 334 ; V, 349 note. — Les Hérodes et la loi juive, I, 115 ; III, 62. — deviennent pieux, I, 244 et suiv., 254, 488. — Les Hérodes à Rome ou en Italie, II, 295 ; III, 107, 111 ; IV, 157, 430 et note 2, 440 et note ; V, 131, 247. — Princesses hérodiennes, IV, 504 note 1. — Palais, IV, 518. — en Orient, V, 43, 467.

Hérode le Grand, I, 20 note 4, 22 note 1, 41. — Son rôle, 58-59, 114, 115, 204, 251. — Les Innocents, I, 257 note 2 ; V, 180, 190. — Ses constructions, I, 218-220, 412, 536 ; IV, 543 ; VI, 224. — avilit le sacerdoce, etc., I, 225, **226**, 247, 343 ; II, 244, 245 ; V, 60, 191 ; VI, 377. — Sa monnaie, I, 360 note ; II, 142, 161 ; IV, 359. — Son père, V, 190. — Haine des chrétiens, V, 190. — Temple, VI, 550, 555.

Hérode Agrippa Ier, I, 226, **453** ; II, xxxiii, 142-143, 187-188, 194, 237. — souverain juif, **243** et suiv., 349. — persécute le christianisme, II, **245** et suiv., **246**, **247-248**, 279 ; IV, 553. — Sa mort, II, **249-251**, 252, 523.

Hérode Agrippa II, son rôle politique, II, 252-253 ; III, 534-535. — à Rome, II, 295, 349, 541 ; IV, 158 ; V, 129-130. — Agrippa II et Paul, III, 193, **543**, **544**, 545, 546 ; V, 136. — Travaux publics, III, 421. — Simonie, IV, 48, 66. — Absence, IV, 67. — à Jérusalem, IV, 68, 242. — quitte Jérusalem, IV, 242. — envoie renfort, IV, 245, 246. — Palais forcé, IV, 245, 246. — Se joint à Cestius, IV, 259-260. — Son rôle, IV, 260, 269, 299. — Mur d'Agrippa, IV, 261 et note. —

se joint à Vespasien, IV, 276.
— Agrippa et Josèphe, IV, 280, 512 note 1. — Les chrétiens et Agrippa II, IV, 299, 300. — Avènement des Flavius, IV, 488. — au siège, IV, 500 et note 2, 504 note 2, 512, 514, 526. — Piété, IV, 504 note 1. — Faveur près de Titus, IV, 527, 538; V, 129, 130, 146, 390. — règne en Orient, V, 129. — Son entourage, V, 130. — Rapports avec Bérénice, V, 131. — avec Josèphe, V, 133, 134, 242. — Sa mort, V, 239-240 et note. — Monnaies, V, 239-240 et note. — Luc et Agrippa II, V, 255.
Hérode de Chalcis, II, 244, 246, 252.
Hérode, fils de Mariamne, I, 114.
Hérode Atticus, III, 178; V, 497; VI, 35; VII, 10, 33, 37 note 7, 286.
Hérode, irénarque à Smyrne, VI, 456.
Hérodiade, I, 59. — Son histoire, I, **113** et suiv. — Elle fait tuer Jean, I, **204-205**. — Sa fin, I, 452-453.
Hérodien, VII, 350 note 4.
Hérodiens, I, 226 note 2; IV, 52, 235, 269, 540; V, 391.
Hérodion d'Éphèse, III, 433.
Hérodium, IV, 247, 493, 536.
Héron d'Alexandrie, II, 327.
Héron, chrétien, V, xii.
Hésébon, IV, 256.
Hésiode (faux), V, 160, 243.
Hétéries, V, 396, 404, 473, 474, 475, 478. Voir collèges.
Heures canoniques, VI, 530 note, 531-532.

Hiéracites, VI, 528.
Hiérapolis, I, 497; III, 126, 331, 354 notes 1 et 2, 355, **357, 358, 359**, 366; IV, 86, 87, 90-91 note, 99, 339, 342 et note, 367. — Caractère, institution, associations, IV, **340-342**, VI, 432. — Philippe et ses filles à Hiérapolis, IV, 342, 347, 556, 564; VI, 126; VII, **200**. — Absence en Apocalypse, IV, 347 note 2, 359 note 1. — Papias, VI, 124. Voir ce mot. — Christianisme très développé, VI, 432. — Inscriptions, VI, 432 et note 2. — Abercius, VI, 432 note 2. — Associations, VI, 432. — Apollinaire, VI, 190. Voir ce mot. — Grand centre chrétien, VII, 449-450.
Hiérarchie, VII, 502. — Ses progrès, III, xxiv-xxv note, xxvii, 294-295; IV, ii, xvii, xix; V, 317-318, 440; VI, 140, 445. — à Rome, III, lii, 116. — en Églises de Paul, III, 238; VI, 95. — en Épître de Pierre, VI, viii. — en Évangiles, V, 213-214. — Clément Romain, V, 316, **323** et suiv., 331-332. — Progrès de la hiérarchie, V, **332-333**, 433; VI, 85 et suiv. 94. — Conséquences, V, 333-334. — Pseudo-Ignace, V, 495. — Raisons, VI, **91-92**. — Absence chez ébionites, VI, 280. — en *Reconnaissances*, VII, 90, 96. — Montanisme, VII, 232-233. — Victoire, VII, 235, 236. — Obéissance, VII, 238, 240, 301. — Pseudo-Ignace et Polycarpe, VII, **418** et suiv.
Hiéroclès, VII, 372.

HIÉROPHANTES, VII, 578 note 4.
HIÉROSOLYMARIUS, IV, 532 note 2.
HILLEL, I, XCIV, **37-38**, 85, 86 note 1, 93, 95, 96, 229, 246 note 4, 342-343; II, 138; III, 64, 66; IV, 271; V, 12 et notes 1 et 2, 14, 531; IV, 253, 257.
HINNOM, I, 429 et note. Voir GÉHENNE.
HIPPICUS (tour d'), IV, 246, 518, 520 et note 3, 523.
HIPPOLYTE (saint), IV, XXXVI note 2, 470 note 1; VI, 136, 539 et note 5; VII, 193 note, 423, 437 note.
HIPPOS, IV, 256.
HISTORIOGRAPHIE orientale, V, VI-VII. — Plagiat, *ibid.*
HOLOPHERNE, V, 30 et note 3, 31, 32; VI, 7 note 2.
HOMÉLIE, son origine, I, 144; VII, 45.
HOMÈRE (faux), V, 160, 243. — Rythme sibyllin, V, 162, 168; VI, 440, 506; VII, 105.
HOMME (l'), d'après les gnostiques, VI, 174-175, 178. — Voir ANTHROPOS. — Christ le sauve, VI, 178. — Hommes du bien, hommes du mal, VI, 179.
HOMME DE DIEU (l'), I, 101; VI, 67 et note 2, 102.
HONESTIORES, IV, 163 et note, 190; V, 389, 406 note; VII, 496 note 3, 598.
HONGRIE, VII, 251, 252, 255, 256.
HONOVER des Parsis, I, 257 note 5.
HORACE et les Juifs, II, 113, 292, 328; III, 179; V, 406 note.
HOSANNA, I, 198; VII, 524.
HOSCHÉDAR ET HOSCHÉDAR-MAH, IV, 471.
HOSTIS, *hostis patriæ, hostis publicus*, IV, 184-185; V, 402 et note 5.
HOWEYZA, V, 462.
HUILE, médecine par l'huile, IV, **56, 57**; V, 64, 458; VI, 260; VII, 531. — Onctions, VI, 525; VII, 144. — Huile des malades, VI, 530; VII, 144. — Huiles saintes, VI, 532. — Huile de la miséricorde, VII, 144 note 2. — Confirmation, VII, 527.
HUMAÏOUN, VII, 4.
HUMANITÉ (sentiments d'), II, **316-317, 318, 320**; VII, 25 et note 5.
HUMILIORES, IV, 163 et note; V, 389, 406 note; VII, 496 note 3, 599.
HUMILITÉ des premiers chrétiens, II, **367-368, 370, 371-372, 392, 394, 398, 453, 454** et note; III, 386-387; IV, 37-38; VII, 360, **362-365**. — en Luc, V, 268-269, 283, 438. — intellectuelle, VII, 454.
HYACINTHE, eunuque, VII, 287-288.
HYDROPARASTATES, VII, 166 note 4.
HYGIN, évêque de Rome, VI, 293 note 1, 320, 349; VII, 202. — Hygin et Valentin, VI, 320, 349, 352.
HYMÉNÉE, III, XIX, XXXIII, 434.
HYMNES nouveaux, II, 70; III, 230, 411; V, 478; VII, 526.
HYPERBOLES de style, V, 206, 274.
HYPOCRISIE, haine de Jésus contre l'hypocrisie, I, 90, 91, 94, 193; V, 68, 211, 213-214.
HYPOSTASES, leur nécessité dans le monothéisme, I, **257-258**, 259, 378-379; V, 415; VI, 64-65,

66 et note 3, 70, 159, 160 note 1. — Jésus, hypostase divine, III, 274-275; IV, 82, 85. — en livres hermétiques, V, 416; VII, 237 note 3, 629.
Hypsiclès, II, 332.

Hyssope, I, 433 note 1, 528.
Hystaspe (le faux), V, 171; VI, 298, **340**, **347**, 378; VII, 108.
Hystérie, catalepsie, I, 133, 272; VI, 476; VII, 243, 246 note 1, 290.

I

Iabné, IV, 270; V, 3, 6, 8, 17 note 6, 28, 66, 307, 315; VI, 25. — Sanhédrin à Iabné, V, 13-14, 531 et note 4. — École, centre juif, V, **19, 23**, 237. — Vespasien, V, 20 et notes. — Petite Jérusalem, V, 20, 21, 23, 24, 33, 34, 39. — Disputes, V, 67, 69. — Contre chrétiens, V, 72 note 2. — Origine du Talmud, V, 449. — Luttes pacifiques, V, 509. — Transfert à Ouscha, V, 531. — Le patriarche, V, 531. — La Nef de Jacob, VI, 270.
Iahveh chez les samaritains, II, 268. Voir Jéhovah.
Ialdebaoth des gnostiques, VII, 131 et note 2.
Iamnia. — Voir Iabné.
Iao des orphiques, VII, 50, 131, 143 et note.
Iazyges, VII, 252.
Ibas d'Édesse, VI, 285.
Ibn-Daïsan, VII, 446. — Voir Bardesane.
Icare, sous Néron, IV, 36, 44, 419-420 et notes; VI, 326.
Icèle, favori de Néron, IV, 159 note 3; 317.
Iconium, III, xxxvi, 24 note 2, **38, 39**, 41, 44 note 4, 50, note 3, 324. — Juifs à Iconium, III, 33, 39-40. — Christianisme à Iconium, III, **40** et suiv., 47, 48, 52 note, 54, 144, 364 note. Voir Galatie. — Retour de Paul, III, 123, 126. — repasse, III, 330. — Roman de Thécla, VI, 523. — Concile, VII, 228-229, 236.
Iconographie chrétienne, influences hérétiques, VI, 517, 518, 526, 545. — Voir art chrétien.
Idéalisme de Jésus, I, **125** et suiv., **131-132, 183-184**, 219, **295-296**, 308, 417, 461. — Idéal et réalité, V, 87-88, **204**. — Idéal et matière, V, 99, 116.
Idolatrie, III, 272; IV, 41, 153-154, 364 et note 2, 423 note 2, 432, 455; V, 309-310, 459, 473-474; VI, 216, 346; VII, 382, 391, 502, 564. — Idoles, V, 478, 482. — Idoles d'Égypte, VI, 345. — Méliton, VII, 184 et note, 185, 187-188. — Rois qui se font adorer, VII, 185, 382, 387. — — Christianisme, VII, 583. — Répulsion et précautions, VII, 540, 541, 583 et

8

notes 4 et 5, **594, 596, 597.**
— introduite dans le christianisme, VII, 628-630, 631.

IDOLOTHYTES, III, 71, 368, 385, **398-399, 400,** 509; IV, 14, 364 note 2, 365 et notes, 366, 367 et note; V, 473, 483; VI, 153; VII, 397.

IDUMÉE et IDUMÉENS, I, 60, 254; IV, 237, 247, 271, 283, 298, 302, 485; VI, 208.

IESCHTS ZADÈS, VI, 529.

IEXAÏ, V, 460, note 3.

IFTAH-EL, IV, 277 note 2.

IGNACE (saint), évêque d'Antioche, III, 299, 564 note 2; V, XXXIV, 156, **157,** 424 note 2, 485; VI, 316; VII, 503 note 1. — Malala, V, XXXIV, 487 note, 502 note 2. — Ignace et Pérégrinus, V, X-XI; VII, 375, 376 et note 1, 488. **493-494.** — Ignace et Polycarpe, V, XXVII; VI, 442 note 4, 443 et note 3, 444 et note 4. —; Irénée et Ignace, VI, 443. — Actes, V, XXI, XXIV, XXVI, XXVII, XXXI, XXXII-XXXIII, 480 note 1, 486 notes 1 et 2, 494 note 4, 497 note 2, 502 note 2. — *Nourani,* V, 485 et note 2. — Autorité, V, 485-486. — Documents, V, 486 note 1. — Ignace et Trajan, V, 486 note 2, 487 note, 494 note, 502 note 2. — Voyage à Rome, V, 487 et note, 495, 496 et note. — Correspondance, V, 487. 488. — de Smyrne, V, 488, 490. — Amour pour Jésus, V, 493. — fonde l'épiscopat, V, 493. — maître du martyre, V, 493. — Martyre, V, 486 note 1. — Mort, V, XIX. — Hypothèse où il aurait souffert à Antioche, V, 487 note, 502 note 2.
Épîtres qui lui sont attribuées, I, LXIV note 2; III, LI; IV, VIII note 1, 187 note, 208 note, 563; V, XX, 336; VII, **417-420.** — Lucien les a-t-il lues? V, 494 note 2. — Discussion, V, **X-XXXIII,** 486 note 1, 487 note, **488-489,** 490-491 note; VI, V-VI, 442. — Texte, V, VIII-IX, XII, XV-XVI, XXIII-XXIV. — But, VII, 417 et suiv. — Fausseté, VII, 418 note 3. — Caractère, VII, 419-420, 422. — Allusions, V, 493. — Explication du faux, V, XIV. — Traduction syriaque, V, XIV-XVI. — Objections, V, XVII et suiv. — Rapports avec les Pastorales V, XIX et note. — Invraisemblance, V, XX-XXI. — Épître aux Romains, V, **XXI** et suiv., **488** et suiv. — Parties peut-être authentiques, V, 492-493. — Distinction, V, XXV-XXVI, XXVII-XXVIII. — Tendance épiscopaliste des écrits qu'on lui prête, V, 493, 495. — Souvenir qu'il laisse, V, 494-495. — Épîtres mentionnées en Polycarpe, V, XXVIII-XXIX. — Interpolations de Polycarpe, V, XXIX, XXX. — Corps pseudo-ignatien, V, XXX, XXXI; VI, 443 note 1. — Nouvelles suppositions, V, XXXII. — Luc, V, 446 note 3. — Imitation de Paul, antijuif, V, 494 note 5, 495. — Fabrication vers 170, V, 495. — Imitation des Pastorales, V, 495. — Pseudo-Ignace et les Actes de Polycarpe, VI,

463. — Ignace et Lucien, VI, 465 note 1. — L'Évangile des Hébreux, VI, 497, 498 note. — Hiérarchie, VII, 90. — comparé à Paul, VII, 420. — Idée du judaïsme, VII, 420. — *Didaché*, VII, 418 note 4.

IGNAVIA, V, 226 et note, 232 et note, 233 et note.

ILISSUS, VI, 36.

ILLUMINÉS, VI, **373** et note 2; VII, 527 et note 2.

ILLUSIONS, III, 348-349.

ILLYRIE, III, XL-XLI et note, **492-493** et note, 494; IV, 106.

IMAGES (antipathie contre les), IV, 153, 154; VII, 145, 184, 583, 629.

IMAGES du Christ, etc, VI, 155, 172 note; VII, 125, 145, **541-542**. — Honneurs à sa statue, VI, 180. — à Édesse, VII, 460 note 1. — Pas d'images, VII, 396, 400. — Église d'Orient, VII, 545.

IMAGES parlantes, IV, 415, 416, 423.

IMMORTALITÉ de l'âme, croyance grecque, non juive, I, 51, **53-54**. — Les juifs y viennent, I, 55. — Différence avec la résurrection, I, 56; II, 4-5, **97-98**; VII, **505-506**. — Mystères l'enseignent, II, 340; VII, 563-564. — chez saint Paul, III, 249. — dans l'Apocalypse, IV, 466, 467. — Marche logique, IV, 467. — Belle formule, IV, 467; V, 305 et note 1. — Martyrs à part, IV, 467. — Jamais l'infini, IV, 469, 470. — Longévité, récompense, V, 32, 34. — Immortalité des purs, V, 304 et note 2. — des martyrs.

V, 305 note 1; VII, 375. — Celse, VII, 249, 250. — Pseudo-Baruch, V, 520-521. — Conceptions matérielles, VI, 133, 139. — Absurdités nécessaires, VI, 139; VII, **563-564**. — Situation tragique, VI, 217-218. — Israël arrive lentement aux espérances d'outre-tombe, VI, 219 et note 2. — Le martyre, VI, 219. — Tobie, VI, 230 et suiv. — Croyance pieuse, VI, 249, 250. — Justin, VI, 389; VII, 80. — Chrétiens immortels, VI, 466; VII, 394-395. — Marc-Aurèle, VII, **263, 264, 268, 269**. — Athénagore, VII, 386. — Épître à Diognète, VII, 427. — Bardesane, VII, 438 et note 4. — Sépulture, VII, 535. — mithriaque, VII, 578.

IMPIÉTÉ (accusation d'), V, 295 et note 2, 296, 301 note 3, 346 et note 3.

IMPOSITION des mains, II, 95, 97, 153, 280. — Partie essentielle du baptême, III, 344; VII, 527. — Pour l'épiscopat, VI, 89 et notes. — Origine juive, VII, 527.

IMPOSTEURS juifs, II, **265, 266**. — Imposteurs païens, II, 342.

IMPOSTURE, part que doit lui faire l'histoire religieuse, I, XXII et suiv., **XXIV** et suiv., **XXVI** et suiv., **263-264**, 268-269, **496**; IV, 535. — dans certains miracles, I, **496, 504-514, 510, 515-516**; II, **22-23, 40-41**. — Inconscience, II, 40-41, 44. — Fraude pieuse, V, 414-415. — dans la question johannique, VI, 81.

IMPÔT. Voir RECENSEMENT. — Idée des juifs sur l'impôt, I, 167-168; III, 476 et note, 477; IV, 350, 418.

IMPROFESSI, V, 236-237 et note, 238, 239.

IMITATION (livre de l'), III, 569; VI, 72 note 1; VII, 241-242, 262.

INCARNATION, dogme, I, 252, 309; VI, 64 et note, 67-68, 84; VII, 152, 504. — Temple incarné, VI, 18 et note 4. — Jésus pour les païens est une incarnation, IV, 85, 89-90. — pour les Juifs, VI, 383. — en Asie, VI, 426. — Traité de Méliton, VII, 182, 183 et note 1. — Celse, VII, 355, 356, 357 et note 3, 357.

INCENDIE de Rome, IV, 144 et suiv.; VI, 17. — Conséquences, IV, 150 et suiv. — *Incendium*, pièce, IV, 144. — Accusation d'incendie contre les chrétiens, IV, **154, 155**. — Les chrétiens et l'incendie de Rome, IV, **154, 155, 156, 162,** 173, 183; V, 402. — Accusation contre les juifs, IV, 155 et note. — Supplices des incendiaires, IV, 163 et notes, 166; V, 402-403.

INCESTUEUX, III, 391, 442, 443, 444. — Accusation d'inceste, VII, 304, 382, 395, 396.

INCINÉRATION, VII, 535, 536.

INCONNUS (dieux), III, **173** et suiv., **195** et note; VI, 331 et note 2, 332.

INCONSCIENT (l') de Basilide, VI, 159, **170, 172**.

INCRÉDULITÉ, II, 340-341.

INDE, emploi de ce mot pour l'Iémen, VII, **462** et note 2. — Philosophie, II, 267; VI, 138 note 2. — Esprit, IV, 85. — Douceur, VI, 134. — Ascétisme, VII, 590. — connue à Alexandrie, VI, 149. — Bardesane, VII, 443-444 note. — Missions prétendues dans l'Inde, IV, 64; VII, **462-463**. — Évangile de l'Enfance, VI, 515. — Krichna, VII, 463. — Saint Thomas, VI, 524 et note. — *Les fiancés de l'Inde*, VII, 245.

INDO-EUROPÉENS, leurs premières intuitions religieuses, I, 4. — Avortement religieux, I, 5.

INDO-SCYTHES (rois), VI, 524 note.

INDUSTRIE, villes industrielles, VI, 432 433. — Industrie et christianisme, VII, 603 et suiv.

INHUMATION, VII, 535 et suiv.

INITIATION, en *Cérygmes*, VI, 331. — aux mystères, VII, 580. Voir ISIS, MITHRA.

INNOCENTS (légende des), I, 252 note 2; V, 180, 190, 191.

INQUISITION, dans les républiques grecques, II, 314. — Procès à Athènes, II, 314.

INSCRIPTIONS juives et chrétiennes, III, 98 et notes; **106** et note, **244-245**. — en Asie Mineure, III, 362. — Emploi de *christianus*, III, 363. — en Galilée, VI, 239 note 2. — Catacombes, VII, 536 note 1. — païennes et chrétiennes, VII, 562 note 2.

INSPIRATION. Voir ESPRIT. — Inspiration individuelle, V, 333; VI, II-III; VII, 533. Voir RÉVÉLATION. — permanente, VII, 530.

INSTRUCTION publique chez les Grecs, II, 328. — chez les Romains, II, **329** et suiv.— Pas d'instruction populaire, II, 334. — Pédagogie à Athènes, III, 185-186. — Vespasien la fonde, V, 146-147, 408. — sous Trajan et ses successeurs, V, 408 et suiv. — Adrien à Athènes, VI, 36. — sous Antonin, VI, 296. — sous Marc, VII, 37. — Traitements, VII, 37 et note 6. — Insuffisance, VII, 51. — détruit le surnaturel, VI, 345, 372.

Intérêt de l'argent. Voir Usure.

Interpolation des écrits apostoliques, IV, iv.

Interprétation des glosses, III, 406, 410, 411, 412.

Iohanan (rabbi), I, 93.

Iohanan ben Nedabaï, III, 528 note 1; IV, 51. Voir Ananie, fils de Nébédée.

Ioma, V, 7; VI, 245 note 1.

Iom Traïanos, V, 504 note, 513.

Ioudifat. Voir Jotapata.

Ionie, III, 336, 354.

Ionopolis, nom d'Abonotique, VI, 429 et note 5, 430 et note 2; VII, 51 et notes 1, 4, 5.

Iotacisme, VII, 455 et note 1.

Iouhasin, VI, 264 note 1, 266 note 3.

Iran. Voir Perse.

Irène, affranchie de Néron, IV, 196 note 1.

Irén, III, 265-266.

Irénée (saint), I, lviii, lxv; III, l, liv; IV, xxxv, xl note, 207 note, 343 note 2, 345 note 1; V, xv, 314 note 4, 319 note 2, 419 note, 423 note 3, **425**, 446, 462; VI, 113 note 3, 386 note 2, 492 note. — Enfance, éducation, VI, **439-440**. — Anciens d'Irénée, leurs traditions, IV, 345 note 1, 346 et notes, 459-460 note, 564, VI, 29 note, 127 note, 128-129 note, 130 note, 132, 154 note 3, 433, 439 et note 1; VII, iii, 75 note 4, 292 note, 341, 509 note 3, 510 note. — Irénée et Polycarpe, V, 425 note 2. — Irénée et l'Apocalypse, IV, 459; VI, 440 note 1. — Papias, IV, 562; VI, 124 notes, 135, 439, 440 note. — Jean, IV, 563, 565; V, 412; VI, 50 note. — Irénée et Ignace, V, xxv, xxvii, xxxi, 486 note 1, 489, VI, 443 note 1. — Gnostiques, VI, 158 note 1, 176. — Haine contre les gnostiques, VII, 140, 339 note 4, 341. — Marcion, VI, 360, 450. — Haine contre Marcion, VII, 158. — Marcionisme, VII, 300. — Montanisme, VII, 300, 301 et note, 339 note 4, 341. — Hermas, VI, 422. — Relations apostoliques, VI, 440 note 1. — Les hérétiques, VI, 441. — Polycarpe, VI, 442-443 et notes, 444, 447. — Irénée et Victor, VI, 447 note 2; VII, **202-203, 206**, 413. — à Rome, VI, 447 et note 4, 451, 471. — à Lyon, VI, 467 note 2, 471-472. — pas arrêté, VII, 308. — Irénée et Pothin, VII, 291. — succède à Pothin, VII, 316 et note 3, 339, 341-343. — Théophile, VII, 387 note 3.

Lettre à Florinus, IV, 563, **564-565**, 569; V, 425 note 2. — Le *Presbyteros*, IV, 569. — Évangiles, V, vii, 123. — Orthodoxie, V, xix. — Haine contre Ebion, V, 75. — Sa *diadoché*, V, 133 note 1, 314 note 4, 316 note 2. — Langue, VI, 469 note. — Les quatre Évangiles, VI, 498. — Lettre à Éleuthère, VII, **316**. — Auteur de la Lettre des Églises, VII, 339-340 et note. — Lettres sur le montanisme, VII, 341. — Conciliation, VII, 189 note, 341. — Écrits, VII, 291, 296-297, 341-342. — combat le gnosticisme, VII, 291, **296-297**, 300. — Récit sur Markos, VII, 292 note. — cite Ignace, VII, 418 note 2. — millénaire, IV, 346 et note; VI, 135 et note 4, 138; VII, 309 note 4, 341, 632 note. — Judéo-christianisme modéré, VI, 440 note 4. — Pâque, VII, 199, 203, 204, 342-343. — Église de Rome, VII, 414. — Caractère, VII, 342. — Église catholique, VII, 430, 447. — Paradis matériel, VII, 505. — Dons spirituels, VII, 530.

IRVINGIENS, II, 62, 69; VII, 209.

ISA, V, 422. Voir JÉSUS.

ISAAC, VI, 218; V, 272, 521; VI, 511. — Mot théurgique, VII, 142.

ISAÏE, I, 39, 53, **92-93**, 217-218, 262; III, 470; IV, 68, 339 note, 399 note 5, 464; V, 123 note 4. — scié, IV, 218; V, 188. — supprime les sacrifices, IV, **223-224**, 287; VI, 254. — Virginité de Marie, *alma*, VI, 121, 122, 287. — Légende, ascension, VI, 220 note 2, 266. — *Ascension d'Isaïe*. Voir ASCENSION. — en *logia*, VI, 498.

— fondateur du christianisme, VII, VI.

ISAÏE (le second), I, 8-9, 18, 39, 52; III, 470; IV, 118, 464, 490; V, 85, 90, 91.

ISAURIE, III, 27, **42-44**, 49.

ISÉE (rabbi) de Césarée, V, 534.

ISIDORE, fils de Basilide, VI, 163 et note 3; VII, 122-123.

ISIDORE, néoplatonicien, I, LXXXIX, 267 note 2.

ISIS, II, 342, 346, 347; III, 218; IV, 204; VI, 70; VII, 131, 570 note. — Sibylle sœur d'Isis, VI, 12. — La sibylle et Isis, VII, 433. — Messe isiaque, VII, 518 note 2, 571. — Vêpres, VII, 571 et note 3, 572. — Salut, VII, 571-572. — Isiastes, VII, 569, 572. — Histoire de son culte en Grèce et en Italie, VII, **570-574** et notes.— Tableau, VII, **571-572** et notes, **574**. —Monuments, VII, 571 note 3. — Offices, VII, 570, 571, 572. — Processions, VII, 572. — Initiation, VII, 572. — Fraternité, VII, 573.

ISLAMISME, II, XLIX-L; IV, 229, 231, 232, 234. — relève le Temple, I, 224.—Revanche du judaïsme, IV, 534; V, 3. — des sectes non orthodoxes, V, 63, **421-422** et notes, 464-465 note; VII, 623.—Docétisme, V, **422** et note 2, 460; VI, 285. — Rapports avec l'elkasaïsme, l'ébionisme et le judéo-christianisme, V, 460, 461 et note 1: VI, 72, 75, 169 note 1, 243 note, **284-285**; VII, **508-632**, **633**. Voir KIBLA et MAHOMET. — Fondateurs exterminés, VI,

282; VII, 130-131, 151, 622, 634.
Voir Arabes. — Les femmes, le voile, la mosquée, VII, 246-247. — Religion d'hommes, VII, 246-247. — de villes, VII, 410. — L'art chez les musulmans, VII, 540. — Théocratie, VII, 587. — Patrie, VII, 591. — Esprit militaire, VII, 624.— absolu, destructeur, VII, 630, 636. — Monothéisme absolu, VII, 638.

Ismael, fils de Phabi, grand prêtre, III, 541; IV, 51.

Ismael ben Elischa, VI, 218.

Israélites, leur vocation religieuse, I, 6; IV, 227, 236. — Rapports avec l'Égypte, I, 6. — avec Achéménides, IV, 227-228. — Type d'Israël en *Judith*, V, 30, 31, 33. — dans le désert, V, 41. — Vrai israélite, V, 53, 196, 268 note 1, 418. — En dehors de la politique, VI, 237. — Deuil, V, 514.—L'Israël de Dieu, IV, 390, 406, 409, 410, 451, 452, 475, 540; V, 38, **45-46**, 48, 92.—Les deux maisons, V, 91, 207-208, 331. — Pseudo-Esdras, V, 352 et suiv., 354, 364-365. — Pseudo-Baruch, les zones, V, 518, 526, 527. — Prérogatives, VI, 76. — fanatiques, VI, 196, 201, 212. — Liberté d'Israël, VI, 204. — arrivent à la croyance d'immortalité, VI, 219.—Esprit d'Israël VI, 232. — Ennemis d'Israël, VI, 235. — Amis d'Israël, VI, 236. — Providence de Dieu sur Israël, VI, 235 et suiv. — Réunion future, VI, 236, 269, 555. Voir Juifs et Judaïsme.

Issachar de Kaphar-Barkaï, IV, 50.

Issus, III, 123.

Itala vetus, VI, 479 et note 2.

Italica (cohors), II, 202; III, 546.

Italie, II, 282, 284, 285, 327; III, 420, 546, 548, 552, 561; IV, xv, xix, xxi, 29, 205 note 2. 335, 336, 342 note 3, 354, 413 note 1, 493, 519, 567; V, 128, 131, 149, 164, 289, 294, 312. 394, 494, 501; VI, 319. — Sa punition, VI, 299, 532, 534; VII, 23, 43, 117, 174, 252, 351, 495, 635. — Évêques d'Italie, VII, 415, 451, 619. — Versions latines italiotes, VII, 457. — Superstitions, VII, 629.

Iturée et Ituréens, II, 176, 178, 254; V, 460.

Ivraie (parabole de l'), V, 108-109 et note 1, 202, 273-274; VI, 324.

Izate et les Izates d'Adiabène, II, 203 note 1, 256, 257; III, 61; V, 501-502; VII, 458.

J

Jacob. Voir Jacques.

Jacob, le patriarche, I, 172; IV, 218; V, 272, 313 note 2, 354, 512, 521; VI, 268. — La Nef de Jacob, VI, 270. — Mot théurgique, VII, 142.

JACOB, père supposé de Joseph, V, 547.

JACOB ou Jacques, fils de Juda le Gaulonite, II, 263.

JACOB ou Jacques de Caphar-Hanania, IV, 56.

JACOB ou Jacques de Caphar-Naboria, IV, 56 note 2 ; V, 534 note 6.

JACOB ou Jacques de Caphar-Schekania, judéo-chrétien, IV, 56 note 2, 65 note 1, **533**, 534 note 6. Voir CAPHAR-SAMA.

JACQUES. Voir JACOB. Quatre Jacques dans le personnel évangélique, V, 548.

JACQUES (saint), frère du Seigneur, ou Jacques le juste, ou Rempart du peuple, I, XVI, LXII, LXVII, **25-27**, 160 et note ; II, **50** ; III, 286, 377 ; V, 466-467 note 3, **537, 538, 541, 542, 543, 544, 545, 547** ; VI, 126. — pharisien, V, 8. — Ascétisme, I, 211 ; III, 286, 307, 308 ; V, 215. — *Pétalon*, III, 307 ; IV, 564. — Son autorité, III, 284-285, 307-308, 313. — Son caractère, III, **285, 307** ; IV, IX, 342. — Contraste avec Jésus, III, 285, 308. — Sa parenté avec Jésus, III, 285 et note. — Ce qu'en dit Paul, III, 316, 317. — Jacques et Paul, II, XXXI. — ressemble à Jésus, IV, 54, 62 et note 1. — Piété, IV, 55. — modéré sur Jésus, IV, 79. — pauvre, V, 44-45. — le saint des ebionim et des nazaréens, V, **52**, 60 note 2. — Médecine par l'huile, V, 64, 533. — Vœu, V, 108. — Apparition pour Jacques, ou vision de Jacques, II, 47-48 ; V, **107-108**, 207. — Rôle en Évangile hébreu, V, **107-108**. — Rôle en Évangiles grecs, rôle odieux, V, 107-108. — Rôle en Marc, V, 119. — Fut-il apôtre ? V, 548 et note 2. — Son parti, VI, 46. — juif, VI, 277, 279, 323, 328, 359. — Épître de Pierre à Jacques, VI, **329** et suiv. — *Contestatio* de Jacques, VI, **330** et suiv. — sacrifié dans la fusion, VI, 333. — Derniers partisans, VI, 333.

Son rôle présidentiel, VI, 324, 328, 329. — chef de l'Église de Jérusalem, III, **281** et suiv., 539, 547. — Départ de Pierre, III, 284. — évêque des Hébreux, III, 284. — évêque de Jérusalem, III-284. — chef du parti judaïsant, II, **XXXV** et suiv., **XXXVIII**, 50, 90, 110 ; III, 77. — Son portrait, son ascétisme, III, **78** et suiv., 377 ; IV, XXIX, 47 ; V, 206. — Paul le voit, II, 209 ; III, 84, 93, 316, 317. — Jacques et la circoncision, III, 60, 85-86. — chef des judéo-chrétiens ou pharisiens, III, **86** et suiv., 116, 377. — chef du parti juif intolérant, III, 286, 289. — opposé à la propagande, III, 287. — Contre-mission, III, **288** et suiv., **291** ; IV, 63. — Prétentions, III, 292. — Ses émissaires, III, **295** et suiv., **317**; 329. — Éclat, III, 295 et suiv. — Haine des émissaires, III, **299-300**. — Lettres contre Paul, III,

300 et suiv. — Jacques triomphe à Jérusalem, III, 306. — Émissaires en Galatie, III, 311 et suiv. — Émissaires à Corinthe, III, 376 et suiv., 445, 448 note, 450. — Accueil fait à Paul à Jérusalem, III, 510.— Sa situation, III, 510-511. — Visite de Paul, la collecte, III, **512** et suiv. — Proposition du vœu, III, 518, 519, 520. — Émissaires à Rome, IV, 14. — Aversion de l'école de Paul, V, 207. — Passage de Josèphe, V, 248. — Disciples, V, 265. — Luc, V, 265. — Jacques et les pharisiens, VI, 257. — Dédicaces des *Cérygmes* et des *Reconnaissances*, VII, 74, 75 et note 1. — évêque des évêques, VII, 75. — dans l'épître aux Galates, V, 538.

Mort de Jacques, I, 378 ; III, LXI ; IV, **66-67**, 69 note 1, 71, 201, 208, 243, 289-290, 295, 405 ; V, 541, 546. — Mort vengée, V, 40, 123 note 3. — Son âge, V, 546. — Vierge, V, 545, 548. — *Obliam*, V, 547. — Effet produit, IV, 67-68. — Élégies, IV, 68. — Récits exagérés des judéo-chrétiens, III, **307-308**, 479. — Successeurs de Jacques, IV, 72 ; V, 54, 56 et note. — Son tombeau, V, 18 ; VI, 261 et note 3. — Sa stèle, VII, 422 note 1.

Épître de Jacques, III, 301 ; IV, II, VI, X, XI, XII, XIII, **46** et suiv. ; V, XVII, 252, 335, 538 note. — citée en *Iª Petri*, IV, 113. — Style de l'épître, IV, 47, 115 ; VII, 513. — adversaire de Paul, IV, 47, 546. — Idée du Christ, IV, 47-48. — Analyse, IV, **48** et suiv.

Apocryphes ébionites, VI, 281 et note 3, 323. — Écrits pseudo-clémentins, VII, 95 note 3. — Apocryphes gnostiques rattachés à Jacques, VII, 133. — Morceau d'Hégésippe sur sa mort, VII, 421 note 3, 422 et note 1.

Jacques, fils de Cléophas (le mineur), V, 56 note, 466-467 et note, **539** et suiv., **545, 547.**

Jacques, fils de Zébédée, I, 157, 161, 162 et note 2 ; II, XXXIII. — Sa mort, II, **248** ; IV, 405 ; V, 413, 546.

Jacques, fils d'Alphée, I, 302 ; II, 50 ; V, **546** et **548.**

Jacques du prétendu Protévangile, I, LXI ; VI, 509. Voir Protévangile.

Jaffa. Voir Joppé.

Jaïre, V, 195.

Jalousie, cause de la mort des Apôtres, IV, 160 ; V, 498.

Jamnès et Mambré, apocryphe, VII, 434, 531 note 3.

Jardins (colline des), à Rome, IV, 314.

Jason de Thessalonique, III, 160, 161, 162, 458, 461 note 3.

Jason de Cyrène, V, 304 note 1.

Javolenus, VII, 22.

Jason et Papiscus, dialogue apologétique, VI, 263 note 2, 267-268 et notes ; VII, 354.

Jean Hyrcan, I, 218 ; IV, 436.

Jean, père de Pierre, VI, 59 note 1. Voir Jonas, père de Pierre.

Jean-Baptiste, I, XVI, 70, 451. —

Sa naissance, V, 189, 543 ; VI, 344, 505, 511. — Légendes de son enfance, V, 278-279. — Son genre de vie et son rôle, I, **98-116**. — Sa popularité, I, 106. — Sa prédication, I, 106 et suiv. — hostile au sacerdoce établi, I, 7, 346. — démocrate, I, 108. — Son austérité, sa dureté, I, 195-196, 202-203, 336, 338, **481, 482, 483**. — Jean et Jésus, relations de Jean avec Jésus, I, 98, **108-113**, 156, 157, 209 note 3, 251, 370, **482-486, 490-493** ; V, 463. — Ambassade vers Jésus, I, **202** et suiv. — Son arrestation, I, 113 et suiv. — Sa prison, I, 116, 202. — Sa mort, I, **203-205**, 453 ; II, 248 ; V, 255 note 4. — Fusion des deux sectes, I, 205-206. — Opinion de Jésus sur Jean, I, 206. — Jean précurseur du royaume de Dieu, I, 206, 208. — identifié avec Élie, I, 208. — Opinion des chrétiens sur Jean, I, 209, 484. — Jésus est Jean ressuscité, I, 262, 335. — Récit du 4ᵉ Évangile sur Jean, I, 481-484, 486. — Apollôs, III, 340. — en Apocalypse, IV, 405. — Sa place en Évangiles, V, 84. — Récit de Marc, V, 116 note 3, 179. — Il atteste la messianité de Jésus, V, 182. — Passage de Josèphe, V, 248. — Disciples vers l'an 100, V, 454. — Imitateurs, II, 266 ; IV, 291 ; V, 455. — Continuateurs, V, 463. — Jean et la lumière, VI, 56. — Jean aux enfers, VI, 516 note 1. — École de Jean, I, 203, **210-211** ; III, 77, 340, 496. — Chrétiens de saint Jean, I, **102-103** ; V, 462 et suiv. Voir MENDAÏTES.

JEAN (saint), dit l'évangéliste, I, X-XII, XVI. — Sa famille, I, **156-157**. — Premiers rapports avec Jésus. Fils du tonnerre, I, **161-162** ; IV, 343. — Affection de Jésus pour lui, I, 162, 163. Voir ZÉBÉDÉE (fils de). — Pierre et Jean, I, LXVI, LXVII, LXXIII, **165-166**, 408, 485, 532, 534 ; II, 9 note ; IV, XXX note, **27**, 206 ; V, 27-28 note ; VI, 81. — Jean et Judas, I, LXVI, 394, 399. — Croyance qu'il ne mourrait pas, I, 290 et note, 534 ; II, **33-34** ; IV, **566** ; V, 413, 429, 431. — à Gethsémani, I, 390. — à la Cène, I, **397-399**. — à la Passion, I, 406, **408**. — au pied de la croix, I, **435-436**, 444, 525. — au tombeau, I, 531 ; II, **9-11**. — affirme la résurrection, II, 12. — Conversation avec Jésus ressuscité, II, 33-34. — Jean et Marie, I, **436** note 1, 525, 526 ; IV, 347 note 1. — Sa valeur, I, 466.

Son entourage, I, LXXII ; V, **424** et suiv., 433. — Son école, I, LXV, 535. — Autorité, I, 437 note. — Premières vexations, II, 135-136. — Jean à Samarie, II, 153-154. — à Jérusalem, affaire de la circoncision, rapports avec Paul, III, 77, 84, 86, 93, 317. — Jean et Jérusalem, IV, XXX, XXXII. — à Antioche (?), III, 510. — à

Éphèse, III, 337 note 3, 366; IV, II, XXVIII, XLIII. — à Rome, huile bouillante, IV, xxx, **27** et note, **197-198-199**, 209, 371; VII, 412. — Martyre à Rome, IV, 27-28 note, 198 note 2, 209. — chef des Églises d'Asie, IV, XXVIII. — seul survivant des Apôtres, IV, 201, 208. — décoré du *pétalon*, grand prêtre, III, 307 note 5, 366; IV, 209, 563-564; VII, 200. — sort de Rome, va en Asie, IV, 206, 207. — en Asie, IV, 207, 208 et note. — Opinion de sa prééminence, IV, 208, 209. — Jean et Philippe, IV, 342 note 2, 343 note 2, 344. — Rapports avec Simon, II, 270. — Personnalités, I, 532-533; II, 110.

Sa vieillesse, changements possibles en lui, I, LXXI. — Jean vieux en Asie, IV, 557, 568. — Objections contre ce séjour, IV, 557-558. — Confusion, IV, 557. — Doutes, IV, 558. — Papias, IV, 562-563, 568. — Contradictions, VI, 124-125, 126, **128-129** et note. — Passage d'Hamartolus, IV, 562 et note. — Jean tué par les Juifs, IV, 562. — martyr, IV, 562-563 et note 2; VII, 200. — Lacunes dans la tradition, IV, 563. — Jean et Polycarpe, IV, **565, 566, 567, 568, 569**; VII, 203. — Vieillesse à Éphèse, V, 412 et suiv., 426. — Rome et Judée, V, 412. — Martyre, V, 413 et note 1. — Jésus ressuscité et Pierre, V, 413, 432. — Légende de son vivant, V, 413, 414, 415 et note. — Miracles, V, 414. — Ses récits, V, 414. — Première place près de Jésus, V, 414. — Ses doctrines, V, 414, 430. — Orages, V, 417. — Cérinthe et Jean, V, 417 et suiv., 418 note 3, **420-421**. — Fanatisme, V, 420-421.

Philosophie supposée, VI, 142, 388. — Gnose, VI, 162. — Tentative modérée, VI, 362. — Saint Justin, VI, 385. — Polycarpe, VI, 437, 438, 441. — Anecdotes d'intolérance, VI, 441. — Conversation de Jean, VI, 50. — Jean a-t-il été appelé *Presbyteros*, le Vieux? I, **LXXIII**. — Parti johannique à Éphèse, VI, 46, 47. — Jean à Éphèse, IV, **347** et suiv., 354, 375 note 1, **551** et suiv., **557** et suiv., 568-569; V, XX-XXI. — Autorité sur l'Asie, IV, 347, 370, 375 note 2. — Caractère dur, IV, 347, 348. — Caractère doux, IV, 347, 348. — Jean et l'Apocalypse, IV, **360** et suiv., **370** et suiv., 374. — à Patmos, IV, 361. — confesseur, IV, 361, 370, 371. — Prétendu exil, IV, 374 note 1. — Jean et la Pâque, VI, **446** et note 4, 448; VII, **196** et note 2, 197, 200, 203, 204. — Jean judéo-chrétien, III, 366; IV, XXIV, XXV, XXVI, XXIX, XXX, 563, 564. — reste juif, V, 430 et note. — École marche sans lui, V, 430. — Embarras pour Apocalypse, V, 430. — Mort de Jean, IV, XXIX, 566; V, 430 et note 2, 435. — Mort de Jean, selon Papias, VI, 131. —

Impression, V, 431-432. — Explication, V, 432. — personnage messianique, V, 432. — mort vivant, V, 432. — Tombeau, V, 433. — à Éphèse, VII, 200.

Évangile dit de Jean ou 4ᵉ évangile, I, x et suiv., xii-xiii, lviii et suiv. ; IV, 557-558, 568 ; V, ii, v, x, xi, xx, 252, 334 note 5. — Naissance, V, 428, 430. — Objections intrinsèques, I, lxi et suiv. — Valeur historique, I, lxiii, **477-541** ; II, ix ; VI, 58-59 et notes, 60. — Tradition indépendante, VI, 59-60, 81. — sait plus et rectifie. VI,45. — Traits de précision, I, lxviii. - Date, — I, lxiii, lxxv-lxxvi. — hostile au judaïsme, I, lxii. — Prétention à être témoin oculaire, I, 479, 535, 537, 539; II, 9 note. — Discussions, I, 109, note, 111-112 note. — Lazare, I, **372-374**. — Récits sur Jean-Baptiste, I, 481-482, 491-493.— Les séjours à Jérusalem, I, **487-488, 494-495**, 507-508. — Voyages de Jésus à Jérusalem, I, 213-214 et note, 381 ; VI, 59. — peu symbolique, I, 483,489, 508, 509, 514-515, 520. — Discours hors d'œuvre, I, 490-491, 492, 493, 500, 501-502, 520-521, 536, 539. — Il connaît Jérusalem, I, 495, 503. — La femme adultère, I, 500-501 ; V, 107. — Miracles du 4ᵉ évangile, I, 495, 503. — Miracle de Béthanie, I, 504-514. — Repas de Béthanie, I, 514-516. — Jésus mangea-t-il la pâque ? I, 518-519, **523-524**. — Divinité de Jésus, I, 389 note 4, 536-537. — Agonie de Jésus, I, 390, 517-518, 521. — Rôle d'Anne, I, 406 .ote 3. — Marie au Calvaire, I, 435-436. — Jean au Calvaire, I, 435 et note 4, 444. — Femmes au Calvaire, 1, 525-527. — Tunique sans couture, I, 524-525. —Breuvage, I, 527. — Passion, I, 530. — Supériorité du 4ᵉ évangile dans les détails de l'arrestation, I, 521-522. — dans la Passion, I, 522. — Reniements de Pierre, I, 522-523. — Résurrection, 1, 531 et suiv. ; II, ix, 9 note. — Infériorité sur certains points, I, 524. — Discours que Jean prête à Jésus, I, lxix et suiv., lxxvii et suiv., 79 note 1, 80 note 1, 82 note 2, 133 note 3, 229 note 1, 254 note 1. — Leurs défauts, lxi-lxii, lxxvii et suiv.

Jean est-il l'auteur du 4ᵉ Évangile? I, **537** et suiv. — Connaît-il les synoptiques ? I, lxxvi. — En quel sens cet Évangile est-il johannique? I, lxxx, 163, 540. — Habitudes de cet Évangile, I, 157 note 1. — Récit de la Cène, I, **312** et suiv. — de la Passion, I, 478. — Appendice, I, 290 note 2, 534, 537 ; VI, 60 note 1, 82-83. — Dernière pâque de Jésus, dernier repas, I, 396-397 et note, 399 note 1, 401. — Récit eucharistique manque, I, 401. — Discours du dernier repas, I, 401-402 note. — Évangile spiritualiste, VII, 506. — Façon de raconter la vie de Jésus, V, 428-429; VI, 57, 59, 73. — connaît vie de Jésus, à Jérusalem, VI, 57, 58. — Personnalité, première place, l'ami préféré de Jésus, V, 429, 536, 537; VI, 45, 46. — Le disciple que Jésus aimait, IV, 568. — Marie, V, 429. — avant Pierre, V, 429. — Le 4ᵉ Évangile et Pierre, IV, 186 note 1, 190, 554, 555. — relève Jean, l'égale à Pierre, VI, 46-47, 73. — Médiocre bonne foi, V, 429-430. — Tête affaiblie, V, 430. — Infériorité littéraire, I, 535, 536.

Doctrine. Verbe tangible, V, 55, 56, 74. — à la fois historique et métaphysique, VI, 55. — Usage de Marc, VI, 57 note 3. — Renseignement personnel, VI, 57-58. — Discours, VI, 58, 60, 61, 26. — Résurrection des corps et parousie, V, 60 et note 1. — Métaphysique, VI, 61, 69, 77. — joue sur les mots, VI, 61. — Philosophie, VI, 62 et suiv., 74. — Philosophie occulte, VI, 76. — Ressemblances avec l'Apocalypse, VI, 68, 69 et note 1. — avec synoptiques, VI, 69 note 1. — Rapports avec Philon. Voir Philon. — Vie de Jésus abstraite, rien d'humain, VI, 70-71, 73. — Transformation nécessaire, VI, 71. — Gnosticisme, VI, 71 et note 2, 72.

Publication VI, 72. — livre secret, VI, 72-73. — émerge lentement, VI, 73, 74. — Succès, VI, **73** et suiv., 78; VI, 169, 359. — Causes, *ibid*. — Abstraction, pas de parousie, VI, 74, 75. — opposé aux Juifs, VI, 75, 76. — rompt les origines, VI, 75-76, 77. — Idéalisme, VI, 76-77. — devient l'Évangile fondamental, VI, 77. — L'Évangile de la raison, VI, 77. — Pieux malentendu, VI, 77, 78. — Réalité judaïque, VI, 77. — Rapports avec les épîtres de Presbyteros, VI, 78-80. — Les deux tombeaux, VI, **80-81**. — Polycrate, VI, 81. — Effets, VI, 82-83. — Intolérances, bûchers, IV, 82 et notes. — Usage, VI, 110 note 4. — Abstraction du reste du N.T., VI, 113 note 1. — Style à part, V, xxiii; VI, 116 note. — opposé au millénarisme, VI, 123, 124. — Rapports avec Ignace, V, xxiii, xxviii. — Sens de « Juif », V, 8. — antijuif, V, 266; VII, 196 et note 3. — ignore les Juifs, V, 357 note 1. — Montanisme, VII, 214 note 3. — La Passion, V, 78. — Sa raison d'être, V, 285. — Rapports avec Luc, V, 266; VI, 59. — Le 4ᵉ Évangile et la question de la pâque, IV, xxxi. — Le 4ᵉ Évangile et l'Apocalypse, IV, xxxii et suiv. — à Lyon, VI, 473 et note 4, 474. — clôt la série, VI, 497.

Canonicité VI, 500. — Adoption par les catholiques, VI, **522** et note 3. — Raisons artificielles, VI, 502. — Opposition, VI, 522. — Tatien, VI, 503 et note 1. — Discours, VI,

518. — cité, V, xxiii. — commenté, VII, 118. — admis de Basilide, VI, 162. — admis de Valentin, VI, 177 note 1. — Termes gnostiques, VI, 170 et note 2. — Parthénos, VII, 121. — Actes apocryphes, VII, 169, 245. — Méliton, VII, 189. — Apollinaire, VII, 190. — Jean absent des écrits de Polycarpe, V, 425 note 2. — Polycarpe ignore le 4ᵉ Évangile, VI, 444. — Traditions, IV, 346. — Irénée, objections, IV, 459-460 note. — Système des Pères sur le prétendu bannissement de Jean sous Domitien, V, 298 note 1.

Apocalypse ou 4ᵉ Évangile, IV, 374 note 3, 557, 559-561, 569. — Jean est-il l'auteur de l'Apocalypse ? I, 539-540. Voir APOCALYPSE dite de Jean. — L'Apocalypse n'est pas du même auteur que le 4ᵉ Évangile, I, 539-540. — L'Apocalypse et l'Évangile opposés, IV, xxv et suiv., xxxiii, xxxvi, xxxvii-xxxviii. — Rapprochements, IV, xxxii-xxxiii. — L'Apocalypse est de Jean plutôt que l'Évangile, IV, xxvi, xxxvii. — Évangile et Apocalypse s'excluent, deux Jean, V, 427 note 1, 431. — Les deux Jean, IV, xxiii note 2. — Voir JOANNES (*presbyteros*). — Traces d'elchasaïsme, V, 458.

Composition des écrits pseudo-johanniques, IV, viii, 76, 77, 83; VI, v; vii, 137. — Voir APOCALYPSE. — Idées dominantes, IV, 88, 212. — Apparition, VI, **45** et suiv., 434. — Prétendue supériorité, VI, 45-46. — Éphèse point d'origine (?), VI, 46 et note 1, 70. — Écrits supposés, VI, 47-48 et note. — Lien avec Jean, VI, 47. — Hypothèse du *Presbyteros*, VI, 48 et suiv.

Épîtres attribuées à Jean, I, lxv, 538. — Épître préalable, VI, **49-50** et note, 129, 344, 444. — Témoin oculaire, VI, 50-51. — Doctrines, VI, 50. → Style des écrits johanniques, VI, **50-51**. — ne se nomme pas, VI, 51-52. — Mystère, VI, 52. — veut prouver, VI, 52-53. — Cérinthe, VI, 53-54. — Rapports avec le gnosticisme, VI, 54, 356. — Marcion, VI, 357, 359. — Liens et différences entre I. *Joh.* et l'Évangile, VI, 129. — Défauts, VI, 50, 51, 61. 62. — Judaïsme chez Jean, VI, 362.

JEAN-MARC. Voir MARC.

JEAN (des Beni-Hanan), II, 135.

JEAN de Gischala, IV, 258, 274 note 2, 542, 544. — Commencements, IV, 276, 279. — Sa tyrannie, IV, 484, 485, 496 et note, 497, 503, 509. — Dernier siège, IV, 518, 520 et note 2. — pris, IV, 522.

JEAN CHRYSOSTÔME, II, 223; IV, 460 note 1; VI, 545; VII, 160, 451 note 3, 631. — Contre l'esclavage, VII, 608, 612. — antijuif, VII, 632.

JEANNE, femme de Khouza, I, 158, 435; II, xix note 3, 6, 31; V, 263 note 2.

JÉCHONIAS, V, 264 note 5.

JÉHOVAH. Voir IAHVEH. II, 52 ; IV, 450; V, 2, 85-86, 92; VI, 27; VII, 504. — Nom de Jéhovah, IV, 368-369 et note. — Jour de Jéhovah, IV, 338, 392 note 2, 399 note 5, **462-463**. — Jéhovah dans l'Apocalypse, IV, 473. — Prononciation, V, 69; VI, 201. — Gnostiques : Jésus et Jéhovah, V, 172; VI, **151, 178**. — Attributs, VI, 160 note 1. — Jéhovah créateur, VI, 160, 177, 321; VII, 131. — dieu des Juifs, VI, 161, 177, 321. — persécute Jésus, VI, 161. — Invectives contre lui, VI, 182, 321. Voir MARCION. — Mort d'Aquiba, VI, 218-219. — Antijuifs, VI, 321, 356. — Marcion, VI, 354, 356, 359. — Syncrétisme, VII, 131. — Iao, VII, 131, 132. — Haine des gnostiques, VII, 143. — Apelle, VII, 153. — Dieu des Juifs vaincu, VII, 361, 366, 369, **397**. — Jéhovah et les Lares, VII, 567, 568. — Son triomphe, VII, 566.

JEPHTÉ, IV, 218.

JÉRÉMIE. Son rôle, I, 8, 10; III, 79; IV, 69; VI, 254. — associé à Élie, I, 207; IV, 404. — à Jésus, I, 262. — Baruch, V, 518. — Lettre apocryphe, V, 37.

JÉRÉMIEL, V, 350 note 2, 358 et note 4, 526 note.

JÉRICHO, I, 241. — Jésus à Jéricho, I, **371-372**, 504; IV, 247, 302; V, 179.

JÉRÔME (saint), IV, 553; V, VI, XXVII, 29 note 2, 34 note 1, 64 note 1, 70 note 4, 82 note 3, 102, 103 note 2, 104, 110 note 1, 227 note, 229 note, 258 note 2, 316 note 2, 363 note 1, 371, 540-541; VI, VI note 2, 79 note 3, 110 note, 137, 193 note, 198 et note 3, 208 note 5, **221-222, 237**, 268 et note 1, 282, 288, 402 note 1, 440 note, 447 notes 2 et 3, 518, 544 note 3, 545, 552; VII, 183 note 2, 227 note, 292 note, 387 note 2, 389 note 3, 431, 462 note 1, 463 note, 507 note 1, 553-554.

JÉRUSALEM. Caractère des œuvres de Jérusalem, I, 66-67. — Physionomie, I, 67, 380. — Population, I, 388; IV, 403 note 3. — Enceintes, I, 388 note 2. — assujettie à Rome, I, 59-60. — Séditions, I, 60. — Siège de Jérusalem, sa primauté, I. XX, XLIX-L; II, 198. — opposée aux Gentils, II, 205, 230 et suiv. — Jérusalem centre du monde, I, 8, 52, 57. — Pèlerinages à Jérusalem, I, 71, 213, 222, 348-349. — La nature à Jérusalem, I, 218. — L'art, 218-219. — Monnaies, I, 361 note. — Jérusalem sous Agrippa Ier, II, 244 et suiv., 246. — perd l'indépendance, II, 251. — Splendeur religieuse, II, 254 et suiv. — Organisation, III, 76-77. — Troubles, II, 264. — Illuminés, II. 265. — Travaux publics, III, 421. — Contributions des juifs portées à Jérusalem, III, 422, 491. — Émeute, 521 et suiv., 530. — L'autorité romaine à

Jérusalem, III, 523 - 524. — Festus à Jérusalem, III, 541. — Armée romaine à Jérusalem, IV, 235. — Classes de la population, IV, 235-237. — Brigands, IV, 237. — Chrétiens, IV, 237. — peu patriotes, IV, 237. — Collision, IV, 241. — Retraite de Florus, IV, 241-242. — Lutte dans la ville, IV, 243, 245. — Ville haute, topographie, IV, 245 et note, 246, 261. — Romains forcés, 246. — Discorde, IV, 246. — Romains capitulent, IV, 246. — Jérusalem perdue pour les Romains, IV, 246, 247, 254, 255. — Succès militaire, IV, 260. — Parlementaires, IV, 260. — État, IV, 269. — Parti de la résistance, IV, 270. — Gouvernement national, IV, 270 et suiv. — Ardeur, IV, 272. — Monnaie, IV, 273-274 et note, 418. — Révolte concentrée à Jérusalem, IV, 276, 279, 301, 302, 322. — Excès, IV, 280. — Terreur, IV, 280-281, **288** et suiv. — Modérés, IV, 281, 282. — Réaction, IV, 283. — Loi de la révolution, IV, 288-289. — Conduite des chrétiens, IV, **289** et suiv.

Siège, IV, **484** et suiv., **492, 500** et suiv. — Suspensions, IV, 484, 493. — Tyrannie de Jean, IV, 484. — Luttes intérieures, IV, 495-496. — Terreur, IV, 496, 497. — imprenable, IV, 498, 505. — Chimère vraie, IV, 498. — Jérusalem capitale du monde, IV, 498. — Population du siège, IV, 502 et notes 1 et 2. — Force de la ville, IV, 502, 503. — Proposition repoussée, IV, 504-505 et note. — Famine, IV, 506. — Désespoir et terreur, IV, 506-507. — Lutte autour du Temple. Voir Temple. — Prise de Sion. Voir Sion. — Destruction, IV, 519, 521, 523 et note 2. — Prise de la citadelle, IV, 519-520. — Souterrains, IV, 520, 521-522 et note 1, 527. — Massacrés et vendus, IV, 519, 521. — Départ de Titus, IV, 525-526. — providentiel, IV, 528. — Légende de modération, IV, 528.

État depuis Titus jusqu'à Adrien, IV, 522 note 3 ; V, **17-19** et notes, 27, 39, 56 note 1 ; VI, 541, 546. — Église de Jérusalem durant ce temps, IV, 523 note 3, 546. — Légion qui y campe, IV, 523-524 et note 4, 525. — Promesses d'éternité, IV, 524. — Jérusalem impossibilité, IV, 534. — Survivants, IV, 536, 538. — Idée de reconstruction, IV, 539. — Expulsion des Juifs, V, 17 et note 6, 21, 22. — Siège de Jérusalem typiquement en *Judith*, V, 30. — Rome hérite de Jérusalem, V, 128, 139. — Vésuve punit la ruine de Jérusalem, V, 149. — Néron et Jérusalem, V, 164. — Crime de Rome, V, 367. — Punition, V, 367.

Docétisme des musulmans de Jérusalem, V, 422 et note 2. — Cérinthe, V, 423. — Jérusalem-kibla, V, 457, 461 note 1 ;

VI, 279-280. — *Beit-el-mokaddes*, V, 461 note 1. — Révolte sous Trajan, V, 531. — Sanhédrin, V, 531 note 4. — Idée de relever Jérusalem, VI, 11-12, 13 note 3, **18, 19, 21** et suiv., 193. — Adrien à Jérusalem, VI, 21. — Idée de la rebâtir, VI, 23-24. — Opposition des Juifs, VI, 25. — Jérusalem nouvelle, VI, 15. — Grandeur, VI, 15. — Hymne, VI, 16. — Temple nouveau, VI, 18, 19. — Jérusalem et le Temple, VI, 25. — Aquila, VI, 28-29. — Règne fini, VI, 76. — Ruine de Jérusalem prouve contre Jéhovah, VI, 151. — Reconstruction. Voir *Ælia Capitolina*. — Ère de la liberté de Jérusalem, VI, 204. — Bether = Jérusalem, VI, 208 note 5. — Nom se perd, VI, **223** et note 2. — seul endroit de culte, VI, 230. — sera rebâtie, VI, 236. — Jérusalem future, VI, 236. — Juifs ont détruit Jérusalem, VI, 256. — Hypothèse d'une restauration juive, VI, 259. — Caractère d'Ælia, VI, 259, 260. Voir ÆLIA. — Les ébionites tournés vers Jérusalem, VI, 279. — *Kibla*, VI, 286 et note 1. — Mosquée d'Omar, VI, 286 note 2. — Jérusalem détruite à cause du crime des Juifs, VI, 340, 383. — Jérusalem durant la guerre d'Adrien, IV, 273-274, note; VI, **541** et suiv. — Essais de reconstruction, VI, 541-542. — Pas de siège, VI, **543** et suiv., 552. — Passage d'Appien, VI, 546. — Bar-Coziba n'en fut pas maître, VI, 547, 551, 552. — Monnaie, VI, 547. — remplacée par Rome, VII, 69, 71. — Césarée et Jérusalem, VII, 199, 205 note.

Jérusalem (rapports de Jésus et des apôtres avec). — Voyages et séjours de Jésus à Jérusalem, I, LXXX et note, **213-214** et suiv., 347, **487-488, 494-495**, 496; IV, 211; V, 427. — Dernier séjour à Jérusalem, I, **348** et suiv., **369** et suiv., **372** et suiv. — hostile à Jésus, I, 143, 515, 516. — déplaît à Jésus, I, 350. — Jésus et le temple, **351-352**. — supprimée en Vie de Jésus, V, 26 et note 1, 27, 28, 69, 85. — Jésus et Jérusalem, V, 180-181; VI, 90, 91, 97, 98, 107, 123. — Apparitions à Jérusalem, V, 107. — Matthieu l'aime, V, 209. — Évangile hébreu, V, 107. — Disciples à Jérusalem, I, 445. — Le christianisme transporté à Jérusalem, I, 487. — Les apôtres quittent Jérusalem, II, 28-29. — Première Église à Jérusalem, II, **75** et suiv. — Sa dispersion, II, 147 et suiv. — Idéal, II, **147-148**. — Deuxième Église à Jérusalem, II, 198. — Paul à Jérusalem, III, XXX, XXXV, 75, **81** et suiv., 120, 278-279, **316**. — Concile de Jérusalem, II, XXXV-XXXVIII; III, **81** et suiv., 311, 398, 420, 509; IV, 162, 367 note; V, 159, 161, **228** et note 2, **441**, 447. — Décisions, III, 87 et suiv. — Éb

9

quel sens entendre tout cela, III, 92. — Pauvres de Jérusalem, III, 94, 280-281, 317, **420** et suiv., 452, 454, 456, 491. — Caractère ascétique, III, 246. — Pierre à Jérusalem, III, 281, 283 note 2. — quitte Jérusalem, III, 282, 284. — Pierre, Paul et Jacques, III, 284. — centre de l'unité, III, 284-285. — Jacques protège Jérusalem, III, 309. — Schisme jusqu'à l'an 70, III, 324. — Lettres de recommandation, III, 292, 446. — Voyage intermédiaire de Paul, vœu, III, 279, 280, 291 note 1. — Projet de retour à Jérusalem, III, 420. — La grande collecte, III, 420 et suiv. — Signe de dépendance, III, 420 et suiv. — Obligation de l'aumône, III, 421. — Hostilité contre Paul, dangers, III, 490, 491, 495, 502, 505, 507 ; IV, 5. — Église funeste, III, 495, 496, 508. — Paul à Jérusalem pour la dernière fois, III, **508** et suiv. — Paul devant le sanhédrin, III, 528 et suiv., 537. — Renvoi de Paul, III 531-532, 533. — Église de Jérusalem et pharisiens, VI, 257. — Jérusalem céleste, IV, 219, 369. — Abaissement du culte, IV, 224. — Retour des apôtres à Jérusalem, II, 45 et suiv. — Tradition hiérosolymite, II, 47.

Apocalypse, Jérusalem nouvelle, IV, **449-453**, 467. — Description, IV, **450-453**. — ne sera pas détruite, IV, 457. — Défauts de cette peinture, IV, 473. — Sa beauté, IV, 479-480. — Conséquences de la ruine de Jérusalem, IV, **545** et suiv. — Ce qu'eût été l'Église de Jérusalem, IV, 546. — Aujourd'hui, IV, 546-547 note. — Tribut à Jérusalem, IV, 546-547, note. — Schisme, IV, 547. — Église de Jérusalem désormais secondaire, IV, 547. — Apôtres à Jérusalem, IV, 553, 555. — Pharisiens et autres fuient Jérusalem, V, 3, 13, 26 note 1, 27. — Récit de Josèphe, V, 134. — Apôtres de Jérusalem, V, 149-150. — Concile de Jérusalem, rédigé à Rome, V, 228 note 2.

Mythes sur la primitive Église, V, **432, 440, 441, 445, 447**; VI, 85, 181. — Église pure d'Hégésippe, V, 453. — Orthodoxie juive, V, 237. — Ruine de Jérusalem et l'apologétique, V, 247. — Amour pour Jérusalem, V, 264. — Culte, V. 454. — Cause des malheurs, V, 273. — Trente ans après, V, 349 note, 449. — Haine des mendaïtes, V, 464. — Évêques *in partibus*, V, 466. — Clopides, évêques de Jérusalem, IV, **466-467**, note, 496; V, 539, **540**, 541, 549. — Pseudo-Baruch et Jérusalem, V, 518-519. — Jérusalem réelle et idéale, V, 518, 522. — Anges la détruisent, V, 518. — Révolte des Juifs sous Adrien, VI, 193 et suiv. — Jérusalem non atteinte, VI, 202 et note 5. — Juifs chassés de Jérusalem, VI, 220-222, 383. — Permissions, VI, 221-222. — Église idéale, VI, 279 et note 3, 328 et note 2, 329. — Église véritable présidée par Jacques, VI, 324, 328 et note 3, 329. — Montanisme, VI, 433. — Jérusalem et les Sibylles, VI, 532. — Jérusalem et Tobie, VI, 555, 558. — Jérusalem éternelle, VI, 559. — Continuité de l'Église de Jérusalem, VI, 545. — Jérusalem des montanistes, VII, 216, **223**, 229, 231. — *Legio XII[a] fulminata*, VII, 275. — Église parfaite, VII, 558-559. — Idéal lointain, VII, 602.

Jérusalem (Église de), I, ii, iii, xxx ; II, 109 ; III, iii, 333, 434 ; IV, xviii ; V, 44, 48. — Sa pauvreté, II, 239 ; III, **420** et suiv. — Ville des *Ébionim*, II, 240 ; IV, xi-xii. — Famine, II, 240-241. — Centre, II, 241. — Décadence rapide, II, 242. — Pauvres de Jérusalem, V, 44. — Les parents de Jésus et l'Église de Jérusalem, I, 161. — Marc, IV, 98. — Idéalisme, IV, 540. — Rome et Jérusalem, IV, ii. — L'Église de Jérusalem dans l'affaire de la circoncision, III, 73, 74, 88. — Émissaires de l'Église de Jérusalem contre Paul, III, 52 note, 376 ; VI, 380. — Sénat conservateur à Jérusalem, III, 73. — Église mère, III, 75. — Son esprit, III, 81. — L'Église de Jérusalem pendant la révolte de 70, IV, 70, 71, 72. — Chrétiens de Jérusalem se séparent des Juifs, IV, 71. — Siège de Jérusalem, IV, **72**. — Église de Jérusalem pendant la guerre, IV, xxx. — Église de Jérusalem pendant le siège, IV, 291. — Divisions, IV, 292. — Apocalypse de Jésus, IV, 292-293. — Fuite des chrétiens à Pella, IV, **294** et suiv., **296** et suiv., 342, 344, 345, 408, 410 ; V, 39, 123-124 ; VII, 616-617. — Divorce avec la synagogue, IV, 295. — Chrétiens maltraités, IV, 295-296. — Détails de la fuite, IV, 297 et suiv. — Repos à Pella, IV, 298-300. — Blocus, IV, 355 note. — Église de Jérusalem au delà du Jourdain, V, **39** et suiv., **45, 54** et suiv., 56, 62. — Persécutions, V, 61, 62, 87, 97, 107. — *Kibla* vers Jérusalem, V, 52-53. — Liste des évêques, V, 55 note. — Retour de l'Église à Jérusalem, V, **56-57**. — Continuité, V, 57 note. — État de la Jérusalem chrétienne après le siège, V, 57-58. — Titre honorifique d'évêque, V, 58. — Jérusalem identifiée avec Bether, V, 58 et note 2. — Combien la destruction de Jérusalem fut heureuse pour le christianisme, III, 495. — Conséquences de cette destruction, IV, ii, xii, xiii.

L'Apocalypse et Jérusalem, IV, xxx, xxxii, xliii, 355 note, 359, **400** et suiv., 429 et note. — Apparition des deux témoins, IV, 402, 403, 404. — tue les prophètes, IV, 402 et note 6. — Église de Jérusalem dans l'Apocalypse, IV, **406** et suiv., 408, 410. — Haine de Rome, IV, 413. — Jérusalem du règne de mille ans, IV, 446, 447-448. — Les Hiérosolymites imitent Paul, IV, 26. — Persécutions, IV, 46, 48. — Fermentation, IV, 53. — Missions de l'Église de Jérusalem, IV, **62** et suiv. — Jacques à Jérusalem, sa mort, IV, **66-67** et notes. — Effet, IV, 67, 68. — Conséquences, IV, 68-69. — Exaltation, prophéties, IV, 69-70. — Royaume de Jérusalem pour Néron, IV, 157, 308, 421, 489, 491. — Pierre n'est pas mort à Jérusalem, IV, 186 note 2. — Apôtres à Jérusalem, IV, 201, 209. — Église de Jérusalem paisible, V, 531-532. — opposée aux révoltes, V, 531-532. — Conversion de Juifs, V, 532. — Évêques circoncis, V, 532. — Liste douteuse, V, 532. — Mosaïsme, *ibid.*

Jessé, Jesséens, V, 460 note 3, 461.

Jésuites, leur art, IV, 474; VII, 560.

Jésus, fils de Sirach, I, 85, 93, 96, 342, 343; V, 36, 37; VI, 65 note 1, 66 notes 2 et 3; VII, 600 note 3, 612 note 6. — Texte hébreu de son livre, VI, 288 note.

Jésus, fondateur du christianisme, I, 2 et suiv. — Ce qu'on sait de certain, I, xvi. — Doutes, I, xvi. — Critique de la vie de Jésus, I, xvi et suiv. — Mélange, I, xxv-xxvi. — Documents sur sa vie, I, xlvii et suiv. — Cadre, I, ciii-civ; V, 84-85. — Canevas de sa vie suivant le quatrième Évangile, I, lxxx. — Vérité des Évangiles. Voir Évangiles. — Traits personnels, V, 88-89. — Légende, I, **250** et suiv.; 269; V, 67. — Traditions, Polycarpe, IV, 565. — Vie chez Justin, VI, 385, 386. — Passage de Josèphe, V, 248 et note 2. — Quintilien, V, 230-231. — Altération graduelle de la légende, I, xci. — Influence de l'idéal messianique, I, xci-xcii. — Sentiment d'un organisme vivant, I, c et suiv. — Symbolisme *a priori*, I, 433 note 1, 443 notes 3 et 4, 484-485. — Jésus dans l'histoire, I, civ-cv. — Jésus auteur de l'Évangile, V, 204. — Sa légende est lui-même, V, 204.

Généalogies, voir ce mot; V, 60, 105. — fils de David, I, 23 note 3, **246-250**; V, 60, 61 note 2. — Sa famille, I, 25, 74-75; V, **537-549**; VI, **283-284**. — Frères et sœurs, V, 537 et suiv., 542 et suiv., 547. Voir Frères de Jésus. — premier-né, fils de Marie, V, 542, 543, 547. — Sa naissance, I, 20; V, 50, 105 et note 2. — Son nom, I, 22-23. — fils de Joseph, VI, 122, 180. — né à Nazareth, V, 46. — Légendes de l'enfance, I, lxxxvi. Voir Enfance. — Quirinius, V, 254 note 2. — Caverne, VI, 345 et note 2, 386 note 1, 512. — Cantiques de l'enfance, III, 134.

Son éducation, I, **32** et suiv. — Ses relations, I, 36-37. — Langue qu'il parlait, I, **34-35**; V, 81-82, 174 note 2. — Ses lectures, I, 38-40. — Hénoch, VI, 527-528. — Son horizon, I, 41 et suiv. — Rapports avec sa famille, I, 44-45. Voir Famille et Frères de Jésus. — entre dans les idées du temps, I, 57. — Son métier, I, 75; VI, 345, 386 note 1. — Sa figure, I, 84; VII, 357. — Ses relations avec les femmes, I, 76; VII, 551.

Relations avec Jean-Baptiste, I, **98-116**. — Disciples pris à Jean, I, **482, 484, 490, 493**. — Ambassade de Jean-Baptiste, I, **202** et suiv. — Premier enseignement, I, **84** et suiv. — Il veut la perfection, I, 89. — Religion pure, I, 89. — Largeur, VI, 450. — Ni prêtres ni pratiques, I, **90-94**. — répète Isaïe, VII, vi. — Moment virginal, I, 95-96. — Tentation, I, **117-118**. — Retour en Galilée, I, 118. — La bonne nouvelle, I, 120. — La révolution, I, **121** et suiv. — Jésus à Capharnahum, I, 134 et suiv. — proclamé Messie, I, 137, 248. — Tentative sur Nazareth, I, **137-138**. — Opposition des Nazaréens, V, 49, 73-74 — Opposition de sa famille, V, 59-60. — Succès à Capharnahum, I, 143 et suiv. — Disciples, I, **154** et suiv. — Rapports avec Moïse et Élie, I, 170. — Jésus se cache, I, 205. — Jésus baptise, I, 111, 491-493. — Il imite Jean, I, 112-113, 119. — Son idée de Dieu, I, **77** et suiv. — étranger à toute métaphysique, VI, 63. — à la doctrine du *Logos*, V, 416. — Royaume de Dieu, I, **82** et suiv. Voir ce mot. — Discours sur la parousie, I, 83-84 et note. — Durée de la vie publique, I, 281 note.

Jésus et la Loi, I, 88; V. 210. — Jésus veut l'abolition de la Thora, I, 230-232, 244, 245; III, **58** et suiv. — opposé au talmudiste, V, 67. — Rupture avec le judaïsme, III, 470. — Idée qu'il a observé la loi entière, V, 50-51, 60. — Rapports avec les païens et les samaritains, I, **233** et suiv. — Il viole le sabbat, I, 235. — Ses rapports avec les païens, I, **235-239**. — Jésus démocrate, I, 235. — Jésus et les samaritains, I, **239-243**. — La samaritaine, I, 243. — Mot divin, I, **243-244**.

Discours, V, **176-178**. Voir Matthieu, Jean l'évangéliste, Logia. — Prédications du lac, I, **171** et suiv. — prêche le royaume des pauvres et des dédaignés, I, **185** et suiv. — Combien populaire, I, **191-192**. — Goût des pécheurs, I, **192** et suiv. — des déclassés, I, **195**. — Voyages en Galilée, I, **197** — Royaume de Dieu pour les enfants, I, **197-200.** — Ton de sa parole, V, 277-278. — Paroles non écrites, III, 503. — Traditions sur lui, IV, 345. — excelle dans la parabole, V, 81. — Tradition de ses paroles, V, 74-75, 78 et suiv. — Paroles qui lui sont prêtées, V, 79. — Jésus et Tarphon, V, 70. — Jésus et l'*agada*, III, 64.

Miracles, I, **265-280**, 513; II, 104; V, 65. Voir ce mot.— Guérisons, I, **270** et suiv. — exorciste, I, **272** et suiv. — Jésus magicien d'après Marc, V, 117-118.— Jésus et Vespasien, V, 118.

Apôtres. Il choisit les Douze, I, **302** et suiv. — Germe d'Église, I, **308** et suiv. — Promesses de l'Esprit, I, 309-311. — institue l'Eucharistie, I, **312** et suiv., **498-499.** — Poisson. Voir ce mot. — La tradition eucharistique, III, 261. — Récit chez Justin, VI, **374.** — Contre présé ace, VI, 90, 92. — Idées sur la parousie, III, **248** et suiv., 250, 252 et suiv.—Jésus et la pauvreté, V, 73-74. — Idéal de vie parfaite, VII, 559. — pas viable, VII, 407. — fonde le couvent, VII, 221.

Voyages de Jésus à Jérusalem, I, **213** et suiv; V, 211. — Jésus à Jérusalem, I, 219, 220, **222** et suiv., **487-488, 494-495, 496.** — Jésus au Temple, I, **222-224**, 351-352. — Premières tentatives, I, 225. — Vie hiérosolymite, V, 428-429. — Exaltation, I, **320** et suiv. — Parousie et annonces de la fin, I, **284** et suiv.; V, 253-254. Voir Parousie. — Temps de l'apparition, I, 288-289.—Foi à la résurrection, I, **290** et suiv. — Égarement I, **331-333**. — Opposition contre lui, I, **334** et suiv. — Rapports avec Antipas, I, 334-335. — Rudesse, I, **336** et suiv. — Pauvreté, V, 275, 276, 277.—Lutte contre les Pharisiens, I, **340** et suiv. — entraîné à Jérusalem, I, 347.— Dernier séjour à Jérusalem, I, **348** et suiv., **369** et suiv. —Disputes, I, 357 et suiv. — Substitution de classes, I, 367. — Mot sur le Temple, I, 367-368, **489-490.** — Voyage en Pérée, I, 370-372, 503-504. — Affaire de Simon le Lépreux, I, 373-374. — Lazare, I, **504-514.** — Imprudences, I, 374. — Conseils contre lui, I, **375** et suiv.

Dernier retour à Jérusalem, I, **382** et suiv. — Repas de Béthanie, I, **384-386.** — Entrée à Jérusalem, I, **387-388.** — Agonies, I, 389 et suiv., 517-518. — Défaillances, IV, 102. — Nouveau conseil contre lui, I, 392-393.—Dernier repas, I, 396 et suiv., 519; VI, 445, 446, 449; VII, 196. — Arrestation, I, **404** et suiv., **521-522.** — chez Hanan, I, **407-409**, 522. — chez Kaïapha, I, **409** et suiv. — chez Pilate, I, **411** et suiv. — Jésus roi des Juifs, I, 416, 417, 419, 420

428. — Royaume n'est pas de ce monde, I, 417, 461. — Jésus et Barabbas, I, 419, 524. — Flagellation, I, 420, 524. — Condamnation, I, **421-426**. — Mort de Jésus, I, **427** et suiv. — *Crurifragium*, I, 443. — Rôle des Romains, V, 85, 254. — Réalité de sa mort, I, **444-445**. — Déposition de la croix, I, 445. — Ensevelissement, I, 446-447. — au tombeau, I, 447-448; II, 4. — Date de la mort, I, 451; VI, 374.

Résurrection, I, **448-450**, 531 et suiv.; V, 436 note 4; VI, 374. Voir Résurrection. — Jésus avait-il prédit sa résurrection? II, **1-2**. — Il devait ressusciter, II, 2 et suiv., 5. — Marie de Magdala, II, **8** et suiv. — Récits divers, II, **13** et suiv. — Rôle de Pierre, II, 21. — Apparition aux disciples assemblés, II, 21-22. — Autres apparitions, II, 25 et suiv. — Vie de Jésus ressuscité, I, 534; II, 28. — Sa durée, son activité, I, 535; II, I, VIII-IX; VI, 177. — En Luc, V, 281. — Visions de Galilée, II, 29 et suiv. — Visions du lac, II, 32-33. — Conversation avec Pierre et Jean, II, 33-34; V, 413. — Vision des cinq cents, II, 34-35. — Durée de la période des apparitions, II, 36-37 et note 2; V, 437. — Transformations, II, 37. — Où était le corps? II, 39. — Degré de notoriété, I, 458. — Il se fit aimer, I, 459-460. — Prétendus enseignements secrets de Jésus ressuscité, VII, 121, 134. — Explication des Juifs, II, 39 et suiv., 91 note 1. — Hypothèses, II, **39** et suiv. — Malentendu, II, **42-43**. — Fin des apparitions, II, 45 et suiv., 51, **53**, **54**. — Vision de Jacques, II, 47-48. — Apparition de Béthanie ou du Mont des Oliviers, II, 52-53. — Ascension, II, **54-55**; V, **435-437**. Voir Ascension. — Descente aux enfers, IV, 58-59, 61 note 2. — Apparition à saint Paul, II, 176, 182, 185-186, 211.

Légende, V, 181-182, 447. — Naissance surnaturelle, I, **250-251**; V, 180, **183-186**, **188** et notes, **189-190**, 248 note 2; VI, 279, 385. — Messianité, V, 182; VI, 207, 267. — méconnu par les classes supérieures, V, 183, 208, 280. — fils de David, V, **184** et suiv., 185. — prophète, fils de Dieu, V, 416. — Fils de l'homme, V, 416. — Amour pour Jésus, V, 492, 493. — Jésus selon Cérinthe. V, 418, 419. — L'homme Jésus et le Christ, V, 419, 420, 421 note 1; VI, 151, 152. — volatilisé, V, 421. — Personnalité, V, 424. — Miséricorde, V, 265 et suiv., 266, 267. — Tradition oculaire, V, 426, 428, 432, 433. — Miracles, V, 426. — Tradition éphésienne, VI, 48, 49, 57. — Papias et les paroles de Jésus, VI, **127** et suiv., 130. — Les grappes messianiques, VI, 132. — Confusions avec les apocalypses, VI, 133 et note 2. Voir Logia. — Jésus pour les gnostiques, VI, 151, 161-162.

— Vie réelle supprimée, VI, 152. — pneumatique pur, VI, 159. — chef des gnostiques, VI, 173. — Prétendu ésotérisme, VI, 176. — Vie de Jésus selon Carpocrate, VI, 180. — quitte le judaïsme, VI, 180. — Légende sur Juda et Jésus, VI, 182-183. — Suppression de Jésus réel, VI, 183-184. — Transformations de la tradition, VI, 495. — L'homme supprimé, VI, 499. — Sectes continuent, VI, 504. — Vie d'un *div*, VI, 507-508. — Enfances, VI, 510-511, 513-515. — Vie en tout hors nature, VI, 514. — La Loi, les Prophètes et le Seigneur, VII, 72. — Nom omis, VII, 82 et note 5, 104 note, 402, 403. — en *Reconnaissances*, VII, **84-86, 87, 88.** — Jésus et le Père, VII, 85-86. — Sa mort, VII, 85-86. — Nouvelle pâque, VII, 196, 197 et note 1. — en *Pistis Sophia*, VII, 121. — Épiphane et Marcelline, VII, 125. — Images, VII, 125. — L'homme Jésus et l'éon Christ, VII, 134. — Passion, VII, 134.

Christologie. Incarnation de Dieu, I, **252**; V, 48. — Dieu, I, **253**. — Verbe, I, 257-260. — Traits humains, I, 261. — Idée grandissante, II, 92 et suiv. — Idée de la divinité de Jésus, I, LXXXIV; VII, 420. Voir DIVINITÉ DE J.-C. — Idée en *Col.*, III, VII, 275. — Idée grandit, III, 274, 275, 309; IV, 24. — Le Jésus de Paul, III, 309, 463; IV, 24, 48. — Jésus de la deuxième manière de Paul, IV, 77 et suiv., 80 et suiv., 84 et suiv., 87, **221**. — Jésus, propitiation, III, 464. — opposé à Adam, III, 465. — pacificateur des âmes, III, 489. — Jésus vraie pâque, III, 271. — vivant et agissant après sa mort, III, 274. — Jésus est tout, remplace tout, III, 281, 286-287, 297, 309, **317-318**, 386 et suiv., **463** et suiv., 472, 488, 517; IV, 21, 77-78, 477; VI, 259, 275, 276; VII, 534. — Application des mérites de Jésus, IV, 78, 81. — Jésus métaphysique, IV, 83, 84. — Transformations analogues, IV, 84 et suiv. — Fable de Pandéra. Voir PANTHÈRE. — idéal de patience, IV, 116. — idéal de souffrance, IV, 117. — Idée selon *Hébr.*, IV, 214-215, 218-219. — Mort de Jésus, importance mystique, IV, 221, 222, 225. — Jésus seul prêtre, IV, 225. — L'imiter, IV, 23. — Humilité, IV, 24. — Nom de Jésus, puissance, III, 413; IV, 24; V, 64. — Jésus = Josué, Messie, VI, 15-16. — Guérisons par son nom, IV, 56 note 2; V, 533, 534. — Progrès de la divinité de Jésus-Christ, V, III, XXII, 478, 532; VI, 55, 104, 269, **279**, 325. — Jésus prophète, V, 48, 84. — Jésus-raison, VI, 77. — Amour de Jésus, V, XXV. — remplace tout le rituel, V, 268 et note 5. — remplace Abraham, V, 269. — Formules sur Jésus, V, 331 et note 2. — Jésus substitué à Christos, V, 351 note 2, 492.

— Dernier Christ des elchasaïtes et de pseudo-Clément, V, 458 note 1. — Jésus grand ange, éon, V, 453. — Mendaïtes, V, 464. — Jesséens, V, 460 note 3.—L'homme Jésus et l'éon Christos, VI, 55, 161, 164, 165. — Jésus Verbe et lumière, VI, 55-56. — Les deux natures, VI, 176, 177. — Jésus Dieu, VI, 61-62.—Jésus éon, VI, 71, 146, **171, 172, 178, 358**. — chez Marcion, VI, 354-355, 356, **357-358, 359, 361**. — Transformations abstraites, VI, 362. — chez Justin, VI, 370. — Messianité et divinité, VI, 381. — Plénitude du *Logos*, VI, 387. — Hermas, VI, 417, 418, 419. — Fils adoptif, VI, 418-419. — à Smyrne, VII, 438-439. — Révélation du Dieu bon, VII, 153. — Apelle, VII, 153-154. — Méliton, VII, 189. — Sang et mérites, VII, 512, 513. — Eucharistie, VII, 315. — Sacrifice, VII, 522.

Imitateurs, II, 266 et suiv. ; V, 455, 457. — Bar-Coziba imitateur, VI, 197, 198. — opposé aux Juifs, IV, 258. — Prophéties de Jésus accomplies, IV, 290. — Jésus et l'illuminé du siège, IV, 70. — Jésus et les zélotes, IV, 291. — Apocalypse prêtée à Jésus, IV, 71, 292-293, 484 ; V, 123-124, 125 et note 2, 197. — Jésus et les pharisiens, VI, 257. — Idéalisme, IV, 540. — Jésus dans l'Apocalypse, IV, 404, 405, 408, 409-410. Voir Christ. — Contraste avec l'Apocalypse, IV, 476. — Jésus et Hénoch, IV, 70-71. — Son école spirituelle, V, 14. — Sa mort vengée, V, 40 et note 3. — Appels, V, 41, 42. — Sa mort, crime des Juifs, VI, 266, 269. — tarde à venir, VI, 107. — Prophéties déjouées, VI, 107. 108. — Jacques et son frère Jésus, III, 512. — Jésus et Paul, Jésus est le vrai fondateur, III, 567, **569-570**. — Excellence, IV, I. — Jésus et Pierre, IV, 551-552. — Jésus et Rome, IV, 522-553. — Objections de Celse, VII, **358-359**. — Jésus et Marc-Aurèle, VII, 55, 272, 483. — Jésus et Tibère, VII, 235. — Légende juive, VII, 354. Voir Panthère. — Jésus et la magie égyptienne. VII, 354. — Vie de Jésus d'après Celse, VII, 356 et suiv. — Jésus dans le laraire d'Alexandre Sévère, VII, 497. — associé aux sages, statues, VI, 180. — Statue, VI, 344. Voir Hémorrhoïsse. — Numénius, VII, 434. — Jésus à Athènes, III, 189.

Essence du christianisme, VII, 501. — Christologies diverses, VII, 502, 504. — Principe, VII, VIII. — Progrès que Jésus a fait faire à la religion, I, 462, 473-474. — Il a fondé la religion, I, 463. — Sa personnalité, I, **464** et suiv. ; V, 213 ; VII, **511, 512**. — Ses origines, I, 470 et suiv. — En quel sens il sort du judaïsme, I, 471-472. — Les circonstances, I, 472-473. — En quel sens il est divin, I, 473-475. — Action après sa mort, III,

456-457. — Auteur de ce qu'il n'a pas fait, II, 122. — Différence avec ce qui suit, III, 294-295, 327-328. — Politique, VII, 594. — non révolutionnaire, VII, 606, 613. — Soumission au pouvoir, VII, 615. — transformé, VII, 634. — Revenir à Jésus, VII, 634. — Place dans l'histoire de la religion, VII, 642. — Christianisme sans Jésus, V, 167, 168, 169, 170, 228. — Christianisme avant Jésus, VII, vi. — Biographie, V, 213. — Vie de Jésus des artistes, VII, 544. — une des apparitions divines, VI, 184. — Idéalisme, VI, 196. — Efficacité de sa vie, V, 100, 101. — Fortune littéraire, V, 101. — Succès de la Vie de Jésus, V, 101.

Jésus bar Rabban, I, 419, 524 ; IV, 280 note ; V, 106 note.

Jésus, fils de Gamala, grand prêtre, IV, 49 et note 4, 271, 283-284.

Jésus, fils de Hanan, l'illuminé, IV, 69, 70, 498.

Jésus, surnommé *Justus*, IV, 73, 100.

Jésus, juif de Thessalonique. Voir Jason.

Jésus, nom du pape Soter, VII, 173.

Jeûne, II, 72, 94 ; IV, 509 note 2, 513 note ; V, 15 ; VI, 412, 449 ; VII, 159, 171, 425, 524, 556-557. — Jeûne pascal, VII, 195. — Montanistes, VII, 220, 407.

Jeux publics, leur fin, VII, 556.

Jézabel, désigne Paul, III, 303, 368, 476. — où une femme à lui, IV, 366 et note 1.

Joachim, censé père de Marie, VI, 509, 510, 511, 517.

Joachim de Flore, IV, 462.

Joannes (*Presbyteros*), I, x, li note 2, lviii note 1, lxvi note 4, 160 note 2 ; IV, 562 ; VI, 126. — A-t-il existé ? Ses rapports avec Jean l'Évangéliste, I, lxxii et suiv., lxxx, 540-541 ; IV, xxiii et suiv., 557, **567-568** ; V, **427-428** ; VI, 80-81. — n'a pas écrit l'Apocalypse, IV, xxiii et suiv., xxvi, xxxvi, xxxvii. — Est-il l'auteur de l'Évangile et de la 1º Épitre ? IV, xxiv et suiv., xxxvii. — juif, VI, 78 note. — Le *Presbyteros* de II *Joh.* et III *Joh.*, VI, 78 et suiv. — Confusion, IV, 208 note, 345 et note 2, 370, 557. — Le *Presbyteros* et l'Apocalypse, IV, 370, 559. — Le *Presbyteros* et Papias, IV, 562 ; VI, 46 note 1, 48 et note 2, 49 note 2, 126, 127 et notes. — Le *Presbyteros* et Polycarpe, IV, 567 ; V, 426. — Pays du *Presbyteros*, IV, 562. — Ce qu'il fut, IV, 567-568 ; VI, 48. — *Presbyteros* et Marc, V, 114 note 1, 115 note 4, 126-127 ; VI, 49. — succède à Jean (?), V, 427, 433 ; VI, 126. — Les deux Jean, l'Évangile et l'Apocalypse, V, 427 note 1 ; VI, 79 note 3. — Les deux tombeaux à Éphèse, V, 434 ; VI, **80-81**. — Hypothèse du *Presbyteros* auteur des écrits johanniques, VI, **49** et suiv. — Objections, VI, 49 note 2, 78.

Épîtres du *Presbyteros*, V, 426-427; VI, 46 note 1. — Style, VI, 50, 51, **78-80** et notes. — Rapports avec les écrits johanniques, VI, 79. — passent pour être de Jean, VI, 79 note 3. — formulaires, VI, 79-80.

Job (livre de), vieille philosophie, I, 54, 72, 78; V, 68, 218. — Satan en Job, IV, 408-409. — attaqué, V; 35. — Sagesse, VI, 65. — peu lu, VI, 117. — Immortalité, VI, 219. — Job et Tobie, VI, 230-231, 234-235.

Joel, IV, 338, 399 note 5, 425 note 1, 462-463.

Johanan. Voir Jean et Iohanan.

Johanan ben Torta, VI, 207.

Johanan ben Zakaï, IV, 269-270, 491 note; V, 13, 14, 20, 21, 23.

Johanniques (Évangile et épître), voir Jean dit l'Évangéliste.

Jonas, le prophète, I, 500; VII, 353, 359. — Représentation, VII, 542 et note 3.

Jonas, père de Pierre et d'André, I, 155, 157, 302. — Doute sur ce nom, VI, 59 note 1.

Jonathan, grand prêtre, I, 452; II, 145.

Jonathan (pseudo-), Targum, IV, 447 note.

Jonathas, sicaire, IV, 539.

Joppé, II, 160; IV, 301 note; VI, 15. — L'Église de Joppé, II, **199** et suiv. — Pierre à Joppé, II, 199 et suiv.

Josaphat (vallée de), symbolique, IV, 425.

Josaphat et Barlaam, VII, 136 note 1.

José, équivalent de Joseph, V, 540 note 1, 544.

Joseph, le patriarche, IV, 218; VI, 270. — Apocalypse sous son nom, VI, 527.

Joseph, père de Jésus, I, 23, 66, 74, 250 note 2; V, 50, 56 note; VI, 122. — Généalogie, V, 184 et suiv., 186-187 et notes. — Contradiction, V, 185-186. — Inexactitudes, V, 187. — Age, marié deux fois, V, 188 et notes. — Son rôle baisse, V, 279. — Hypothèse d'un second mariage, V, **542, 543, 544, 545, 547.** — Vieillesse, V, 543. — Côtés puérils, VI, 507. — Légende, VI, 510 et note 2, 512, 514, 517.

Joseph ou José, frère ou cousin de Jésus, I, 26; V, 467 note, 537, 539, 544, 547. — Le même que José, fils de Marie Cléophas, V, 547.

Joseph ou José, fils de Marie Cléophas, V, 539, 544, 547.

Joseph Barsaba, surnommé *Justus*, I, 159; II, 83; IV, 344; V, 206 note 1; VI, 131.

Joseph Hallévi. Voir Barnabé.

Joseph Kaïapha. Voir Kaïapha.

Joseph d'Arimathie, I, 213 note, 309. — ensevelit Jésus, I, **445-446,** 447 note 2; II, 7-8, 102, 137; V, 115 note 1.

Joseph Cabi, grand prêtre, IV, 66.

Joseph (Rab), VII, 598.

Joseph ben Gorion, IV, 271, 283, 289.

Josèphe, élève de Banou, I, 210. — Ce qu'il dit de Jésus et de son temps, I, xxxix, xl, 378, 418 note 2, 459; II, vi, 261,

262; VI, 197. — Sa culture, I, 35; IV, 235 note 1. — Sur Jacques, IV, xii, 533. — Ses partis pris, I, 108 note 2. — Détails, I, 138, 147 et note, 149, 412, 490; II, 294-295; IV, 213 note 3, 486, 501; V, 17, 190. — Son opinion sur la circoncision, III, 61 note 1. — Voyage à Rome, IV, 29. — Rapports avec Néron et Poppée, IV, **158-159**. — Josèphe et les Romains, IV, 236, 240-241 note, 245. — Josèphe et les chrétiens, IV, 237; V, **135, 136**, 228. — Son système sur la guerre juive, IV, 241 note, 243-244 note, 247; V, 134. — Son système sur Cestius, IV, 261-262 et note, 272 note 1. — Son rôle dans la guerre, IV, 271. — en Galilée, IV, 275-276; V, 132, 242. — Sa trahison, IV, 278 et note, 279 note, **280** et note, 281, 284. — Ses récits, IV, **288**. — Façon de compter les empereurs, IV, 407 note 2. — Prédictions appliquées aux Flavius, IV, 489, 490, 491 et notes. — Josèphe et les Flavius, IV, **491** et note, 494 note 2. — Josèphe et Agrippa, IV, 500 note 2; V, 239-240 et note, 256. — au siège, IV, 501, 505 note, 507-508. — fausse la vérité en faveur des Flavius, IV, 504 note 2, 511, 515 note 1, 516 note 1. — Josèphe et Titus, IV, 504-505 note 2, 512 et notes 1 et 3, 527, 528, 532. — Exagérations, IV, 506 note 4. — Propositions, IV, 508. — Discours de Titus, IV, **510** et suiv., 513. — Censure de Titus et approbation d'Agrippa, IV, 512 note 1, 528 note; V, 133, **134,** 242. — L'incendie du temple, IV, 513 et suiv. — Critique de ce récit, IV, **515-516**. — traître, IV, 516 note 1, 526, 533; V, 242, 250. — Ses haines, IV, 520 note 2; V, 351. — Détorses, IV, 527-528 note. — Josèphe et *Judith*, V, 29 note 1, 34. — à Rome, rapports avec les Flavius, surtout Titus, V, 131, 133, **134,** 146 et note 3, 226 note 4. — Caractère et vie privée, V, 132. — Tolérance, V, 132, 228, 233, 249. — Instruction, V, 133. — Syro chaldaïque et grec, V, 133. — Personnalité, V, 133.

Livre *de la Guerre juive*. Titus l'approuve, V, 134. — Faussetés, V, 135. — Josèphe juif mitigé, V, 237-238. — Activité littéraire, V, 240. — *Antiquités judaïques*, V, **241** et suiv. — Patriotisme, V, 241. — Josèphe et la Bible, V, 241-242. — Autobiographie, V, 242. — Juste de de Tibériade, V, 242. — Livres *Contre Apion,* apologétique, V, 243 et suiv., 245. — Érudition, V, 244 et note 4, 249; VII, 105. — Critique, V, 245. — Style grec, V, 246. — Projets de livres, V, 246. — Fortune chez les chrétiens, V, 246-247 et notes, 248 note 2. — Place dans l'apologétique, V, 247, 249. — Supplément de la Bible, V, 247. — Édition chrétienne, V, 247-248. — Passages relatifs au christianisme, altérations, V, **217-218**. — Philosophie, V, 249. — Josèphe et Luc, V, 255-256. — Sa fin, V, 302. — Josèphe et Domitien, V, 302, 303. — Traité *De rationis imperio,* I, 55-56 et note; III, 65; V, 303 et suiv. et note 4. — martyr (?) V, 303 note 4. — Sources de Josèphe, V, 304 note 1; VI, 555, 557; VII, 105. — Sa philosophie, V, 305.

Josué, identifié à Jésus, VI, 15, 16 et note 2, 396.

Josué ben Gamala. Voir Jésus ben Gamala.

Josué (Rabbi), V, 10, 15, 307.

Josué ben Hanania, V, 533, 534 ; VI, 195.

Josué ben lévi (Rabbi), V, 534 note 6; VII, 598.

Jotapata, IV, 277 et note; V, 27 note, 250.

Jourdain, I, 30, 144, 148, 156, 353, 370; II, 162, 175, 188; V, 43 note 5; VI, 201. — Baptême au Jourdain, I, 104-105, 112, 117. — Jourdain en feu, V, 106; VI, 386 notes. — Jourdain (au delà du), sectes et mouvements religieux, I, 103; II, 263; IV, 63, 298, 300, 408; V, 39, 40, 45, 58, 74, 449, **453** et suiv., 455, 456 note 1, 459-461, 463, 465; VI, 278, 284, 285; VII, 211. — fleuve baptismal des elchasaïtes, V, 464. — soumis à Rome, V, 468. — Chrétiens d'au delà du Jourdain, V, 466. — Fuite à Pella, VII, 617.

Jubilés (livre des), VI, 269 note 3, 527 note 4.

Juda, le patriarche, VI, 270.

Juda Macchabée, I, 370.

Juda le Gaulonite ou le Galiléen, I, **62-63**, 81, 95, 123, 232, 236, 360, 417; II, 261, 263; III, 475; IV, 245, 536, 541, 542; V, 450; VI, 548.

Juda, fils d'Ézéchias, rebelle galiléen, I, 64 note 2.

Juda, fils de Sariphée, I, 61.

Juda ou Jude, frère de Jésus, I, 26, 160; II, 110; III, 80-81; IV, 72; V, 537. — Discussion, V, **538-539, 543, 544, 545, 547, 548**. — chef de l'Église de Jérusalem, V, 54-55 et note, 539. — Épître qui porte son nom, III, **300** et suiv.; IV, vi, xi, 115; V, 335, 530, 538 note; VI, 116 note. — peut-être contre Paul, III, 300 et suiv., **302**; IV, 33 note 1. — en *II*ᵃ *Petri*, VI, 109-110 et note 5, 111 note; VII, 513. — Ses petits-fils et Domitien, V, 299, 300, 301, 466, 496, 533, 547, 548. — à la tête des Églises, V, 466, 496, 547, 548. — marié, V, 545, 548. — Fut-il apôtre? V, 548 et note 2.

Juda de Kerioth, I, lxvi, 160, 181, 303, **385-386**; V, 91, 346. — Sa trahison, I, **393-395**, 396, **398-399**, 405; V, 180. — Sa fin, I, **453-455**; II, **83**; V, 180, 181, **182**; VI, 131. — Haine de Jean, I, 499, 519. — Légende, V, 182. — incrédule, VI, 133. — Apologistes, VI, 182. — Évangile de Judas, VI, 182, 183. — Excuses, VI, 182. — Plan supposé, VI, 182-183.

Juda, fils de Jacques, apôtre, V, 548.
Juda, fils de Jacques le mineur, V, 466-467 et note 3, 540. 547.
Juda, de Damas, II, 184.
Juda Bar-Saba, III, 94-95.
Juda, prophète, VII, 212.
Juda, évêque de Jérusalem, vers 134, VI, 207.
Juda, auteur d'une apocalypse, IV, 358 note 1 ; VI, 539-540.
Juda bar Ilaï, VI, 225-226.
Juda ben Nakousa, V, 532.
Juda le saint, sa Mischna, VI, 244, 245.
Judaïque, épithète, IV, 532.
Judaïsants, IV, 259 et note ; V, 48 note, 104, 111, 153, 157 note 3 ; VII, 172. — Judaïser, sens du mot, V, 231 note 5.
Judaïsme, nom, VII, 503 note 1. — Vocation religieuse de Juda, I, 8, 10, 11, 12. — Rêves d'avenir, I, 12. — Propagande, I, 12, 13. — s'affirme comme culte universel, I, 13. — peu théologique, I, 16. — peu dogmatique, I, 17. — Mouvements religieux, I, 18. — Exaltation extrême, I, 48-49. — Sa façon de concevoir l'avenir, I, 51-53. — accepte les Perses, I, 52-53. — Rage contre la Grèce et Rome, I, 53. — Idée de solidarité, I, 54. — Insuffisance du vieux principe, I, 54. — Crise, I, 55. — Royaume de Dieu, I, 82-83. — Jésus et le judaïsme, I, 85-92, 230, 471-472. — Démocratie et droits du pauvre, I, **187** et suiv. — Fanatisme, I, 414. — Intolérance, I, 425-426 ; V, 235. — Rapports avec le christianisme, II, 112 : III, 222. — Ne pas opposer judaïsme et Christ, II, 128-129. — Prédestination, V, 361. — Théocratie, I, 399. — Le judaïsme et le christianisme selon Luc, V, 439. — Les gentils, V, 439. — Mendaïtes et judaïsme, V, 464. — Diffusion du judaïsme, II, **285** et suiv. — Lutte avec Rome, II, 350, 364-365. — Chartes du judaïsme, III, 222 ; VII, 366. — Judaïsme pur, sans circoncision, III, **64** et suiv., **66** ; V, 228 et note 2. — Judaïsme n'est pas un État complet, IV, 230, **288, 540-541**. — Côté démocratique, IV, 233. — Conversions, IV, 489 ; V, 131. — Sa défaite par les Flavius, IV, 532 et suiv. — sans temple, transformation, IV, 544. — Plus de raison d'être, IV, 544. — Conservation, IV, 545. — Matthieu le maintient, V, 210. — Judaïsme mitigé, V, 228, 231 et notes. — analogue au christianisme, V, 237-238, 418. — Séparation du christianisme, V, III. — Gnosticisme, V, 172. — Rapports avec les Flavius, V, 129. — Rois convertis, V, 131. — Judaïsme simplifié des sibyllins et des faux classiques, V, 159, 161. — Rupture avec le judaïsme dans l'Épître aux Romains, III, 470, 485 et suiv., 495-496. — par suite de la destruction du Temple, IV, II. — Discours de Titus restitué, IV, 160 note 3, 161 note 2. —

« Superstition judaïque », V, 230-231 et note. — Vie juive, **V, 231** et note 5, **237**, 238, 295 note 2, 297 note 2. — permise, V, 346 et note 3. — couvre le christianisme, V, 231 et note 2, **481-482** et notes; VI, 242. — *Improfessi*, V, 236-237 et note. — Concordat, V, 482. — culte national des Juifs, V, 239, 297-298, 305 et note 2; VII, **366**. — non délictueux, V, 481-482. — Privilèges, V, 482 et notes 1 et 4; VI, 242 et note 3. — protégé, V, 482. — Judaïsme et Domitien, V, 293, 295 et suiv., 302. — Clément et le judaïsme, V, 331. — Pseudo-Barnabé, V, 375-376. — peu persécuté, V, 482. — Rapports avec l'empire, V, 482-483.

Le quatrième Évangile et le judaïsme, VI, 75. — Jésus non juif, VI, 75. — Rupture, VI, 77, 123. — Système de Carpocrate sur Jésus, VI, 180. — Millénarisme, VI, 138, 139. — Platonisme par Philon, VI, 142, 144. — de Galilée, VI, 239 et note 2. — Judaïsme qui a survécu, VI, 257. — a sauvé la Bible hébraïque, VI, 257. — n'a pas de théologie, VI, 83-84, 248-250. — respectable, VI, 257-258. — Judaïsme et saint Justin, VI, 273. — Judaïsme et christianisme, VI, 350, 362, 445-446, **557**; VII, ii, v. — Marcion, VI, 356, 359. — — But providentiel, VI, 362, 382. — Question de la Pâque, VI, 445-446 et note 2, 448; VII, 196 et note 3, 197 et notes.

— Situation à part, VII, 59. — Les *Reconnaissances*, VII, 84. — Gnosticisme juif, VII, 141 et note 4. — Mots théurgiques, VII, 141-142. — Pierres dites gnostiques, VII, 143. — œuvre du démiurge, VII, 153. — en Asie, VII, 179. — Christianisme est-il continuation ou destruction du judaïsme, VII, 194-195. — Celse, VII, 352 et suiv., 366. — Judaïsme et hellénisme, VII, 366. — religion de villes, VII, 410. — Pseudo-Ignace, VII, 420. — Sectes juives, VII, 421-422. — Épître à Diognète, haine, VII, **424, 425**. — Christianisme sort du judaïsme, VII, 73, 502, 503. — Judaïsme et christianisme confondus, VII, 449 et note 1, 503 notes. — Séparation, VII, 503, 509. — Haine, VII, 503. — révolutionnaire, VII, 561. — adopté par Rome, VII, 585. — Théocratie, VII, 587. — Mariages mixtes, VII, 597 note 2. — Esclavage, VII, **612-613**. — Christianisme renie le judaïsme, VII, **631-632**. — Judaïsme rationnel, VII, 632. — approprié, VII, 632. — aryanisé, VII, 635. — Notre christianisme n'est plus juif, VII, 633, 636, 637.

JUDAS. Voir JUDA.

JUDÉE. Voir PALESTINE. V, 17 note 6, 19 et note 1, 24; V, 158, 197. — Son caractère physique. I, 30, 67; III, 138. — Caractère de ses œuvres, I, 66. Voir JÉRUSALEM. — Jean-Baptiste en Judée, I, 104-105, 108. — Missions en Judée, II, 150, 198. — État politique, II, 244. — Mal sourd, IV, 65-66. — Église de Judée, III, 420-421, 540. — Persécution, IV, 46. — Supériorité pour les paroles de Jésus, IV, 61-62. — Royaume de Juda, IV, 227; V, 187 note 3, 188, 273, 299. — Domination romaine, IV, 230 et suiv., 384-385. — Les Hérodes, IV, 230. — Procurateurs, IV, 231. — Armée romaine, IV, 235. — Maître du monde sortira de Judée, IV, 240, 490. — Néron en Judée, V, 40. — Néron et Jérusalem, V, 40. — Révolte, IV, 247, 321, 385, 421. — Anarchie, IV, 275, 276, 298. — Guerre de Judée, IV, 492, 493, 516. — Butin, IV, 526. — *Judæa capta*, IV, 532. — bouleversée, IV, 537, 538. — Désolation, V, 16-17. — Partie peuplée, V, 19. — Reconstitution de l'Église de Judée, IV, 72. — Pacification, V, 57, 59, 128, 307. — Bourgades, V, 58. — Christianisme s'éloigne, V, 279. — Révolte sous Trajan, V, 509-510 et note. — se continue sous Adrien, VI, 2 note 1. — colonisée par Adrien, VI, 22 et note 2. — Terreur, VI, 25. — *Beth din*, V, 531; VI, 1, 2 et note 1. — Nouveau voyage d'Adrien, *adventui*, VI, 187 et notes, 188. — Légats propréteurs, VI, 193 notes 1 et 2. — Bourgs, refuges juifs sous Adrien, VI, 194, 202, 208. — Chrétiens, VI, 196.

Guerres de Judée sous Adrien, VI, **200** et suiv.; 380. — limitée au sud, VI, 202 note 5. — Légat impérial de la province de Judée, VI, 205 et note 4. — *Expeditio judaïca*, VI, 205 note 4, 209 note 6. — Désert, VI, 209, 383. — Armée de Judée, VI, 209. — Charnier, VI, 210. — Martyrs, VI, 215. — Juifs chassés, VI, 222, 233, 383. — Chrétiens non chassés VI, 262. — Testament des douze patriarches, VI, 263. — Judéo-chrétiens, VI, 323. — Légende de Pierre en Judée, VI, 327. — colonisée, VI, 353. — Vision montaniste, VII, 231, 232. — Puissances vaincues, VII, 366.

Judéo-chrétiens, parti judéo-chrétien de Jérusalem, II, xxxvii; III, **77, 86** et suiv., 92 note 2; IV, 410 note 2. — à Rome, III, 115-116; IV, 34. — Pierre leur chef, IV, 34. — Littérature judéo-chrétienne perdue en grec, III, 115-116; IV, xii, xxxix-xl et notes, 460; VI, 271, **632**. — Le sabbat, III, 264. — Haine contre Paul, III, 299. — Jacques leur chef, III, **307, 308**, 510; IV, 47. — *Hasidim*, III, 308, 314. — en Asie mineure, III, 366. — en Macédoine, IV, 19. — Concessions de Paul, III, 462. — règnent à Jérusalem, III, 510. — Ligue contre Paul, III, 513, **521-522**. — Divisions, V, 448, 453. — survivent jusqu'au ve siècle, III, 324-325; V, 422. — L'Apocalypse, IV, xxxviii, 34, 368 note 4. — Missions judéo-chrétiennes, IV, 62, 63. — Précautions, IV, 62. — Missions contre Paul, IV, 63. — Opposition des chrétiens d'origine païenne et juive, IV, 88, 89. — Nécessité du judéo-christianisme, IV, 201. — Indignation et fuite, IV, 295, 300. — en Asie, IV, 345, 424 note 1. — Formule, V, 51, note 2. — Parents de Jésus, V, 54. Voir Nazaréens, Ébionim. — *Minim*, V, 64, 533. Voir ce mot. — Judéo-chrétiens maudits et exclus, V, 72-73. — Facilités pour convertir les Juifs, V, 73. — Schibboleth, V, 73. — Justin et les judéo-chrétiens, V, 75. — Leur Évangile hébreu, V, 103. — Rome après Jérusalem, V, 139. — Voyants judéo-chrétiens, V, 149. — Réconciliation, V, 155. — Deux évêques, V, 155. — Charme des idées judéo-chrétiennes, V, 229-230. — Luc, V, 270, 274. — Domitien, V, 299. — Le *Logos*, V, 416. — L'islam, V, 421-422. — Cérinthe, V, 422, 423. — Rapport avec l'islam, V, 460-461. — secte orientale, V, 465. — repoussés des juifs, V, 535. — repoussés des Grecs, VI, 75-76. — Pas d'épiscopat, VI, 95. — Sectes, VI, 103. — tolérés si..., VI, **275**. — Propagande interdite, VI, 275. — Saint Justin, VI, **275-276**. — exclus, VI, 276. — se détachent de Jérusalem, VI, 280. — Mahomet, VI, 286, 633. — Symmaque, Théodotion, *Peschito*, VI, 287, 288. — à Rome, VI, **322** et suiv., 323. — Lettre de Pierre à Jacques, VI, 330-331. — Derniers, VI, 333, 334, 350, 364. — Fusion, VI, 336. — en Asie Mineure, VI, 432 note 2, 433. — Polycarpe, VI, 440. — Apocryphes, VI, 516. — Hégésippe, VII, 72. — *Reconnaissances*, VII, 76, 77. — Gnosticisme, VII, 114, 153. — Pas en Égypte, VII, 139. — Traductions orientales, VII, 139. — Apollinaire, VII, 190. — Deux christianismes, VII, 194, 195, 632. — Pâque, VII, 198. — *Peschito*, VII, 460. — A Édesse, VII, 461. — Christologie, VII, 505. — Continuation en Syrie, VII, 507 et note 1, 508, 509. — n'ont point d'art, VII, 540. — opposés au célibat, VII, 550-551.

Judith (livre de), V, **29** et suiv., 66, 370, 509, 513 note 2. — Texte, V, 29 note 2, 34; VI, 7 note 2, 117, 555. — Judith, V, 31, 32. — chrétien et juif, V, 32, 33. — Succès divers, V, 34, 37, 306. — passe aux chrétiens, VI, 557. — Clément Romain, V, 313, 329, 335. — Méliton, VII, 180.

Juge, chez les juifs, V, 5.

Jugement dernier, I, 260, **284** et suiv. — Terreurs et calamités, I, 284; IV, 115, 120, 391, 423, 424; V, 163, 164, 166, 358; VI, 152, 418. Voir Fin du monde. — Jugement de Dieu. Voir Jéhovah (jour de), IV, 387-388 et note, 426, 468. — Tableau en

Apocalypse, IV, **429** et suiv., **448** et suiv. — selon pseudo-Esdras, V, 355-356. — distinct de l'avènement messianique, V, 356. — Dépôts de morts, V, 357. — définitif, V, 363. — Représentations, V, 372-373. — perd son sens, VI, 123-124. — Menace, VII, 499, 500. — Vincentius et Vibia, VII, 578, 579 note 2.

Juifs, sens de ce mot dans le 4ᵉ évangile, I, lxii. — en *Actes*, II, xix. — Diffusion des juifs, I, 12; III, 335; IV, 249 et suiv. — Juifs en Asie mineure, III, 361, 376. — Roi des juifs, I, 416, 417, 419, 420, **434-435**, 437; IV, 490, 491. — Jésus et les juifs, I, 423, 424, 425, 428. — Les apôtres et les juifs, II, 80, 197. — Disputes, II, 80.

Juifs et César Auguste, II, 347-348. — Juifs et Caligula, II, **191** et suiv. — Haine contre eux, II, 192. — Juifs à Antioche, II, 223, 224, 225. — Leur dispersion, II, 285. — pauvres, II, 286, 290. — heureux, II, 287. — Sentiments à leur égard, II, **288** et suiv. — Institutions charitables, II, 325. — Pamphlets contre eux, II, 289. — Leurs défauts, II, **289-291**. — Leur impopularité, II, 289 291. — Mendiants, II, 290, 293. — Propagande religieuse, II, 291. — Famine, II, 292. — privilégiés, II, 289, 293. — Paul et les juifs, III, 8 et suiv. — Voir Iconium, Antioche de Pisidie, Lystres, Derbé, Thessalonique, Bérée, Macédoine. — Juifs et circoncision, III, 62-63. — Dualité du judaïsme, III, 63.

Juifs à Rome, III, 98, 102; IV, 157 et note 6, 158. — Juifs et Claude, III, 99 et notes, 101. — Quartiers juifs à Rome, III, 101; V, 234. — Premiers juifs à Rome, III, **102** et suiv. — Vie intérieure, III, 104-105. — Esprit, III, **105-106**, 119. — à Pouzzoles, III, 114. — Femme juive, III, 149, 165. — Juifs et Paul à Corinthe, III, 220 et suiv. — Tracasseries, III, 237. — à Éphèse, III, 425, 429. — Le vrai juif pauvre, III, 421. — Privilèges, III, 463-464, 471, 472; IV, 81. — coupables, III, 463-464. — rentreront en grâce, III, 473. — Vocation, III, 473. — Juifs et Paul affrontés, III, 521-522. — Émeute juive, III, 524. — Complot et persécutions, III, 530 et suiv., 538. — Juifs à Césarée, rixes, III, 541. — se plaignent, III, 541. — Juif, sens hostile en *Joh.*, IV, xxv. — Caractère juif d'*Apoc.*, IV, xxiv, xxv. — Voyages en Italie, IV, 29. — persécutent les chrétiens, IV, 39, 43, 161. — Juifs près de Néron et Poppée, IV, 43, 157. — Fanatisme, IV, 103. — Les juifs dans le massacre des chrétiens, IV, **159, 160, 161**. — *Moriendi contemptus*, IV, 175 note. — Fanatisme pour la circoncision, IV, 299. — Révolte des juifs en 66-70; IV, **227** et suiv., **249** et suiv. — Révolte contre l'hellénisme, IV, 228. — Destinée religieuse, IV, 228-229. — Domination romaine, IV, **230** et suiv. — Administration, IV, 231. — Condescendance, IV, 231. — Susceptibilité, IV, 231-232. — Torts réciproques, IV, 232.— hostiles à tous, IV, 232. — Haine du genre humain, IV, **232-233**, 474. — Réclusion, IV, 232-233. Opposition aux Romains, IV, 233, 235. — Pronostics, IV, 239. — Collision, IV, 241. — Triomphe de l'insurrection, IV, 247. — Réaction en Syrie, IV, 248.—Massacre en Égypte, IV, 249 et suiv. — Causes de la haine contre eux, IV, **251**. — Leur situation dans le monde, IV, **251-252**, 258. — Services et démérites, IV, 252-253. — Côtés antipathiques, IV, **251-253**. — Beaux côtés, IV, 253. — Juifs à Césarée, IV, 254. — Massacres faits par les juifs, IV, 256. — Épisode de Scythopolis, IV, 256. — Massacres en Syrie, IV, 256. — Extrêmes du bien et du mal, IV, 258, 436, 485-486; V, 11-12. — Crise, IV, 258. — Succès militaires, IV, 260, 262. — Exaltation, IV, 269. — Juifs d'Orient, IV, 250, 272, 407. — Massacres à Antioche, IV, 276-277. — Juifs vendus, IV, 278, 519, 536; VI, 210. — Paix possible, IV, 284. — Leur erreur, IV, 321. — Rome hait les juifs, IV, 413, 418. — Leurs idées sur le temps, IV, 434 et suiv., **435**.

— Déception, IV, 457. — Orgueil juif, IV, 475. — Cruauté, IV, 485. — Minorité excellente, IV, 485-486; V, 11-12. — Juifs modérés, IV, 489, 504 note 2.— Opiniâtreté, VI, 504 note 2. — Succès, IV, 505-508.— Dernière lutte, IV, 513 et suiv. — brûlés, IV, 525-526. — Privilèges supprimés, IV, 526.— au triomphe de Titus, IV, 529-530. — Judaïque, IV, 532. — Restes de la révolte, IV, 536-537. — se tuent entre eux, IV, 537. — Révoltes futures, IV, 540. — Règne dur, IV, 540. — Indépendance nationale, IV, 540, 541. — raïas, IV, 540. — Idéalisme, IV, 541. — Crise, IV, 542. — Un rôle universel perd une nation, IV, 542. — Jérusalem victime de son rôle, IV, 542-543. — La révolution l'a perdue, IV, 543.

Après la crise, V, **1** et suiv. — Antipathie des juifs et des chrétiens, V, 7, 11. — Séparation, V, 9, 126. — Le bon et le mauvais juif, V, 11-12. — Héroïsme et fanatisme, V, 29 et note 1. — Juifs en *Judith*, V, 31. — Communauté littéraire avec les chrétiens, V, 37, 38. — Causes de leurs malheurs, V, 40 et note 3. — Dureté de cœur, V, 41. — en Galilée, V, 44. — Nazaréens juifs, V, 48 note.

Rapports des juifs et des chrétiens, V, **64** et suiv. — Conversions, V, 65, 73. — Guérisons, V, 65 et note 1. — Controverses, V, **68** et suiv.; VI, 437.

—Juifs et chrétiens confondus, V, 231 et notes. — Propagande à Rome, V, **233** et suiv. — Mépris des lois romaines, V, 235. — Juifs et le fisc, V, 235-237, 346. — dissimulés, *recutiti,* V, 236. — Vanité juive et les Grecs, V, 241, 243. — Écrits sur et contre les juifs, V, 243-244, 245. — Ancienneté, V, 243-244. — Coterie juive à Rome, V, 255. — Leur conversion future, V, 267 note 1. — supplantés, V, 272. — Luc les aime, V, 278, 283. — Persécution de Domitien, V, 290 et suiv.—Croyance à la fin de l'empire, V, 348. — Fin de l'empire escomptée, V, 369. — Fanatisme, V, 351. — Messianisme juif, V, 357 note 1. — Revanche sur Rome, V, 369. — Espérance d'un empire juif, V, 369. — rejettent les livres écrits en grec, V, 370.—Causes de la destruction du temple, V, 375. — Vie vagabonde, IV, 345. — à Rome, sous les Flavius, V, **128** et suiv. — Mépris, V, 129, 136. — Fêtes juives à Rome, V, 130. — Fables juives sur la mort de Vespasien, V, 144-145 et note 1. — sur la mort de Titus, V, 153-154. — Fabrique de faux auteurs, V, 161 note 1. — Destruction des hommes pieux, V, 164. — Deux sortes de juifs, V, 168-169. — Juifs mitigés, V, 168-169. — Responsabilité de la mort de Jésus, V, 181, 208, 209. — Matthieu contre juifs, V, 181, 193, 209. — La résurrection, V, 181, 183. — Juifs protestent seuls contre l'empire romain, V, 468. — en Mésopotamie, V, 501-502. — en Babylonie, V, 503, 510. — Résistance à Trajan, V, 502. — Révoltes, V, **503** et suiv. — Horreurs en Cyrénaïque, V, 504-505. — Massacres, V, 505-506-507. — Épisode d'Alexandrie, V, 506-507. — Révolte s'étend, V, 508-509. — Juifs écartés sous Trajan, V, 391 et suiv. — Plus de noblesse, V, 391. — Opinion sur leur compte, calomnies, V, **391-392**. — Haine du genre humain s'accentue, V, 392. — Tacite, V, 392. — tuent Jean (?) V, 431 note 2. — Juifs et chrétiens selon Luc, V, 439, 444. — Gens aimant les Juifs, V, 439. — Sectes juives en Syrie, V, 449, **453-454** et note. — Juifs et chrétiens confondus, puis séparés, V, 481 et note 3. — cause de la mort des apôtres et de saint Siméon, V, 498. — sous Trajan, escomptent la fin de l'empire, V, 508-509. — Juifs de Mésopotamie, dynasties juives, V, 509-510. — Massacres par Lusius Quietus, V, 510; VI, 12. — par Turbo, V, 511. — Effets, V, 511. — Folie, V, 511-512.— Diminution, V, 512. — Fossé de séparation entre le judaïsme et le christianisme, V, 511. — Séparation définitive, V, **513** et suiv. — Séquestration, V, 514. — Interdiction des études grecques, I, **35-36** ; V, **514-515**. — Livres passent des juifs aux chrétiens jusqu'à Adrien, V, 517 note 2, 529. — Rapports, V, 533. — Colonies juives en Asie mineure, VI, 432. — Idéal persécuteur, V, 526. — Conversions de juifs, V, 532. — repoussent les judéo-chrétiens, V, 535. — Juifs et les Églises de Paul, V, 535. — Chrétiens juifs, VI, 12, 13. — Progrès dans la séparation, VI, 274, 276.

Juifs et Adrien, VI, 11-12, 25, 293. — Il ne les consulte pas, VI, 24. — Bienheureux juifs, VI, 15, 17. — absolus, VI, 24. — Adrien et les chrétiens, VI, 24. — Reconstruction du temple, VI, **24** note 2, **25** et note 1. — Opposition au plan d'Adrien, VI, 26. — ennemis des chrétiens, VI, 75 et note 2. — Gnostiques juifs, VI, 148, 150, 174. — Dieu des juifs, selon la gnose, VI, 160-161, 178. — Juifs d'Égypte, vers 130, VI, 189. — Affaires juives en Égypte sous Caligula, VI, 190 note 3. — Dernière révolte sous Adrien, VI, **186** et suiv. — Haine de l'autorité, VI, 191. — Lois sur la circoncision, VI, 192, 193. — divisés, VI, 195, 207. — Juifs fidèles, VI, 195. — Chrétiens se séparent, VI, 196. — Guerre, VI, **200** et suiv. — Limites, VI, 202. — Question de la monnaie, VI, **203-204**. — Guerre, VI, **204** et suiv. — Travaux souterrains, VI, 206. — Fanatisme, *ibid.* — Défaite, VI, 207-208. — Chronologie, VI, 208 note 5. — Massacres, VI, 208, 209. — Les cadavres, VI, 211, note 4. — Jugement, VI, 211-213. — Pausanias, VI, 213. — Persécution après la révolte d'Adrien, VI, 214 et note 1, 216. — chassés de Jérusalem, VI, 220-222. — de Judée, VI, 222. — irrités des travaux publics, VI, 225-226.

Lois sur la circoncision, VI, 241. Voir Circoncision. — Fin de la nationalité juive, VI, **226** et suiv. — Vie errante, VI, 226 et note 4, 227, 228. — Situation perdue dans l'empire, VI, 226-227. — Juifs au premier et au second siècle, VI, 227. — hors la loi, VI, 227. — Plus de riches, VI, 227. — Origine des fortunes juives, VI, 227-228. — Juifs de Parthie, VI, 228 et suiv. — Morale et économie, VI, 232, 233, 234, 235. — Mariages, race, VI, 233, 234. — Réconciliation avec Rome, VI, 238. — sous Septime-Sévère, VI, 240 note 5. — en 389 : VI, 240-241 note. — Talmud; voir ce mot. — Haine de la culture grecque, VI, 246. — Étude de la littérature grecque, VI, 246. — Christianisme moins exclusif, VI, 246. — Aberrations, VI, 246-247. — Idéalisme, VI, 247. — Pas d'objets matériels, VI, 247, 248 et note. — Art, musique, costume, etc., VI, 247-248. — non dogmatiques, VI, 248-250, 329. — Inconvénients, VI, 250 et suiv. — Mauvaise culture, VI, 251, 252. — Défauts, VI, 253. — Mauvaises mœurs, VI, 254-255. — Raison affaiblie, VI, 255. — Insociabilité, VI, 255-256. — Le juif d'Orient, VI, 255-256. — Réclusion, VI, 250, 251, 255, 256. — Jugements à réformer, VI, 256-258. — Haine des Juifs et des chrétiens, VI, **259** et suiv., **276** et suiv.— Crime et châtiment des juifs, selon les idées chrétiennes VI, 266, 269, 270. — livrés à Satan, VI, 269. — désemparés, la nef de Jacob, VI, 270.— *Testament des douze patriarches*, VI, 268, 269, 270, 271. — Saint Justin, VI, 274. — Juifs persécutent les chrétiens, VI, **277** et notes, **380**. — Reproches, VI, 277. — ont tué Jésus, déicides, VI, 277, 340', 380. — Juifs et ébionites, VI, 280. — *Peschito*, VI, 288. — Les juifs et l'hébreu, VI, **288-289.**

Antonin, bienveillant pour les juifs, VI, 302. — Juridiction entre eux, VI, 302. — sacrifiés en la réconciliation de Pierre et Paul, VI, 339-340. — censés exilés pour leur crime, VI, 340; VII, 435, 436 et notes.— Idées de Marcion, VI, 355, 356. — Justin les réfute, VI, **379** et suiv., **382**. — Mutilation prétendue de la Bible, VI, 381. — punis, VI, 382-383. — Conversions, VI, 383 et note 6, 384. — regagnent certains chrétiens, VI, 393. — Juifs en 4º évangile, V, 209 note 1 ; VI, 357 note 2. — Calomnies contre eux, VI, 305 note 2. — Juifs et Polycarpe, VI, 438, 458-459, 461. — Polémiques, VI, 516.

L'histoire du peuple juif, vraie histoire des origines du christianisme, VII, v. — Culte primitif, VII, v. — Révolution accomplie par les prophètes, VII, v-vi. — Portrait, VII, 54. — Préjugé romain, VII, 55. — Sources de persécution, VII, 60 et note 1. — Juif caricaturiste, VII, 64-65. — Éducation juive, VII, 71. — Juif-chrétien, VII, 84. — Juifs et Grecs, VII, 86, 110, 163. — Grecs leur ont tout emprunté, VII, 105 note 3, 110, 163, 168, 435-436. — L'inverse, Celse, VII, 351-352.— n'ont rien créé, VII, 110. — Jéhovah, idées gnostiques, VII, 131. — Traités contre eux, VII, 191, 198 note 2. — La Pâque, VII, 196 et note 3, 198.

Marc-Aurèle et juifs, VII, 286-287. — Légende de Panthère, VII, 354. — Celse contre les juifs, VII, 355-356. — Cæcilius, VII, 397. — Railleries des juifs contre les païens, VII, 355. — Leur dieu vaincu, VII, 397, 399. — captifs, VII, 397. — Guerre aux chrétiens, VII, 427 et note 1.— Plutarque, VII, 449 note 1. — Zénobie, VII, 461 note 2. — Héliogabale, VII, 496 note 2. — Bains à part, VII, 556 note 1. —

Xystes, gymnases, VII, 555, 556. — Sépulture, VII, 535, 536, 537 et note 1. — Confession, VII, 528. — Polygamie, mariage, famille, VII, **547-548** et notes. — Célibat, VII, **550**. — Numénius, VII, 434. — Idéal de justice sur terre, VII, 561. — Apparence athée, VII, 583 et note 3. — Dispense de Septime-Sévère, VII, 596 et note 2. — deviennent argentiers, VII, 603. — pas superstitieux, VII, 629. — Faux juifs, IV, 364, 368; VII, 507. — Ils se convertiront à la dernière heure, IV, 405. — Emprunts à la Perse, IV, 471.

JUIVERIES, II, **285** et suiv. — Bonheur intérieur, II, 293-294. — partout répandues, III, 8-10. — servent de véhicule au christianisme, III, **8** et suiv., 33, 188-189.

JULES (les), V, 366, 367, 379. — grandeur et perversité, V, 382, 393. — Voir Césars.

JULES CASSIEN, auteur hérétique, VII, 168.

JULES AFRICAIN, V, 43 note 5, 48 note, 74-75 et note; VII, 423, 459 notes 1 et 2.

JULES CAPITOLIN, VII, 272.

JULIA. Voir DOMNA, MÆSA, MAMÆA, SOÉMIE.

JULIADE, ville, I, 41.

JULIANUS ET PAPPUS, VI, 7 note 2, 215-216, 217 note 5, 219 note 2.

JULIE, fille d'Auguste, V, 296-297.

JULIE, fille de Drusus, IV, 3.

JULIE D'ÉPHÈSE, III, 433.

JULIEN D'APAMÉE, VII, 218.

JULIEN (l'empereur), I, 224; II, 223, 235 note 4; III, 208; IV, 417 note 5, 523 note; VI, 6, 278 note 1, 309 note 3, 310 note 4; VII, 30 note 3, 348, 372, 374 note 6, **411-412** et note. — Sur Marc-Aurèle, VII, 473-474. — Organisation du paganisme, VII, 585, 621.

JULIUS, centurion, III, 546, 547, 548, 554, 556, 558, 559; IV, 5.

JUNIE, II, 108; III, 434.

JUNON CÉLESTE, VII, 574-575.

JUPITER, II, 337; IV, 473; VII, 17, 61, 274, 500, 564, 565 note 2. — Jupiter Capitolin, IV, 530; VI, 27. — *Jupiter pluvius*, VII, 274. — Jupiter Stator, IV, 146 note 2, 152. — Jupiter Latiaris, accusation des chrétiens, VI, 482 et note 3. — Jupiter Olympien, IV, 228, 473-474. — à Athènes, VI, 36. — à Jérusalem, VI, 26-27 et note, 28; VI, 224 et note 4, 225. — Statue, VI, 225. — Temple sur le Garizim, VI, 222 et note 4. — Sérapis, VII, 573 et note 4. — de Baalbek, de Dolica, VII, 575.

JURIDICTION de l'Église, III, 256, **393-394**; VII, **97-98**, 99, 586, **597** et note 1. — de la synagogue, VI, 302; VII, 597 note 1. — chez les philosophes, VII, 597 note 1.

JURISCONSULTES, leur rôle, VI, 2, 23 note 1, 28-29. — Sentiment sur l'esclavage, VII, 25-26, 605. — Troisième siècle, VII, 29, 494 et note 1. — Superstition VII, 378 note 2. — Co tre liberté

de conscience, VII, 496 et note 3.
JUSTE de Tibériade, I, 459; IV, 237 note 1, 278 note 2; V, 130, **242**.
JUSTIFICATION par la foi ou les œuvres, III, VIII, 320-321, **464** et suiv., 469, 472, 485, 486, 490, 510; IV, 77, 113.
JUSTIN (saint), œuvres, VI, VI, 495. — philosophe, VI, 39, note 2. — son *Logos*, VI, 69. — Tryphon, V, 70 et note 4; VI, 380. — Les juifs, V, 72 note 1, 431 note 2, 481 note 3. — Évangiles qu'il connaît, I, LVIII-LX et notes; LXXIV, LXXV, LXXXVIII, 525; II, 15 note; V, 111 notes 1 et 2, 115 note 3; VI, 343 note 3, 344 et note 2, 370, 374, **385-386**, **497**, 500 note 2, 509 et note 2. — ne connaît pas Paul, II, IV; III, 300 note, 325, 326 note; VI, 385. — Sur Simon de Gitton, II, 153 note. — L'Apocalypse, IV, XXXIV, 459. — Quatrième Évangile, VI, 69, 73, 385. — Pilate, VI, 347, 348 et notes. — Situation avec les nazaréens, V, 75. — Ses autorités, V, 245, 446 note 3. — Josèphe, V, 247 note 1. — Position devant l'empire, VI, IV; VII, 617. — Son Évangile, VI, 59, 60 note. — millénaire, VI, 135.
Naissance et éducation, VI, 271-272 et note 3, 365. — Recherches, VI, 272. — Conversion, VI, **272-273**, 318, 366; VII, 80. — philosophe chrétien, VI, **273**. — à Rome, VI, 274, 365, 379, 384. — antijuif, VI, 274, 379 et suiv. — Son opinion sur les judéo-chrétiens, VI, **275-276**. — Persécution des juifs, VI, 277, 549. — Caractère, VI, 265, 266. — Martyre, VI, 303, 316, 318.
Première Apologie, VI, 274, 302 note 1, 303, **367** et suiv. — Fautes du protocole, VI, 368 et note 3. — Analyse, VI, **369** et suiv. — Mœurs, VI, **370** et suiv. — Réunions, VI, **372** et suiv. — Naïveté, VI, 376-378. — Démonologie, VI, 376, 378, 489-490. — Exégèse, VI, **376** et suiv., **381, 382**. — Pièces à la suite, VI, 32 note 2, 33 note 1, 266 notes, 279, 384. — Dialogue contre les juifs, VI, 265 notes 1 et 3, **379** et suiv. — Inexactitude, VI, 381. — Extraits, VI, 381 et suiv. — Autres écrits, VI, 384. — Justin et Marcion, VI, 360. — laïque, VI, 384; VII, 431. — catholique, VI, 384-385, 386. — Théologie, VI, 385, 386. — Érudition, VI, 386, 436. — Révélation et raison, VI, **386-389**. — Philosophie grecque, VI, 388. — Preuves des dogmes par des autorités païennes, VI, 389. — Disputes publiques, VI, 484-485. — Tatien, VI, 484-485. — Crescent, VI, 485-486. — Violences de Justin, V, 485-486.
Deuxième Apologie, VI, 267 note 4. — Date, VI, 486 note. — Occasion, VI, 486-488. — Esprit, VI, 488 et suiv. — Naïveté, VI, 489, 490. — Pressentiments, VI, 491. — pro-

pose une dispute publique, VI, 491. — Injures, VI, 492. — Martyre, VI, 453 note, **480** et suiv., **491-492** et notes; VII, 102, 112. — Prétendus Actes, VI, 492. — Disciple, Tatien. Voir ce mot, et VI, 503; VII, 102, 104 et suiv., 112, 162, 165. — à Rome, VII, 70, 72, 89. — Système d'apologie, VII, 104 et suiv., 105 note 3, 106. — Traité contre les hérésies, VI, 366. — apologiste, VI, 366, 367. — Son argument, VI, 366, 368. — École, VII, **107** et suiv., 108, 388. — Idées sur l'âme, VII, 111. — Détails, VII, 127 note 2, 188 note 1, 281, 375 note 2, 432, 435, 447, 454, 504 note, 583 note 2. — Justin et Irénée, VII, 342. — Justin et Paul, VII, 353. — Celse et Justin, VII, 354. — Traité de la résurrection (attribué) VII, 385, note 2. — Liberté, VII, 408-409. — Mithra, VII, 576.

Justin, hérétique, VII, 135-136.
Justinien, empereur, II, 274; VII, 28.
Justus, surnom. Voir Jésus, Joseph Barsaba.
Justus Barsabas. Voir Joseph Barsaba.
Justus, nom d'un évêque de Jérusalem, V, 466-467 note 3, 532.
Justus. Voir Titius Justus.
Jutta, I, 98-99.
Juvénal, II, 290, 291, 292, 332; V, 147, 339, 387, 390, note 3, 406 note 1; VII, 41, note.

K

Kadès de Galilée, I, 236 note 1; VI, 229 et note 3.
Kafar ou Kafr. Voir Caphar.
Kafar-Kharouba, VI, 210, 211 et note 1.
Kafr-Baram, VI, 240.
Kafr-Naborta, VI, 240. Voir Caphar-Naboria.
Kaïapha, I, **376, 379**, 380, 392, **409** et suiv., 422. — destitué, I, 451, 452. — Rôle en la mort de saint Étienne, II, **135, 144**. — déposé, II, 144-145.
Kali limenes, III, 549 et note, 550.
Kanaïm, IV, 282 note, 292 note 1. Voir Zélotes.
Kaphar. Voir Caphar et Kafar ou Kafr.
Kaphar-Barkaï, IV, 50.
Kata, sens de cette particule, V, 216 note 3.
Katia ben schalom, V, 309 et note.
Katigor, I, 310 note 7; IV, 408 et note 3.
Kaukab, II, 177; V, 43 note 5. — Autres, V, 43 note 5.
Kavlakav, VI, 162 note 1.
Kenchrées, III, 211, 214, 218, 279, 370, 376, 481, 497.
Kenéseth, église et synagogue, V, 51 note 3.
Képha. Voir Céphas.

Kérak, VII, 508.
Kerioth, I, 160.
Kerithouth, sens, II, 88.
Ketoubim, V, 36 note 3.
Khan-minyeh, I, 145, 146.
Khouza, I, 158.
Kibla, vers Jérusalem, V, 52-53, 457, **460, 461** et note 1; VI, **279-280** et note, 286. — dans l'ancien judaïsme, VI, 279-280 note. — hésitations de Mahomet, VI, 286 et note 1.
Kinnéreth, I, 146 note 1.
Kippour (jeûne de), III, 550; V, 7, 69.

Kneph, VII, 132, 7.
Kokaba. Voir Cochaba.
Kôkim, VII, 537 note 1.
Krichna, influence chrétienne, V, 458; VI, 515; VII, 463.
Kulonié ou Kulondié, IV, 301-302 note, 537-538; V, 263 note 2; VI, 202 note 4. — Autre Kulonié, VI, 202 note 4.
Kynops (mont), à Patmos, IV, 377 note 4.
Kypros, château, IV, 247.
Kyrie eleïson, III, 259; VII, 455 note 1.
Kyrios kæsar, VI, 456.

L

Lacédémone (Église de), VII, 173.
Lacharès, III, 184.
Lactance, V, 398 note; VI, 136, 535 note 1; VII, 389 note 3, 517 note 2.
Laideur de Jésus, I, 84 note 2; VII, 357, 541 et note 4.
Laïque, VII, 96, 97, 205, 238, **408** note. — en tutelle, VII, 235. — opposé à l'ecclésiastique, VII, 339, 431.
Lait des femmes, VI, 398.
Lambèse, VII, 417.
Lamia, V, 339.
Lampes juives et chrétiennes, III, 105 note, 263; VII, 517, 546. — d'Isis, VII, 571 note 2. — en Apocalypse, IV, 380-381.
Lance (coup de), I, 443, 528.
Langres, VII, 289.
Langues, (don des); voir Glossolalie, II, **64-71**, 408. — Langues de feu, II, **63.**
Lanuvium, VII, 469.
Lapis pertusus, VI, 224 et note 2.
Laocoon (le), IV, 129.
Laodicée sur le Lycus, I, lxiii, 24 note 2, 126, 331, 354 note 2, 357, 358, 366, 367, 369; IV, 90-91 note 5, 95, 99, VI, 36 note 2, 436. — Épître aux Laodicéens, III, xv, **xx-xxi** et note; IV, **92**. — Richesse, VI, 369 et note. — Culte païen, III, 359 note. — Église, III, 360; IV, 86. — Controverse de la Pâque, III, 366-367. — Tremblement de terre, IV, 337; V, 123 note 3, 164. — Autorité de Jean, IV, 347, 361. — en Apocalypse, IV, 369. — Sagaris, VII, 193, 200. — Question de

Pâques, VII, 194, 198. — Concile, VII, 519 note 1.
LAODICÉE sur la mer, III, 76, 283.
LAPIDATION, I, 368, 426, 427 et note; II, 140-141.
LARES (dieux), V, 341; VII, 487, 497, **564-566**. — *Lares augusti,* VII, 565.
LARISSE, VI, 301; VII, 284.
LARMES (don des), II, 72-73; VII, 557.
LARRON (le bon), V, 265-266, 280, 362 note 2.
LASÆA, III, 548-549 et note.
LATIARIS. Voir JUPITER.
LATIN (monde), IV, 16, 17, 35, 461, 533; VII, **623, 624, 625**. — Langue latine, IV, 112; V, 113 note; VI, 469, 471, 472, 478, 479; VII, 69, 452. — Latinismes de Marc, V, 126 et note 2. — des Pastorales. Voir PASTORALES. — Littérature latine, V, 146. — Dieux latins, V, 294; VII, 569-570 et note. — Culte latin, V, 393, 395; VII, 573, 581. — Grecs et Latins, V, 461. — Traductions latines, VII, 632. — Décadence de la littérature latine, VI, 319; VII, 46. — Bible latine, VI, 479; VII, **456-457**. — Italie et Afrique. VII, 457. — Église latine, VI, 518. — Papauté, VII, 416. — Schisme, Constantin, VII, 623. — L'esprit grec et latin dans le droit romain, VII, 22-23. — Abandon littéraire du latin, VII, 46. — Tertullien, VII, 233-234. — Lyon se latinise, VII, 342-343. — Minucius Félix, VII, 389-390. — Commencement du latin dans le christianisme; V, 476 note 3; VI, **479** et notes; VII, **454-456**. — Latin écrit en caractères grecs, VII, 454-455. — Afrique, VII, 455-457. — Version de la Bible, VII, **456-457** et notes. — Langue ecclésiastique de l'Occident, VII, 456-457. — Influence sur les langues romanes, VII, 456-457. — Empire latin, VII, 623-624.

LATINE (porte), saint Jean, IV, 27, note 2; IV, **198** et note 1, 206-207. — Voie Latine, IV, 199; VII, 146.
LATINUS, nom de l'Antéchrist, IV, 459-460 et note.
LATIUM, VII, 566.
LAUREOLUS, pièce, IV, 45, 169, 173.
LAVEMENT DES PIEDS, I, 401, 519.
LAVERNALE (porte), IV, 194.
LAZARE, son rôle dans les Évangiles, I, XV, LXXX note 2; II, 101. — Le pauvre, I, **181-182, 373, 507, 508**; V, 362 note 2. — Rapport avec Simon le Lépreux, I, **354** note 4. — Prétendue résurrection, I, **372** et suiv., 384, 495, **504-514**. — type populaire, I, 373 note 3. — Discussion, I, **504-514**. — Importance, I, **514**, 515, 517.
LAZARETTI, messie toscan, VII, 604.
LEBOUBNA d'Édesse, IV, 64-65 note.
LEBBÉE, I, 159, 303.
LECTURE publique, IV, 359, 360 et note 5.
LÉGATS impériaux, VI, 205, 209. — Voir SYRIE. — Légats propréteurs, VI, 193, 205 note 1.

LÉGENDE. Légende de Jésus, I, 250 et suiv. — Légendes *a priori*, I, 433, 443, 454, 484. — Légende de Paul, III, 566, 567; IV, 195-196, 205. — Légende de Pierre, III, 566; IV, 195-196, 205. — Impersonnalité, V, 93. — Exception pour Marc, V, 118-119. — subordonnée à l'épiscopat, VI, 91. — Marche de la légende, VI, 318.

LÉGENDE DORÉE, VI, 518.

LÉGISLATION, II, 322. — Législation religieuse à partir du rescrit de Trajan, V, **480-484**. — Lois sur la tutelle, etc., VII, 23, 27. — Pères et fils, VII, 26-27. — La femme, VII, 27. — Progrès, VII, 493-494.

LÉGUMES, vie de légumes, III, 479-480.

LÉON (saint), pape, VII, 624.

LÉONIDE, père d'Origène, VII, 433.

LÉONTIUS, VII, 535 note.

LÈSE-MAJESTÉ, V, 292, 401, 402 et note 5.

LETTRE TUE, III, 409, 467.

LETTRÉS (les) et les chrétiens, IV, 38.

LEUCIUS ou LUCIUS, apocryphe, VI, 509 note 1, **521** et note 3, 523-524 note, 525; VII, 245 note 4. — Voir CHARINUS (Lucius).

LÉVI, le patriarche, VI, 270, 512, 513.

LÉVI, fils d'Alphée, I, xv, **166-167** et note, 168; V, 216 note 1.

LÉVIATHAN, V, 521 et note 3.

LÉVITE, V, 268 et note 1.

LÉVITIQUE (sacerdoce), IV, 214; VI, 25.

LÉVITIQUES, secte, VII, 138.

LIBAN (destruction du paganisme dans le), III, 210 note 2.

LIBANIUS, II, 223.

LIBERALIS, IV, 515.

LIBERTÉ de l'homme, V, 364, 365, **520**, 525-526 et note. — L'homme libre par nature, VII, 25 et note 6, 30. — *Favor libertatis*, VII, 25.

LIBERTÉ de conscience, II, **314** et suiv., 323, **346** et suiv., 533; V, **394** et suiv.; VII, 368, 370, 371. — Liberté d'association, II, 363-364; V, 400-401; VI, 300-301. — Liberté du livre, VI, 490. Voir SIBYLLINS. — Liberté de discussion, VI, 38. — Mesures sur la circoncision, VI, 192.

LIBERTÉ de penser, II, 314; V, 406 et note 1. — dans les républiques grecques, II, 314. — sous l'empire, II, 315; VII, 60. — Le libre penseur, VII, 377, 378.

LIBERTÉ politique, V, 388-389; VII, 625.

LIBERTINI (synagogue des), II, 138.

LIBYE, V, 505 note 2; VI, 195.

LIEUX SAINTS, VI, 260-261.

LIMBES, IV, 58; V, 357 et note 6, 372, 517 note 2; VI, 518.

LIMITROPHE (esprit), VI, 158-159.

LINUS, personnage mythologique, V, 160, 243.

LINUS, pseudo-Lin, III, xxxiv IV, 14 et note; 188 note, 190 note 1; V, 138 note 1, 139 et note 1, 311 note 2; VI, 343; VII, 74 note 1, 245 note 2.

LIONS (chrétiens aux), IV, 173; VI, 34; VII, 60, 335, 345. — dans le Danube, VII, 49-50. —

Lion baptisé, VII, 244 note 3.
— Lion Messie, V, 350 note.
LISEURS, secte suédoise, II, 69.
LITHOSTROTOS, I, 412.
LITTÉRATURE, dangers de l'esprit littéraire, II, 332-333; IV, **125, 126, 127, 314-315**. — Mauvais goût, IV, **129** et suiv. — Matérialisme, IV, 129, 130. — Affaiblissement et relèvement, V, 147-148. — sous Trajan, V, 386-387.— Décadence, lutte avec la philosophie, VII, 46. — Première littérature chrétienne, VII, 192. — perdue, VII, 192.
LITTINOS (cap), III, 551.
LITURGIE, les gnostiques, VI, 154-155; VII, **144** et suiv. — Catholiques adoptent, VI, 154; VII, 144 et suiv. — Rites païens, VI, 155. — Hymnes, images, etc., VI, 154. — Diversités, VI, 449. — latine, VII, 456.
LIVIE, IV, 11 note 3, 141 note 3; V, 343. — Son culte, III, 28; VII, 43.
LIVRES sacrés, III, 230, 231; V, 96-97, 461 note 1; VI, 464. — passent des juifs aux chrétiens jusqu'à Adrien, V, 517 note 2; 529, 530. — Livre de vie, IV, 368, 431, 448-449, 453. — Livre de l'Apocalypse, IV, 382, 400, 412, 448, 455-456. — Série close par l'épiscopat, VI, 91; VII, 502, 516. — Lectures dans l'église, consommation de livres, VI, 113-114, 397 et note 3, **399**, 400, 401 note, 406, **407**, 422, 444 note 4, **495, 496**. — inférieurs à la tradition, VI, 125-126. — apocryphes, VI, 495. — Livres sacrés et commentaires, VI, 243-244. — Retouches, VI, 332. — Police, VI, 378 note 4. — Lecture privée, VI, 423-424; VII, 97. — Livres rares, mal gardés, VI, 497. — Importance croissante du livre, VI, 502. — Catholiques corrigent livres hérétiques, VI, 521, 522, 526; VII, 89, 90, 145. — Livres juifs adoptés par les chrétiens, VI, 557. — *Kitâb,* VII, 83 note 1. — Loi de Theodose II, VII, 352 note 4. — Livres remplacent la tradition, VII, 430.
LOCHIAS, à Alexandrie, V, 512.
LOCULUS, VII, 536, 537 et note 1.
LOGIA, paroles de Jésus, I, LI, LIII, LXIX, LXXXI, LXXXV, LXXXVII, LXXXIX, 79 note 1, 85 note 1, 159, 182 note 2, 190, 238 note 1, 259, 502; V, 78 et suiv., 196 note 1, 262. — Recueils, V, **79** et suiv., 176, 260-261. — en grec, V, 83. — éclos en Syrie, V, 262-263 et note. — omis en Marc, V, 117. — en Matthieu, V, 120-121 note, **176** note, **176-178**. — grossissent, V, 200 et suiv. — Procédé mnémotechnique, hyperbole, V, 206. — recueillis par Matthieu? V, 216. — en Luc, V, 259, 260, 262. — Paul les connaît mal, V, 269. — Confusion avec des paroles d'Apocalypses, 521-522 note; VI, 133 et note 2, 498. —Grappes, *ibid.* — judéo-chrétiens, V, 533. — Papias, VI, 128 et note, 133. — Indécision, VI, 497-498 et note. — Paroles conservées par tradition, VI, 498-499.

Logos, I, lxxi note 2, **257-260, 479, 480;** II, 272; III, 275, 373; IV, xxxii, 76, 79, **82,** 212, 221, 443 et note; V, **415, 416-417;** VI, **63-69,** 160, 169, 170; VII, 504. Voir Verbe. — Influence du grec, sens de raison, VI, 65, 66. — second dieu, VI, 67 et note 2. — a paru dans les théophanies, VI, 68. — Dieu anthropomorphisé, VI, 68. — Messianisme et *Logos,* VI, 67, 68, 69. — Jésus et *logos,* VI, 142, 370, 508.—Raison de cette théorie, VI, 362. — *Logos* de Justin, VI, **387-389.** — *Logos spermaticos,* VI, 387. — Apelle, VI, 153.

Loi. Voir Thora. — Nullité des lois établies, VII, 126 et note 1. — Le nouveau législateur, VII, 375 note 2.

Loïs, III, 47.

Lollards, II, 101 note 2.

Lollius Urbicus (Quintus), VI, 205 et note 4, 208 note 6, 384, **486** note, **487-488.**

Longin, ministre de Zénobie, VII, 436 et note 2.

Longin (saint), VI, 517.

Longus, le romancier, IV, 377, 378.

Lorium, VII, 1, 469.

Louis (saint), VI, 492; VII, 17, 36, 265.

Loulab, V, 308 et note 1.

Luc (saint), son nom, II, xvi; V, 252, **255.** — Sa profession, II, xviii. — Macédonien, II, xv; III, **130** et suiv. — Rôle et caractère, III, **132-134.** — aime les Romains, III, 133; IV, 109; V, 254. — médecin, III, 133-134. — s'attache à Paul à Troas, I, 134. — entraîne Paul en Macédoine, III, 134. — en Macédoine, III, 134, 139, 144; V, 252. — reste à Philippes, III, 154, 455 note. — Paul le reprend, III, 498, 499, 539. — Son récit des derniers voyages de Paul, III, 498-499 note. — Luc en Palestine, III, 540. — Idée de conciliation, III, 540, 546, 564 note 3. — peu juif, II, xxviii. — cité comme Écriture, III, xxv note. — auteur des *Actes,* II, x et suiv. — compagnon de Paul, II, x et suiv., xiv; III, liv, lv, lvii. —homme de conciliation, III, 289. — La fin de Paul, IV, 104-105 notes.—auteur de *Hebr.* (?), IV, xvii. — à Rome, après la mort de Paul, V, 252.—Luc à Rome, IV, 9 note 2, 25 et notes, 73, 97, 100, 185 note 4.— Paul et l'Évangile de Luc, IV, 60 note 2. — Réconciliation de Pierre et Paul, IV, 200.

Évangile qui porte son nom, I, xiii, xlix-l. — Rapport avec le quatrième Évangile, I, lxxx-lxxxi et note, 213-214 note, 399, 422 note 2, 435-436 note, **487-488,** 493, **506-507,** 517, 521, 522, 524, 525, 527, 531, 532, 533, 534, 536. — Sa valeur historique; inexactitudes, I, lxxxiii-lxxxvii 354 note 1; II, xxv-xxvi. — Ses hébraïsmes, I, lxxxiv et note. — Ses sources, I, lxxxv; II, xxvi. — Ses procédés, I, lxxxv, 212 note, 373, 374 notes, 422 note 2, 484-485 et note, 487, 527; II, xxvi,

33 note. — Son ébionisme, I, LXXXV-LXXXVI. — Son autorité, I, LXXXVII, LXXXVIII. — communiste, I, 182 note 2. — Pardon des pécheurs, I, 194 note, 437 note 2. — Séjours et voyages de Jésus, I, 370-371 note. — Sa Passion, I, 422 note 2, 431-432 note, 434 note 4, 435-436 note, 437 note 2 ; IV, IX. — favorable aux Romains, I, 524 ; II, XXII, XXIII notes ; IV, **104-105**, 109. — Caractères analogues de l'auteur des *Actes*, II, XVIII-XIX. — Modifications qu'il apporte aux textes antérieurs, IV, 293 note 1, 296 et 297 notes ; V, 120, 194 note 5. — Allusions aux phénomènes du temps, IV, 339 note 1, 355 note 1. — Rédaction, V, VI, VII, **251** et suiv. — Ton et style, V, 33-34. — Généalogie, V, 61, 187 notes 1 et 2. — Plan, V, 104-105. — Apparitions à Jérusalem, V, 107. — retourne *anomi*, V, 108 note 3. — omet l'ivraie, V, 109 note 1. — Imitations, V, 112. — Légende, V, 118-119. — Ses sources, V, 122, 256, 259-261, 280. — Son exégèse, V, 126. — atténue la proximité de la parousie, V, 197. — perfectionne, V, 212. — Luc ne connaît pas Matthieu, V, 215, 217 et note 1, **257-259**, 260. — Cependant, V, 258 note 2, 260 et note. — Évangiles antérieurs, V, 217 note 1. — Conformités avec l'Épître à Barnabé, V, 217 note 2. — Authenticité, V, 252. — composé à Rome, V, 251-255.

— loin de Syrie, V, 263-264. — Date, V, 252-254, 429. — Annonces de la parousie, V, 253-254. — rattaché à la société flavienne, V, **254-256**. — Goût de la hiérarchie romaine, IV, **254** et note 2, 256. — Luc et Clément Romain, V, 254. — Centurions bien intentionnés, V, 254 note 2. — Quirinius, V, 254 note 2. — Style comparé à Hermas, V, 255. — client de la famille *Annæa*, V, 255. — Luc et Josèphe, V, 255-256. — — Discours, V, 258-259, 260. — *Logia*, V, 259. — Éléments propres, V, 260. — Tradition orale, V, 261. — Inventions, V, 261-262. — cité, V, 436 et note 1. — Liberté d'arrangement V, 262. — Disparates, V, 263 et note 1. — Fautes, V, 263 et note 2, 264 et note 5. — non juif pour non-juifs, V, 264, 266. — néglige Palestine, V, 264. — Esprit, V, **264** et suiv. — disciple de Paul, V, 265 et suiv., **269** et suiv., **273** et suiv., 432. — Paraboles miséricordieuses, V, **265** et suiv., **266** et suiv. — Le bon larron, V, 265-266, 280. — Les bourreaux, V, 266, 281. — Samarie, V, 266. — non Galiléen, V, 266. — intermédiaire entre synoptiques et Jean, V, 266. — Conversion de pécheurs, V, **267-269**. — Humilité, V, 268-269. — Évangile de Paul, V, 269 et suiv. — Conciliation, V, 270. — Les soixante-dix disciples, V, **270** et suiv. — a Paul en vue, V, 271-272, 273 et suiv. —

supprime Abraham, V, 272-273.
— Luc et Pierre, V., 273. — Pauvreté, V, 275, 277. — Démonologie et thaumaturgie, V, 277.
— Qualités et défauts, V, 277. — Cantique et poésie, V, 278. — Parties juives, V, 279, 283 note.
— Enfance et Passion, V, 278-281; VI, 510-511. — Vie de Jésus ressuscité, V, 281. — Évangile amendé, V, 281-282. — corrige Marc, V, 282 notes 1 et 2. — Charme, V, 282-283. — Valeur littéraire, V, 283. — Valeur historique, V, 283-284. — comparé aux *Actes,* V, 284. — Paroles de Jésus en Luc, V, 277-278, 284. — Dernier degré, rapports avec les apocryphes, V, 284-285.
— cité par Clément, V, 334. — Sort des morts, V, 362 note 2.
— Mots latins, V, 442 note 2. — Respect pour l'autorité romaine, V, **444**; VII, 616. — Documents, V, 445. — Arrangements apologétiques, V, 537 note 2; 542 note 2. — Jésus observe la Loi, VI, 76. — en Testament des douze patriarches, VI, 269 note 3. — Style, VI, 116 note. — Conciliation, VI, 334. — Marcion et l'Évangile de Luc, VI, 358 et note. — Justin, VI, 370, 385. — cité, VI, 400, 498 note. — « Dieu a dit », VI, 498. — Objections, mutilations, VI, 499-500. — Canonisation, VI, 500, 505. — remanieur, VI, 502. — touche aux apocryphes, VI, 505-506.

Actes des apôtres, I, xlix, liii; IV, ix; VI, 520; VII, 168, 235. — Critique de ce livre, II,**v** et suiv., **x** et suiv., **xv** et suiv. — est de Luc, II, x, xiii. — disciple de Paul (?), II, xiii-xiv, xv, xvi. — Caractère, II, xiii, **xviii-xix, xxv.** Voir Luc. — Date, II, xix, xx, **xxii.** — Intervalle entre l'Évangile et les *Actes*, II, xx-xxii. Voir Luc. — composé à Rome, II, xxiii. — Son système de conciliation, II, **xxiii-xxiv-xxv,** xxxi, xxxii. — Premiers chapitres attaquables, II, xxvii. — Faiblesse historique, II, xxviii-xxix, xxxix. — contrôlé par les Épîtres, II, **xxix** et suiv. — Ses adoucissements, II, xxxi-xxxii.
— Contradictions avec les Épîtres, II, **xxx** et suiv. — Discussion du récit de l'affaire de la circoncision, II, **xxxiv** et suiv., 512-513. — Usage historique qu'on en peut faire, II, xli et suiv. — Tableau de la vie apostolique, II, **77, 78, 79.** — Système sur le baptême des gentils, II, **205**. — Pourquoi écourté, III, iii. — Sur Paul, III, iv. — Le témoin oculaire, III, iv, **131** note, 498-499 notes.
— Tendance conciliatrice, III, viii, **81-82** note. — Les *Actes* et les *Pastorales*, III, xxxv, xxxvi, xxxviii, xxxix, xli, xliv, xlv, xlvi, xlvii. — Beauté du livre, III, 12-13. — aime à convertir les Romains, III, 16 note 1. — Son récit du concile de Jérusalem, III, **81-82** note, **92**. — fausse l'histoire, III, 121. — Discours, V, **284**. — Tendances, III, 130 note 2. — Traits d'identité avec Luc, III, 131 notes. — Ses préoccupations, III, 152 note.
— Denys l'Aréopagite, VII, 177.

— Récits d'Athènes, III, 191, 194, 195 et notes 2 et 3. — Récits de Jérusalem, III, 279-280 notes. — Discours, III, 502-503, 525-526 et note, 545 note. — a-t-il créé Paul citoyen romain, III, 526-527 note. — *Actes* excluent Pierre à Rome, IV, 554. — Théorie de la conversion, III, 489 note 3. — altère le récit des rapports de Paul et Jacques et de Paul à Jérusalem, III, 512-513, 514, 515, **522**. — Partis pris, III, 530, note 2, 550, 554 note. — Pourquoi il arrête son récit, IV, 109. — historien du christianisme, V, 435 et suiv. — Les *Actes* et le troisième Évangile, V, **435-437** et notes. — Le rédacteur qui dit « nous », V, 436 note 2. — L'Ascension, V, 436-437. — Esprit des *Actes*, V, **437** et suiv. — Détorses, V, 438. — Esprit de l'histoire ecclésiastique, V, 438. — Vues sur Paul, V, 438. — Concile de Jérusalem, V, 438. — Esprit de conciliation, III, 289, 325; V, **438-439**. — Foi, V, 439-440; V, 441. — Valeur historique, V, **440** et suiv. — — Clément et Luc, V, 442. — écrit à Rome, V, 442 et note 2, 446. — Luc et pseudo-Clément, V, 445. — Documents antérieurs, V, 445, 447. — Cadre, V, 445-446. — Rhétorique, V, 446 et note 2. — Autorité, V, 446 et note 3. — Luc au IIe siècle, V, 446 note 3. — Influence, V, 447. — Jacques dans les *Actes*, V, 538. — Charismes, V, II. —

Rapports avec le quatrième Évangile, VI, 59 et note 1. — *Actes* inconnus à l'auteur des *Pastorales*, VI, 95. — Luc et la parousie, VI, **107, 108** et note 2. — ne connaît pas les Épîtres de Paul, VI, 113 note 1. — ne connaît pas Matthieu, VI, 113 note 1. — Les *Actes* et les pharisiens, VI, 257. — *Jason et Papiscus* attribué à Luc, VI, 267 note 2. — *Cérygmes* complètent Luc, VI, 339. — inférieurs à Luc, VI, 343.

LUCAIN OU LUCIEN, marcionite, VI, 322; VII, 157, 162.

LUCAIN, le poète, II, 309; IV, 132, 147 note 2, 264; V, 255.

LUCANUS, vrai nom de Luc, I, XLIX note 4; V, 255. Voir LUC.

LUCAS pour LUCANUS, I, XLIX note 4. Voir LUC.

LUCIEN de Samosate, II, 315, 332, 340; V, X-XI, 385 note 1, 407, 408 note 1; VI, 6, 305 note 2, 427. — *Peregrinus*, V, 493-494, VI, 464 note 2, 465 note 1; VII, 374-375, 408, note, 424 et note 2. — seul rationaliste, VI, 431 et notes; VII, 16, 372-373, 377 note 2, 449. — sur les chrétiens, VI, 466; VII, **373, 374, 375** et note 1. — Sur les philosophes, VII, 34 note 2. — Rire, VII, 55, 346, 375-376, 378, 379. — Lucien et Celse, VII, 346-347, 351, 372-373. — Alexandre d'Abonotique, VII, 346 et note 2. Voir ce mot. — Portrait, VII, **373-377**. — Lucien et Rome, VII, 351, 373. — *Les Fugitifs*, VII,

374. — Respect pour la vertu, VII, 377 et note 1. — *Philopatris*. Voir ce mot.

LUCIEN, disciple de Cerdon. Voir LUCAIN.

LUCIFUGES, VII, 362 et suiv., 394-396.

LUCILIUS de Sénèque, II, 329.

LUCILIUS BASSUS, IV, 536.

LUCILLA (Domitia), mère de Marc-Aurèle, VII, 259 et note 2, 261.

LUCILLE, fille de Marc-Aurèle, VII, 38, 287.

LUCINA, dame chrétienne, IV, 4-5 note, 192 note 2, 197 note 1; VII, 538.

LUCIUS de Cyrène, II, 237, 279.

LUCIUS, disciple de Paul, III, 458.

LUCIUS, chrétien, VI, 487.

LUCIUS, philosophe, VII, 34 note 1.

LUCOVA, révolté juif, V, 505, 506.

LUCRÈCE, le poète, II, 327-328, 330; III, 206-207; V, 406 note 1; VII, 347.

LUDOLPHE le Chartreux, VI, 519.

LUDUS MATUTINUS, IV, 165, 196 et note 1.

LUMIÈRE, I, LXXIX, IV, 77, 78; VI, 56.

LUMIÈRES (fête des), I, 370.

LUNE (la), IV, 472, 526; VII, 49.

LUPANARS de Titus, jeunes juives, VI, 17 et note 3, 226. — Vierge au lupanar, VII, 245.

LUPUS, préfet d'Égypte, V, 506.

LUSIUS QUIETUS, V, 503, 504 note, 509 note, 521 note 2. — exterminateur des juifs, V, 510. — Agada, V, 513 note 2, 514; VI, 2 note 2, 26. — tué, VI, 7 et notes 1 et 2. — Fables juives, VI, 7 et note 2, 12.

LUTHER, III, 486, 569.

LUXE INTERDIT, VII, 555.

LYCAONIE, III, 23 note 3, **38-39**, 41, 42, 43, 44, 49. — Juifs en Lycaonie, III, 33, 44. — Christianisme en Lycaonie, III, 41, 44, 53, 123, 124, 164, 364 note. — Député lycaonien, III, 492 note.

LYCÉE, III, 23 notes 2 et 3, 24 note 2, 504, 548; IV, 328; V, 164.

LYCUS et vallée du Lycus, III, IX note, 334, **356** et suiv. **358, 359-360**; IV, 86, 87 et note, 90 note 3; VII, 193. — Juifs en ces parages, III, 361. — Tremblement de terre, IV 99, 337.

LYDDA, II, 160, 198; IV, 302, 501 note 4; V, 3, 8, 23-24 et note 1, 28, 39, 69, 449; VI, 202, 222. — Préceptes de Lydda, VI, 217. — Martyrs de Lydda, VI, 217. — L'embolisme, VI, 240.

LYDIA, III, **146** et suiv. — Ses rapports avec Paul, III, **148-149**, 154, **160**, 165, **220**; IV, **18-19**, 22.

LYDIE, III, 24 note 2, 28, 146, 336, 355, 359, 566.

LYNCÉE, IV, 170.

LYON. Antipas à Lyon, I, 453. — Christianisme à Lyon, III, 5; VI, 467 et suiv. — Incendie, IV, 328. — Jean, V, 426. — Irénée, VI, 444, 467 note 2. — Colonie smyrniote, VI, **467** et suiv.; VII, 289. — Grecs à Lyon, VI, 467 note 2, 468 et note 2, 470 et note 2, 472; VII, 289. — Chrétienté, VI, **470** et suiv. — Polycarpe et Lyon, VI, 467 note, 472. — Rapports avec

Vienne, VI, 472. — avec les indigènes, VI, 472. — Perfection, VI, 474. — Lyon capitale religieuse des Gaules, VI, 474-475. — Épître des Églises de Lyon et de Vienne, I, LXIII; V, XXXIII; VI, VI, 315, 344 note 2, 467 note 2, 472 note 2, 509 note 2. — Martyrs, IV, 175; VI, 460; VII, III, 344, 389 note 3. — Quartier des Orientaux, topographie, VI, 475 et note 2. — Quartier chrétien, VI, 475. — Caractère lyonnais, VI, **475, 476, 477**; VII, 290. — Fourvières, VII, 294 note 1, 303 note 3. — Mysticisme, VI, 476, 478. — Dangereuses chimères, VI, 477. — Gnosticisme, VI, 477 et note 1; VII, 344. — La Lyonnaise, VI, 477; VII, 294. — Analogies avec notre temps, VI, 477. — Gnostiques, VII, 289 et suiv. — Markos, VII, 129, **292** et suiv. — Femmes, VII, 292-294. — Montanisme à Lyon, VII, 209 note, 221, 229, 289 et suiv., **298-301**. — Affinité, VII, 298, 315, 344. — Correspondance avec l'Asie, VII, 218, 290, 316. — Dons spirituels, VII, 530. — Paraclet, VII, 298 note 1, 299. — Lyon et Phrygie, VII, 299. — Alcibiade, VII, 300. — Bon sens relatif, VII, 221, 299. — Irénée et Victor, VII, 202. — Prospérité, VII, 289 et suiv. — Rayonnement, VII, 289-290. — Lettre à Éleuthère, VII, 301, 316.

Martyrs de Lyon, VII, **302** et suiv. — Autel, de Lyon, VII, 303 et note 2, 304, 329, 331, 332 note. — ville fédérale, VII, 303-304. — Foire, fête, jeux, VII, 303-304, **329** et note 2, 331, 332 note. — Calomnies, VII, 304. — Vexations, VII, 305. — Arrestation, VII, 305-306. — Question, VII, 306-307. — Renégats, VII, 307-308, 318, 319, 320, 327, 330. — réconciliés, VII, 331. — Esclaves, VII, 308-309. — Supplices, VII, 309-310. — Prison, VII, 313-314. — Préoccupation du montanisme, VII, 315-316, 328. — Première scène dans l'amphithéâtre, VII, 320-325. — Amphithéâtres de Lyon, VII, 321-322 et notes, 331-332 note. — Appel à Rome, VII, 325, 329. — Humilité, VII, 326, 327. — Charité, VII, 327, 328. — Bon sens, l'abstinent, VII, 328-329. — Inspirés, VII, 329. — Deuxième exhibition, VII, 329-335. — Corps des martyrs, VII, 336-339 et notes. — Nombre, VII, 339 et note 2. — Reconstitution de l'Église, VII, 336 et suiv., 339 et suiv., 452, 453. — Lettre aux Églises d'Asie, VII, **339-340** et notes. — Autres lettres sur le montanisme, VII, 340-341 et note 2. — Irénée, VII, 339, 340, 341. — Conciliation, VII, 341. — L'Église de Lyon se détache de l'Orient, VII, 342-343. — Grec se perd, VII, 343. — Traces, VII, 343 et note 2. — Sectes, *pauperes de Lugduno*, VII, 344.

LYRE, symbole, VII, 546.

LYSANIAS d'Abylène, I, XIII, LXXXIV note 5; V, 263 note 2.

Lysias, tribun qui arrête Paul, III, 524, 525, 526, 527, 528, 529, 530, 531, 532, 538.
Lysimaque d'Alexandrie, V, 243.
Lystres, III, xxxvi, 17 note 3, 34, **42** et suiv., 324. — Paul et Barnabé à Lystres, III, **44-47**, 52 note; IV, 85 note. — Pas de juifs, III, 46. — Église de Lystres, III, 46, 48. — Émeute, III, 47, 100. — Retour, III, 54. Voir Galatie. — Retour de Paul, III, 123. — Il y repasse encore, III, 330.

M

Maaser schéni, VI, 230.
Maboug, VII, 135.
Macarius Magnes, VII, 446 note 2, 460 note 1, 521 note 7.
Macchabées, (voir Asmonéens), I, 13, 14, 81 ; II, 192 notes 1 et 2; VI, 198. — Monnaie, IV, 273 et note; VI, 203-204. — Livres des Macchabées, V, 37; VI, 117-118. — Deuxième livre des Macchabées, V, 304 et note 1. — Quatrième livre des Macchabées, V, 306 et notes. — Voir Empire de la raison.
Macchabées (martyrs dits), IV, 218, 467; V, 304 et suiv. et notes; VI, 293 note 1. — Vocable des Macchabées à Lyon, VII, 338 et note 3, 339 et note 1.
Macédoine, II, xii, 282, 285; III, 221; VI, 115. — Macédoniens en Syrie, II, 217; IV, 299. — Royautés sorties de la conquête macédonienne, II, 315. — Paul en Macédoine, III, xxviii-xxix, xxx, xxxii, xxxv, xxxix, xli, xlii, lxx, lxxi, 201, 330, 419 note 2. — Sens du mot pour saint Paul, III, 51 note 2. — Entrée de Paul en Macédoine, III, **130** et suiv., **134**, 439. — Luc macédonien, III, 130 et suiv.
Macédoine, province romaine, III, **135** et suiv., 140, 492-493 note, 562. — Caractère, III, **135** et suiv., **246**. — Féodalité et monarchie, III, **136**. — Nationalité, III, 137. — État actuel, III, **138-139**. — Juifs de Macédoine chassent Paul, III, 163-164. — Fin de la mission de Paul en Macédoine, III, 164-165, 170, 215, 225. — Coup d'œil, tendresse de Paul pour ses Églises de Macédoine, III, 236. — Il accepte d'elles, III, 448. — Églises avancées, III, 270. — Projet de voyage de Paul, III, 384, 385, 420, 424 et note, 431. — Deuxième séjour de Paul en Macédoine, III, 438 et suiv., 456. — Tribulations, III, 439, 440. — Zèle pour la collecte, III, 452, 455, 460. — Paul quitte la Macédoine, III, 458. — Députés, III, 454-455, 458, 492 note. — Copie de *Rom.* en Macédoine,

III, 461, 481. — Projet de repasser par la Macédoine, III, 492, 494, 497. — Paul touche en Macédoine, III, 497, 498. — Macédoniens à Jérusalem, III, 540. — Chiffre des fidèles de Macédoine, III, 562 note 2; VII, 621, 622. — Églises de Macédoine perdent de leur importance, III, 564. — Paul repense à elles, IV, 17. — État des Églises, V, 312. — Ignace et la Macédoine, V, 487. — Mystères païens, VII, 563 et note 2.

MACÉDONIQUE (légion 5e), IV, 500.

MACER, IV, 354, 434.

MACHÉRO, I, **114-115, 116,** 202, 204, 205; IV, 247, 334, 493, 536.

MADAURE. Voir APULÉE.

MADELEINE (la) type, I, 66. Voir MARIE DE MAGDALA.

MÆONIE, III, 364 note.

MÆSA (Julia), II, 299; VII, 495, 497 note 1.

MAGADAN, I, 146 note 3.

MAGDALA, I, 145, 146 et notes.

MAGEDDO, IV, 429.

MAGICIENS, IV, 28-29 et note, 43. — Jésus magicien, V, 117-118. — Magicien qui entraîne le peuple au désert, IV, 66.

MAGIE, MAGES, à Éphèse, III, 338-339, 344-345, 347 et suiv. — La magie en Orient, III, 348. — en Apocalypse, IV, 414, 415, 419, 421, 427. — Mages, IV, 490; V, 180, 190, 208; VII, 434. — interdite, V, 404. — chez Ménandre, V, 451. — Formules magiques des elchasaïtes, des esséniens, etc., V, 456 et note 3, 459, 463-464. — *Minim* magiciens, V, 533-534, 535. — Adrien, V, 14 note 1, 189. — Accusation de magie, VI, 307; VII, 278, 295, 520, 531 note 3, 532. — Paul magicien, VI, 325. — Lois contre, VII, 48 et note 3, 377. — On croit à sa réalité, VII, 350, 377. — déborde, VII, 48. — Markos, VII, 127. — Gnostiques, VII, 138. — Marcionites, VII, 161. — Celse, VII, 347-348, 349. — Christianisme, VII, 350 note 3.

MAGISTRATURES romaines, V, 403; VII, 97, 500. — Chrétiens les évitent, VII, 596.

MAGNÉSIE du Méandre, III, 332.

MAGNÉSIE du Sipyle, III, 126, 129. — Épitre d'Ignace, V, XII, XXIV, 488.

MAHOMET, sa légende, I, XCIV. — Sa vie, I, CIII, 478, 502-503; IV, 85. — Son rôle, etc., I, 47, 78, 161, 238, 269, 278; II, 3, 271; V, 47, 87 note 2, 200, 457, 458, 464-465 note; VI, 282; VII, 507. — Théorie sur Jésus, V, 421-422, 460, 461-462. — Sectes qu'il connut, V, 461; VI, 285. — Sabiens, V, 462; VII, 86 note. — Sa *kibla,* VI, 286 et note 1. Voir KIBLA. — Judéo-chrétien, nazaréen, elchasaïte, VI, 286; VII, 83 note 1, 86 note, 623. — Évangile de l'enfance, VI, 515.

MAIMONIDE, VI, 244 note 1, 250.

MAINYU-KHRATU des livres zends, I, 258 note. Voir MINOKHIRED.

MAÏOUMA, II, 220; V, 19 note 4.

MAISON DORÉE, III, 171.

MAJESTÉ de Dieu personnifiée, VI, 64 et note 2.

MAKAUR. Voir MACHÉRO.

MALACHIE; idée de précurseurs du Messie, I, 206.
MALADIE, idées sur les maladies, I, 271; IV, 366 et note 2. — Mot relatif, I, 409.
MALCHUS, I, 405, 408.
MALEAK (le) de Jehovah, II, 140; VI, 68.
MALÉDICTION (la triple), V, 71-72, 73.
MALÉE (cap), IV, 342 note 3, 567.
MALTE, III, XXXV, 552, 556, 557 note, 558 note. — Paul à Malte, III, 556-558; V, 206 note 1.
MAMBRÉ. Voir JAMNÈS.
MAMÆA (Julia) ou MAMMÉE, II, 299; VII, 494, 495, 496. — Christianisme de Mammée, VII, 496-497 note, 497 note 1.
MAMMÉENNES (jeunes), VII, 22 note.
MAMON, I, 176.
MANASSÉ (prière de), V, 37, 329 note 3, 335 note 6, 530.
MANASSÉ de Tobie, VI, 556.
MANÈS, VII, 437 note, 446 et note.
MANICHÉISME, V, 465. — Marcion, VI, 355, 515 et note 2. — Actes de saint Thomas, VI, 523 et suiv.; VII, 462-463 et note. — Gnosticisme et manichéisme, VII, **130, 131, 151,** 161, 446, 551.
MANOU, dynastie d'Édesse, VII, 458. Voir ABGAR.
MARA, fils de Sérapion, IV, 65 note 2; V, 40 note 3 ; VII, **435-436** et note.
MARAN ATHA, I, 287; II, 67, 92; III, 413, **417, 418;** IV, 22, 23, 338.
MARANUN, V, 60.

MARC (saint), connaît Jésus (?), I, 228, 406; II, **106-107.** — s'adjoint à Barnabé, II, **278, 280, 385.** — Liens avec Pierre, II, 278, 279; V, 432. — Marc et Paul, III, XXXIV, XXXVI. — Départ avec Paul, III, 1 et suiv. — Dissentiments avec Paul, III, 20, 282 et notes. — Rupture, III, **32.** — Cause de la rupture de Paul et de Barnabé, III, **119-120,** 122. — compagnon de Barnabé, III, 120. — compagnon et interprète de Pierre, III, 282. — Évangile de Marc, I, XIII, XVII, L et suiv., LXXX, LXXXII-LXXXIII, LXXXVII-LXXXVIII ; IV, 60. — Évangile thaumaturge, I, **275-276.** — Récit de la résurrection, I, 449-450 note, 531; II, 7 note 1. — Discussions, IV, 293 note 1, 296 note 2. — auteur de l'Apocalypse (?), IV, XXIII, 559. — suit Pierre, IV, 27, 32. — Nom de *Marcus Petrus*, IV, 27. — Marc et Paul, IV, 32, 97. — Réconciliation (?), IV, 73-74, 112. — visite l'Asie, IV, 98, 111. — Recommandation de Paul, IV, 98-99, 111. — écrit l'Évangile, IV, 61 note 3. — Pierre, Marc et Paul, IV, 112. — Marc et l'Asie, IV, 121-123. — décoré du pétalon, IV, 209 note 3. — Marc et Luc, V, 257-261, 265, 266, 273, 280, 281, 282, 284. — Situation entre les partis, V, 264-265. — ignore l'Ascension, V, 281. — ignore la virginité de Marie, V, 537 note 2. — corrigé par Luc, V, 282 notes 1 et 2. —

Suite du développement évangélique, V, 285. — connu de Clément, V, 334. — Jean et Marc, V, 429. — survivant, V, 432. — Erreur sur les frères et cousins de Jésus, V, 537, 544-545.

Évangile de Marc, V, vi. — Papias, V, 79 note, 120-121 note. — comparé à l'Évangile hébreu, V, 104, 106, 109 note 1. — Apparitions à Jérusalem, V, 107. — Rédaction, V, **113** et suiv. — Marc l'écrit, V, 114. — à Rome, V, 115. — Souvenirs de Gethsémani, V, 114 et note 2, 115 et note 1. — Relations avec Pierre, V, 114, 115, 127. — œuvre de Pierre, V, 115, 117, 118. — Désordre, V, 115, 116, 120-121 note, 127. — Lacunes, V, 116, 120, 173, 215. — Réalisme, V, 116. — Défauts, V, 116, 193-195, 212. — le plus historique, V, 116 et note 3, 118-119, 122, 212, 542. — Omission des discours, V, 117. — Miracles, V, **117-118**. — Esprit de Pierre, V, 119. — Rôle de Pierre, V, 119. — peu juif, V, 119, 126. — Comment il se conserve, V, 120. — retouché, V, 120, 122. — imité, V, 120-121, 122, 263. — Enfance, généalogies, V, 173. — Récit de la résurrection, V, 121-122. — Finale, V, 121-122. — Passion, V, 122, 257. — Après mort de Pierre, V, 123. — Allusions à 70, etc., V, 123 et note 3. — Apocalypse de Jésus, V, 123-124, 125 note 2. — Date, V, 125. — Age de Marc, V, 125 et note 4. — à Rome, V, 125-126, 157, 215. — Latinismes, V, 126 et note 2. — Peu d'exégèse, V, 126. — Marc et le *Presbyteros*, V, **126-127**. — Marc à Alexandrie, V, 157-158, 171. — Les thérapeutes, V, 158. — Marc, base de Matthieu, V, **174-178** et suiv., 537 note 2. — base de Luc, V, 257-261. — Pas d'enfances, V, 190. — Objections, V, 191 et suiv. — corrigé, V, 191 et suiv. — complété, V, 214. — Nullement abréviateur, V, viii, 120, 194-195. — Mots araméens, V, 214. — Explications, V, 215. — provoque Matthieu, V, 215. — connu de Luc, V, 217 note 1, 257, 258. — Marc et Jean, VI, 45, 59. — Marc et le *Presbyteros* (Papias), VI, 49, **128** et note 1. — Style, VI, 116, note. — Thaumaturgie lourde, V, **193-194**; VI, 131, 559. — Son Christ fait peur, VI, 513 note 3. — opposé à Marcion, VI, 359. — Justin, VI, 370. — Canonisation, VI, 500, 505. — Légende, VI, 523 note 2.

Marc-Aurèle, III, 178, 416; IV, 103, 566; V, 143, 145, 147, 150, 152, 380, 410, 411. — En quoi supérieur à Jésus, I, 467. — En quoi inférieur, I, 467-468. — Sa culture intellectuelle, II, 326, 333. — Ce qu'il dit des Galiléens, IV, 175, note. — romain, V, 384; VII, 54, 55, 68, 266, 287, 490. — Les philosophes, V, 383, 384; VI, 296. — Son antipathie contre les Césars, V, 384 note 2. — Attachement à la religion, V, 396; VII, 348. — Celse, VII, 352. — Limites de la philosophie, V, 409-410. — Antonin et Marc-Aurèle, VI, 295. — embellit Ælia, VI, 225. — *Verissimus,* VI, 367, 368 et note. — Adoption, VI, 367, 368 note, 487 note. — Titres consulats, VI, 367-368 et note, 487 et note. — Sibylle, VI, 352 note 1, 533.

Importance et avantages de cette étude, VII, i - ii. — succède à Antonin, VII, 1. — comparé à Antonin, VII, 2-3, 4. — Son caractère, VII, 6, 7. — Sa fortune, VII, 7, 21 et note 3. — Jeunesse, VII, 7-8. — Éducation, V, 384; VI, 295, 494; VII, 8-9, 10, 11, 259. — Rusticus, VII, 8, 259. — Sa philosophie, VII, 8, 9, 10, 46, 259, 280, 284, 287. — Ses maîtres, VII, 10-11, 259 et suiv. — Son style grec, VII, 11, 46. — Antonin son vrai maître, VII, 11, 12. — Indulgence, VII, 13, 14. — Fiction, VII, 15. — Surnaturel, VII, 16, 272, 372, — Peu d'éducation scientifique, VII, 16. — Religion, VII, 16-17, 254-255. — Superstitions, V, 396; VI, 431 note 1; VII, 16 et notes. — Vertu rationnelle, VII, **17**. — Le souverain, VII, **18** et suiv. — Progrès, VII, 19. — Popularité, VII, **19-20**, 30 note 5. — Assistance publique, VII, **20-21**. — Fondations, VII, 21. — Progrès des lois, VII, **22-29**. — Prétendue influence chrétienne, VII, 23 note 1. — Administration, VII, 23-24. — Esclavage VII, 24-26. Voir LÉGISLATION. — Lois excellentes, VII, 27-28, 29. — criminaliste, adoucit, VII, 27-28, 29. — Principe philosophique, VII, 28. — conservateur, VII, 29, 54. — Collèges, VII, 29. — Marc et l'amphithéâtre, VII, 30-31. — Marc et les philosophes, VII, **33, 35, 36-37**. — Réaction romaine, VII, 37-39. — Avidius, VII, 38. — Art, VII, 47. — Statue, VII, 47. — Alexandre d'Abonotique, VII, 49, 50. — Idées d'hérédité, VII, 385. — Bardesane, VII, 441 note, 444.

Campagnes sur le Danube, VII, **249** et suiv. — L'armée romaine, VII, 253-254. — Conduite de Marc, VII, 254-256. — Arc et colonne, VII, 253 note 1, 256 note 1, 274, 277, 470, 471, 499 note. — Martyre intérieur, préparation à la mort, VII, 464 et suiv., 481. — Résignation, renoncement, VII, 465, 466, 481-482. — Prières, VII, 466-467. — Le mal du siècle, VII, 467. — Tristesse, VII, 467, 479 et suiv. — Popularité de Marc, VII, 468, 486. — Excès de bonté, VII, 468 et suiv., 472 et note, 478, 483. — Faustine, VII, **469-471**. — Commode, VII, **472-481**. — Idée de Julien, VII, 473-474. — Discussion, VII, 474 et suiv. — Marc pour l'hérédité directe, VII, 474 et note 2. — Solitude, VII, 480-481. — Bonté par ennui, VII, 483. — Dernier départ, VII, 484. — Mort, VII, 485, 486. — Regrets, honneurs, VII, 486-487. — Culte durable, VII, 487. — Marc-Aurèle de l'avenir, VII, 488-489. — Fin du monde, VII, 489 et suiv. — Affaiblissement, VII, 489-490. — Ses philosophes, VII, 493-494. — Fille tuée par Caracalla, VII, 495-496. —Stoïcisme, VII, 593 note 3. — L'Orient l'emporte, VII, 623. — Gouvernement, VII, 249, 467. — Affaire d'Avidius, VII, 475.

Marc-Aurèle et le christianisme, V, 392 et suiv.; VI, IV, 6, 294, 376, 492 et note, 448 et note 3; VII, 492, 592-593. — Lois sur les associations, V, 400, 401. — Loi contre les émotions religieuses, V, 406 note; VI, 537. — appartient aux origines du christianisme, VI, 1-11, 111 et suiv. — Chrétiens autour de lui, VII, 276, 287. — Saint Justin, VI, 367, 368, 487 et note.— Marc et les chrétiens, VII, **55** et suiv., 58. — Chrétiens de sa domesticité, VII, 55 et note 2. — Les martyrs, VI, 55-56.— Faste tragique, VII, 56 et note 3. — Jugement des chrétiens sur Marc, VII, 58-59, 285-286.— Prétendu rescrit en faveur des chrétiens, VII, 59 note 1, 277 et note 3. —Prétendu édit de persécution, VII, 59 note 1. — L'opinion, VII, 62, 64 note 4. — Excuses, VII, 67-68. — Méliton et Marc-Aurèle, VII, 184 note, 187, 188, **281-286**. — « Fils » de Marc, VII, 184 note, 282 note, 283 et note 2. — Apologies, VII, 188, 280, 284, 380-381, 383 note 3, 385, 389 et note 3, 441 note. — L'Église et Marc-Aurèle, VII, 239-240. — Voyage en Grèce et en Orient, VII, 286-287. — Persécutions, VII, 302 et suiv., 379, 424 note 2. — à Rome, VII, 325. — L'incident de la *legio fulminata*, VII, 273 et suiv. Voir ce mot.— Miracle de Marc, VII, 274, 278. — Continuation de la persécution, VII, 278 et suiv. Recrudescence, VII, 279. — Martyrs, VII, 491. Voir Scillium. — Bonté, VII, 493. — Rescrit apocryphe, VII, 583 note 4, 595 note 2.

Les Pensées, VII, **249** et suiv., **256** et suiv. — Rédaction, VII, 257-258, 272.—Pas de système, VII, **262, 263, 264, 266, 272**. — Peu de curiosité, VII, 262, 270. — Beauté éternelle, VII, 262-263, 272. — Théologie, VII, 262, 263, 264, 266. — Dilemme, VII, 17, 263. — Mortification, VII, II, 2, 3, 270-271.— Monde de son enfance, VII, 5, 259 et suiv. — Antonin, VII, 260, 261. — Les Pensées et l'Évangile, VII, 272. — Passages traduits, VII, 12-13, 14, 17, 52, 56, 257, 258, 259, 266-267, 268, 269, 270, 464, 466-467, 473, 480-481, 482. — Ses historiens, VII, 270-271.

MARCEL (saint), VII, 290 note 1. — Pseudo-Marcel, VI, 343.

MARCELLINE, VI, 349 note 1; VII, 125. — Statues à Jésus, etc., VII, 125.

MARCELLUS, procurateur, II, 142.

MARCIA, concubine de Commode, VII, 55 note 2, 279, **287-288**

491. — sympathique au christianisme, VII, 287-288, 491.

MARCIEN, jurisconsulte, VII, 494.

MARCION et MARCIONISME, I, XVIII, LX, LXXXVII, LXXXVIII, 198 note 3, 531; VI, 287 note 1. — Critique des épîtres de Paul, III, **XI-XII**, XV et note, L-LI, LIV, LXXI; IV, XXXV; V, II, III, VI, 420; VI, 104, 322, 333, 349 et notes. — Son travail sur l'Évangile, V, VII; VI, 71. — Analogie avec pseudo-Jean, VI, 71, 73. — antijuif, VI, 70; VII, 87. — Docétisme, VI, 184, **349-363**, 434, 439 note 1; VII, 163, 164, 165. — Exagération de Paul, VI, **350** et suiv. — Naissance, éducation, VI, 351-352; VII, 163. — Austérité, VI, 352 et note 2. — Synagogues de marcionites, V, 51 note 3. — Marcion à Rome, VI, 352. — Rapports avec Cerdon, VI, 353. — Calomnies, VI, 354. — Doctrine, VI, 354-355. — Idées sur le martyre, VI, 355-356, 434, 464 note. — *Antithesis*, VI, 357; VII, 154, 164. — Son Évangile, VI, **357-359**. — Sa Vie de Jésus, VI, **358, 361**. — Dithéisme, VI, 359. — Morale, VI, 359. — Succès, opposition, VI, 359, 360, 361, 363. — excommunié, VI, 360. — Tergiversations, VI, 360-361. — Audace, VI, 361. — corrige saint Paul, VI, 361. — échoue, VI, 362-363. — Sa secte, VI, 363, 365. — Saint Justin, VI, 365, 366, 370. — Philosophie, VI, 398. — à Rome, VI, 449, 451. — Marcion et Polycarpe, VI, 450. — Conversions, VI, 451. — Évangile *a priori*, VI, 501, 504. — Rhodon, VII, 102. — Femmes, VII, 116 et note 4, 150. — Vierges, VII, 120 note. — Importance, VII, 122, **148** et suiv.

Église marcionite, VII, 148. — Aversion de l'épiscopat orthodoxe, VII, 148. — Durée, VII, 148-149. — Variations, VII, 149. — Apelle, VI, 357, 361; VII, 149, 151, 153, 157. Voir ce mot. — Erreurs, VII, 151. — Lucain ou Lucien, VII, 157. — Sévère, etc., VII, 157 et note 5. — Suite, VII, 158. — Réfutations, VII, 158, 160, 162 note 1, 174, 177. — Propagande, VII, 177. — Églises marcionites, VII, **158-161**, 405-406. — Synagogues, VII, 159 et note 1. — Évêques, VII, 159. — Martyrs et vierges, VII, 159 et notes. — Austérité des marcionites, VII, 159, 160-161, 162. — Écrits, VII, 601. — Méliton, VII, 189. — Modestus, VII, 192. — Irénée, VII, 300. — Celse, VII, 354, 361. — Théophile, VII, 386. — Hégésippe, VII, 421. — Synchronisme avec Bardesane et Manès, VII, 437, note. — Bardesane et Marcion, VII, 438, 446 et note 2.

MARCION, chrétien d'Asie, VI, 462.

MARCOMANS, VII, 252, 255, 287. — Province de Marcomannie, projetée, VII, 256.

MARCUS ANNÆUS NOVATUS. Voir GALLION.

MARCUS, évêque d'Ælia, VI, 262.

Mardochée, VI, 557, 558 note 2.
Marguillier, VII, 534 et note 1.
Mariage. Mariages mixtes à l'origine du christianisme, III, 34, 66, **68-69**, **90**, 304, **395**, 509; V, 187-188 note. Voir Pornia. — Prescriptions juives et chrétiennes sur le mariage, III, 70, **90**, **91**, **92**, 380, 394-396; IV, 476. — Seconds mariages, III, 244, 257; VI, 97, 98, 411; VII, 231, 383, 534, **548-549**. — Question du mariage à Corinthe, III, 380, 385. — Interruption des devoirs conjugaux, III, 395. — Antipathie de l'eschatologie chrétienne et du mariage, III, 396, 397. — Chrétiens se marient peu, III, 396. — Dédain du mariage, III, 396-397. — Autre doctrine de Paul, III, 397-398. — Le judaïsme contraire au christianisme sur ce point, III, 397. — Devoirs du mari, IV, 119. — Hérétiques condamnant le mariage, VI, 103, 104, **179**, **183**, **185**, 355, **524**; VII, 100 note, 124, 137 et note 5, 157, 166, 168, 169, 170, 244 et suiv., 245, 551. — Idéal de Tobie, VI, **233-234**. — Ébionites, VI, 510. — Montanistes, VII, 215, 220, 223, 231. *Actes* de saint Thomas, VI, 524-525. — *Reconnaissances*, VII, 91-92 et notes. — Denys de Corinthe, VII, 175. — Règles, VII, 383 et note 3. — Difficultés sociales, VII, 453. — Mariage chrétien, VII, **547** et suiv., 548. — Mariage romain, VII, 548 et note 2. — Mariage juif, VII, 547, 548 et note 3 — Célibat préféré, VII, 549 et suiv. Voir Célibat. — Obligation chez les juifs, VII, 550. — Mariages précoces, VII, 91-92, 550-551. — Tendance chrétienne contre le mariage, VII, 551, 552 et note 2. — Scrupules, VII, **551-552** et note 2. — Devoirs, VII, 92-93, 99, 552 note 2. — Mariages mixtes chez les chrétiens, VII, 597 et note 2. — chez les juifs, VII, 597 note 2. — Inégalités, *liberti*, *feminæ clarissimæ*, VII, 611.
Mariamne l'Asmonéenne, IV, 242.
Mariamne, fille de Simon, I, 226.
Mariamne (tour de), IV, 246, 518, 520 et note 3, 523.
Mariamne, femme sectaire, V, 460 note 2.
Marie, sœur de Moïse, VII, 217.
Marie, mère de Jésus, I, 23, 74, 139, 160-161, 486. — au Calvaire (?) I, 435, 436 note, **525**, **526**, **527**. — Sa situation dans l'Église naissante, I, 436 note 1, 527; II, **49**; III, 134. — à Éphèse, IV, 347 note 1; V, 429. — « Fils de Marie », V, 116 note 3, **512**. — Absence de généalogie, V, 184-185 et note. — Descendance davidique, VI, 344. — Légende de sa naissance, V, 189 et note 2, 279 note 1, 542; VI, **344**. Voir Nativité de Marie (Évangile de la). — grandit, V, **279-280**; VI, **344**. — Virginité, V, 537 note 2, 542; VI, 269 note 3, 344, 510, 512. Voir Marie Cléophas. — en quatrième Évangile, V, 539-540, 544. — Hypothèse d'un second mariage de Joseph, V,

188 et note, **542**, **543**, 547. — Marie chez les gnostiques, VI, 159, 173; VII, 134. — en *Cérygmes*, VI, 340. — grandit en apocryphes, VI, 344. — *Genna Marias*, VI, 344, 509 et note 4. — côté puéril, VI, 507. — Enfances, etc., VI, **509-511**. — Développement de la légende, VI, **509** et suiv. — Présentation, VI, 510. — Autres fêtes, VI, 510. — Annonciation, VI, 511. — Culte, VI, 512, 517. — Généalogies, VI, 512. — Assomption, VI, 512-513. — Grandes et petites Interrogations, VI, 528; VII, 121 note. — Marie en *Pistis Sophia*, VII, 121 note, 145 note 1. — Culte de Marie, origine gnostique et syrienne, VII, 145 et note 1, 505.

MARIE (sainte) du Transtevère, église, III, 108 note 4.

MARIE CLÉOPHAS, I, 25-27, 160. — au Calvaire, I, 435, 525; V, 539. — au tombeau, II, 6. — Retour en Galilée, II, 31. — Discussion, V, **539** et suiv., **543**, **547**. — Les deux Marie sœurs, V, 539 et suiv., 544.

MARIE DE MAGDALA, possédée de sept démons, I, **158**, 309, 449. — au Calvaire, I, 435; IV, 117. — à la résurrection, I, **448-450**, **531**; II, **6** et suiv., **13**, **16**, 43; IV, XLII. — Retour en Galilée, II, 31. — disparaît, I, 530; II, 55. — Son apothéose, II, 32; III, 149. — En *Pistis Sophia*, VII, 121. — Celse, VII, **358**.

MARIE DE BÉTHANIE, I, 352-353 372 et suiv., **384** et suiv., **506** et suiv., **515**; II, 42 note 5, 102; V, 282.

MARIE, mère de Marc, I, 228; II, 106, 248, 278.

MARIE, diaconesse d'Éphèse, III, 432, 433.

MARIE DE CASTABALE, V, XII-XIII.

MARION (Élie), IV, 371 note 2.

MARIUS MAXIMUS, l'historien, VII, 271-272.

MARKOS, sectaire, VI, 504; VII, **127-129**. — en Asie, VII, 128, 292 note. — à Lyon, VI, 477; VII, 129, **292-296**. — Succès, VII, 294. — Vers l'Espagne (?), VII, 292 note. — Évangile selon Thomas, VI, 513-514. — Femmes, VII, 116, 127-128, 292, 293, 294. — Rite eucharistique, VII, **127-128**, 292. — Markosiens, VII, 127 et notes 1 et 2, 295-296. — Livres, VII, 127 note 1. — Débauches, séductions, VII, 128, 169, 292-295, 305. — Sacrements, VII, 292, 296. — Prophétesses, VII, 292, 293. — Pénitentes, VII, 293, 294, 295. — Philtres, VII, 295. — L'affaire du diacre d'Asie, VII, 295. — École, les parfaits, VII, 295-296. — Noces spirituelles, VII, 296. — Invisibilité, VII, 296. — Onctions, VII, 296.

MARONITES, II, 228-229, 300, 301 note 1.

MARS, IV, 472; VII, 255.

MARSEILLE, III, 179; VI, 478; VII, 343 note 2.

MARTHA, fille de Boëthus, IV, 49 et note 4.

MARTHANA, V, 460 et note 2.

MARTHE, I, 184, 353-354, **372** et

suiv., **384** et suiv., **506** et suiv., **515**; II, 102; V, 282; VII, 121.

MARTHE, femme sectaire, V, 460 note 2.

MARTHOUS, V, 460 et note 2.

MARTIAL, V, 147, 221, 395.

MARTIN (saint), millénaire, VI, 136; VII, 595 note 2, 627 note 2.

MARTYROLOGE. Légendes des martyrs, VI, **314-315**. — Réserves, VI, 314, 315, 317. — Actes vrais, VI, 315. Voir MARTYRS et ACTES.

MARTYRS. Jean-Baptiste premier martyr, I, 210. — Origines du martyre, II, **146**. — Martyrs stoïciens, II, 344, 345. — Psychologie du martyre, II, 381 et suiv.; IV, **174** et suiv. — Goût du martyre, IV, 45, **175**, 203, 215, 320; V, XXIII; VI, 318, 444. — Faux zèle, IV, 42-43. — Effet du martyre, IV, 175 et suiv. — Éloge des martyrs, IV, 218. — Martyrs de 64, IV, 354 note 1, 430, 440; V, 323. — Voir ROME, PIERRE, DANAÏDES, DIRCÉS. — en Apocalypse, IV, 356-357, **387**, 389 note 3, **390**, 409, 432, 463 note 2, 466, 467. — Règne de mille ans pour les martyrs, IV, 446. — Martyrs dits Macchabées, IV, 467; V, 304 et suiv. — Autorité, V, XIX-XX, 495; VI, 435; VII, **315-316, 326**. — Passage d'Ignace, V, XXV, XXX et note 2. — Le traité De rationis imperio, V, 303 et suiv. et notes. — Immortalité, V, 305 note 1. — Actes de martyrs, origine, V, 306-307; VII, 242-243. — Papes martyrs, V, 316 note 2. — Martyrs de Pline, V, 477. — Actes faux, V, 471 note, 483 note 1. — Enthousiasme, saint Ignace, V, **489** et suiv., 492, 493. — Fureur contagieuse VI, 487-488. — Pérégrinus, caricature, V, 493-494; VI, 464 et suiv., 465. — Effet sur Marc-Aurèle, VII, 55-56. — Faste tragique, VI, 312; VII, 56. — Principe des gnostiques, VI, **153-154, 164-165**. — Résistance par le martyre, VI, 196. — Préceptes pour lesquels on doit endurer le martyre, VI, 216, 241. — Principe juif, suicide, VI, 216. — Éviter le martyre, VI, 215-217, **241-242**. — Violations publiques, VI, 217. — Preuve d'immortalité, VI, 219 et note 2. — Privilèges des martyrs, VI, 220, 407, 408. — Les juifs et le martyre, VI, 241-242. — Différence des chrétiens, VI, 242. — Martyrs juifs, VI, 245, 250. — Saint Justin, VI, 273, 366, 367, 369. — sous Adrien, VI, 293 et note 1. — sous Antonin, VI, 303. — Basilide, VI, 306 note 4. — Les martyrs et le peuple, VI, 308-309. — Jugement des stoïciens, VI, **312**. — Provocateurs, VI, 313-314, 453, 463. — Ne pas le rechercher, VI, 452-453, 463. — Nombre des martyrs, VI, 314; VII, 58 note, 115. — Martyre en permanence, VI, **316-317**. — Signe prétendu de la vérité, VI, 316, 317, 318, 434. — Mar-

tyrs hérétiques, VI, 316-317, 355-356, 434-435, 464 note. — On meurt pour croyances, VI, 317-318. — provoquent conversions, VI, **318, 366**. — prédits, VI, 340. — Marcionisme y pousse, VI, 355-356. — Les mondains, VI; 394. — Le martyr est le vrai chrétien, VI, 421; VII, 558. — en Asie Mineure, VI, 434 et notes 2 et 3, 435, 444. — Polycarpe, VI, 452 et suiv. — impassibles, VI, 454, 476; VII, 401. — Supplices, VI, 454; VII, 401. — Présomption, VI, 454. — Hallucinations, VI, 476. — Menaces, VII, 500.
Actes des martyrs, VI, 462-463, 464 note. Voir Martyrologe. — Zèle, VI, 463; VII, 318-319, 340, 401. — réconcilient, revivifient, VII, 326. — Ministère de grâce, VII, 316 note 1, 326. — Le vrai martyr, VII, 327. — inspirés de l'Esprit, VII, 329. — Celse, VII, 360, 361. — Lucien, VII, 375-376. — Esprit théâtral, VII, 375-376. — Scandales, VII, 376 note 2. — Preuve par les martyrs, VII, **401**. — insultent le juge, VII, 61 et note 2, 401. — Montanisme, VII, 215, 224, 233, 406, 407. Voir ce mot. — en Arménie, VII, 461. — Danger et inconvénients, VII, 428-429. — Recherche du martyre, VII, **62**, 232, 233, **234, 243**, 299. — Interrogatoires, Actes, VII, 66-67. — Gnosticisme, VII, 115, 118, 119, 146. — Marcionisme, VII,

159 et note 3. — Encratites, VII, 170. — Préparation, VII, **170-171**, 233, **314** et note 2. — en Asie, VII, 178, **193**. — Fuite du martyre, VII, 208. — Confesseurs, VII, 218. — Martyrs hérétiques, prétention des orthodoxes, VII, **224, 227-228**. — Zèle téméraire, VII, 234. — dans le roman chrétien, VII, **242** et suiv. — sous Marc-Aurèle, VII, 279. — Martyrs de Lyon, VII, 302 et suiv. Voir Lyon. — Littérature, VII, 242. — Culte des martyrs, VII, 376, 524-525, **538**, 629. — Anniversaires, VII, 525. — Cimetières, VII, **538**. — La raison et les martyrs, VII, 567. — Patrie du martyr, VII, 591. — Soldats martyrs, VII, 594-595. — Le martyre expie la richesse, VII, 601. — Esclaves martyrs, VII, 610. — triomphent, VII, 620, 644.

Marullus, II, 143, 197.
Masada, IV, 242, 246, 492, **536-537**.
Masbothéens, V, 46 note 2, 450 — Masbothée, *ibid.*, VI, 228 note 1.
Massa, V, 41.
Maternus, V, 288 note 2.
Matériels (hommes), VI, 145, 161, **174**. — Principe matériel en Jésus, VI, 173.
Mathématiciens, IV, 28-29 et note, 43, 421.
Matidie, VI, 2.
Matière, dans le gnosticisme et chez Marcion, V, 421; VI, 159, 160, 173, 174, 321, 354. — Prin-

cipe matériel, VI, 173. — Tatien, VII, 166.
MATTATHIAS, IV, 238.
MATTHIAS, fils de Margaloth, I, 61, 232.
MATTHIAS, apôtre, I, 160 ; II, 83-84, 119. — Apocryphes, VI, 162, 505 note 1.
MATTHIAS, fils de Théophile, grand prêtre, IV, 243, 507.
MATTHIEU (saint), apôtre, I, 302 ; V, 215. — ascétique, V, 215. — Matthieu et Lévi fils d'Alphée, I, xv ; **166-167** et note; IV, 59 ; V, 58, 59, 216 note 1. — Évangile, I, ʟ et suiv. ; v; vi, viii. — Discours qu'il prête à Jésus, I, LIII-LIV, **LXXXI-LXXXII**, XCIII, 85 note 1, 174. — Faiblesse des récits, I, LXXXII. — Caractère général, I, LXXXVII-LXXXVIII. — Matthieu en hébreu, rapports avec l'Évangile selon les Hébreux, I, LXXXIX ; V, (V. ci-après) ; VI, 281. — Discussion, IV, 293 note 1, 296 note 2. — Citations, V, XXII ; VI, 370, 400, 498 note, 500 note 2. — Légende, V, 118-119. — Canonisation, VI, 500, 505. — Recueil de *Logia*, V, **79** et suiv. et notes, 81. — Prétendu texte araméen, V, 98 note, 175-176 note.

Rapports avec l'Évangile hébreu, V, **103** et note 2, **104, 105, 109** et notes 1 et 3, **110** et note 1, **111**. — Évangile traduit de l'hébreu, V, **103**. — Origine, V, 103, 120. — Genre de *rouah*, V, 103 note 2. — Garde au tombeau, V, 103 note 4. — Objections, V, 109-110 note. — Récit de sa conversion, V, 110 note. — censé écrire en hébreu, V, 110. — Application du nom de Matthieu, V, 110, 111. — Papias, V, 110 note 1, **120-121** note. — Son exégèse, V, 127, 176 et note 1, 180, 209. — Besoin d'un Évangile complet, V, 173-174. — Marc base, V, **174-175**, 176 note 1, 283. — Date, V, 174 note 1. — Citations de l'Ancien Testment, V, 174 note 2, 176 et note, 181. — complète Marc, V, 175, 176 note, 177. — Discours, V, 175, **176-178**, 195, 211, 212, 214, 216. — Légendes nouvelles, V, 175, 178 et suiv. — Insertion de récits nouveaux, V, **178** et suiv. — Usage de l'hébreu, V, 175, 176. — Intercalations, V, 176-177, 260. — Doubles emplois, V, 177-178, 178-180. — Doublets, I, LXXXII ; V, 179. — Exagérations, V, 181, 205 note 4, 209-210. — Facteurs divers, V, **182** et suiv. — comparé à l'Évangile hébreu des Nazaréens, V, 184 note 2, 185 et notes 1 et 3. — Contradiction sur la naissance, V, 185. — Généalogies, V, 61, 186 et suiv. — Enfance, V, **190** et suiv. — Retouches à Marc, V, 191 et suiv. — pathétique, V, 193. — Progrès, V, **193** et suiv., 196 et suiv., 198. — groupe, amplifie, V, 195-196 et notes. — Sur la pauvreté, V, 195-196. — atténue, V, 195-196 et notes. — artificiel, V, 212. — Retouches, VI, 497. — Beauté, V, 198 et suiv., 212. — Style, V, 199; VI, 116 note. — hébreu et hellénique, V, 199. — analytique, V, 199. — populaire, V, 199. — Vérité, V, 200. — Instructions apostoliques, V, 205 et suiv. — Situation entre les deux partis, V, 206-207 et notes, 209, **264-265**. — *Ut adimpleatur*, V, 208 note 6; VI, 265 note 1. — s'adresse à des juifs convertis, V, 208. — juif et chrétien, V, 209-210. — Haine du pharisien, V, 211. — Morceaux écrits avant le siège, V, 212 et note. — Importance, V, 212-213. — Danger, V, 213. — écrit en Syrie, V, 214-215, 251. — supprime l'araméen, V, 214. — à Rome, V, 215, 251. — Luc ne le connaît pas, V, 215, 257-259. — Pourquoi attribué à Matthieu, V, 215, 251, 252. — écrit supposé, V, **216** et note 1. — *Logia* de Matthieu, V, 216. — Papias, V, 216-217. — Pas d'autorité apostolique, V, 216, 217. — Le travail continue, V, 217. — connu de l'auteur de l'Épître à Barnabé, V, 217 note 2. — Différences et ressemblances avec Luc, V, 264, 265 et note 1, 266, 280, 281, 283, 284. — ignore l'Ascension, V, 281. — Suite, V, 285. — Pâques, VII, 196. Connu de Clément (?), V, 334. — du pseudo-Esdras, V, 350 note 2. — au IIe siècle, V, 446. — Contradictions, V, 537 note 2. — Matthieu et Jean, VI, 45, 59. — Matthieu et Papias, VI, 126, **128**. — Matthieu et les gnostiques, VI, 163. — Matthieu et Justin, VI, 385. — en Testament des douze patriarches, VI, 269 note 3. — Naissance de Jésus et enfances, VI, 279, 518-519. — Matthieu et l'Évangile ébionite, VI, 281; VII, 122 note 1. — Légendes, généalogies, VI, 287. — Celse et Matthieu, VII, 353. — dans l'Inde, VII, 462. — *Ecclesia*, VII, 507. — Divorce, VII, 549 note 5.

MATTHIEU (pseudo-), Évangile apocryphe, VI, 509 note 3.

MATTIDIE des *Reconnaissances*, V, 313 note 2; VII, 77 et note 3, 78, 93.

MATURUS, martyr, VII, 312, 322, 324.

MAURES et MAURITANIE, V, 510; VI, 1, 8, 186; VII, 457.

MAURICUS (Junius), V, 287, 345, 381.

MAXIME D'ÆGES, VI, 427 et note 3.

MAXIME DE TYR, VII, 45-46 et note, 348, 349.

MAXIME (saint), VI, 267 note 2, 268 note 2.

MAXIMIEN, empereur, VII, 539 note 4, 620.

MAXIMILLE, montaniste, VII, 116, 150, **215-217**, 225, 226, 227, 298. — Prophéties, VII, 216-217, 230.

MAXIMIN II, empereur, VI, 348.

MAXIMUS, maître de Marc-Aurèle, VII, 264.

MAZDAK, II, 380.

MÉANDRE, fleuve, III, 332, 351, 355, 359, 501 note; IV, 90 et note, 344; VII, 193.

MÉCÈNE, II, 329. — Prétendu discours sur la religion, V, 404-405. — Jardins de Mécène, IV, 142.

MECQUE (La), sa *Kibla*, VI, 286 et notes 1 et 2.

MÉDECINE en Orient, I, 270-271. — Médecine par l'huile, I, 307 ; II, 96-97 ; IV, 55-56 et notes, 62 note 1 ; V, 64 ; VII, 531. — Médecine miraculeuse, II, 96 ; III, 406. — Médecins spirituels, IV, 56 ; V, 64, 533 ; VII, 530, **531.** — Elchasaïtes, V, 456-457, 458. — Esséniens, V, 458, 459 et note 1. — au nom de Jésus, V, 533, 534. — Superstitions médicales, VI, **430-431.**

MÈDES, IV, 398 ; VI, 14 ; VII, 459 et note 3.

MÉDITERRANÉE, son rôle, II, 280-281, 284 ; III, 97, 132, 552, 555, 558 ; IV, 335, 519 ; V, 516 ; VI, 212 ; VII, 71.

MEDJDEL, I, 146. Voir MAGDALA.

MEGILLA, V, 513 note 2.

MEÏR (rabbi), VI, 288.

MEÏRON, VI, 240.

MEKHILTA, VI, 242 note 1.

MELCHISÉDECH, IV, 214.

MÉLITÈNE, VII, 275, 278.

MÉLITON, III, 366 ; IV, XXXIV, 418 note, 459 ; V, 398 note, 470 note 3, 480 note 1 ; VI, 32 note 2, 302 note 1, 386 note 2. — Système sur l'empire et les empereurs, V, 470 note 3. — philosophe, VI, 39 note 2. — Matérialisme, VI, 433, **436-437.** — Eunuchisme, VI, 436 et note 6 ; VII, 200-201 et note. — Apocalyptisme, VI, 436-437. — Ascétisme, VII, 200-201. — Méliton et l'autorité, VII, **282-283, 285.** — Méliton et l'empire, VII, **283-286,** 362, 369, 586, **617.** — Contre Marcion, VI, 360 ; VII, 158. — Affaire de la pâque, VI, 446 ; VII, 197-198 et note, 200, 204.

Ses œuvres, VII, 178-179 note, 180 note 3, 179 et notes, 181 note 1, **182-183** et notes, 188-189 note, 189 et notes. — prophète, VII, 179, **183** et note 2. — Exégèse, VII, **179-181.** — Voyage en Palestine, VII, 179-180. — *La clef,* VII, 180, 181 et note 1. — Allégories, VII, 181 et note 1. — Idées apocalyptiques, VII, 181-182. — Traité *de la Vérité,* VII, 183 note 1, **183-188** et notes, 617. — Evhémérisme, VII, 185. — Culture, VII, 182. 190. — Doctrine, VII, 183 note 1. — Intolérance, VII, 187, 617. — Montanisme, VII, 182, 183. — Théologie et talent, VII, 188-190. — Apologie, VII, 108, 184 note, 187, 189 note 2, 190, **281** et suiv. — Date, VII, 282 note. — Sophistication, VII, 184 notes. — Fortune, VII, 188-190.

MÉMERA, IV, 82, 443 ; V, 415 ; VI, 65.

MÉMOIRES des apôtres, I, LVI, LIX, LXXV.

MEMORIÆ des apôtres, IV, 191 et note 3 ; VI, 338.

MÈN, VII, 579.

MENAHEM, fils de Juda le Gaulonite, I, 64 ; II, 263 ; IV, 245, 246. — Son parti, IV, 246.

MENAHEM, chrétien d'Antioche, II, 237, 279.

MÉNANDRE, le poète, cité par saint Paul, II, 166-167; V, 161 note 2; VII, 103.

MÉNANDRE DE CAPHARÉTÉE, sectaire samaritain, II, 273; V, **451-452**; VI, **147, 371**. — Rapports avec les chrétiens, V, 452. — Ménandriens, V, 452; VI, 147 note 1. — Gnosticisme, VI, 157-158, 177.

MENDAÏTES, I, 102-103; II, 96; IV, 363 note; V, **462** et suiv.; VII, 85-86 note. — Rapports avec les elkasaïtes, V, 463, 464; VII, 134 note 1. — Livres, V, 462, 463, 464-465; VI, 529. — Organisation, V, 464. — Rapports avec le christianisme, VII, 134 et notes.

MENDIANTS JUIFS, III, 103, 105-106; VI, 227. — cyniques, VI, 312.

MENDICITÉ chrétienne, I, 190-191; V, 44. — Sa noblesse, V, 74. — Origine, VII, 169-170.

MER, rend ses morts, IV, 448. — Sa disparition, IV, 449 et note 4.

MERCURE, rôle dans l'amphithéâtre, IV, 169, 473 et note 1.

MÈRE (la grande), VII, 569.

MÈRE DE LA SYNAGOGUE, III, 105.

MERIBA, V, 41.

MÉRINTHE, V, 417-418 et note 1. Voir CÉRINTHE.

MÉRISTES, V, 450 et note 5.

MÉSA, roi de Moab, VII, v.

MÉSÈNE, II, 254, 256.

MÉSITH, séducteur, I, 406, 407, 421.

MÉSOPOTAMIE, V, 369, 499, 500, 501, 502 note 3, 523; VI, 6, 558, 561; VII, 167, 249. — Révolte juive, V, 508, 509-510. — Pâque en Mésopotamie, VII, 200 note.

MESSALIENS, VI, 528.

MESSALINE, IV, 3.

MESSE, IV, 225; V, 478 note; VII, 456, **516** et suiv. — Analyse, VII, **517-519**. — Messe latine, VII, 456. — *Ite missa est,* VII, 518 note 2, 571. — Étrange contresens, VII, 522-523. — Messe isiaque, VII, 518 note 2, **571** et note.

MESSIE, VII, 502-503. — Y avait-il un idéal messianique? I, XCI-XCII. — Développements de l'idée du Messie, I, 15, 282. — Exégèse messianique, I, 38; IV, **465** et note 2, 466; V, 66, 84, 90, 92, 94, 193; VI, **264-266**, 287. — Règne messianique, I, 56, 82. — se combine avec la résurrection, I, 57. — Jésus se crut-il le Messie? I, XVI, 246, 409-410. — Jean-Baptiste Messie, I, 106. — Messie de Jean, I, 107. — Sectes messianiques, I, 108 note 2; V, 202 note 1. — Apparition messianique, I, 135-136, **284** et suiv. — Jésus proclamé Messie, I, 137, 164, 203, 209. — Précurseurs du Messie, I, 206 et suiv., 262, 437. — Conversion des gentils, I, 237. — Fils de David, I, 247; V, 60, 355; VI, 207. — Le Messie établira loi nouvelle, 1, 230-231, 311. — Jésus réalise l'idéal messianique, I, 251, **265-266**; II, 103. Voir EXÉGÈSE. — Prophéties messianiques, I, 265-266, 432 note 3, 434 et note, 484-485, 528, 529; III, 158; IV, xxxii, 367 et note 1; V, 416; VI, 121, 381, 382. — Idée inintelligible pour les gentils, IV, 85. — Messie doit souffrir, IV, 117, 118. — Homme de douleur, IV, 118. — Un empire romain d'Orient, IV, **157, 240**, 317. — Douleurs du Messie, IV, 290, 327, 385. — Signes du Messie, IV, 327 note 2, 339, 385, 386; V, 123 notes 3 et 5, 164. — Ses miracles, I, 266. — Calculs, IV, 346 et note 1; V, 41. — Messies récents, IV, 346 note 1. — Royaume messianique matériel, IV, 346, 446. — limité, IV, 469. — Sa durée, IV, 469. — comparé au sabbat, IV, 470. — Messie et Antechrist, IV, 351; VI, 534, 535, 540. — Messie et empire romain, IV, 384-385, 408. — Fléaux précurseurs, IV, 385, 387; V, 41, 123 notes 3, 4 et 5. — en Apocalypse, IV, 424, 443. — Messie juif, IV, 475.

Idées messianiques appliquées aux Flavius, IV, 489 et suiv., 491. — Simon bar Gioras, IV, 522. — En *Judith*, V, 34. — en apocryphes, V, 37. — Jésus, Messie des nazaréens, V, 53. — Vie écrite d'avance, V, 90, 92. — Messie par progrès, V, 50 et note 5. — Fils d'une vierge, V, 188. — Matthieu, V, 209. — Messianisme sous Nerva, V, 348. — Messie de pseudo-Esdras, V, 355. —

Règne de 400 ans, V, 355 et note 7. — Transformations, V, 356. — Durée, V, 356. — Messie juge, V, 356, 368. — Messie éternel, V, 357. — Le Messie et les morts, V, 358, 359. — impassible, V, 422. — Messie gnostico-samaritain, V, 453. — en elchasaïsme, V, 457. — Règne matériel, V, 137, 138. — Signes messianiques en pseudo-Baruch, V, 521, 524. — Apparition et règne, V, 521, 522, 523, 526-527. — Grappes, V, 521-522 et note; VI, 129 note, **132**. — Vigne, V, 522-523; VI, 133 note 2. — Messie sibyllin, VI, 15, 16, 18. — Messie-homme, VI, 19. — en quatrième Évangile et en Philon, VI, 60, 63, 67, 75. — Messianisme opposé au Verbe, VI, 67. — Messie *logos* incarné, VI, 68, 69, 142. — Croyance libre, VI, 249. — abrogera les pratiques, VI, 249. — Idées de Marcion, VI, 355. — Dernier reste du messianisme, VI, 540. — en Tobie, VI, 558. — Messie Paraclet, VII, 214. — Messianisme, emprunts à la Perse, VI, 149. — Espérances, VI, 195, 196, 201. — Docteurs peu messianistes, VI, 199. — Faux Messies, IV, 292; VI, 197, 198, 200 et note 2. — Étoile, VI, 200, 207.

MESSOGIS, III, 355, 359; IV, 335 note 4, 336.
MESURES (les dix-huit), III, 64.
MÉTATRÔNE (ange), I, 257, 260, 311; II, 270; IV, 212; VI, 66, 67 note 2, 417.

Métaux (montagne des), dans Hénoch, IV, 333 et suiv. et notes, 334 et note.
Métempsychose, VI, 149.
Methodius, VI, 136.
Méthone, III, 166 note 1.
Métiers, chez les juifs, I, 75. — Apôtres en avaient un, II, **59**, **168**; III, 7-8, 55, 160, 215, 237, 283, 341, 503. — Ennoblissement du métier, II, 199. — Projet des empereurs syriens, VII, 494. — Métiers idolâtriques, VII, 597-598.
Métilius, primipilaire, IV, 246.
Métrodore, martyr marcionite, VI, 464 note; VII, 159 note 3.
Métronax, V, 382.
Metuentes, V, 231 note 3, **236-237** note.
Michée, I, **247** note 2, 262.
Michel, bataille contre Satan, IV, 409; V, 51 note 2, 273; VI, 410-411 note.
Middoth, traité talmudique, V, 7; VI, 245 note 1.
Midrasch et Midraschim, I, 32, 509; V. 92. — Homélie, I, 141; IV, 211, 471. — Exégèse, VI, 265.
Midrasch rabba sur Genèse, VI, 228 note 2.
Mikra, V. 6 note 1.
Milan, VII, 537.
Milet, III. xxxIII, xxxv, xLvI, 126, 492 note, 501, 539; IV, 90 note 3, 377 note 5, 378. — Entrevue de Paul avec les Éphésiens, III, 501-504.
Militaire (service), IV, 234-235; VII, 370.
Mille ans, V, 276; VI, 132, 138-139. — Un jour = mille ans, IV, 469; VI, 112. — pour martyrs, VI, 220. Voir Millénarisme.
Millénarisme, I, 130-131, 262, 297-298; III, 115-116 et note; IV, xxxvi, xxxviii, xxxix, **468**; V, II; VI, 75. — Destruction des écrits millénaires, IV, xxxix-xl et notes, 346 et notes; VII, 632. — Dragon lié pour mille ans, IV, **445-446**. — Règne de mille ans, IV, **446, 447**, 466, 467, **468** et note; V, 356. — distinct de l'éternité, IV, 468 et note 1. — Terre nouvelle, IV, 449. — Opposition des Pères hellénistes, IV, 460; VI, 76. — Un jour de Dieu, IV, 469. — Sabbat, IV, 470. — Règne de quatre cents ans, IV, 479 note 2. — Origine persane, IV, 470-472; VI, 149. — en pseudo-Esdras, V, 355, 356-359. — Cérinthe, V, 418 et note 3, 423 note 3. — au IIe siècle en Asie Mineure, VI, **123** et suiv., 433, 474. — Papias, VI, 131 et suiv., 135, 385. — Réaction orthodoxe, VI, **134** et suiv. — Suite du millénarisme, VI, 136 et notes, 137, 434. — Jérusalem future, VI, 137. — Hérésie, VI, 137-138; VII, 341, 406. — Degrés divers, VI, 138. — Saint Justin, VI, 385. — Les *presbyteri*, Polycarpe et Irénée, VI, 433, 440 et note 4; VII, 341. — à Lyon, VI, 474; VII, 299, 337 et note 2, 341. — Renaissance par le montanisme, VII, 207 et suiv., 215, 231, 232, 299. — répond aux persécutions, VII, 337 note 2. — antipathique aux Hellènes, VII,

505, 506, 512. — de nos jours, VII, 508.
Miltiade l'apologiste, VI, 437; VII, **191**. — Montanisme, VII, 218, 226. — Apologie, VII, 281.
Mines (condamnés aux), VII, 67, 73, 288, 491, 513 note 1.
Minicius. Voir Fundanus.
Minim de Nazareth, I, 138 note 3; 227 note. — de Caphar-Nahum, IV, **56** note 2; V, 64, 70, 71 et note 1, 72-73 note, 310, **450** note 5, **533, 534**; VII, 507. — Magiciens, V, **533-535**.
Ministræ, V, 479.
Minokhired des Parsis, I, 257 note 5.
Minucius Felix, V, 247 notes, 476 note 3; VI, 310 note 4, 386 note 2; VII, 61 note 2, 64 note 4, 105 note 3, 107, 372 et notes. — Fronton, VI, 493-494; VII, **389-404**, 390 et note 4, 455. — Date, VII, 389 note 3, 391 note. — Rapports avec Tertullien, VII, 389 note 3. — Littérature, VII, 390, 454. — Attaque de Cæcilius, VII, 390 et suiv. — Réponse d'Octavius, VII, 398 et suiv. — Déisme, VII, 399-400, 402. — Hommes du monde, VII, 402-404. — Malentendus, VII, 403-404.
Miracles, I, v-vi, ix, xix, **504-514**; IV, 229. — Il n'y a jamais eu de miracle, I, **xcv-xcviii**; II, **xliii** et suiv.; VII, 637-638, 641. — Croyance du temps de Jésus, I, **42-44**. — Croyance au iie siècle, VII, 582. — Miracles de Jésus, I, 138, 195, 205-206, 256, 261, **265-280**, 372 et suiv., 486-487, **495-496**, 497-498; IV, 565; V, 65, **117-118**, 182-'83; V, 191-192, **194**, 207, 414. — Miracles hiérosolymites, I, 495-496, 503, 504, 505. — Lazare, I, **504-514**. — Miracles des apôtres, I, 270 note 2, 306-307, 393; II, **103** et suiv. 154, 185; III, 159, 217, 387, 392, 406, 450, 499-500, 556, 557; IV xvi, 9, 213; V, 64; VI, 29, 131; VII, 357. — Tache, I, 467; II, 155-156. — Miracles permanents, I, 506, 511; II, 41, 104; V, 64; VII, 212, 218, 530, 639. — se font malgré le thaumaturge, I, 274-275 et note; II, 40-41 Voir Imposture. — rapportés par des témoins oculaires, I, 505-506. — Miracles inhérents VII, 638, 639. — Miracles journaliers, V, 65. — Catholicisme, VII, 641. — Part d'imposture, I, **509** et suiv. — Les miracles pour les Romains, III, 16-18. — Miracles dans les églises, III, 381. — Don des miracles, III, 406. — Croyance des païens, IV, 323. — Miracles néroniens, IV, 414-415, 418, 419, 427, 445. — Miracles flaviens, IV, 491, 492; V, 118. — Marc et les miracles, V, 117-118 et notes. — Thaumaturgie à l'époque romaine, V, 118. — Thaumaturgie de Luc, V, 277. — Miracles de Jésus, Quadratus, Phlégon, VI, 41-42. — Force probante, VI, 53 note 1. — Phlégon et les tératologistes, VI, 41-42. — Miracles du quatrième Évangile, VI, 51, 52, 53 et note 1. — racontés par Papias,

VI, 131. — Miracle conçu comme chose ordinaire, VI, 255. — à Ælia, VI, 260 et note 1. — Miracles de Simon le Magicien, VI, 371. — des démons, VI, 371. — Miracles des Évangiles canoniques et apocryphes, VI, 507-508. — Pseudo-Thomas et miracles de l'Enfance, VI, 513-515. — Tobie, recettes, VI, 557. — montanistes, VII, 232.

MISCHNA, I, XLVI, XCIV; VI, 105 note 4. — Origine, V, 6 et note 1, 25. — Noyau, V, 81. — Docteurs mischniques, V, 25. — *Deuterosis.* Voir ce mot. — Origine, VI, **242** et note. — Sens du mot, VI, 242 note. — Diverses Mischnas, VI, 244-245. — Juda le Saint, VI, 244-245.

MISÈNE, IV, 332, 437.

MISSIONS CHRÉTIENNES, II, 150 et suiv., 239 et suiv. — Antioche, II, 239 et suiv. — Marche générale, II, **278** et suiv. — Vocation, II, 279, 280 note 2. — Lettres de mission des apôtres, III, 292. — Voyages apostoliques, IV, 556.

MITHRA et MITHRIACISME, cène mithriaque, III, 269; VI, **374**. — Ressemblances avec le christianisme, III, 269; VI, 92, 374; VII, **576-577**. — Baptême, VI, 154. — Sépultures, VII, 535, 536. — Cimetières, VII, 536-537. — à Rome, VII, 537. — Expansion, VII, 570 note, **575-580**. — Origine aryenne, VII, 575. — Perse, VII, 576 et note 1. — Vogue gréco-romaine, VII, **576** et suiv., 581. — Culte, VII, **577-578**. — Grades, VII, 577, 578 et note 4, 581. — Fraternité, VII, 577. — Eucharistie, VII, 578. — Chapelles, VII, 577, 578. — Clergé, VII, 578, 581. — Équivoques et obscénités, VII, 579 note 1. — Importance, VII, **579**. — Mithra et le christianisme, VII, 579. — Vincentius, VII, 578 notes 1 et 4, 579 notes 1 et 2. — Paradis, VII, 578, 579 note 2. — Lutte, derniers mithriastes, VII, **579-580**.

MITHRÆUM, V, 337 note 2; VII, 578 et note 3.

MITHRIDATE, III, 177.

MITRE, VII, 581.

MITYLÈNE, III, 501.

MIZPA, I, 218.

MNASON, de Chypre, II, 106; III, 507.

MOAB, IV, 227, 460; VI, 278; VII, VI.

MODÉRÉS à Jérusalem, IV, 281, 282.

MODESTIN, jurisconsulte, VI, 241; VII, 494.

MODESTUS, écrivain orthodoxe, VII, 158, 192.

MODIN, VI, 198.

MOERAGÈNE, biographe prétendu d'Apollonius, V, 408 note 1; VI, 426, 427 et note 3.

MOESIE, VII, 50, 256.

MOGTASILA, baptistes, I, 103, 211; V, 462-463.

MOISE, son rôle historique, I, 6, 47, 78, 510; VI, 53 note 1, 199. — Agada, VI, 264. — Entretiens de Jésus avec lui, I, 170, 218; IV, 404 note 1. — dépassé, I,

232, 282, 312; II, 139; III, 87; IV, 214. — Sa mort, II, 54. — Sa révélation, IV, 218, 402, 404 et note 1; V, 91, 518; VI, 502, 511 ; VII, 83. — Adjonction des anciens, V, 270. — en Quintilien, V, 230 note 5, 231 note 1. — Rôle messianique, V, 355; VI, 15, 16. — Apelle, VI, 357. — Moïse et les philosophes grecs, VI, 386. — Eldad et Modad, VI, 396. — Apocalypse, VI, 527. — en *Reconnaissances*, VII, 83, 84, 86, 87, 88. — Moïse et Jésus se valent, VII, 84, 86, 87, 88. — Critique, VII, 83 note 2. — plus ancien qu'Homère, VII, 105. — Mot théurgique, VII, 142 note 2. — abrogé, VII, 236 note 1, 357. — pillé par les Grecs, VII, 383. — Numenius, VII, 434. — Moïse attique, VII, 434 note 1. — Jugement d'Origène, VII, **512, 513** et note 1. — exorciste, VII, 531 note 3. — contre les images, VII, 541. — représenté, VII, 542.

Moïse (Assomption de), livre apocryphe, I, xlii 292; III, **301-302**; IV, xl note, 57, 358 et note, 425, 471; V, 37, 123 note 5, 160, 191, 235, 313, 335, 530; VI, 117, 527 note 4; VII, 632 note. — Canonicité, VI, 114.

Moïse de Khorène, V, vii note 1, 245; VI, 204 notes 1 et 4, 267 note 1; VII, 437 note, 444 note, 461 notes 4 et 5.

Molon, V, 243-244.

Monachisme, I, 322, 328; II, 128, **131** et suiv; IV, 533; VII, 167, 590. — Règles, VII, 175. — Couvents mixtes, VII, 169-170. — Nécessité du couvent, VII, **240-242, 557-558, 627.** — Vie retirée, VII, 558 note 1. — Origines en Égypte, II, 78 et suiv.; VII, 558, 559 et note 1. — détruit la richesse, VII, 602. — en Orient, VII, 622, 628. — en Occident, VII, 627-628.

Monarchia (traité de), VI, 384 note 2; VII, 107.

Monarchiens, VII, 82, **149**, 152, 508.

Monde, I, lxxix, 124, 133. — Le monde est mauvais, I, 120-121; II, 372; IV, 53-54, 83 note, 221. — Royaume des démons, IV, 476. — Haine du monde, IV, 474-475. — en gnosticisme, VI, 170 et note 1, 178, 182, 321. — Mondes = æons, VI, 160 et note 2, 173. — Monde, sa durée, IV, 469, 470 et note 1. — va en s'empirant, V, 359-360; VI, 534. Voir Fin du monde. — en quatrième Évangile, VI, 56. — Le chef de ce monde, VI, 71 note 3. — Chrétiens mondains, VI, 393, 408-409. — Difficultés, VI, 393, 394; VII, 453. — Hermas et les gens du monde, VI, 417. — Mondanité croissante, VII, 208-209. — Le christianisme et le monde, VII, 555 et suiv., **559-560, 591** et note 4, 597, **627.**

Monnaie, IV, 152-153. — Changement lors de la première guerre, IV, **273-274** et note. — surfrappée, IV, 274 note. — Tessère du faux Néron, IV, 353-354, 418, 419 et note. — Miracle du statère, V, 180. — Monnaies *adventui*, VI, 187 et notes, 188. — Question de la deuxième révolte, surfrappes, VI, 203-204. — Monnaie religieuse, VI, 203. — Types orthodoxes, VI, 203-204. — Monnaies de Siméon, VI, 204. — Temple, étoile, trompettes, VI, 204. — Argent de la révolte, VI, 204. — Chronologie, VI, 208 note 5. — La numismatique des révoltes juives, VI, **546-551**. — Surfrappes et imitations, VI, 547, 549. — Difficultés, VI, 547, 549. — Pas de monnaies des révoltes avec le nom d'un personnage, VI, 548, 549. — Troisième révolte n'a pas eu de types propres, VI, 548-549. — Révolutionnaires battant monnaie, VI, 548, 549. — Caractère archaïque, VI, 549-550. — « Liberté de Jérusalem », VI, 547, 550, 551. — Analogues en croisades, VI, 550-551. — Frappes hors de Jérusalem, VI, 551.

MONOBAZES (les) d'Adiabène, I, 178; II, 257; IV, 260; V, 501-502.

MONOGAMIE. — Voir POLYGAMIE.

MONOGÉNÈS, VI, 170, 171, 200 note 2.

MONOTHÉISME, ses origines, I, 6. — Monothéisme de la Perse, I, 52. — Hypostases, mythologie du monothéisme, IV, 79, 82-83, 85, 87, 89-90; V, 415; VI, **64-65, 66,** 159-160 et note 1; VII, **141**, 504. — chez sibyllins et faux classiques alexandrins, V, 159, 161 et note 2, **163** et suiv. — *Metuentes*, V, 231 et notes. — ennemi de l'empire, V, 293. — Disputes entre juifs et chrétiens, V, 32. — en Égypte, VI, 19. — Monothéisme sibyllin, VI, 16-17. — Objections en la Bible, VI, 264. — Le monothéisme syro-arabe, l'islam, VI, 285, 286. — philosophique, VII, 45, 82, 563. — Celse, VII, 348, 349, 356, 361, 367, 368, 369. — Héliogabale, VII, 496 et note 2.

MONTAGNES, leur rôle évangélique, I, 68, 172-173; V, 91-92. — Montagnes de Judée, V, 16-17 et note 5. — Montagne (discours sur la), III, 570; V, 81, **177**; VI, 51, 518; VII, 512, 643.

MONTANISME, I, LXIV; III, 26 note 1, 116 note, 367; IV, XXXV, XXXVII, XXXVIII, XXXIX, 89, 219 note 1; VII, II, III; VI, II et note, 104, 133, 425, 433, 434, 441-442, 470. — Aristocratie de piété, VI, 144. — Martyre, VI, 303, 316. — Hermas, VI, 420. — Orthodoxes, VI, 421 et note 5, 425, 435, 437. — Prémontanistes, VI, 453, 470, 478; VII, 157 note 5, 163. — Prophéties contre l'empire, VII, 63, 82. — à Rome, VII, 96. — Ses martyrs, VI, 316, 434, 435. — Rôle des femmes, VII, 116, 245 et suiv. — Titre d'apôtre au féminin, VII, 245 note 1. — Faux écrits, VII, 160. — Denys de Corinthe, VII, 175. — Méliton, VII, 182, 183. — Apollinaire et Miltiade, VII, 191. — Pâque, VII, 197. — Renaissance du millénarisme et du prophétisme, VII, **207** et suiv. — Apparition, VII, **209** et suiv. — Date, VII, **209** note. — Prophètes, VII, 211, 215, 227. 298, 516. — Corybantisme, VII, 211-212. — 4º Évangile, VII, 214 note 3. — Cérémonies, VII, 217. — Opposition des évêques, VII, 172, 219. — Livres, prophéties, VII, 220, 237 note. — Ascétisme, VII, 220 et suiv. — exclusifs, VII, 221, 222. — Accusations, VII, 224, 228. — Quêteurs, VII, 224. — Martyrs, VII, 224. — Résistance de l'Église catholique, VII, 225 et suiv. — Polémique, VII, 225 et suiv., 227-228, 230 et note. — Idées sur la pénitence, VII, 230. — Parti, VII, 230 et suiv., 232. — Excès, VII, 232, 233, 327. — Anarchie, VII, 235, 236. — Fin, VII, 236-237. — Théologie, VII, 237. — Haine contre Rome, VII, 239. — Conséquences, VII, 242 et suiv. — Scrupules, VII, 243-244. — Célibat, VII, 534.

Montanistes à Lyon, VI, 467 note 2; VII, 87, **289** et suiv., **298-301**, 344. — Irénée, VII, 300, 301 et note, 339 note 4. — Préoccupation des confesseurs de Lyon, VII, 315-316, 328. — Abus, VII, 328, 329, 362. — Martyre, VII, 328, 406. — Aristocratie piétiste, VII, 406. — Exclus, VII, 405, 406, 413 note 3, 414, 417. — Importance, VII, 449. — Christologie, VII, 504 note. — Signe de la croix, VII, 529, 557. — Le voile des femmes, VII, 553. — Miracles, VII, 530.

Montanus, VII, 116, **211** et note 2, **213** et suiv., 225, 226, 298, 341 note 2. — Révélation individuelle, VII, 213. — Succès, VII, 214-215, 219, 220. — supérieur à Christ, VII, 214-215, 218, 220. — contre Rome, fin du monde, martyre, VII, 215. — Immoralité, VII, 213-214, 215, — Calomnies, VII, 213, 214 et note 1. — Livres, VII, 214 et note 2, 220, 227, 230. — Lyon, VII, 315. Voir Montanisme.

Montorio, IV, 195 note 2.

Morale chrétienne, III, 475; VII, 91, 96, 97, **547** et suiv., **561** et suiv., 620.

Moralité, progrès, II, **326** et suiv.; VII, **562** et suiv.

Moria (mont), I, 355; V, 91 note 3; VI, 222, 286.

Mormons, II, 62, 68, 105 note, 180 note 3, 377 et suiv.

Morte (mer), I, 101, 103 note 1, 104, 115, 117, 118, 149 et note, 218, 553; IV, 242, 247, 275, 331, 334 et note 4, 445 note 2, 536; V, 24, 460; VI, 201.

Mort. Sort des morts, II, 97; III, **249** et suiv., 382, **413**, **415**; IV, 424, 447, 466; V, **357-358, 361-362**. — Causes de la mort, III, 405, 465. — Mort vaincue, III, 414, 415. — rend ses proies, IV, 448. — Génération qui ne mourra pas, III, 416. — Mort pour Paul, III, 465, 467. — Combat de Jésus contre la mort, IV, 58. — en Apocalypse, IV, 386. — Fin de la mort, IV, 449, 450, 479. — Seconde mort, IV, 364 et note. — Dépôts, magasins, V, **357** et note 6, 517 note 2, 521, 522. Voir Limbes. — Prière pour les morts, V, **362-363** et notes, **371,** 517 note 2. — Idées sombres, V, 372. — Office des morts, V, 372, 529. — Mort, profit pour un chrétien, V, 489-490, 492, 493 ; VI, 312. — Hommes qui ne sont pas morts. Voir Hénoch, Élie, Baruch, Esdras.— État des âmes, VI, 398. — Morts baptisés, VI, 418.—Idées valentiniennes,VII, 147. — vaincue par Marc-Aurèle, VII, 483. — Commémoration et prière pour les morts, VII, 525 et note 3. — Morts visant à l'effet, VI, 465, 466 ; VII, **56, 375-376.** — Crainte de la mort, VI, 485.

Mosaïques, jugement dernier, V, 372-373 et notes.

Mosaïsme. Voir Thora.

Mosquée, VII, 246, 247, 410, 540, 587.

Mounis de l'Inde ; ont-ils exercé une influence sur l'Occident ? I, 102.

Mucien, IV, 269, 433 note 6, 434, 435, 486, 493 ; V, 144.

Mucius Scævola, VII, 401. — représenté, IV, 169.

Muratori (Canon dit de). Voir Canon.

Musanus, écrivain, VII, 191-192.

Musée d'Alexandrie, VII, 431.

Musée (colline du) à Athènes, VI, 35.

Musique, II, 100.

Musonius Rufus, II, 305 ; IV, 203 ; V, 385, 408 note 1 ; VI, 388, 489 ; VII, 42, 45 note 1.

Mycale (mont), III, 501 ; IV, 377 et note 5.

Mygdonie de Macédoine, III, 156.

Mygdonie d'Orient, V, 500.

Mylasa, III, 24 note 2.

Mylitta en Asie Mineure, III, 29.

Myre, III, 548 ; V, 164.

Mysie, III, 23 note 3, 128, 546 ; VII, 211.

Mystes, VII, 581 note 2.

Mystères, II, 338, 340 ; III, 184 ; VI, 76, 145, 149, 154, 155, 465 ; VII, 520, 576. — de Mithra, VI, 374 ; VII, 576 et suiv. — Le mystère chrétien, VII, 518 et suiv., **520.** — enseignant l'immortalité, VII, 563-564. — Vogue, importance, VII, **580, 581,** — Équivoques, VII, 581 et note 2.

Mysticisme, V, 318, 449, 451 ; VI, 104-105, 144, 152, 175, 179, 180. — à Lyon, VI, 294 et note 1, 296, 475, 476. — en Afrique, VI, 478. — néoplatonicien et arabe VII, 141.

Mythes, transport des mythes, II, 217. — Forme mythique, VI, 145. — Philosophie mythique, VI, 148, 158 et note 1, 163. — apocryphes, VI, 507.

Mythologie, IV, 85, 89 ; V, iv-v ; VI, 371 ; VII, 185. — Mythologie grecque, emploi qu'en font les chrétiens, V, 168. — philosophique, VI, 158. — Interprétations, VII, 79, 80. — s'introduit dans le christianisme, VII, 135, 136.—Mythologie du monothéisme. Voir Monothéisme. — Mythologies nationales et le christianisme, VII, 636. — Réveil, VII, 636-637.

N

NAASSÉNIENS, I, LXXIV note 2; VI, 515; VII, 132-134. — Voir OPHITES.

NABATÉENS, IV, 237, 247, 275 note 2; V, 43, 460. — Disparition, V, 467-468, 498; VI, 201. — Sectes, VI, 278. — Voir PÉTRA.

NABI. — Voir PROPHÈTE.

NABUCHODONOSOR, III, 253; IV, 228, 295; V, 30; VI, 236 note 1, 555. — Titus, VI, 555.

NAHASSIENS ou NAHASSÈNES. — Voir NAASSÉNIENS.

NAHUM, prophète, I, 500.

NAISSANCE surnaturelle, V, **188-189**. — Objections et railleries, V, 189-190. — Voir JÉSUS, ÉVANGILES, MATTHIEU.

NAPATA, II, 158.

NAPLES, IV, 307, 329, 330, 396 note 2, 397; V, 131; VII, 537.

NAPLOUSE, VI, 271-272, 368. — Colonie, VI, 272. — Voir SICHEM.

NARCISSE de Néron, III, LXVI.

NARCISSE d'Éphèse, III, 434.

NARCISSE de Jérusalem, VII, 199, 558 note 1.

NARISQUES, VII, 252.

NASI, titre, V, 13, 22, 33, 531.

NATHAN, dans les généalogies, V, 189.

NATHANAËL, I, 159 et note, 169, 302, 483; II, 31.

NATIONS, leur nombre, V, 271 et note 3. — Voir ANGES DES NATIONS.

NATIVITÉ de Jésus, VI, 510, 511, 512. — Caverne, VI, 345 et note 2, 386 note 1, **512**. — Noël, VI, 517. — Crèche, VI, 518.

NATIVITÉ DE MARIE (Évangile de la), V, 279 note 1, 541 note 3, 543 note 1; VI, 509 et note 3. 528.

NAUMACHIE de Néron, IV, 166 note, 182, 188 note.

NAVIGATION et NAVIRES, III, 5, 383 note 2, 497-498, 547 et suiv., 550, 552, 553, 554, 558; IV, 561, 567; V, 487 et note 2; VI, 447. — Voyage des rabbins, V, 307 et suiv.

NAVIRE symbolique, VII, 546.

NAZARÉENS, secte, I, 103 note 2, 189. — Caractère, V, 73-74. — préservés de la mythologie, V, 73. — Tradition des paroles de Jésus, V, **74-75**. — Côté humain de Jésus, VI, 176. — Admiration pour eux, V, 74-75. — idéal, V, 75. — isolés, V, 75. — Situation douteuse, V, 75. — Haine d'Irénée et d'Épiphane, V, 75. — Évangile hébreu, V, 102, 104, 105. — L'Esprit et la transfiguration, V, 106. — Évangile nazaréen, V, 110 note 1, 111 note 4, 113, 184 note 2; VI, 279 note 2, 343, 500. — Rapports avec les esséniens, V, 450. — avec Elkasaï, V, 459. — avec Mahomet, V, 461; VI, 284, 286. — Aquila,

VI, 122, 278. — Suite, VI, 278, 280, **284** et suiv. — Nom de *Nesara*, VI, 285 et note 3. — à Rome, VI, 322. — contre Paul, VI, 333. — Théologie, VI, 525. — Jules Africain, VII, 423. — Suite en Syrie, VII, 507 et note 1. — Deux familles, V, 12 note 2. — Nom de sectaires, I, 250 note 1; V, **47**-48; VII, 82. — Erreur d'Épiphane, V, 48 note. — Esprit, V, **48** et suiv. — gardent la Loi, V, 48-49, 53-54. — Idées sur Jésus, V, **49-51**. — Révélations apocryphes, V, 52. Voir JUDÉO-CHRÉTIENS. — Haine contre Paul, V, 52. — juifs complets V, 52-53. — Nom générique des chrétiens, I, 20 note 3; II, 235 et note; V, **46, 47, 461**; VI, 285 et note 3. — équivalent *d'ébionim*, V, 48 note. — Nazaréens et parents de Jésus, V, 48 note; VI, 283-284. — Malédictions des juifs, V, 72.

NAZARETH, ville natale de Jésus, I, 20-22, 74-75, 95, 218, 248, 391; V, 92, 176 note 2, 418, 542; VI, 239, note 5; VII, 166, 501. — Description, I, 24, **27-31**, 58, 69 note 3, 138. — Malveillance pour Jésus, I, **138-139**, 150, 155, 335-336; V, 537 note 2. — Nazaréens, V, 46.

NAZIANZE, III, 24.

NAZIR, I, 99, 101; V, 46 note 4; VI, 280; VII, 298. — Paul et les nazirs, III, **515** et suiv., 518 et suiv., 523.

NAZORÉENS, I, 103 note 2. — Nazoréens ou chrétiens de saint Jean, V, **462** et suiv. — Voir NAZARÉENS.

NÉA-PAPHOS, III, 14, 504-505.

NÉAPOLIS de Macédoine, II, XVIII note 3; III, 132, 139-140, 498, 499.

NÉHARDÉA, IV, 122 note.

NÉHÉMIE, IV, 287; VI, 558 et note 2.

NEHOUNIA (rabbi), V, 16.

NÉMÉSIS, V, 506.

NÉOMÉNIES, VII, 425.

NÉOPLATONISME, VI, 148; VII, 435.

NÉO-PYTHAGORICIENS, I, 179; VI, 148.

NEPHTALI, VI, 229, 270.

NÉPOS, évêque d'Arsinoé, VI, 136; VII, 337 note 2.

NEPTUNE, IV, 170.

NÉRÉE et ACHILLÉE (saints), V, 229 note, 297 note, 343 note. — Roman, VII, 245 et notes.

NÉRI, V, 264 note 5.

NÉRON, II, 305, 307, 308, 313, 320, 343, 344, 345, 349; III, 109, 177 note 5, 180, 182, 222, 339, 534, 559; V, 366, 374; VI, 316; VII, 480, 483, 490, 615. — Néron et les chrétiens, III, III, LXI, 477, 478. — Néron l'Antechrist, III, 254; IV, **1**, 11. — Commencement de son règne, III, 477. — Portrait, IV, **1** et suiv., **123** et suiv., **172-173** et note 1, **314** et suiv., 322, 352. — Monstruosités, IV, 3, 7, 239. — connaît les chrétiens, IV, 13. — Royaume de Jérusalem, IV, 13. — Néron au théâtre, IV,

36. — Néron et les juifs, IV, 43, 254.

Chrétiens et juifs de la maison de Néron, IV, **11-12** et note, 157 ; **196** note 1. — Paul et la maison de Néron, *ibid.* — Suppôt de Néron, IV, 43-44. — Paul devant Néron, IV, 104. — Manie furieuse, IV, **123** et suiv.; V, 329. — artiste, IV, 126, 137. — acteur, IV, 130. — Popularité, IV, 131. — Son esthétique, son sentiment pour les femmes, IV, 133-136. — Aversion pour Rome, IV, 137, 138, 159. — Fêtes, IV, 138. — Goût des orientaux, IV, 159. — Rêve d'une royauté orientale, IV, 139, 157, 489. — Néron et Pétrone, IV, 140. — Goût pour les arts, IV, 141. — Maison Transitoire et Dorée, IV, **141** et suiv., 149-150. — veut rebâtir Rome, IV, 142. — Manie incendiaire, IV, 144-145.

Incendie de Rome, IV, **144** et suiv. — Persécution, IV, xxi, 202, 203 ; V, 41, 123 note 3, 137, 298 note 1 ; VII, 239. — Paradoxes, IV, 145 note. — Néron à Antium, à Rome, IV, 144-145, 146-147. — Légende, IV, **147-148** et note. — Culpabilité de Néron, IV, **148** et suiv. — Actes arbitraires, IV, 149. — Son plan, IV, 150. — Indignation, IV, 151-152, 153. — rejette sur chrétiens, IV, **153** et suiv. — Qui suggéra ? IV, **156** et suiv. — Haine personnelle, IV, 156. — Rapports avec juifs et chrétiens, IV, 157, 158, 159. — Hypothèses, IV, 159-161. — Légende de la conversion d'une maîtresse et d'un favori de Néron, IV, 161. — Supplices des chrétiens, IV, 165 et suiv. — Jardins de Néron, IV, 165, 166, 177, 195. — Flambeaux vivants, IV, 165-166. — Néron jockey, IV, 166. — Danaïdes et Dircés, IV, 167 et suiv., 169 et suiv. — assiste aux supplices, IV, 172-173. — *Nævus* sanglant, IV, 173-174, 177. — Néron devient l'Antechrist, IV, 178-179, 350-351, 402, 432, 458, 459, 461 et note 1 ; V, 40 ; VI, 12 note **14**. — Jeu monstrueux, IV, 179. — La *Bête*, IV, 179-180. — Son esthétique, IV, 172-173, 180-181. — Étendue de sa persécution, IV, 183 et suiv. — réconcilie Pierre et Paul, IV, 188-189. — Comble du mal, IV, 203. — Réaction, IV, 205. — Faiblesse en Orient, IV, 263, 272. — Folies, IV, 264 et suiv. — Voyage en Grèce, IV, 265 et suiv., 268, 278, 302. — Retour, 304-305, 421. — Tournée d'artiste, IV, 266 et suiv., 303, 312, 314. — Drames, IV, 266, 304-305. — Ridicules, IV, 267, 303. — Antipathie pour les Romains redouble, IV, 268, 302, 303. — Fin, IV, **301** et suiv., 302. — Révolte, IV, **305** et suiv. — Retour à Rome, IV, 307. — État, IV, 307, 308, 309. — Empire d'Orient, IV, 308, 309, 317, 421. — Révolte des prétoriens, IV, 309. — Mort, IV, 135-136, **309-314**, 317, 354 ;

V, 340, 468. — Sépulture, IV, 313-314. — Néron-vampire, IV, 314, 428; VI, 537 et note 3. — populaire, IV, 316-317. — Refus de croire à sa mort, IV, 317, 318, 350, 351, 413-414, 417, 419 et note, 428, 431, 432, 433, 457.

Faux Nérons, IV, 317 note 2, 318 note 2, 319 et note, **351** et suiv. et note, **352** et note, **353, 355**, 356, 420, 421 et note 5, 560. — Retour de Néron, IV, 318-319 et note, 350-353, 428, 431, 432, 433, 438, 457, 458; V, 40.—Craintes des chrétiens, IV, 319, 350-351, 353. — Prodiges, IV, 320. — Les victimes, IV, 320. — Cauchemar, IV, 325, 326, 329, 335, 350, 371; V, 139. — Imposteur néronien, IV, 353, 414-415, 417, 418-419, 420-421, 428. — chez les Parthes, IV, 353, 438 et note 1; V, 40, 164, 165; VI, 14. — provoque l'Apocalypse, IV, 359, 407. — Néron dans l'Apocalypse, IV, 413-414 et note. Voir Bête (la). — dans l'*Ascension d'Isaïe*, IV, 458; VI, 539. — Chiffre de son nom, IV, 415 et suiv. et note, 457. — Culte de Néron, IV, 414-415, 418, 421. — Néron et Simon le Magicien, IV, 419-420 note. — mêlé à la magie, IV, 421, 427. — Asie foyer du néronianisme, IV, 421 note 5. — Rois d'Orient, ses alliés, IV, 427. — La Bête, IV, 432. — Réactions en faveur de Néron, IV, 434 note. — Situation, IV, 434. — Généraux, IV, 434. — Le faux Néron de Cythnos, IV, **436-439**. — Anéantissement de Néron l'Antechrist, IV, 444, 445, 448. — On renonce à croire à son retour, IV, 457, 458. — Néron ressuscité, IV, 459. — Néron et l'Apocalypse, IV, 477-478. — Importance de Néron, IV, 478. — ressuscité par Othon et Vitellius, IV, 482, 483, 487-488 et note. — Réaction, IV, 488. — Pierre et Néron, IV, 553. — École de Néron, V, 140, 141, 144, 147, 150. — Dilapidations, V, 140. — Parti républicain, V, 141, 380. — Néron parricide des apocalypses, V, 154, 164; VI, 14, 17, 533, 539. — Retour prochain, V, 165. — Faux Néron sous Titus, V, 165. — Tentative en 88, V, 165, 224. — Son type de méchanceté, V, 219, 220-221. — Vanité, V, 222-223. — Popularité, V, 224, 395. — Retour rêvé sous Nerva, V, 347. — Juifs et chrétiens, V, 391, 393, 394, 398 note, 399, 444, 468, 509. — Néron et Adrien, VI, 4, 10, 36. — On rêve encore son retour, VI, 14, 17. — Néron et les philosophes, V, 288-289 et note, 383, 384 et note 2, 389. — Simon (Paul) et Néron, VI, 326; VII, 77. — La persécution de Néron dans le livre d'Hermas, VI, 406 note, 410 et note 2. — Néron l'Antechrist reviendra piller Rome, VI, **533, 534,** 537, 539. — L'ombre de Néron hante Rome, VI, 537 et note 3. — Tour de Néron, VI. 537 note 3. — Néron et le faux prophète, VI, 538. — Néron christ des juifs, VI, 539.

— Révolte juive, VI, 542. — Néron et Sénèque, VII, 43, 60. — Jugement de Méliton, VII, 283, 285.

Néron, fils de Germanicus, V, 297 note.

Néropolis, IV, 142.

Nerullinus, imposteur, VI, 430. — Confusions, *ibid.*, note 3.

Nerva, II, 306, 323, 326, 344; III, 177, 178; IV, 481 note 1, 482; V, 136, 140, 147, 295 note 2, 366-368; VII, 6, 474, 490, 569 note 2. — Nerva et les chrétiens, V, 295 note 2, 301 et notes 3 et 4, 302 et note 1. — et les juifs, V, 303. — Avènement, V, 344. — Caractère, V, 344, 345, 381, 389. — Tiraillements, V, 345, 377. — Humanité, V, 345-346, 388 note. — Liberté religieuse, V, 346. — *Fisci judaïci calumnia sublata*, V, 346. — Apocalypses, V, 348 et suiv., **366-368**, 369, 374. — Opinion des visionnaires, V, 367, 368, 369, 375 et note 1, 377 et note 4. — Désordres, V, 377. — Révolte des prétoriens, V, 377-378. — adopte Trajan, V, 378, 379. — Ère nouvelle, V, 380, 383 note 3, 390, 391, 410; VII, 5. — Organisation de l'assistance publique, VII, 20.

Nesara, II, 235. — Voir Nazaréens.

Nestoriens, VI, 515.

Nezifa, III, 240 note 4.

Nicanor, diacre, II, 119.

Nicée, VI, 11; VII, 415, 621. — Concile, VI, 285, 447 note 1; VII, 189, 190, 192, 199 note 3, 259 note 2, 505, 511, 633. — Pâque, VII, 204.

Nicète, père d'Hérode, à Smyrne, VI, 456.

Nicodème, I, **228-229**, 309, 359, **446-447**, 490, 500, 517, 529; II, 102, 137; VI, 62 notes 1 et 2. — Évangile de Nicodème, I, 489; IV, 59; VI, 347-348 note, 516, 521 note 3.

Nicolaïtes, III, 305, 368, 432; IV, **363, 365**; V, 534; VI, **181**.

Nicolas de Damas, juif hellénisé, I, 35; V, 190.

Nicolas le diacre, II, 119, 224. — hérésiarque supposé, VI, **181** et suiv. — Voir Nicolaïtes.

Nicolas, sobriquet de saint Paul, III, **304**.

Nicomédie, VI, 11, 36 note 2; VII, 50, 51, 173, 415, 621, 623.

Nicopolis-Emmaüs, IV, 301; VI, 202.

Nicopolis d'Épire, III, xxxvii, xxxix, xl, xli, xlii, 419 note 3, 484 note 7.

Nicopolis en Thrace, III, xlii.

Niger le Péraïte, IV, 260, 289.

Niger (Pescennius), VII, 593-594.

Nigrinus de Lucien, VII, 373 note 3.

Nil (sources du), IV, 265. — Eau du Nil, VII, 571.

Nil (saint), VII, 465.

Nîmes, VI, 478.

Ninive, IV, 122 note, 378; VI, 229, 230, 235.

Ninoé, III, 29.

Niobides, IV, 129-130.

Nisibe, IV, 122 note; V, 502, 503.

Nitocris, VII, 495.

NOACHIQUES (préceptes), III, **90** et suiv., 147; IV, 410 note 2, 424 note 1; VI, 262. — chez les apocryphes alexandrins, V, 161. — chez Josèphe et les Flavius, V, 228.

NOBLESSE ROMAINE, rapports avec le christianisme, II, 367-368. — Sous l'empire, VII, 598-599.

NOCES, I, 195.

NOCTURNES (réunions), V, 402, 403; VI, 306, 370, 481, 493; VII, **394** et note 2, **395, 521.**

NOÉ, IV, 58, 218; VI, 359, 502, 528; VII, 83. Voir NOACHIQUES. — Arche. Voir APAMÉE-KIBOTOS. — représenté, VII, 542.

NOÉTUS, VI, 434.

NOIRE (mer), IV, 447 note; V, 475.

NOMENTANE (voie), IV, 5, 31 note, 310.

NOMS JUIFS, III, 19, 160. — Noms chrétiens, III, 364. — Noms grecs et romains, IV, 14 note 1. — Noms symboliques et anagrammatiques, IV, 36 et note, 122 note, 183 note 5, 398 note 3; V, 30 et note 2. — Nom de Dieu, IV, 389, 390 note 2.

NORIA, VI, 528.

NORIQUE, VII, 252.

NOSAÏRIS ou Ansariés, V, 48 note.

NOTARIKON, V, 516; VI, 252.

NOURANI, NOURONO, nom d'Ignace, V, 485 et note 1.

NOUS, VI, 160, 161, 164, 170, 171.

NOVATIANISME, IV, 219 note 1; VII, 232, 327 note, 417.

NUBIENS, IV, 170.

NUMA, IV, 37, 152; V, 396; VI, 295; VII, 2.

NUMENIUS D'APAMÉE, VII, 141. — Éclectisme, VII, **434-435.** — Situation, VII, 435, 438.

NUMIDIE, VI, 9 note 1; VII, 457.

NYMPHAS (ad) sancti Petri, IV, 31 note.

NYMPHAS ou NYMPHODORE, de Laodicée, III, 360.

NYMPHIDIUS SABINUS, IV, 354, 434.

NYSA, III, 332.

O

OBÉLISQUE de Saint-Pierre, IV, 165, 166 et note, 182, 188 note, 195. — Obélisque du Cirque, IV, 305.

OBLIAM, III, **78** note 1, **80.** Voir JACQUES, frère du Seigneur.

OCCIDENT. Evangile aux confins de l'Occident, III, 494-495, 560, 562; IV, 16, **17,** 64, **106, 107, 108,** 199. — L'Orient et l'Occident, IV, 138-139, 486; V, 52, 73, 113, 323, 366, 368 note 4, 448, 500; VI, 14, 188; VII, 46-47, **203,** 206, 602. — Notre crédulité, V, 200. — L'Orient l'emporte, VII, 496, 586, 602. — Moralité de l'Occident, VII, 553. — résiste au christianisme, VII, 602, 603, 621. — Barbares, VII, 614,

622, 624. — Nouvel empire, VII, 624. — Liberté, VII, 625.
OCÉAN, V, 314 note 2.
OCTAVIE, II, 307; IV, 18, 126; V, 290, 297, 384 note 2.
OCTAVIUS, personnage de Minucius Félix, VII, 391 et suiv. Voir MINUCIUS FÉLIX.
ŒDIPE (rôle), IV, 266, 311.
ŒNOMAÜS de Gadare, son livre contre les oracles, VI, 311. — connu chez les juifs, VI, 311.
ŒUF symbolique, VII, 132 note 10, 133.
ŒUVRES (question des), III, 74, 83, 318, **463** et suiv., 472, 485, 486, 487, 489, 517; IV, 77. — Épître de Jacques, IV, 55; V, 268 et note 5, 330; VI, 76.
OFFICES RELIGIEUX, V, 325 et suiv.
OFFICIUM, exécuteurs, I, 421, 428.
OFFRANDES, VI, 375; VII, **522** et note, 534, 597, 601. — pour les morts, VII, 525 et note 3.
O FILII ET FILIÆ, VI, 400.
OGDOADE, VI, 160, 170.
OLAM répond à Æon, IV, 213 note 1; VI, 160 note 1.
OLBA, III, 26 note 2.
OLIVIERS (mont des), I, 352-353, 355, 386, 404; II, 52, 55, 265; IV, 506; V, 422.
OLYMPAS d'Éphèse, III, 433.
OLYMPE (mont), III, 157, 166, 359.
OLYMPIE, III, 171; IV, 304, 305, 365 note 6; VII, 375. — Titre d'Olympien, VI, 36.
OMAR à Jérusalem, I, 224; VI, 27 note, **278, 286.**
OMBOS (temple d'), II, 284.
ONCTIONS, après le baptême, VI, 154; VII, 527. — Confirmation, VII, 527. — Extrême-onction, VI, 154; VII, 144, **296.** — Markos, VII, 296. — mithriaques, VII, 577.
ONÉSIME de saint Paul, IV, **95** et suiv., 135.
ONÉSIME de Méliton, VII, 179, 180.
ONÉSIPHORE, III, XXXIII, XXXIV, XLVII note 1, 435; IV, 103.
ONIAS, son temple, VI, 19 note 1.
ONKELOS, fils de Calonyme, V, 228 note 3; VI, 29, 119-120 note.
OPHEL, IV, 519.
OPHIR, V, 519.
OPHITES, VII, **132-134**, 138 note 3. — Rapports avec le christianisme, VII, 132 et notes, 143 note. — Leur eucharistie, VII, 133. — Doctrine, livres, VII, 133. — Christologie, VII, 133, 134. Voir NAASSÉNIENS.
ORACLES, leur cessation, polémique, VI, 309 et note 3, **310-311.** — à Abonotique, VI, 428-429. — à Troas, VI, 430. — Celse et Lucien, VII, 349, 374. — Minucius Félix, VII, 399.
ORATOIRES. Voir PROSEUQUES.
ORCUS, IV, 169.
ORDINATION CANONIQUE, V, 333; VI, 89 et notes. — Ordination rabbinique, VI, 215.
ORDRE (gens d') chrétiens, I, 456; III, 477; IV, 22.
ORESTE, IV, 266.
ORFITUS ET MAXIMUS (consulat d'), VII, 322 note 1. — Sénatus-consulte orfitien, VII, 27.
ORIENT, kibla, VI, 286 note 1. — État intellectuel, I, XXIII et

suiv. — Bassesse, IV, 305, 322 ; V, 145, 223. — Manque d'esprit, I, xxiv. — Fanatisme, IV, 103. — Le grand homme en Orient, I, 466. — L'imposture, I, **512, 516** ; IV, **176** ; V, 90. — Martyrs, IV, **176.** — Orientaux, II, 299, 305 ; III, 137, 138. — Douceur des mœurs, II, 321, 325. — Caractère, V, 404. — Idée d'un Empire oriental sous Cléopâtre et Néron, IV, 139, 157, 308, 427, 428, 437, 438. — sous Vespasien et Titus, IV, 527. — l'emporte sur l'Occident, IV, 138-139. — Affaire de Vespasien, IV, 484, 486, 487, 493. — Juifs d'Orient, IV, 497 ; VI, 200, 201 et note 1, 238, 255-256, 289, 558.

L'Orient à Rome, VI, 319. — Orient romanisé, V, 468. — Trajan et l'Orient, V, 499 et suiv., 508 ; VI, 1. — L'Orient impénétrable, V, 500. — Adrien et l'Orient, V, 4, 9 et suiv., 186, 187, 192. — Haut Orient, VI, 134. — Grèce altérée par l'Orient, VI, 144, 390. — Orient se sépare de l'Occident, VI, 188 ; VII, 69.

L'Orient et le christianisme, affinités, VII, 433, 434, 435, 451, 620. — Philosophie vient d'Orient, VII, 434-435. — Prononciation grecque, VII, 455. — Empire relevé par des Orientaux, VII, 493. — L'Orient l'emporte, VII, 496, 497, 586, 623.

Sectes chrétiennes d'Orient, VII, 507 et note 1. — Le chrétien d'Orient, V, 41, 47 ; VII, **596, 603,** 622, 634-635. — Sectes, mélanges, V, 454. — Goût du martyre, VI, 318. — Manière de citer, V, 96. — L'oriental et la vérité, V, 200. — Christianisme règne plus en Orient qu'en Occident, VII, 602, 621. — Triomphe, VII, 623, 624. — Les deux Églises, l'art, VII, 545. — Les femmes en Orient, VII, 553. — Traductions orientales, VII, 632. — Christianisme oriental, VI, 284. — Canon, VI, 422. — Industries de l'Orient, VI, 432. — Orientaux à Lyon, VI, 469, 475 ; VII, 343 note 2, 344. Voir Syriens. — en Gaule, VII, 343 note 2. — Contes, VI, 564. — Despotisme, VII, 5-6. — l'emporte dès le second siècle, VII, 46-47. — Charlatanisme, VII, 48. — Tatien, VII, 104 et note 1, 162. — Grecs ont tout pris à l'Orient, VII, 105. — Valentiniens d'Orient, VII, 117, 118 note. — Gnosticisme en Orient, VII, 130, 131. — Religions de l'Orient, VII, 133, 136. — Noms divins, VII, 141-142. — Marcionites, VII, 158-159. — Schisme d'Orient et d'Occident, VII, 203, 206, 250, 415. — Le voile des femmes, VII, 246-247. — Marc-Aurèle en Orient, VII, 286.

Cultes orientaux, II, 342, **346** et suiv. ; VI, iii ; VII, 535, **570** et suiv., **581.** — Femmes adonnées à ces cultes, IV, 134 ; VII, 573 et suiv., 578, 579. — Mépris des Orientaux, V, 129, 136, 145. — Leur défaite, V, 390. — Influence de l'Orient sur le christianisme, V, 449. —

INDEX GÉNÉRAL

Schisme oriental, V, **461**. — Cosmogonies, VI, 172 note.

ORIGÈNE, III, LIV-LV, LVII, LIX, 199; IV, XXXV, XXXIX, 562 note 2, 563; V, VI, XV, XXVII, XXXI, 319 note 2, 459 note 5, 489; VI, 79 note 3, 241 note 1, 268, 288; VII, III, 71 note 1, 75 note 4. — Hexaples, VI, 122 notes 2 et 4; VII, 118, 179 note, 183 note 1, 423, 433, 435, 450 et note 5, 453, 454, 506, 511, 512, 592 notes. — contre *millenium*, VI, 134. — contre les ébionites, VI, 283. — néglige les sibylles, VI, 347. — Opinion sur le *Pasteur*, VI, 402 note 1, 422 note 6. — Origène et Méliton, VII, 179. — Origène et Celse, VII, 352, 353, 354 note, 371-372. — laïque, VII, 431. — Opinion sur Moïse, VII, 512, 513 et note 1. — antijuif, VII, 631-632.

ORIGINES. Sens et portée des origines du christianisme, I, XXXIII et suiv. — Manière de les exposer, I, XCIX et suiv; V, IV; VI, VII; VII, III-IV, 642-643. — Notion précise, VII, 510-511. — Intérêt supérieur, VII, 514.

ORONTE, II, 221, 223; III, **1-3**, 129, 283; V, 263 note.

OROSE, historien, IV, 511 note; VII, 497 note.

ORPHELINATS, IV, 341.

ORPHISME, II, 338; III, 142; VI, 149; VII, 132, 135, 563. — Orphée, IV, 168; VII, 359. — Pseudo-Orphée, V, 161. — Représentations, VII, 542.

ORTHODOXIE (règle d'), III, LXXVII; V, XIX XXX, 104, 424, 495; VI, 103 et suiv, 348-349, 350, 364-365, 438, 440, 451, 500; VII, **239, 361-362**, 419, 510. — Voie moyenne, VI, 176; VII, 138, 551. — Résistance au gnosticisme, VI, 184; VII, 239. — chez ébionites, VI, 280. — *Semper, ubique*, VI, 451. — ingrate pour le gnosticisme, VII, **144** et suiv. — tue la première littérature chrétienne, VII, 192. — Orthodoxie et montanisme, VII, **225** et suiv., 239. — L'orthodoxie et les charismes, VII, 532.

ORYBA, VI, 211 note 1.

OSÉE, I, 53.

OSIRIS, V, 172; VII, 131, 573.

OSRHOÈNE, IV, 64; V, 500; VI, 561; VII, 458. — Judaïsme, IV, 65; VI, 560. — Évêques, VII, 199. — Conversion, VII, 442, 458. Voir ÉDESSE et BARDESANE.

OSSÉENS, V, 450, 459, 461. Voir OSSÈNES et ESSÉNIENS.

OSSÈNES, secte, I, 103 note 2; V, 48 note, 459; VI, 322, 323 note, 334 et note 2. Voir OSSÉENS.

OSTIE, III, 114 note; IV, 7, 12 note 2, 265; VII, 578 note 3. — Paul sur la voie d'Ostie, IV, **191, 194**, 199; VI, 342. — Minucius, VII, 391.

OTACILIA SEVERA, impératrice, VII, 620 note.

OTHON, empereur, IV, 131, 316, 324, 352 note, 355, 356, 419 note 1, 434 et note 1, 438 note 2, 456, 481 note 1, **482-**

483, 487, 488 note; V, 366, 367, 374. — Néron ressuscité, *ibid.*

OTRE, ville d'Asie Mineure. Voir ZOTIQUE D'OTRE.

OUADI EN-NAR, IV, 334.

OULOM, phénicien, VI, 160 note 2.

OUSCHA, siège du sanhédrin, V, **531** et note 4; VI, 239. — Institutions d'Ouscha, V, 531; VII, 600.

OUVRIERS, leur éducation et leur propagande, II, 368 et suiv. — Sentiment ouvrier de Paul, III, 161, 237, **246**, **393**. — Associations d'ouvriers, III, 246, 354-355; VI, 432. — Sentiment religieux, III, 365. — Mœurs, bonne éducation, III, 436-437. — Relèvement en Asie, VI, 432, 433. — par le christianisme, VII, **599-600** et note.

OVIDE, II, 328; VII, 574.

P

PACOME (saint), VII, 465.

PÆANISTES, collège, VII, 540 note.

PAGANISME, affaiblissement, V, 472 et suiv. — sous Adrien, VI, 38. — Hadrianées, VI, 43. — Religion, VI, 149. — Persistance, VI, 155. — Immoralité, VI, 376, 482-483; VII, 80-81 et note 1, 103, 374, 382, 562-563. — Les philosophes et le polythéisme, VI, 387. — Mauvais exemples des dieux, VI, 482-483; VII, 562-563. — Polémique, VII, 80-81. — épuisé, VII, 141. — Méliton, VII, 186. — Celse, VII, 348, 367, 369. — Lucien, VII, 372. — Paganisme et judaïsme, VII, 424-426. — sous Constantin, VII, 570 note. — se conserve dans le christianisme, VII, 630. — Deux attitudes, haine, indifférence, VII, 631.

PAGANUS, III, 12; VII, 410, 583.

PAGUS (mont), VI, 438, 457.

PAIENS. Jésus et les païens, I, **235-239**; V, 119. Voir GENTILS. — Sentiments des chrétiens pour les païens, III, 241; IV, 120. — Conversions de païens par la glossolalie, III, 259-260, 412. — coupables, III, 463. — Chrétiens d'origine païenne, leur caractère, IV, 88, 89. — Horreur des païens, IV, 476. — Sentiments plus modérés, V, 12-14. — Villes mixtes, V, 19-20, 23. — Conversations des juifs avec les païens, V, 23. — Conversions, IV, 32. — Païen humble, V, 119. — Le païen hait le pieux Israël, V, 33, 163, 165-166. — convertis, V, 155. — Leur évêque, V, 155. — Idée des sibyllins, V, 159, 162, 168-169. — Païens vertueux, V, 168-169, 267; VII, 78, 93. — Dédain, V, 353-354. — damnés, V, 364-365. — nés en vain, V, 365. — Pseudo-Baruch, V, 518,

519. — — Révélation pour païens ; VI, 166-167. — Païens gnostiques, VI, 174. — Duretés, VI, 212. — Ironie, VI, 218. — dans l'Église, VI, 274. — Rapports avec eux, VI, 393, 394, 559; VII, 98. — Impossibilité d'une société mixte, VII, 98. — Apollinaire et Miltiade, VII, 190, 191. — Médecine spirituelle et exorcismes, VII, 531. — convertis, portent leurs vices dans l'Église, VII, 626, 628, 629.

PAIN, rite du pain, I, 400; VI, **373, 375**, 543 ; VII, 515, 519. — Jésus pain du croyant, I, 498. Voir EUCHARISTIE. — Multiplication des pains, I, 497. — Pain bénit, III, 266, 268; VII, **520** et note 1. — Récit de Paul, III, 404. — de Justin, VI, 374. — mystique, V, 492; VI, 307.

PAIX ROMAINE, II, 310-311, 312, 313.

PAIX (temple de la), IV, 531 et note 1.

PALÆA d'Antioche, II, 226-227.

PALATIN (maison impériale), IV, 141, 142, 145, 146, 147, 531 ; VII, 66 note 2.

PALESTINE. Voir JUDÉE. — Langue usuelle, II, 111. — Prédication, II, 162. — État politique, II, 311. — Idée sur Rome, IV, 412. — Messianisme, VI, 67. — ignore Philon, VI, 69. — Sépultures, VII, 537 note 1. — Églises de Palestine, III, 33, 48, 56, 373 ; VII, 71. — Césarée capitale, IV, 465, 562 ; V, 126, 159, 160, 215 note 1, 467 ; VI, 263 et note 1; VII, 622. — Luc l'ignore, V, 264. — Numismatique, V, 502 note 3. — Juifs de Babylonie et de Palestine, V, 503, 534; VI, 561. — Révolte, V, 508, 509 note. — Lusius Quietus, V, 510, 530, 531. — Pseudo-Baruch l'excepte des fléaux, V, 521 et note 2, 527, 528. — Retour des dix tribus, V, 528. — Chrétiens de Palestine, VI, 24. — Patriarche, VI, 189 et note 1. — Syrie-Palestine, VI, 368. — Tobie, VI, 558, 561. — Voyages de Méliton, VII, 179-180. — Pâques, VII, 195, 199. — Marc-Aurèle en Palestine, VII, 286-287. — Celse, VII, 353. —

PALLAS, III, 534, 541 ; IV, 18.

PALLIUM des philosophes, VI, 273. — Chrétiens le portent, VI, 273.

PALMA (Cornélius), V, 467.

PALMA, évêque d'Amastris, VII, 175, 199.

PALMES (fête des), I, 198-199 et note, 387; VII, 524. — Processions, VI, 423 note 4. — Symbole, VII, 529.

PALMYRE, II, 216 note 1; V, 2-3, 468; VI, 11; VII, 461. — Césars, VII, 492. — Juifs, VI, 238 ; VII, 461 note 2.

PALUT d'Édesse, VII, 458.

PAMPHILE (le prêtre), V, 102.

PAMPHYLIE, III, 31, 32, 49, 54, 548 ; IV, 437.

PANÆTIUS, II, 327.

PANDATARIE, IV, 374 note 1; V, 296-297 et note, 340.

PANÉAS et le PANIUM, I, 151-152. Voir CÉSARÉE DE PHILIPPE.

PANGÉE, III, 140, 143, 154.
PANNONIE, VII, 49, 50, 252, 255, 256.
PANSPERMIE, VI, 158.
PANTÆNUS, fondateur de l'école chrétienne d'Alexandrie, VII, 140, **432-433**. — dans l'Inde, VII, **462** et notes 1 et 2.
PANTHÉON de Rome, V, 149.
PANTHÉON d'Antioche, II, 227.
PANTHÉON central, VI, 36-37.
PANTHÈRE (le soldat), légende hostile au christianisme, I, 459 note 4; IV, **56** note 2; V, **189-190**; VI, 263, 264 et note 1. — Celse, VII, 354.
PAPE, V, 312, 332, 498. — Papauté naissante, VII, 201, **416**, 417, 510.
PAPHLAGONIE, III, 23 note 2, 27 note 3; VI, 428; VII, 49, 629.
PAPHOS, III, 14; IV, 492.
PAPIAS, I, XVII, 497, 501 et note; III, 359; IV, XXXIX, XL note; V, **79** note, 103 note 1, 157; VI, **124** et suiv., 495. — Passage de Papias sur les Évangiles, I, LI-LII, LV, LVIII-LIX et notes, LXIX, LXXIII note; 160 note 2, 482 note, 540 note 2; IV, XXIII-XXIV et note, XXV note; V, 96 notes 1 et 2, 97, 110 note 1, 176 note, 216 et note 3; VI, 46 note 1, 48 note 2, 49 note 2, 126-127 note. — Connaît-il le quatrième Évangile et les épîtres johanniques? I, LVIII, LXV, LXXV, 358 note 2; VI, 49 note 2, 50 note, 128-129 et note. — ne connaît pas Paul, II, IV; VI, 127. — Papias et Paul, III, 299 note 3, 325. — judéo-chrétien, III, 366.
— Papias et l'Apocalypse, IV, XXXIII. — Papias et Jean, IV, 208 note, 345 et notes; V, 424 note 2, 431 note 2, 562-563, 568; VI, 73 note 1, **128-129** et note. — Papias et Philippe, IV, 343 et note, 564; V, 206 note 1. — Discussion du passage, IV, 562-563. — Papias et le *Presbyteros*, IV, 562. — et le cercle d'Éphèse, V, 428; VI, 46 note 1, 48, 128. — Matthieu et Marc, V, 79 note, 120-121 note, 123, 126-127. — Papias et Luc, V, 446 note 3. — Épître johannique, VI, 49-50 note 1, 129. — homme ancien, V, 97; VII, 73. — Les vignes et les grappes, V, 521-522 note; VI, **132**, 185, 433, 437. — Les deux Jean, VI, 78 note, 80. — n'a pas vu les apôtres, VI, 124-125. — traditionniste, VI, 125, 127, 135; VII, 430. — Ses garants, VI, 126. — est un des *presbyteri* d'Irénée, VI, 127 note, 130 note. — Évangiles qu'il connaît, VI, **127-128**. — Récit de la femme adultère, VI, 128 et note 2. — Son livre, VI, 48, **129**, **130** et note; VII, 421. — Défaveur, VI, **130** et suiv., **134-135**, 632 note. — Crédulité, VI, 130-131. — Millénarisme, I, 297; IV, 346 note 3; VI, **131** et suiv., 135, 136, 385. — Gnosticisme, VI, 131, 133. — Abstinences, VI, 133-134. — Jugements divers sur lui, VI, 135; VII, 190.
PAPIAS de Pergame, VI, 464 note. Voir PAPYLUS.
PAPINIEN, VII, 494.

PAPIRIUS, évêque, VI, 436 ; VII, 193, 197, 200.
PAPISCUS. Voir JASON ET PAPISCUS.
PAPPUS. Voir JULIANUS ET PAPPUS.
PAPYLUS de Pergame, VI, 464 note. Voir PAPIAS.
PAPYRUS, III, 234 ; VII, 142 note.
PAQUES, I, 381, 384, 392, 396, 418, 442, 448, 451 ; III, 383 note, 501 ; IV, 501-502 et note. — *Paskh* naturaliste, VII, 199. — Dernière pâque de Jésus, I, **396** et suiv., 400, 412 ; V, 85. — époque de supplices, II, 248. — Question de la pâque, I, LXIII, LXXV, **396-397** note ; III, **270-271**. — Changement de signification, III, 270-271, 300 note ; IV, XXX-XXXI, 239, **445, 449** ; VI, 274, 276, 335 ; VII, 524.—Inscription d'Hiérapolis, VI, 432. — Polycarpe et Anicet, VI, 445-449. — Rome, VI, 446, 448 ; VII, 70. — en Asie, VI, 446-447, 449. — Jésus est la vraie pâque, I, 318, 397 et note, 519, 523, 528; VII, 196-197. — Tolérance, VI, 448. — Concile de Nicée, VI, 447 note 1. — Méliton, VII, 188. — Question de Laodicée, VII, **194** et suiv. — Difficultés, VII, 194-195. — Cycle pascal, VII, 195, 204-205.— Transposition, VII, 195-196, 198.—Diversités, VII, 196-197. — Idée de suppression, VII, 197 note 3. — Apollinaire, VII, 198 et note 2. — Substitution de sens, VII, 198-199. — Question vers 196; VII, **199** et suiv., 413 note 3, 417, 509. — Progrès de l'usage romain, VII, 204, 342-343. — tranchée par le concile de Nicée, VII, 204. Voir QUARTODÉCIMANS. — Fixation, VII, 205. — Bretagne, VII, 452. — Envoi de l'eucharistie, VII, 519. — Office de Pâques, VII, 526. — Chair exclue, VII, 584.

PARABOLES, I, 122, **174-175**, 181-183, 186, 195, 241 ; V, **99, 100, 177**. — Les sept paraboles du royaume de Dieu, V, 177, **201** et suiv., 207. — Lesquelles de Jésus ? V, 203-204. — Celles de Luc, V, 265 et suiv. —manquent en Jean, V, 60, 74.

PARACLET, I, XII, **310-311, 521** ; VI, **60-61, 69-70**, 71, 142, 149; VII, **212, 213, 214, 215**, 504. — à Lyon, VI, 473, 476. — inspirateur permanent, VII, **212-213**. — Montanisme, VII, **212** et suiv., 236 note 1, 298 note 1, 299, 301. — Quatrième Évangile et Montan, VII, 214 note 3, 220.

PARADIS, I, 200, 285, 286. — juif, VI, 137. — Paradis matériel, IV, 346, 364, 449 note 4 ; V, 265 ; VI, 138 ; VII, 505, 506. — immatériel, V, 167, 169. — sur terre, V, 527. — Mariage, VI, 138 et note 1. — chez les juifs, VI, 220, 231 note 2. — Séjour de Dieu, VI, 530, 531. — des gnostiques, VII, 125. — mithriaque, VII, 578 et note 1, 579 note 2.

PARÆNETICOS (LOGOS), VI, 384 note 2, 585 note 1 ; VII, 107 et note 3, 184 note.

PARALIPOMÈNES, V, 187.

PARAPHRASES CHALDAÏQUES. Voir TARGUMS.

PARASCHA, I, 141, 143.
PARCHEMIN, III, 234 note 2.
PARDON (GRAND), V, 7. Voir KIPPOUR.
PARFAITS, VI, 164, 167.
PARFUMS, VII, 397.
PARIUM sur l'Hellespont, VI, 464 ; VII, 50 et note 2, 51.
PARMÉNAS, II, 119.
PAROECIA (paroisse), sens, VII, 410-411 note, 452 note.
PAROLE de Dieu, I, 258. Voir VERBE ou LOGOS. — Paroles du Seigneur. Voir LOGIA.
PAROUSIE. Voir APOCALYPSE. I, 83, **136,** 260, **284** et suiv.; IV, 85, 174, 202-203 ; VII, 407, 501. — Temps de la parousie, I, **288-290.** — subite, IV, 367, 427-428. — Changement des idées sur la parousie, I, 480 ; II, 92. — en premières épîtres de Paul, III, **248** et suiv., **250.** — Calculs, III, **250-251.** — Calamités préliminaires et Antechrist, III, 253. — selon Paul, III, **414** et suiv., 416-417, 478-479 ; IV, 16, 17, 22-23, 75-76. — Modification, IV, **75** et suiv. — En I^a Petri, IV, 115, 116, 120, 121. — En II^a Petri, IV, VII. — Attente vive, IV, 45 ; VII, 605. — manque en Jean, VI, 60. — cependant, VI, 60 note 4. — Antechrist, IV, 178, 203. — en Hébr., IV, 216, 217. — Attente, IV, 259, 338, 361, 368, 484; V, 39, 77, **203.** — Apocalypse, IV, 455, 456, 466. — Jours abrégés, V, 40-41. — Rapport avec le siège, V, 124, 125 et note 2, 253-254. — Domitien, V, 300-301.— Nerva, V, 377. — Métaphysique, VI, 61, 63. — Philon, VI, 63. — Espérance s'affaiblit, transformation, VI, 85 et suiv., 107-109. — Retards, doute, VI, **107** et suiv. — Défense de supputer, VI, 108. — II^a Petri, VI, 109 et suiv., 110. — comme un voleur, VI, 108, 112. — Un jour égale mille ans, VI, 112. — Raisons du retard, VI, 112. — en gnosticisme, VI, 152. — en Hystaspe, VI, 340. — en Hermas, VI, 409-410, 413. — Polycrate, VII, 200. — Montanisme, VII, 207, 208, 234. — Affaiblissement de l'attente, VII, 547.
PARSIS, II, 285 ; IV, 540 ; VII, 446. Voir PERSE.
PARTHENIUS, V, 340-341, 378.
PARTHÉNON, III, 172, 174 note 3, 185, 206 ; IV, 474.
PARTHES, II, 254, 280 ; IV, 63, 64, 250, 266 ; V, 144. — Juifs de Parthie, IV, 250, 272, 497. — Rôle apocalyptique des Parthes, IV, 272-273. — Néron et les Parthes, IV, 318 et note 2; VI, 14. — Les faux Nérons et les Parthes, IV, 318 note 2, 319 note 2, 353, 417, **428,** 438 et note 1 ; V, 40, **164-165.** — Cavalerie parthe, IV, 396 noté 5. — Invasion parthe, IV, 398, 400. — soutiennent les Flavius, IV, 489. — Juifs appellent les Parthes, IV, 501. — Sères des elchasaïtes, V, 455. — Trajan et les Parthes, V, **499** et suiv., 501, 502, 503. — Juifs chez les Parthes, V, 516. — Parthes et Rome, VI, 7 ; VII, 249, 458.

INDEX GÉNÉRAL

— Chrétiens de Parthie, VII, 459 et note 3, 461 et note 3.
— Juifs tranquilles chez les Parthes, VI, 228.

PARURE des femmes, défendue, IV, 118-119; VI, 100, 270; VII, **91-96, 243-244** et notes, **553-555**. — Sa légitimité, VII, 554-555.

PASIPHAÉ, IV, 168.

PASSION (récit de la), I, xv, LXXVI, LXXVII, 518, 530; IV, VIII, IX; IV, 60, 61 et note 1, **117**; V, 78, 85, 196, 257, 278; VI, 58. — Ses conséquences morales, I, 456-457. — Sentences, V, 78 et suiv. — Textes rapprochés, V, 91. — en Luc, V, 280-281. — Sacrifice, V, 376. — Christ en la Passion, V, 419, 421; VI, 161, 173; VII, 544. — Théorie musulmane, V, 422 et note 2. — gnostique, VI, 153, **161, 173**. — Développements en apocryphes, VI, **515** et suiv. Voir VENDREDI SAINT. — Objections de Celse, VII, 358 et suiv. — Jours commémoratifs, VII, 524. — supprimé dans l'art, VII, 544. — Jésus n'a pas souffert, VII, 544.

PASTEUR. Livre intitulé *le Pasteur*. Voir HERMAS. — Allusion aux massacres de 64, IV, 217 note 1. — Titre de pasteur, III, 406 note, 503; VI, 90, 140, 141, 166, 420. — Bon pasteur, VI, 423 note 4; VII, 542 et note 5, 546.

PASTOPHORES, VII, 569.

PASTORALES (épîtres), VI, 78, 79. Voir TIMOTHÉE et TITE. — Conclusions sur leur authenticité, III, XLVIII, XLIX; V, XIX; VI, v. — Valeur historique, III, XLIX et suiv. — Elles visent Éphèse, III, LXVII. — Rapports avec Pseudo-Ignace, V, XIX et note, XX, 495. — avec Luc, V, 446 note 3. — Fabrication, VI, **95** et suiv., 105; VII, 419. — Parcelles authentiques (?), VI, 95-96 et note. — à Rome, VI, 96. — Caractère, VI, **96** et suiv., **101** et suiv. — Épiscopat, VI, 96 et suiv. — Diacres, VI, 97, 98. — Veuves, VI, 97-99. — Esclaves, VI, 99. — Femmes, VI, 99-100. — Code ecclésiastique, VI, 101-103. — Hérésies, VI, 103-104. — Gnose, VI, 156 note 2. — Bon sens, VI, 104-105. — Parousie, VI, 108-109. — Insertion dans le *Corpus* paulien, VI, 105. — L'auteur ne connaît pas les *Actes*, VI, 113 note 1. — Style, VI, 116 note. — Basilide les exclut, VI, 162. — Analogies, VI, 443 note. — Polycarpe, VI, 443. — Succès, VI, 496; VII, 96. — Importance, VII, 511. — Latinismes, VI, 103 note 1.

PATARE, III, 504.

PATER (le), I, 91-92.

PATIENCE, IV, 116, 117, 118, 119, 120, **500**.

PATINARIA (*via*), IV, 310 note.

PATMOS, IV, XXVIII et note, **27, 207** note. — Jean à Patmos, IV, **361**. — Description, IV, **372** et suiv., **376** et suiv. — Histoire, IV, 372-373 note. — Port, IV, 373, 374 note 2, 375, 560, 561. — Cause de son choix, IV, 372 note 1, 373-374-375, **560-561**. — Légendes, IV,

374 note 3. — Réalité, IV, 376 et suiv., 394. — Transformation, IV, 376 et suiv. — Patmos et le faux Néron, IV, 436 et suiv., 438, 481.

PATNOS. Voir PATMOS.

PATRIARCHES. Voir TESTAMENT DES DOUZE PATRIARCHES. — Patriarcale (religion), I, 6. — Apocryphes patriarcaux, VII, 84 note 1.

PATRIARCHE (le) des juifs, V, 22-23 et note, 66, 530; VI, 188 et note 1, 254.

PATRIE, II, 373 et suiv., 375. — Chrétien et patrie, VII, **426, 428, 591-592.** — Patrie terrestre, VII, 428, 499, 590. — La patrie et l'Église, VII, 499, **590, 592** et note 5, **593**, 644.

PATROBAS, III, 433.

PATROBIUS, IV, 159 note 3.

PAUL (saint), caractère et valeur, I, 466; II, II, III, XIII, 206, 210 et suiv., 231 et suiv.; V, 538; VII, 402. — Son nom et sa famille, II, **164.** — Éducation, II, **165** et suiv. — Son nom de Paul, III, 18-19; IV, 12 note 2. — Élève de Gamaliel, I, 230; II, 172. — Son style, II, 168, 169; VII, 513. — Sa langue, II, **166-168, 169**; III, 190, 197. — Son savoir, I, 500. — Son état, I, 75; II, **168.** — Sa mine, II, **170-171.** — Son caractère, III, **236-237.** — Son tempérament, II, **171.** — Était-il citoyen romain? Raisons pour et contre, III, 153, 526-527. — Paul persécuteur, II, **140-141,** 148-149, 173; IV, 21. — à Jérusalem, I, 487; II, xxx-xxxii, 241 note 2, **315-316.** — Paul a-t-il connu Jésus? II, **173,** 211, 212; III, 293, 313, 377, 445, 563; IV, 84-85; V, 269. — Ses relations, II, 108 note 6. — Ce qu'il dit de ses relations avec Céphas et Jacques, III, 316.

Conversion de saint Paul, I, xix; II, xxii, xxx, **163** et suiv., **174** et suiv. — Chronologie, III, 75 note 1. — Départ pour Damas, II, 174 et suiv. — Voyage, II, 175 et suiv. — Lieu de la conversion, II, **177-178.** — Crise, II, **179-183.** — Vision, II, 53; III, 445. — Paul à Damas, II, **184-190.** — prêche en Arabie, II, 188, 189. — va à Jérusalem, II, 186, 187, 188, 241 note 2. — Paul et les Douze, II, 186, 187. — quitte Damas, II, 206. — à Jérusalem, II, **206** et suiv., jusqu'à 213. — Départ, II, 212. — Révélation, II, 212; III, 75. — à Césarée, II, 213.

Idée de missions, Barnabé, II, 231, 385. — Voyages, III, **315-316**; IV, 556. — Missions en général, III, iv, 1 et suiv. — Habitudes de Paul, III, **4** et suiv., **55-56.** — Extases, II, **237-238**; III, 292-294, 377; VI, 516. — Pas de compagne, III, 7; V, 545. — Genre de vie, III, **8.** — Prédication, III, **10** et suiv., 96. — D'abord les juifs, puis les gentils, III, 11, 36-37, 40-41, 46, 246. — Chypre, III, 13 et suiv. — Titre d'apôtre, III, **20-21.** — en Asie Mineure,

III, 31 et suiv. — Rupture avec Jean-Marc, III, 32. — à Antioche de Pisidie, III, **35** et suiv. — chassé, III, 38. — à Iconium, III, 39 et suiv. — Émeute, III, 41. — à Lystres, III, 44-47. — à Derbé, III, 47-48. — Sa géographie administrative, III, **51-52**. — à Antioche, III, 57 et suiv.

Paul et la circoncision, II, xxxiv et suiv.; III, 72, 74. — Moment capital, III, 74-75, 76. — Affaire de Titus, III, 75. — Voyage à Jérusalem, III, **75, 76** et suiv. — Révélation particulière, III, 75. — Concile de Jérusalem, III, **81** et suiv. — Difficultés, III, 83. — Esprit cassant, III, 83, 120, 122. — et pourtant concessions, III, 88, 89, 122, 125. — va voir les apôtres, III, 84. — Pierre et Paul, III, xlvii, **84-85**; V, 119. — Accord avec Pierre, III, **85** et suiv. — Décision, III, 87. — Circoncision de Titus, III, **87-89**. — Réconciliation relative, III, 93. — Paul apôtre des gentils, III, 93. — Sa révélation reconnue, III, 93. — Idée de collecte, III, 94. — Retour à Antioche, III, 94-95. — Silas s'attache à lui, III, 95. — Paul et Rome, III, 115, 117. — Rupture avec Barnabé, III, 119. — Relations ultérieures, III, 121-122.

Deuxième mission. — Deuxième voyage de Paul en Galatie, III, 123 et suiv. — s'attache Timothée, III, **123-124**. — le circoncit, III, 125. — Voyages en Asie-Mineure, III, 126-128. — Mission de Macédoine, III, **130** et suiv., **139** et suiv. — décidée, III, **134**. — à Troas, III, 130 et suiv. — s'adjoint Luc, III, 130 et suiv. — Luc l'entraîne en Macédoine, III, **134**. — Rêve, III, 134. — Paul à Philippes, III, 144 et suiv. — Paul et Lydie, III, **148-149**. — Les dames de Philippes, V, 206. — Émeute à Philippes, la ventriloque, III, 150 et suiv. — Bastonnade, III, 152. — Citoyen romain, III, 153. — quitte Philippes, III, 154. — à Amphipolis, III, 154 et suiv. — à Thessalonique, III, **157** et suiv., **159, 160**. — Son principe sur l'argent, III, 160, 237, 283, **400, 401**, 423, 448, 450-451, 503; IV, 19; V, 206. — Émeute, III, 162. — à Bérée, III, 162 et suiv. — Émeutes partout, III, 164. — Paul à Athènes, III, **166** et suiv., **170, 172, 173,** 176. — Tableau d'Athènes, III, 167. — Le Dieu inconnu, III, **172** et suiv., **195** et suiv. — Prédication, III, **188** et suiv. — Discours à l'Aréopage, III, **193** et suiv., **195** et suiv. — Peu de succès, III, 197, 200-201, 208, 209. — part pour Corinthe, III, **208** et suiv., **211** et suiv. — s'établit à Corinthe, III, 215. — Rapports avec Aquila, III, 215. — commence par les juifs, III, 216. — Rupture, III, 216. — Succès, III, 217. — Sentiments, III, 219. — Défiance, III, 220. — contrecarré par les juifs, III, 220 et suiv. — Autorité romaine, III, 220 et suiv. — Obstacles, III, 225. — Mécontentement, III, 226. — Activité, III, 227 et suiv.

Épîtres en général, III, IV et suiv., **228** et suiv.; IV, x, 359; V, 334. Voir Galates, Thessaloniciens, Corinthiens, etc. — Épîtres datées de Corinthe, III, 226, **228** et suiv. — Paul et ses Églises, III, 227 et suiv. — Son autorité, III, 227-228. — Ses habitudes, III, **231, 232.** — Talent épistolaire, III, **231.** — Style, III, **232, 233.** — Précautions, III, 233. — Nombre des lettres de Paul, III, 234-235. — Épîtres aux Thessaloniciens, III, **235-237.** — Tendresse, III, 236. — Contrastes, III, 236. — Caractère de Paul en ses épîtres, III, 236-237. — L'ouvrier, III, **246-247.** — Parousie, III, **248** et suiv. — L'Antechrist, III, **251** et suiv. — Secret, III, 254-255. — Doctrine, III, 274-277.

Retour à Antioche, III, 278. — touche à Éphèse, III, 280. — à Jérusalem, III, 279, 280. — Embarras, III, 281. — Pierre et Paul, III, 281. — Apôtre des gentils, III, 281, 290. — Pierre, Paul et Jacques, III, 284, 289. — Antipathie pour Jérusalem, III, 286-287. — Les apôtres et Paul, III, 288. — Arrivée à Antioche, III, 289, **290** et suiv.; V, 157. — Scènes avec Pierre, II, xxxvi; III, **290** et suiv. —

Contre-mission, III, **288** et suiv., **291** et suiv. — ennemi de la Loi et du temple, III, 293 note, 303, 305, 306. — L'avantage d'avoir vu Jésus, III, 293, 313, 377, 445. — Ses visions, III, **292-294**, 377. — Éclat d'Antioche, III, **295** et suiv., **317**. — Colère, III, 297, 302 note 2. — Réconciliation, III, 298. — Calomnies contre Paul, III, **299** et suiv.—Lettres contre lui, III, 300-303. — Injures, III, **303** et suiv., 305, 312. — On l'appelle Simon le magicien, III, **303-304.** — — accusé de *pornia,* III, 300 note 2, 304 note 4. — Apostat, l'homme ennemi, etc., III, **305.** — Paul dans l'Apocalypse, III, 303-305, 367-369. — n'est pas apôtre, III, 305. — Légende contre Paul, III, 306.

Paul apprend le trouble des Galates, III, 314. — écrit l'épître, III, **314** et suiv., **322** et suiv., **327.** — Titre d'apôtre, III, 314, 325, 367. — Révélation directe, III, 315, 316. — Autobiographie, III, 315. — Partage avec Pierre, III, 317. — Stigmates, III, 323. — Apôtre par droit divin, III, 326. — passionné, III, 327.

Troisième mission, III, **329** et suiv. — à Éphèse, III, 337 note 3, **344** et suiv.; V, xx. — baptise les disciples d'Apollos, III, 344. — Prédication, III, 344-345 et suiv. — prêche les juifs, III, 345. — A la *Schola Tyranni,* III, 346. — Miracles, III, 347. — exorciste, III, 347-

348. — Dissensions, dangers, III, 350-351.— Paul et la vallée du Lycus, III, 360-361. — Paul et la Phrygie, III, 362.— Comment oublié, renié, III, **366, 367**.— Haine contre lui en Asie, III, 367 et suiv. — Pas seul apôtre, III, 369-370. — Sa règle d'apostolat, III, 369-370, 446-447, 460, 483, 493 ; IV, 29 note, 34.

Paul et Corinthe, III, **371** et suiv.; V, 317, 325 ; VII, 530. — Paul et Apollos, III, **374** et suiv., 375, 386, 388. — Rivalités, III, 375, 378, 388, 390. — Émissaires à Corinthe, III, 376. — Mauvaises nouvelles, III, 383-384. — Épître perdue, III, 383. — Message à Corinthe, III, 384. — Message des Corinthiens, III, 384-385, 418. — Douleur, III, 385. — Épîtres aux Corinthiens, III, **386** et suiv.; V, 325. Voir CORINTHIENS (Épîtres aux). — Dédain du mariage, III, 394-397. — — Autre doctrine, III, 397-398. — Paul et les idolothytes, III, 398-400. — Les femmes sœurs, III, 400. — La Cène, III, 404. — Les charismes, III, **405** et suiv.— Résurrection et parousie, III, **413** et suiv.

Projets, III, 419-420, 447, 492. — veut voir Rome, III, 420, 494, 530, 542-543, 546, 552. — La grande collecte, III, **420** et suiv., 424, **452, 455-456**; V, 44. — Députés des Églises, III, 423, 424, **452-453-454**, 455, 456, 458, 459, 491, 492 et note, 496, 508, **512**, 513-514. —. Projet d'aller à Jérusalem, III, 423, 424. — Attachement, IV, 547. — envoie Titus, III, **424** et suiv. — Fin du séjour d'Éphèse, III, 425, 426. — Émeute des orfèvres, III, 426 et suiv. — Hésitations, III, 430-431. — part pour la Macédoine, III, 431. — Coup d'œil sur les trois ans d'Éphèse, III, 425, 426. — Second séjour de Paul en Macédoine, III, **438** et suiv. — Affaires de Corinthe, deuxième épître, III, **440** et suiv. — Ses ennemis, faux apôtres, III, 445, 448 note, 450. — Menaces, III, 446. — Tableau de sa vie, III, **449** et suiv., **456-457**.— Dureté des temps, III, 456. — Second séjour de Paul à Corinthe, III, 458 et suiv.

Épître aux Romains, III, **460** et suiv.; IV, 505.— Résumé, III, **462** et suiv. — Rupture avec le judaïsme, III, 470, 563. — Rapports anticipés avec les Romains, III, 484. — Pressentiments et prédictions, III, 490, 495, 502, 505, 507, 513. — lié par l'esprit, III, 491, 502. — Complot des juifs, III, 492. — Projets d'aller jusqu'à l'Occident, III, 493, 495.

Départ pour Jérusalem, III, 497. — Voyage, III, 497-498. — en Macédoine, III, 498. — à Philippes, III, 498. — reprend Luc, III, 498. — à Troas, III, 499-500. — Suite du voyage, III, 500 et suiv. — Entrevue avec les anciens d'Éphèse, III,

501-504. — Suite du voyage, III, 504-506. — à Césarée, III, 506. — Prédiction d'Agab, *ibid.* et 583.

Paul à Jérusalem, III, **508** et suiv.; VI, 261. — Coalition des judéo-chrétiens et des juifs, III, 508, 513. — Accueil, III, 510. — Visite à Jacques, III, 512. — Remise de la collecte, III, 512. — La collecte assimilée à la simonie, III, 514. — Observation des anciens, III, 515. — Les nazirs, III, 515. — Paul accepte, III, 515-518. — Paul s'enferme, III, 520. — Émeute, III, **521** et suiv. — Paul et Lysias, III, 525 et suiv. — Citoyen romain (?), III, 526 et suiv. — devant le sanhédrin, III, 528 et suiv. — Vision, III, 530. — Complot, III, 530-531, 540-542. — Neveu de Paul, III, 531. — Lysias envoie Paul à Césarée, III, 531-532. — Voyage, III, 532-533. — Entourage, II, XI. — Paul et Félix, III, **535** et suiv. — Paul et Drusille, III, **538** et suiv. — Deux ans à Césarée, III, **539** et suiv. — Paul et Festus, III, **541** et suiv. — Appel à César, III, 543. — Paul et Agrippa, Bérénice, III, **543** et suiv. ; V, 136. — Discours, III, 544 et suiv.

Voyage de Paul prisonnier, III, **546**. — Naufrage, III, **550** et suiv. — Paul à Malte, III, 556 et suiv.; V, 206 note 1. — Miracles, III, 556, 557. — Paul à Pouzzoles, III, 558-559. — Voyage à Rome, III, 559. — rencontre les Romains, III, 559.

Paul à Rome, III, XXXIV, XXXV, XLIV-XLVI-L, 559 ; IV, **5** et suiv., 73 et suiv. — La prison, IV, 6 et suiv. — Relations avec les fidèles, IV, **7** et suiv. — Relations avec les juifs, IV, **7-8**. — prêche les gentils, IV, 9. — Paul et la maison de Néron, IV, **11** note 2. — Paul et la famille Annæa, IV, 12-13 et note. — *Paulus Petrus,* nom de Paul, IV, 12 note 2. — Paul et Sénèque, IV, 12-13 note. — Émissaires judéo-chrétiens à Rome, IV, 14. — Adversaires, IV, 15, 74. — Sentiments, IV, 15-16. — Propagande, IV, 17, 18. — Paul sut-il le latin ? IV, 17. — Paul et les Philippiens, IV, **18** et suiv.; VI, 442-443 note, 444.

Épîtres de la captivité. Modification dans les idées de Paul, I, LXXI, 480 ; III, X-XI; IV, 24, 59, **74** et suiv., 212. — Modification dans son style, IV, **76** et suiv. — Nouvelle théorie, IV, **78** et suiv. — Jésus, IV, **79-80, 84-85**. — Morale, IV, 80-81. — Origine de ces secondes doctrines, IV, 81 et suiv. — trouvées en la première époque de Paul, IV, 83. — Raison, IV, 83-84. — Dernières relations avec l'Asie, IV, 85. — Caractère des Églises de Paul, IV, 89-90. — Précautions, IV, 90 note 4. — Épître aux Colossiens, IV, **90** et suiv., 95. — Épître dite aux

Éphésiens, IV, **91** et suiv. — Paul et Onésime, Philémon, IV, **95** et suiv. — Épître à Philémon, IV, **96** et suiv. — Goût des circulaires, IV, 111.

Relations des deux apôtres Pierre et Paul à Rome, IV, 32 et suiv., 74, 98, 111, 112 et note 2, 121. — Pierre imite Paul, IV, 26-27. — Étendue réelle de leur dissidence, IV, ix.—Les deux partis, IV, 33, 34, 100.— Illusions, IV, 98.— Consolations, IV, 99. — Tristesses, IV, 99, 100, 101. — Roideur, fanatisme, IV, 102-103.— Comparution, acquittement, III, xxxiv, xxxvii, xliv ; IV, **104**. —Voyage après l'acquittement, III, 560 ; IV, 104-105.—Espagne, IV, **105, 106, 107, 108.** — Paul et Iª Petri, IV, 114, 115. — Légende de Pierre et Paul, martyrs pour la conversion d'une maîtresse de Néron, IV, 161. — Réconciliation d'office, IV, 187-189, 200, 201, 548. — Mort de Paul, IV, 107 note, **182** et suiv., **185** et suiv.; VI, 520. — à Rome, IV, 186, 187 et notes 3 et 4. — en la persécution de 64, IV, 186-187 et note. — Causes de sa mort, V, 498. — Pierre et Paul associés en la mort, IV, 187 note 1, 188 note. — Genre de mort, IV, 190-191. — Memoriæ à Rome, IV, **191** et suiv. — Église Saint-Paul hors les murs, IV, 192 et note 1, 193-194. — Tombeau, IV, 192. — Corps, IV, **192** et suiv., 194 et note, 195. — Doutes sur la fin de Paul, III, lxxviii ; IV, 199-200. — Vie de Paul selon les *Pastorales*. Voir Timothée (Épître à). — Itinéraire, III, xxxiv et suiv. — Portraits, VII, 541.

L'école de Paul, IV, 220, 221. — Direction théologique, IV, 221-222. — Opposition, Paul-Balaam, haine de l'école de Jean, IV, 348-349, 365 et notes. — destructeur de la Loi, IV, 349. — Ses ennemis à Éphèse, IV, 349. — abandonné, IV, 349. — Allusions dans l'Apocalypse, IV, 363, 364, 365, 366, 368, 410 note 2, 420 note, 424 note 1, 476. — Paul idolâtre, IV, 364 note 2. — Pardon des judéo-chrétiens, IV, 368 note 2. — Paul pas apôtre, IV, 476 ; V, 209. — Belle formule, IV, 480. — L'école de Paul et la ruine du temple, IV, 546.

Parti de Paul, V, ii, xxii, 11, 38, 48, 62, 73, 119, 206-207 note, 265, 331 ; VI, 20, 46. — Imitation des Épîtres, V, viii, xxii ; VI, 80. — Suppositions, V, xi, xii. — Authenticité, V, xvii. — Épîtres ont peu converti, V, 100. — Vie de Paul et Vie de Jésus, V, 101-102. — — Pharisiens, V, 8, 67-68. — Haine des Nazaréens, V, 52, 457 ; VII, 507.— pas juif, V, 52. — Allusions dans l'Évangile hébreu, V, 108 et note 3. — Rage des ébionites, V, **108-109**. — Josèphe et Paul, V, 135. — Paul censé instituer l'évêque ethnico-chrétien, V,

155, 156. — Églises de Paul, promiscuité, V, 201.

Progrès de la réconciliation, V, 314-315, 330. — Paul et les sept paraboles, V, 201, 202. — Les deux générations, V, 202. — Influence de Paul sur les instructions apostoliques, V, 205-206, 209-210. — Récit sur Malte, V, 206 note 1. — La foi, V, 207. — supprime tout, V, 210. — Luc son disciple et biographe, V, 265 et suiv., 269 et suiv., 432, **438-439**, 440, 444, 446; VI, 358. — Évangile de Paul, V, 269 et note 2, 284. — Rapports avec Jésus et les disciples immédiats, V, 269. — connaît mal les *Logia*, V, 269. — Cène en Paul et Luc, V, 269-270, 284. — Invention des soixante-dix discip'es, V, 270-272. — Paul et l'ivraie, V, 273-274. — Clément sur Paul, V, 323. — Paul et Cérinthe, V, 422, 424. — Nicolaïtes = partisans de Paul, VI, 181. Voir Nicolas. — Paul et les filets de Pierre, V, 442-443.

Travail en vue de la réconciliation, V, **442-443**, 445; VI, 109, 110, 112. — Paul égalé aux Douze, V, 445. — Évêques de Paul, V, 485. — Paul et Ignace, V, 485, 487, 488-489, 494 et note 5, 495. — Églises de Paul relevées par Ignace, V, 495. — Fabrique des épîtres pseudo-ignatiennes V, 495. — Juifs aux Églises de Paul, V, 535. — Paul et le judaïsme, VI, **76**. — Ses Églises, VI, 85, 109. — ordonne Timothée et Titus, VI, 89 note 7. — Épiscopat en Églises de Paul, VI, 94-95. — Écrits épiscopalistes prêtés à Paul, VI, 95. Voir Pastorales. — Possibilité de billets authentiques, VI, 95-96 et note. — Bon sens, VI, 105. — Édition des épîtres, VI, **105-106**. — Insertion des *Pastorales*, VI, 105. — Ordre, VI, 105-106. — Additions, VI, 109. — connu de l'auteur de *II^a Petri*, VI, 110, 111 note, 112. — Style, VI, 116 note. — inconnu de Papias, VI, 127. — Églises de Paul négligent l'hébreu, VI, 286. — Églises de Paul à Rome, VI, 323.

Dernière bataille, VI, 323. — Ébionites et Paul, VI, 279, 281, 286. — Légende de Pierre et Paul, VI, **323** et suiv. Voir Pierre. — Paul = Simon, III, **303-304**, 514; IV, 31, 555; VI, **324-325** et note 1. — Écrits ébionites contre Paul, VI, 324 et note 2, 328, 330, 331, 333. — intrus, faux apôtre, VI, 324. — Pierre le démasque, VI, 324, 325. — Révélations, VI, 324. — Ascension, VI, 324-325. — Divinité de Jésus, VI, 325. — Magicien, VI, 325. — gagne Néron, VI, 326. — se fait adorer, VI, 326. — Déconfiture devant Néron, VI, 326, 327. — Passage des *Cérygmes* contre Paul, VI, 330.

Réconciliation définitive, III, 324; VI, **333** et suiv., **336**. — Base de la primauté romaine VII, 70, 412. — Victoire de Paul,

VI, **333-334, 335**. — Effets de la révolte juive sous Adrien, VI, 259. — Prospérité et sagesse des Églises de Paul, VI, 334, 335. — Nécessité de la fusion, VI, 337-339. — Sermons de Paul dans les *Cérygmes*, VI, 340. — rencontre Pierre à Rome, VI, 341 et note 1. — Passage en pseudo-Cyprien, VI, 341 note 1. — Légende sur la mort de Paul, VI, **337** et suiv., **341-343**. — Rédactions, VI, 342, 343. — Derniers incidents, VI, 342.

Philosophie, VI, 142, 388. — Paul et les gnostiques, VI, 180. — Prétendu Théodadès, VI, 176. — *Ascension de saint Paul*, livre caïnite, VI, 183, 526. — Paul et les pharisiens, VI, 257, 258, 274. — Paul en *Testament des douze patriarches*, VI, 269. — Exagération des doctrines de Paul, VI, 350, 359. — Marcion VI, 355, **356, 359, 361**; VII, 163. — « L'apôtre », VI, 355 note 2. — Évangile de Paul, tradition orale, III, 305; IV, 60; VI, 358, 359. — Paul et ses disciples, VII, 420. — Chrétiens de Paul, VI, 446, 497, 516; VII, 72.

Roman de Paul et Thécla, VI, 523. — Hégésippe et saint Paul, VII, 72 et note 2, 73. — *Reconnaissances*, VII, **76**, 87, **88**. — commenté, VII, 118. — Apelle et les catholiques, VII, 154, 156. — Tatien, VII, 167. — Sévère, VII, 168. — Passage de Denys de Corinthe, VII, 174, 412.

Fortune de Paul : anathématisé après sa mort, II **XXXVIII-XXXIX**, 164 note 3. — Réconciliation aux dépens de Paul, III, 324. — Éclipse momentanée de Paul : désavoué, III, **325, 564**; IV, 34. — ignoré de Justin, VI, 385. — Celse le connaissait-il ? VII, 353, 354 note. — Apostolat des gentils nié, III, 325. — Chrétiens ignorant Paul, VI, 433. — Cause de son succès : il grandit par ses écrits, II, v; III, 325, 565. — Critique de ses prétentions et de ses récits, III, 326. — Phrase de l'épître de Jacques contre Paul, IV, 55. — écrase ses disciples immédiats, III, 564-565. — Coup d'œil général, nombre de ses convertis, III, 562-563 et note. — Infériorité de Paul, III, 563. — n'a pas vu Jésus, ne le connaît guère, III, 563. — Églises de Paul souvent peu solides, III, 563 et suiv. — Éclipse au moyen âge, III, 565. — Paul dans l'Église grecque, III, 116 note. — renaît à la Réforme, III, 566. — Sa vraie valeur, III, **567** et suiv. — Postérité de Paul, III, 570; IV, xxxix.

Christologie de Paul : en quel sens il fut apôtre, II, III, XIV, **213-214**. — Jésus tel qu'il le conçoit, III, 470. — Salut par Jésus seul, VII, 88, 513. — Jésus est la pâque, VII, 197 note 1. — Rapports avec *Hébreux*, IV, xvi, xvii. — Paul et Jésus, II, III, IV. — Paul est-il le fondateur du christianisme? II, iv. — Son système sur la Cène et la Passion, I, 498-499, 519; IV, 60. — Son système sur la résurrection, I, 532, 533, 536; II, 9 note, 12 et note; IV, 60.— sur ésus ressuscité, V, 107, 108. — Paroles de Jésus, II, 212; IV, 60. — Son personnel évangélique, II, 31, 36. — Son autorité pour la Vie de Jésus, II, 36-37 net. — Valeur historique de ses épîtres, II, v-vi, — Extases, II, **238.** — Visions, II, 182; III, 315-316, 445, **450.** — Miracles, I, 506, 534. — Croyance au miracle, II, 103-104. — à une révélation directe, II, 186; III, 93. — L'inspiration personnelle, V, 333. — Paul protestant, II, 186-187. — Théologie de Paul antirationnelle, VII,109.

Péché originel, V, 350 note 2. — Les deux Adam, VII, 88. — Élection gratuite, VII, 88.— La Loi, VII, 236 note 1. — La circoncision, III, 321, 445-446. — Église selon Paul, V, 333. — Changement d'opinion sur la parousie, VI, 61, 69. Voir ci-dessus, p. 206. — Opinion sur le sort provisoire des morts, V, 357. — Conversion des juifs, IV, 405. — Antechrist, IV, 420, — Eschatologie, IV, 466.

Politique, VII, 594, **615-616**, 618. — Paul et le pouvoir civil, soumission aux puissances, IV, 41-42; V, 329; VI, 5. — Manière dont il dissimule son titre de citoyen romain, III, 526-527 note. — favorable à Rome, IV, 350. — Esclavage, VII, 606, 607. — Condition des femmes, VII, 116, 216. — Son jugement sur la société de son temps, II, 309 note 1.

PAUL de Samosate, V, 50 note 5, 400 note; VII, 415 note 3, 445, 586 note 2, **618-619**, 632.

PAUL, le jurisconsulte, VII, 57 note 4, 378 note 2, 494, 496 note 3.

PAUPERES DE LUGDUNO, VII, 344.
PAUSANIAS, VI, 213, 546 note 1.
PAUSARII ISIDIS, VII, 571 note 2.
PAUVRES, PAUVRETÉ, le royaume de Dieu fondé par eux, I, **132-133**, 178-179, 181, **185** et suiv.; II, **115** et suiv.; V, **44-45, 195-196** et note 1. Voir ÉBION, ÉBIONIM. — Le pauvre dans l'ancien judaïsme, I, **187** et suiv.; V, **45**. — Pauvreté, essence du christianisme, I, **189-190**; V, 44-45. — Origine du paupérisme en Israël, II, 116. — Caisse des pauvres, II, 198. — Amour de pauvre, II, 317, 320, 325; VII, 599-600 et note. —. Repas pour les pauvres, III, 267. — Nom primitif des parfaits chrétiens, III, 511. — Riches et pauvres, IV, 48, 49, 52; VII, 99-100 et note 1, 598, 599, **601**. — Pauvre synonyme de saint, IV, 52-53; VII, 99. — Pauvres d'esprit, V, 47, 196. — Hermas, VI, 416-417. — nourris des offrandes, VII, 522, 533-534. — matriculés, VII, 533-534. — Victoire, VII,

602. — Dégoût du travail, VII, 604-605. — Pauvres de Jérusalem, III, 94, 511; IV, 46, 236; V, 44. Voir JÉRUSALEM et ÉBIONIM. — Pauvreté en Orient, I, 23-24. — La pauvreté, paradoxe de Jésus, V, **73-74**; VII, 558. — Pauvreté chrétienne, V, 74; VII, 241. — Textes évangéliques, V, 195-196. — En Luc, V, **275-277**. — Stoïciens, V, 382.

PAYSAN, VII, 599.

PÉCHÉ, remettre les péchés, I, 256, 308. — Théorie selon Paul, III, 463-464, 465, 466-467, 487-489. — Péché originel, III, 465. — Péchés remis par l'huile, IV, 57. — Jacques, IV, 62 note 1. — selon *Hébreux*, IV, 213, 214, 215, 216. — en pseudo-Esdras, V, 350 note 2, 364, 372. — en pseudo-Baruch, V, 517 note 2, 525. — en Tobie, VI, 231. — Baptême, VI, 373. — Punitions, VI, 398, 412. Voir PÉNITENCE. — Scrupules, VI, 404, 405, 406. — Confesser ses péchés, VI, 405, 407.

PÉCHEURS, goût des pécheurs en Luc, I, LXXXVI. — Jésus les aime, I, **193** et suiv. — En généalogies, V, 187-188. — En Luc, V, 265 et suiv., 267. — Secret des religions, V, 268 et note 5. — Celse, VII, 363-365.

PÊCHERIES et pêcheurs, en Galilée, I, 154, 156, 162, 166, **315-316**; II, 32-33. — Parabole, V, 201, 203. — Les filets de Pierre, V, 442-443. — Représentations, VII, 543.

PECTORIUS d'Autun, VII, 289 note 2.

PÉDAGOGIE, III, 185-186; IV, 125; VII, 8, 11. Voir INSTRUCTION PUBLIQUE. — Pédagogue grec, V, 382; VII, 40-41, 259, 475, 480. — Pédagogues et catéchistes, VII, **53, 65-66, 363, 364**. — chrétienne, VII, 97.

PÉDANIUS SECUNDUS, IV, 2-3.

PÉGASE, évêque apostat, VII, 412, note 1.

PEINTURE frappée de mort, VII, 597-598. — Peinture chrétienne, V, 343 et note 1; VII, 126. — Scrupules, VII, 541. — Premiers essais en *arcosolia*, VII, **542-543**. — Dates, VII, 543 note. — Caractère, VII, 543-544, 546. — En Orient, VII, 545

PÉLASGIQUES (races), VII, 636.

PÈLERINAGE de Jérusalem, I, 71-72, 212-213, 281, 384; VI, 261. — État de Jérusalem en ce temps-là, I, 388. — aux lieux saints chrétiens, VI, 261. — Islam, VI, 286 et notes.

PELLA de Macédoine, III, 135, 299.

PELLA de Palestine, IV, 256, **298-300**. — Chrétiens à Pella, IV, **298** et suiv., **408**, 410; V, 39, 42, 45, 54, 124. — Départ, V, 42-43, 44, 58.

PELLA = Apamée, IV, 299 note 2.

PÉLOPONÈSE, III, 168, 552.

PÉLUSE, V, 505.

PÉNITENCE, prédication de pénitence, I, 106, 107. — Préparation du Messie, I, 206, 208; V, 554; VI, **390** et suiv., 406, 408, 412-413, 423 note 4. — Pénitence publique, III, **240**; VI, **413-414**; VII, **528**. —

Sens de psaume, VII, 121 note.
— Denys de Corinthe, VII, 175.
— Montanisme, VII, 230, 240.— Récidives, VII, 240. — mithriaque, VII, 577.

PENSÉE (la grande) de Simon, II, 269.

PENTAPOLE. Voir MER MORTE.

PENTATEUQUE. Voir THORA.

PENTECÔTE, III, 333 note, 385, 501, 508 et note; IV, 239, 340. — Récit de la descente du Saint-Esprit, I, xix, 310; III, 271; V, 440, 447. Voir ESPRIT (saint). — Fête, III, **270, 272**; VI, 432; VII, 205, 524. — Changement de signification, III, 271-272.

PÉPUZE, pépuziens, IV, 89; VI, 476; VII, 133, 237. — Montanisme, VII, **210**, 218, 219, 223, 298, 300, 315. — Lieu saint, VII, 216, 223. — détruite, VII, 237. — lieu de pèlerinage, VII, 237.

PERAKLIT, I, 310. Voir PARACLET.

PÉRATES, hérétiques, I, LXXIV note 2; VII, 134-135.

PÈRE CÉLESTE, 1, **80** et suiv., 87, 89, 90, 91, 176, 177, 199; III, 58-59.

PÈRE (le), I, 254-255, 288, 309, 310, 440; II, 95; III, 275, 309; IV, 213, 367, 368; V, III, 85, 197, 490; VI, 57, 62, 64 et note 1, 70, 71, 371, 373, 374; VII, 85, **418-419**, 504.

PÈRE de la synagogue, III, 105.

PÉRÉE, I, 30, 59, 71 note 4, 113, 114, 149; IV, 506. — Voyage de Jésus en Pérée, I, **370-372**, 504. — Révolte, IV, 247, 298, 302, 540. — Évangiles, V, 87. — Sectes, V, 460.

PÉRÉGRINUS, II, 342; III, 25; V, x-xi; VI, 89 et note 5, **464-466**. — Ignace et Peregrinus, V, 488, **493-494**. — Mort, VI, 312, 313; VII, 35, 56, — Date, V, 494 note 2. — Caricature d'évêque et de martyr, VI, 375, 376 et notes, **464, 465**. — Culte, VII, 51. — Lucien. Voir ce mot.

PERGAME, II, 327; III, 23, 28, 29 note 4, 126, 351, 366, 368. — Persécution, IV, 183-184. — Jeux de gladiateurs, IV, 184. — Autorité de Jean, IV, 347, 361. — En Apocalypse, IV, **365**. — Temple d'Esculape, IV, 365 et note 1. — Martyrs, VI, 464 note. — Attale, VI, 471. — Glycon, VII, 50.

PERGE, III, 31-32, 34, 54, 119.

PERIODI des apôtres, IV, 30, note; VI, 281 et note 2, 324, **327** et notes, **328**. — Rédaction ébionite, VI, **328** et suiv., 336. — Roman, VII, 74.

PÉRIODONICE, IV, 266, 305; V, 222.

PÉRIPATÉTISME, VII, 9, 10, 44.

PERISCHOUTH, V, 9. Voir PHARISIENS.

PERLE, parabole, V, 203.

PERPÉTUE (sainte), III, 243; IV, 172 note, 174 et note; VI, 478. — Actes montanistes, VII, 220 note 1, 232 note 2, 242-243.

PERSE, son rôle religieux, I, 5, 470. — Sa part dans les idées messianiques, I, 15, **49-50**; IV, 470-471. — Analogies avec les juifs, I, 52-53. — La résurrection, I, 56. — Paradis, I, 200.

— Précurseurs du Messie, I, 207-208. — Démons, I, 272. — Influence, II, 96, 267; III, 336; IV, 85, 269; V, 30 note 3, 449, 458; VI, **150**, 159, 177. — Supplices, IV, 164. — Ange de la Perse, IV, 362, 398. — Eschatologie hébraïque d'origine persane, IV, **470-472**; V, 359 note 2; VI, 149; VII, 505. — vaincue, IV, 534. — Mystères, VI, 72, 75. — Perse et Rome, V, 6. — Perse et Néron, VI, 14. — Dualisme, VI, 148, 150, 177, 515. — Mythologie, VI, 160 note 1. — Perse moderne, VI, 318. — Parsisme, VI, 529. — Naturalisme, VI, 529, 557, 558. — Manichéisme, VII, 130, 131. — Mithra en Perse, VII, 576 et note 1.

PERSE, poète, II, 309.

PERSÉCUTIONS, annoncées, I, **324**, 329; II, 135 et suiv.; V, **403**. — Persécutions juives, II, **143** et suiv., 146 et suiv.; II, 191-192, 197. — 1re Persécution, II, 146 et suiv. — Persécution d'Agrippa, I, II, 243 et suiv. — Persécution de Néron, III, LXI; IV, XIX, XX, XXI, 39, **153** et suiv., **183** et suiv., **217, 219, 220**, 350; V, 137. — Églises persécutées, IV, XIV, XIX, XX. — Romains persécuteurs, IV, 39, 110, 122. — en Épître de Jacques, IV, 48. — Goût de la persécution, IV, 116, 119, 120; V, 444-445. — État de persécution permanente, IV, 184-185 note 4; V, 470-471, 483-484. — Inutilité des persécutions, IV, 204, 205; V, 485. — Signe du Messie, IV, 339. — en Apocalypse, IV, 360, 361, 364, **390**, 410. — en Sibylle, V, 165-166. — lot de l'apôtre, V, 192, 206. — preuve de vérité, V, 299. — Persécution de Domitien. Voir DOMITIEN. — Nerva y met fin, V, 346 et note 2. — Persécutions sous Trajan et ses successeurs, V, 395 et suiv., 401 et suiv., 469-470. — Empereurs persécuteurs, vrais Romains, V, 399; VII, 492. — Permis d'y échapper, V, 459. — Persécution de Trajan, V, **470** et suiv., 477 et suiv., 483, 484. — sous Antonin et Marc-Aurèle. Voir ces mots. — Persécutés comme juifs, comme chrétiens, V, 481. — Caractère local et proconsulaire, V, 470-471, 483-484. — plaît aux exaltés, VI, 24. — durera jusqu'à la fin, VII, 297. — Justin, VI, 303-304, 366, 367, 488. — Critique des documents, VI, 314, 315. — état naturel du chrétien, VI, 317, 434. — Importance des persécutions, VI, 317, 480. — Constitutions, VI, 390 note 1. — Hermas, VI, 406, **410**. — Torts des chrétiens, VI, 480. — Aveux, VI, 482. — Taquineries, VI, 486. — preuve du christianisme, VI, 488-489. — produisent recrudescences sombres de prophéties, VI, 540. Voir NÉPOS et MILLÉNARISME. — Persécution de Marc-Aurèle, VII, 53 et suiv., 66 et suiv. — État de la loi, VII, 57-58. — Continuation, VII, 278 et suiv. — Recrudescence, VII, 279, 286, **369, 370, 379, 397**. — Épître à Diognète, VII, **426, 427**, 429. — Commode, VII, 491-492. — Persécuteurs brûlés à leur tour, VII, 500. — Prière pour les persécuteurs, VII, 518 note 1.

PERSÉE, VI, 428, 429.

PERSIQUE (golfe), V, 503.

PERSIS, diaconesse d'Éphèse, III, 433.

PERTINAX, VII, 477.

PESCHITO, IV, xxxv, 65 note. — Ancien Testament, VI, **287-288**; VII, **460**. — Nouveau, VI, 288; VII, 460.

PESSINONTE, III, 24 note 2, 26 note 2.

PESTE, V, 149-150; VII, 49, 254. Voir FLÉAUX.

PÉTALON sacerdotal, III, 307; IV, 209 et note 3, 286, **563-564**.

PÉTRA, I, 114, 115; II, 174; V, 467; VI, 9 note 1, 22, 188, 201.

PETRIANA (ala), IV, 189 note. Voir PIERRE.

PÉTRONE, IV, 139, 140, 141, 204, 264, 332; V, 148.

PÉTRONICE des fables édessiennes, VII, 460 note 1. Voir BÉRÉNICE et VÉRONIQUE.

PETRONILLA, légende, V, 342 note 1, 343 note.

PETRONIUS (Publius), II, 194, 246.

PÉTRONIUS Turpilien, III, 559.

PEUCINS, VII, 252.

PHALÈRE, III, 166, 174, 211.

PHANUEL (*Théou-Prosopon*), V, 91 note 3.

PHAON, IV, 135, 310, 312, 317, 320, 428.

PHARAON, V, 137; VI, 516 note 2.

PHARISIENS, I, 37, 56, 63, 90, 143, 168, 179, 181, 192, 193, 196, 215, 225, 227, 230, 234, 235, 291, 359, 360, **362** et suiv. 368; II, 113, 165; III, 373; IV, 287; V, 70, 168. — Les pharisiens et les chrétiens primitifs, II, 136-137, 172; III, 59, 73, 77, 82, 83, 88, 511, **529-530**; IV, 21; V, 8. — Cause de la sévérité des jugements attribués à Jésus, II, **136-137**; V, 8-9, 39, 66, 119. — Jacques leur chef, III, 86, 286, 314; IV, 67-68. — Opposition de Jésus, I, 235, 335, **342** et suiv., **362, 368**. — en Galilée, I, 340. — Caractère et espèces diverses, I, **340-342**. — Lutte de Jésus et des pharisiens, I, **342** et suiv. — à Jérusalem, I, 349. — Pharisiens et Romains, IV, 236, 244, 269, 270, 271, 283. — Survivent au siège, V, 3-4, 33. — Raison du pharisaïsme, V, 68. — Discours de Jésus, V, 177, 211-212, 214. — Matthieu contre, V, 187-188 et note, 210, 211-212, 213, 214. — Luc omet, V, 264 note 3. — Orgueil, V, 268. — Piété, V, 350 et suiv. — ne prennent point part à la révolte sous Adrien, VI, 195. — Plaisanteries de Jésus, VI, 251. — Mauvaise humeur des synoptiques, VI, 257. — *Actes* autrement, VI, 257. — contre Jésus, VI, 277.

PHARPHAR, rivière, II, 177.

PHASAEL (tour de), IV, 246, 518, 520 et note 3, 523.

PHÉDON (le) de Platon, II, 97-98; III, 203.

PHÉNICIE, II, 245, 250, 251; III, 76, 504, 548; IV, 492; V, 91 note 3, 415; VI, 149, 159, 327; VII, 105, 131, 132, 135, 185, 320, 353, 631. — Néo-phénicisme, VII, 135. Voir PHILON DE BYBLOS.

PHÉNIX, V, 314 note 2; VII, 529.

PHIBIONITES, VII, 138.

PHIDIAS, IV, 473.

PHILADELPHIE d'Asie Mineure, III, 126, 351 et note, 355, 366, 369; IV, 335, **341**, 434. — Autorité de Jean, IV, 347, 361. — en Apocalypse, IV, 368. — Épître d'Ignace, V, xII, xxIV, 488. — Martyrs philadelphiens à Smyrne, VI, **453-455** et note, 461. Voir AMMIA.

PHILADELPHIE de Syrie, IV, 256.

PHILÉMON de saint Paul, III, 360, 361; IV, 95 et suiv. — Épître à Philémon, II, xvI, xvII, xvIII, xLI; III, **VI, XI,** xx, xxxV, xLV; IV, III, 25 notes, **95** et suiv., 106.

PHILÉMON, le poète, V, 161 note 2.

PHILÉNIENNES (farces), VI, 490.

PHILETUS, III, xxxIII, 434-435.

PHILIPPE, roi de Macédoine, III, 135; VI, 204; VII, 52.

PHILIPPE, le tétrarque, I, 59, 114 note 2, 361 note.

PHILIPPE de Bethsaïde, l'apôtre, I, 159, 302, 303, 482, **497, 516-517**; V, 433; VI, 58, 126. — Confession, II, 151 note; IV, 342 note 1. — à Hiérapolis, I, 497; III, 359, 366; IV, **342** et suiv., 347 et note 2, 556, **564**; VI, 131. — Caractère, IV, 342. — Ses filles, I, 497, **343-344**; V, 206 note; 432; VI, 46 note 1, 126, 131; VII, **200**, 212, 217. — Jean et Philippe, IV, 343 note 2, 344. — Sa mort, IV, 344. — Tombeaux, IV, 344. — Traditions, IV, 346. — Polycarpe, V, 426. — Prétendu Évangile de Philippe, VI, 504, 528; VII, 122 note 1. — Actes de saint Philippe, VI, 525. — Philippe et la pâque, VI, 446; VII, 196, 197, 200, 204.

PHILIPPE le diacre, I, 497 note; II, 108, 119. — Discussion de la confusion des deux; II, 151 note; IV, 342 note 1, **564**.— Sa prédication, II, 151-152. — en Samarie, II, **152**. — Theurgie, II, 153. — Rapports avec Simon de Gitton, II, 154. — Pays des Philistins, II, 156. — L'eunuque, II, 157 et suiv. — à Azote, II, 159-160. — Baptise des gentils, II, 205. — à Césarée, III, 506. — reçoit Paul, III, 506. — Son titre, III, 506.

PHILIPPE DE TRALLES, VI, 458.

PHILIPPE de Gortyne, VII, 158, **177.**

PHILIPPE, disciple de Bardesane, VII, 439-440 et notes.

PHILIPPE L'ARABE, empereur, II, 299; V, 404; VII, 492, 620 et note.

PHILIPPES, II, xII, xvIII; III, 37, 131 et note, 439; V, 425 note 1. — Bataille, III, 141, 145, 179, 187. — Colonie romaine, III, 131-132 et note,

133, **140** et suiv. — Religion, III, **142**. — Aspect, III, **143**, 154-155. — préparée au christianisme, III, 144. — Judaïsme à Philippes, III, 144, 158. — Église de Philippes, III, **146** et suiv., 159, 165. — Amour de saint Paul pour elle, III, **148**, 217, 220, 225-226. — Émeute, III, 150 et suiv. — Paul quitte Philippes, III, 154. — Exception qu'il fait pour elle, III, **160, 220**, 448 ; IV, **19, 23** ; V, 206. — Nouveau séjour à Philippes, III, 439. — Dernier passage de Paul, III, 498. — Relations ultérieures de Paul et de Philippes, IV, 16, **18** et suiv. — État de l'Église, IV, 19. — Paul écrit aux Philippiens, IV, **20** et suiv. — Plusieurs épîtres, IV, 20 note 2. — Timothée, IV, 24-25. — Épître aux Philippiens, II, xli ; III, **VI, VII, IX**, xiii, xlv, 148-149 ; IV, iii, 18-25, 76. — Analyse et extraits, IV, 20 et suiv., 99, 106. — Polycarpe, VI, 442-443 et note, 444. — Polycarpe aux Philippiens, V, xxvii, xxx. — Ignace, V, xii, xxvii, xxx et note 2.

PHILISTINS (pays des), État religieux, II, 156 ; V, 19 et note 4, 24.

PHILOLOGUE d'Éphèse, III, 433.

PHILOMELIUM, VI, 452, 462 et note 1.

PHILON le juif, I, xxxix-xl ; II, 252, 263. — Sa philosophie religieuse, rapports avec Jésus, I, 37, 81 note 1, 93, 141, 257, 259, 459, 479, 480, 508, 509, 539. — Sa légation, II, **194-197**. — Son influence, II, 267, 270, 283 ; III, lix, 65, 66, 340, 373, 474 note 3 ; IV, 79 note 2, **82**, 83, 212, 224-225 ; V, **158**, 159, 169, 306 note, **415**, 418 ; VI, 142, 144, 148 ; VII, 136. — Influence sur le 4ᵉ Évangile, VI, 62. — Son *Logos*, VI, 66-67, 68. — Pas de Messie, VI, 60, 63, 67. — Paraclet, VI, 69-70. — Peu de vogue d'abord, VI, 70. — triomphe, VI, 145, 150. — Allégories, VI, 150, 185. — Judaïsme sans pratiques, VI, 258. — Théologie chrétienne et Philon, VI, 386 ; VII, 82. — Révélations, VII, 84 note 1. — Numénius, VII, 434. — Néoplatonisme, VII, 435.

PHILON DE LARISSE, III, 178.

PHILON DE BYBLOS, VI, 10, 23, **148-149** ; VII, 131, 132, 133, 185.

PHILOPAPPUS, III, 180, 183 ; VI, 35.

PHILOPATRIS, dialogue, II, 235 note 4 ; VI, 297 note 1 ; VII, 374 note 6, 593 note 2.

PHILOSOPHIE, philosophie grecque II, 267 ; III, 190, 198, 210, 378, 379, 387 ; IV, 87, 88 ; V, 170, 384 ; VI, 63, 352, 371. — Philosophes coupables, III, 463. — vient des juifs, VI, 377, 386-387. — La Philosophie, II, 309 ; III, **198-199**, 379-380, 387, 485 ; IV, 203. — Lutte avec Néron, V, 383. — Parti opposé aux Flavius, V, 141-142, 381. — Leur folie, V, 142. — Expulsion, V, 145, 147, 287, 289 note 3, 383. — Lutte avec Domitien, V, 287 et suiv., 383.

Réconciliation à partir de Trajan, V, 381. — Philosophie grecque à Rome, V, 382 et suiv., 383 ; VII, 32 et note 1, 40-41, 43. — Ses martyrs, V, 383. — Rôle, V, 383 note 3. — Son règne, V, 383, 384, 387. — Trajan, V, 384. — Éclectisme, V, 384. — Ennemis, V, 405. — corrompue par le surnaturel, V, 407. — protégée par Antonin et Marc-Aurèle, V, 408. — maîtresse de Marc, VII, 8. — Son impuissance vue par Marc-Aurèle, V, 409-410. — Travail au IIe siècle, VI, III. — Philosophes et Adrien, VI, 10. — État de la philosophie en Orient, VI, 144-145. — Théosophie, VI, 144-145. — Chaque hérésie vient d'un philosophe, VI, 147 note 5. — Philosophes de profession, VI, 38-39, 465 ; VII, 9, 34. — Ascétisme, V, 288, 382 ; VII, 9. — Costume, V, 288, 382 ; VI, 38-39, 273, **379** ; VII, 9, **34-35**, 39 et note 3, 46, 259. — Barbe, VI, 483, 485 ; VII, 35, 41, 46. — Vices, VII, 34 et notes, 35, 36, 105-106.

Philosophes juifs, V, 305. — Philosophes chrétiens, VI, 38, 39 et note 2, 42, **273** ; VII, 379, 381, 386. — Philosophie chrétienne, VI, 63 et suiv. — secrète, VI, 76, 141 et suiv., 150. — d'abord nulle, VI, 141-142. — se rattache à la gnose, VI, 146, 168. — Irénée, VII, 297, 342. — Saint Justin, VI, 365, 368, 484 et suiv., **VII**, 342. — Hermias, VII, 379. — Chrétiens appelés philosophes, VI, 274 note, **283**, 379, 381, 386. — Ascétisme, austérités, VII, 259. — Sophisme, VII, 261. — Lucien, VII, 374. — Méfaits de la philosophie, VII, 379, 380. — *Diasyrmos*, VII, 380. — Règne des philosophes, VI, 291, 295, 296 et note 1 ; VII, 30, **32** et suiv., **46** et suiv., 488-489, 493-494. — Titre impérial, VI, 368 et note 1, 487 et note ; VII, **381** et notes. — Position officielle, VI, 483. — Pensions, traitements, VI, **32, 35**, 44, 295, 484. — Disputes avec les chrétiens, VI, **483** et suiv. — Railleries, VI, 483, 484. — Parti opposé, VII, 477. — Philosophes convertis, VI, 489. Voir ATHÉNAGORE, THÉOPHILE. — Justin et la philosophie, VI, **386-389** ; VII, 432. — Les philosophes et le *Logos*, VI, 387, 388, 434. — cités par les Pères, VI, VI note, 42. — Théophile, VII, 388. — Influence sur le christianisme, VI, 388. — Philosophie dans le christianisme, VI, 390, 437 ; VII, I et suiv. 432, 505. — Affectation, VII, 403. — Impuissance, VII, 391, 392. — Bardesane, Harmonius, VII, 445, 461. — Philosophes et rhéteurs, VII, 8. — Philosophes fonctionnaires, VII, 32-33. — ne suivent pas Marc chez les Quades, VII, 257. — Marc-Aurèle et ses maîtres, VII, 33, 259 et suiv. — Abus, VII,

34-36. — Ridicules, VII, 39. — Côtés respectables, VII, 40. — Prédicateurs, directeurs de conscience, VII, **41** et suiv. — Philosophe domestique, VII, **41** et note 6, 42. — *Filosofi locus*, VII, 41 note 6. — appelés *in extremis*, VII, 42-43. — Philosophes des princes, VII, 43-44. — Cours publics, VII, 44-45. — Prédications, VII, 45. — Décadence de l'art, VII, 46-47. — peu scientifique, VII, 47. — La philosophie et le culte, 47-48. — Œuvre de la philosophie selon Marc-Aurèle, VII, 52. — Philosophes et le christianisme, VII, 53 et suiv. — non persécutés, VII, 61-62, 384. — en *Reconnaissances*, VII, 81-82, 86, 87, 88. — Insuffisance, VII, 84. — Système de saint Justin, VII, 104. — Invective de Tatien, VII, 105-106. — préparation au christianisme, VII, 108. — Apologistes antiphilosophes, VII, 109. — source des hérésies, VII, 109, 126. — Jugement des philosophes sur les Juifs, VII, 110. — inventée par les anges déchus, VII, 380. — Pantænus, VII, 432. — Philosophie grecque vient de l'Orient, VII, 434-435. — Impuissance à réformer, VII, 561, 567. — attaquent la religion, VII, 564. — Nobles efforts, VII, 566-567. — Ennemis des riches, VII, 601 note 3. — Emploi du mot *philosophe* dans le Talmud, V, 72 note 3.

Philosophie de l'histoire, créée par les juifs, I, 40, 49. — Rapports avec le prophétisme, I, 49. — Pseudo-Esdras, V, 365 et suiv. — gnostique, VI, 146, 151.

Philosophumena, II, 267, 270-271 note; V, 423 note 3; VI, 147, 158 note 1; VII, 109, 140, 204 note 3.

Philostrate, VII, 485 note 1. — Sa Vie d'Apollonius, I, lxxxix; IV, 528, 532; V, 296-297 note 7, **339-340** note, 383 note 3, 385 note 1, **408** et note 1, **427** et note 3, 495.

Philumène, VII, 116, **149-151** et notes.

Phlégon, chrétien d'Éphèse, III, 433.

Phlégon de Tralles, secrétaire d'Adrien, III, 23 note 1; IV, 395; VI, 37 note 2. — connaît le christianisme, VI, 38, 41-42; VII, 448 note. — Lettre d'Adrien, VI, 188-189 note.

Phlégréens, (Champs), IV, 330 et note 2, 333 note 1, 334.

Phocéens, VI, 468.

Phocylide (pseudo-), III, 65, 66 et note 91, 379 note 1; V, 161; VI, 258.

Phœbé, III, lxx, 149, 165, **219**, 481, 482 note, 566; IV, 135.

Phœnix, port en Crète, III, 550, 551.

Photius, V, 239 note 2, 331 note 2; VI, 268 note 2, 329 note 1, 509 note 1, 521 note 3, VII, 72 note 2.

Phrygastes, VII, 225, 236-237. Voir Phrygie et Montanisme.

Phrygie, III, 23 note 3, 24 note 2, 49, 50, 359; IV, 90 note 3. — Caractère, III, 26, 28, 45, 365; VII, 210, 212. — Les apôtres en Phrygie, III, 32, 34 note 3, 37 et note, 128. — Mystères, III, 142. — Christianisme en Phrygie, caractère, III, 356, **362, 363, 364**; IV, 86 et suiv.; VII, 210-211. — Emploi de *christianus*, III, 362. — Phrygie montagneuse, III, 32, 362. — Phrygie Épictète, III, 128, 362. — Phrygie Brûlée, III, 359; VII, 210, 230. — Phrygie Pacatienne, III, 362. — Phrygie Parorée, VI, 462. — Inscriptions monothéistes, III, 364-365. — Caractère religieux, mystères, III, 365; IV, 87. — divinise Jésus, IV, 84, 87. — Syncrétisme, IV, **87, 88**. — Hérésies phrygiennes, IV, 89. — Marc et les Phrygiens, IV, 98-99. — Enthousiastes, Quintus, VI, 453, 454. — Piétistes, VI, 470, 471. — Montanisme, VI, II; VII, 63, 209, 214, 219, 224, 234, 553. — Lyon, VI, 467 note 2, 470, 471, 473 note 6; VII, 290, 298, 299, 300, 306, 312 note, 316, 329, 339, 343, 553. — Vieux cultes, VII, 131, 132. — Corybantisme, VII, 212. — Mysticisme, VII, 211, 212. — Petites villes et bourgs, VII, 211. — Folie, VII, 220. — Sectes, VII, 237. — Extension du christianisme, VII, 449-450. — Bretagne, VII, 452-453. — Sabazies, VII, 579.

Phrygiens, hérétiques, VII, 228, 229, 236. Voir Phrygastes, Phrygie, Montanisme.

Phygelle, III, xxxiii, 435; IV, 100.

Phylactères, I, 363.

Piacula, IV, 152, 154, 165, 173, 305 note 2; VII, 61, 63.

Piave (la), rivière, VII, 252.

Piérie, II, 217 note 3, 222, 223; III, 1.

Pierre (saint), I, xv, xvi, **155-156,** 162, 483; VI, 125. — Son père, VI, 59 note 1. — Affection de Jésus pour lui, I, **162-163**. — Son importance, I, **164**. — Sa primauté, I, **165-166**, 303; II, 90; VI, 81. — Rapports avec Jésus, I, 169; III, 567. — à la Cène, I, **397-399**. — à la Passion, Malchus, reniement, I, **403**, 405, **408-409, 522-523**; VI, 59 note 1. — au tombeau, I, 531, 532; II, **9-11**. — affirme la résurrection, II, 12. — Son rôle à la résurrection, II, **21** et suiv., **33-34**. — Jésus ressuscité et Pierre, V, 413, 432. — Retour en Galilée, II, 31. — Rapports de Pierre et de Jean, I, lxvi, 402, 485, 532; III, 9 note, 33-34; IV, xxx note; VI, 81. — Rapports avec Marc et sa mère Marie, I, xxxiii, 277; II, 106-107, 248; V, **115** et suiv. — apprend le grec, II, 110. — Premières vexations, II, 135-136. — à Samarie, II, 153-154. — Pierre et Paul, II, iv-v, xiv, xxxi, xxvi; III, xlvii. — Voyage apostolique, II, 198. — thaumaturge, II, 198 et suiv. — à Joppé, II, 199 et suiv. — Vision des gentils, II, 201-202. — à Césarée, Cornélius, II, 202 et suiv. — Pierre et les gentils, II, 203 et suiv., 205. — Paul vient le voir, II, **206-207**. — emprisonné, II, 248. — délivré, II, 249.

Pierre et la circoncision, II, **XXXIV** et suiv.; III, 60. — Pierre à Jérusalem, III, 77. — Autre visite de Paul, III, 84. — Sentiments de Pierre, III, 84-85. — Indécision, III, **84-85.** — Accord, III, **85** et suiv., 93, 122. — Voyages, III, 86, 281, 282; V, 59.— Pierre devant Jacques, III, 281, 284. — apôtre de la circoncision, III, 281. — Femme-sœur, marié, II, 86 ; III, 281-282. — Marc interprète, I, LXXXIII, 277; III, 282. — Pierre à Antioche, III, 283, 284 ; IV, 26-27. — Pierre et Silas, III, 289 et note. — Dispute de Pierre et de Paul, III, **290** et suiv., **317**; IV, IX. — Pierre et les émissaires de Jacques, III, **296**, 313, 377. — Faiblesse de Pierre, III, **296, 317.** — Apostrophe de Paul, brouille, II, **XXXVI**; III, 297. — Réconciliation momentanée, III, 298. — Légende de Pierre poursuivant Paul (Simon le Magicien), III, 303-304. — Céphas dans l'Épître aux Galates, III, 316, 326. — Parti de Pierre à Corinthe, III, 378, 386. — absent de Jérusalem, à Antioche, III, 510. — Doctrine, VI, 76.

Pierre à Rome, III, 112-113; IV, XLIII, **26** et suiv., **551** et suiv., 557. — Doutes, IV, **29** et suiv., surtout note.— Date, IV, 29 note. — Objections, IV, 30 note. — suit Paul, IV, 31-32, 556. — A Corinthe (?), IV, 31-32. — Passage de Denys de Corinthe, VII, 174, 412. — Relations des deux apôtres, IV, **32** et suiv., 112. — Conciliation, IV, 113, 121. — Divergence, IV, 114. — Pierre et les gentils, IV, 114 et notes, 116. — Les deux partis, IV, 33, 34. — Pierre et Jean, IV, 27-28 et note. — *Paulus Petrus,* inscription, nom de Pierre, IV, 12 note, 27 note 1, 188 note. — Pierre grandit aux dépens de Paul, III, 325, 565; IV, 34-35. — Pierre, premier pape, IV, 35. — Soumission aux puissances, IV, 42.— Pierre et Marc, IV, 98, 111, 112, 121-122. — Pierre et l'Asie, IV, 112, 121. — Sa langue, IV, 112, 115.

Mort de Pierre, I, 535; IV, 30 note, **182** et suiv., **185** et suiv. — Causes de sa mort, V, 498. — Pierre et Paul de compagnie, IV, 32. — Système catholique, IV, 553. — vient à Rome après Paul, IV, 554. — meurt martyr, IV, 186 et note 1, 199 note 2, **554-555**, 556. — à Rome, IV, 186 et notes, **555.** — en la persécution de l'an 64, IV, 186-187 et note. — La *Iª Petri,* IV, 555. — Séjour de courte durée, IV, 556. — Doutes sur la fin de Pierre, IV, 199-200, 208, 305 note 2. — Rencontre avec Paul, VI, 341 et note 1. — Passage de pseudo-Cyprien, VI, 341 note 1. — Derniers incidents de la vie de Pierre, VI, 342. — Rédaction de ces légendes, VI, 342-343. — Légende de la maîtresse de Néron, IV, 161.

— Place et église Saint-Pierre, IV, 165, **193, 194, 195**, 197. — Lieu du supplice, IV, 188 note. — Crucifié la tête en bas, IV, 188 note, 189 et note, 190. — Sa femme, IV, 189; VII, 79. — *Memoriæ* à Rome, IV, **191** et suiv. — Tombeau, IV, 192, 197. — Corps, IV, **192** et suiv., 194 et note, 195. — Grande réconciliation d'office de Pierre et Paul, III, 324; IV, 187-189, 200, 201, 548; V, 265, 330, 438, **442-443**, 445; VI, 109, 110, 112; VII, 70. Voir PAUL. — favorable à Rome, IV, 350. — Légende de Pierre et Paul, III, 15, 117, 566. — associés en la mort, IV, 187 note 1, 188 note. — Pierre et Clément, V, 314 et note 4, 315, 316. — Passage de Clément sur la mort de Pierre, V, **314-315**, 316, **322-323**. — Fondation de la primauté de Pierre, IV, 551-552; VI, 332; VII, 70, 75-76, 86. — Légende ébionite, IV, 555-556; V, 538. — Nazaréens, juifs, V, 52; VI, 277, 279, 328. — Pas de successeur, liste prétendue, V, 138 et note 1, 139.

Évangile de Pierre, V, 111 et note 2, 112, 115 note 3, 543-544 note; VI, 185, 344, 359, 385, 500 et note 3, 503. — Marc et Pierre, V, 114 note 1, 115, 116, 123. — Pierre et l'Évangile de Marc, V, 115 et note 3, **117, 118, 119, 127**, 173. — ne sait pas le grec, V, 115. — Exposition de Pierre, V, 115-116. — Ses insomnies, V, 78. — Thaumaturgie, V, 117, 118. — Rôle en Marc, V, 119. — Évangile de l'Enfance attribué à Pierre, VI, 515. — Pierre et les gentils, V, 119, 156, 438. — Miracles, V, 180. — Coup d'épée, V, 180, 181. — Prérogatives, V, 180, 196-197, 207, 273, 317. — Cérinthe, V, 423. — Disciples, V, 433; VI, 46. — Rôle de Pierre selon Luc, V, 438, 442-443. — Les filets de Pierre, V, 442-443.

Prédication de Pierre selon les Cérygmes, VI, 339-340. Voir CÉRYGMES. — Glaucias, VI, 162. — Pierre chez les gnostiques, VI, 180. — Progrès de la légende, VI, **322** et suiv. — Voyages ou *Periodi*, VI, 281, **324**. — Origine ébionite, elkasaïte, etc., VI, 323. — démasque Paul, VI, 324. — Scène d'Antioche, VI, 325. — à Rome, VI, **325** et suiv. — Victoire, VI, 326, 327. — Légende de la mort, VI, 327, **337** et suiv., **341-343**, 520; VII, 75, 76. — Dates de la légende, VI, 327. — Première rédaction en dix livres, VI, 327. — Cérygmes, Périodes, Actes, VI, 327-328. — Épître prétendue de Pierre à Jacques, VI, 327 note 1, 328 et note 4, **329** et suiv. — Réconciliation définitive, VI, 333 et suiv., **336**. — Nécessité, VI, 337-338. — prédite, VI, 333. — Pierre dans les *Reconnaissances*, VII, **75** et suiv., **78, 79**, 80, 85, 96.

Épîtres de Pierre, IV, **110** et suiv.; VII, 509 note 3. —

Iª Petri, III, xlviii note 1, lxxii note; IV, ii, **vi-vii**, x, xi, xii, 30 note, **110** et suiv., 121; V, 335; VI, 116 note, 316; VII, 594 et note 2. — Emprunts à Paul, IV, vii, 112, 114. — Emprunts à Jacques, IV, 113. — Secrétaire, IV, vii, 32 et suiv., 112; V, 432. — Objections, IV, viii. — Raisons pour, III, viii. — Conciliation, IV, ix, 98, 111, 112 et note 2, 113. — écrite à Rome, IV, 30 note. — Style, IV, 115. — Suscription, IV, 114-115. — Judaïsme, IV, 114, 115. — Destinataire, IV, 114-115. — Babylone, Rome = Babylone, IV, 122, 552, 555, 561. — Esprit de *Iª Petri*, IV, 115. — Modération, bons conseils, IV, 110, 116. — Humilité, IV, 121. — Il a vu, IV, 121. — Politique, VII, 594, 616. — Patience, IV, 116. — Extraits, IV, 115-121. — Polycarpe et *Iª Petri*, VI, 443.

IIª Petri, III, xviii; IV, **vi**, **vii**, **xi**, xiii; V, 170, 217, note 2, 370; VI, v, **109** et suiv., **111** note, 112, 496. — Composition, VI, 109-110. — Usage d'autres écrits, VI, 109-110. — Accueil et protestations, VI, 110-111 et note. — Doctrine, VI, 111. — Retard de la parousie, VI, 111-112. — Style, VI, 116 note. — Polycarpe et *IIª Petri*, VI, 443 note.

Apocalypse de Pierre, IV, xxvi-xxvii, 358 note 1; VI, **397-399** et notes, 527; VII, 509 note 3. — conservée pour la Semaine Sainte, VI, 398-399.

— supprimée, VI, 399. — Autres apocryphes, V, xi, 252. — *Judicium Petri*, VII, 95 note 1. — Pierre en *Pistis Sophia*, VII, 121. — Portraits, VII, 541.

Pietas, nuance du mot, V, 291-292 et notes, 295 note 2.

Piété, VII, 547, 559-560, 562. — En *Pastorales*, VI, 101, 104-105. — Piété romaine, VI, 396 et suiv., 401 et suiv. — en Hermas, VI, 404 et suiv., 423. — selon Celse, VII, 368. — isiaque, VII, 572-574. — mithriaque, VII, 577-578. — des mystères, VII, 580.

Pilate, I, xvi, 60, 281 note, 361, 378, 407. — Sa carrière, I, **413-415**, 535. — Jésus et Pilate, I, **411-424**, 427, 435, 443 note 3, 446, 523-524; V, 181, 208, 260; VI, 62 note 2, 173, 277. — Femme de Pilate, I, 416; V, 180, 181, 208. — destitué, I, 451-452 et note; II, **141-142, 143**, 174, 197, 251, 264. — Actes de Pilate, I, lxi note; VI, **347-348** et note; VII, 353 et note 5. — Rapport, *anaphora*, VI, 266, **347-348** et note, 378, **515-516**. — Rapport avec *Nicodème*, VI, 347-348, note.

Pin des Eaux Salviennes, IV, 192 et note.

Pincio, IV, 314 et note.

Pinehas, IV, 51.

Pinytus, évêque de Cnosse, VII, 175-176.

Pione (saint), VI, 381 note 1, 455 note 2, 457 note 2, 458 note 4, 459 note 1, 460 note 3,

463-464 note, 472 note 2; VII, 159 note 3.

Pionius, biographe de Polycarpe, VI, 462 note 3.

Pirée, III, 166, 211.

Pirké Aboth, I, 85, 88, 174, 304; V, 80, 82, 83.

Pisidie, III, 23 note 3, 24 note 2, 27, 32, 33, 37 note, 49. — Juifs en Pisidie, III, 33; VII, 167.

Pisistrate, VI, 36.

Pison (Cneius), III, 177.

Pison (Lucius), IV, 355, 482.

Pistis ou Pisté Sophia, I, 489, 508, 531; VI, 169 note 2, 528 note 2; VII, **120-122** et notes.

Pius, titre, VI, 349 note 2, 368, 369.

Pius, pape, IV, 567; VI, **349** et note 2, 352; VII, 202, 204 note 2. — Son frère, auteur du *Pasteur*, VI, 401 et note, 420 note 3, 421.

Plaies, IV, 471. Voir Fléaux et Égypte.

Plaisanteries contre les chrétiens, IV, 39, 154, 164-165; VII, 63-65. — Fronton, VI, 494.

Planasie, IV, 374 note 1.

Planètes, relations symboliques, IV, 472-473 et notes.

Platon, comparé à Jean, I, lxxix, 470, 491, 502, 520; V, 213; VI, 52, 60, 144; VII, 105-106. — Sa philosophie, III, 184, 203, 206; V, 410. — chez les Juifs, V, 306 note; VI, 144.—Le *logos*, VI, 66. — triomphe en Orient, VI, 144, 145. — Philon et les Pères de l'Église, VI, 144. — dans la gnose, VI, 149 note 3, 150, 166, 180. — Saint Justin, VI, 272, 273, 274 note, 388. — Préchristianisme, VI, 386, 388, 389. — Étude chez les chrétiens, VI, 440. — Règne des philosophes, VII, 32. — Platoniciens, VII, 44. — Affinité avec le christianisme, VII, 108. — chez les gnostiques, VII, 123, 125. — source d'hérésies, VII, 126. — Celse, VII, 348, 352, 361. — Minucius, VII, 400. — Numenius, VII, 434-435. — Moïse attique, VII, 434 note 1.

Plautille, légende, V, 342 note 1; VI, 342.

Plérome, III, vii note; IV, 79, 80, 82; VI, 71, 170, 171, 172, 174, 178.

Pline l'Ancien, II, 309, 329, 330; IV, 323 note 3; V, 17 et note 5, 142, 244, 384, 407.

Pline le Jeune, II, 306, 332. — Sa lettre, III, 362, V, 142, 289-290, 295 note 1, 298 note 2, 381, 386, 393, 407, 408 note 1, **469** et suiv. — Authenticité, V, 470 note 1, **476** et suiv.; VI, 303, 369 note 3. — Légation de Bithynie, V, **471-472** et notes. — Correspondance, V, 474, 476 note 3. — Ordre, V, 475 note 3. — Pline et les chrétiens, V, 475; VI, 31, 32; VII, 56 note 3, 526.

Plotin, I, lxxxix, 267, 468; II, 315; III, 152 note 4; VI, 74; VII, 141. — Origine du gnosticisme, VI, 147 et note 5, **148,** 149 note 3.

Plotine, VI, 2.

Plutarque, II, 318, 332, **338,** 340; III, 180, 201, 208; V, 152-

153 note, **385** ; VI, 32 ; VII, 10, 449 note 1.

Pluton, IV, 169.

Pnyx, VI, 35.

Pneuma, éon, VI, 171.

Pneumatiques, VI, 159, 172, 173, **174, 175**, 183, **420** et note 6 ; VII, 232, 237. Voir Spirituels.
— Païens, juifs, chrétiens, VI, 174.

Pœcile, III, 171, 189.

Poisson, symbole, IXΘΥΣ, I, 315-316 ; VI, 535 et notes 1 et 2 ; VII, 297 et note 2, 298, 529, 543, 546.

Polémon II, II, 143.

Polémos (les), V, 504 note, 514, 521 note 2.

Politesse et manières des chrétiens de saint Paul, III, 436-437. — Saint Pierre, IV, 116.

Politique, abaissement, II, 373 et suiv. — Politique du christianisme, III, **476, 477, 478** ; VII, **617** et suiv., **618**. — Religion politique, VI, 494. — A part de la politique, VII, 279. — conservatrice, VII, 617-618 et note.

Pollion, II, 329.

Polycarpe (saint), rapports avec Jean, IV, 565, 566 ; V, 412, **424-425**, 426, 432-433.— Intolérance, IV, 563. — à Smyrne, V, 425, 488. — Irénée, V, 425 note 2 ; VI, 135. — Question de la pâque, IV, xxxi. — Ses traditions de témoins oculaires, V, 426. — Apôtres qu'il a connus, V, 426. — connaît-il le quatrième évangile et les épîtres johanniques ? I, lviii, lxv ; VI, 381 note 1. — Sa mort, IV, 207-208 note ; V, 425 note 1 ; VI, 303, 307-309, notes.
— Épître : citée par Irénée, V, xxxi. — cite Clément, V, 336.
— Épître, III, li, 564 note 2 ; IV, viii, note 1 ; V, xxvii, **xxviii-xxxi**, 486 note 1, 487 note, 488 note 1 ; VI, v-vi. — falsifiée, V, xxx, 495 note 2. — Suppositions, V, xi. — Mention d'Ignace, V, xxviii-xxix, xxx et note 2. — *Post scriptum* apocryphe, V, xxix et note, xxx, xxxi, xxxii note 1.—Rapports avec pseudo-Ignace, V, xxix-xxx. — Ses traditions, IV, 345 note 1. — Lettre d'Irénée à Florinus, IV, **564-565**. — Voyage à Rome, IV, **566-567**. — Date de sa mort, IV, 566, 567 ; V, xxv et note 2. — Polycarpe et le *Presbyteros*, IV, 567-568. — Ignace et Polycarpe, V, xii, xv, xxiv, xxviii, xxix, xxx, 486 note 1, 487 note, 488 et note 1, **495**. — Relation de son martyre, V, xxv, xxxiii.— Citations, V, 446 note 3. — Actes, V, 493 ; VI, vi. — Juifs, VI, 75 note 2, 438. — Absence de Jean dans les écrits de Polycarpe, V, 425 note 2. — Polycarpe et Marcion, VI, 360. — conservateur, VI, 433, 441. — Vieillesse à Smyrne, VI, 437. — dernier survivant, VI, 438, 439, 449. — Orthodoxie, VI, 437, 440, 451. — Sa cour, VI, 438, 439, 440. — Polycarpe et Jean, VI, 437, 438, 448. — Disciples, VI, 439-440. — Part de fiction en relations aposto-

liques, VI, 440 note 1. — Millénarisme, VI, 440 et note 4. — Intolérance, VI, 441. — Apostolique, VI, 451. — Affaire de Pâque, Anicet, VI, **445-449**; VII, 195, 197, 203, 204. — Eucharistie à Rome, VI, 448 et note, 451. — contre hérésies, VI, 449. — contre Marcion, VI, 450, 451. — Passage de Polycrate, VII, 200, 201 note 1. — Passage d'Irénée, VII, 203. — Polycarpe et les apôtres, VII, 203. — Martyre de Polycarpe, VI, **452** et suiv. — Date et discussion, VI, 452, 453 note, 492 note; VII, 209 note. — Système de Harnack, VII, 418 note 1. — Doctrine sur le martyre, VI, 452-453. — Arrestation, VI, 455, 456. — Scène du stade, VI, 457. — Supplice, VI, 458-460, 467. — Miracles, VI, 459-460. — Colombe, VI, 460 note 2. — Son corps, VI, 460-461; VII, 333 note 1. — Récit, VI, 462-463, 472 note 2. — Pseudo-Ignace, VI, 463. — Mission, VI, 467 note 2, 472. — Mysticité, VI, 471. — Peregrinus, VII, 376 note 1. — Épître, ses Évangiles, VI, 498 note. — Liens avec pseudo-Ignace, VI, 442 note 4, 443 note; VII, 418, 419 note 3. — Didaché, VII, 418 note 4. — Épître, VI, 89 et note 4, 228 note 2, 316, **442-444**. — Doutes, VI, 442-443 et notes. — cite Paul, VI, 442-443 note. — interpolé, VI, 443 notes. — Polycarpe et Irénée, VI, 442, 443 et note 1, 444.

— Imitations, VI, 443. — Autorité, VI, 444 et note 4. — Actes de son martyre, VI, 315.

Polyclète, favori de Néron, IV, 159 note 3.

Polycrate, évêque d'Éphèse, I, LXIII; III, 300 note, 325, 366; IV, XXXI, 207 note, 343 notes, 558, 563. — Lettre à Victor, IV, **563-564**, 569; V, 433 81, 436; VII, 178, 179 note 3, note 3; VI, 192, 196 note 2, 197, 198 note, **200-201**. — Sa famille, VII, 201.

Polygamie, VII, **547** et suiv. — chez juifs, III, 245; VII, **547-548**, 549 note 6.

Polyhistor, V, 243 et note.

Polythéisme. Voir Dieux, Paganisme. — Polythéisme métaphysique, VII, 633.

Pompée, III, 177, 178, 181; IV, 230, 246-247; V, 19, 506.

Pompéi, IV, 10 et note, 40 note, 171, 330, 339 note 1. — Chrétiens à Pompéi, inscriptions (?), IV, 184 note 4; V, 123 note 3, 343. — Cultes égyptiens, VII, 571 et note 3.

Pompéia Lucilla, VI, 260 note 1.

Pompéien, VII, 38, 474, 477.

Pomponia Græcina, II, 367 note; III, 16 note 1; IV, **3-4**. — Famille de Pomponius Græcinus, IV, 4 note 2. — *Pomponii*, VII, 453-454.

Pomponia Gratilla, V, 287, 381.

Pomponius Méla, II, 330.

Pont, II, 254; III, 28, 365; IV, 63, 352; V, **471** et suiv., 476; VI, 29 note, 310, 372; VII, 173, 199. — Christianisme, VII, 450.

15

PONT des filles de Jacob, I, 167 note 2 ; II, 175.
PONTIA (île), IV, 374 note 1 ; V, 297 note.
PONTICUS, VI, 471 note 5 ; VII, **333-334**.
PONTIFES et PONTIFICAT. Voir PRÊTRES.
PONTIFICALIS (LIBER), V, 313 note 2.
PONTINS (marais), III, 559.
PONTIUS PILATUS. Voir PILATE.
POPPÉE, III, 541 ; IV, 240. — Poppée et les juifs, sa religion, son portrait, IV, 43, **132-134** et notes, **158**, 180. — favorable aux juifs, IV, 158, 159 et note. — Josèphe et Poppée, IV, 158, 159. — Rôle dans le massacre des chrétiens, IV, 159 et note 5. — Poppée et Tigellin, IV, 161 note 5.
POPULACE, mépris pour elle, VI, 308-309, **457-458**.
PORC (viande de), III, 70, 90 ; V, 235. — Symbole, V, 18 note 2 ; VI, 223-224.
PORCIUS FESTUS. Voir FESTUS.
PORNIA, dans l'affaire de Paul, III, 300 note 2, 304 note 4, 368, 380, 509 ; IV, 15, 365 et notes, 366-367 et note 4 ; VI, 234 note 5. — Fornication et idolâtrie, IV, 423 note 2 ; VI, 216.
PORPHYRE, II, 340 ; III, 152 note 4 ; VI, 482 ; VII, 437 note.
PORTES AMANIDES, III, 123.
PORTES CILICIENNES, III, 123.
PORTES SYRIENNES, III, 123.
PORTES DE JÉRUSALEM, I, XVI. — Porte de Suso, I, 369. — Porte Dorée, I, 369-370.
PORTESE (*porta*), III, **101-103**, 108, 111, 113.

PORTIER, ordre, VII, 439, 451, 533.
PORTIQUE ROYAL à Athènes, II, 314.
PORTIQUES du temple, I, 369.
PORTRAITS de Jésus et des apôtres, I, 84 note 2. Voir IMAGES, STATUES.
POSCA, I, 439, 527 ; V, 91, 193.
POSIDONIUS, II, 327.
POSSÉDÉS, I, **272** et suiv., 368 ; VI, 74. — Possédée de Syrie, II, 298. — Saint Justin, VI, 489.
POTAMIÈNE (sainte), IV, 174 ; VII, 610 note 1.
POTHIN (saint), VI, 468 et note 1, 470-471. — à Lyon, VII, 294, 296, 332. — arrêté, VII, 308, 317 note. — Interrogation, VII, 317. — Mort, VII, 318. — Irénée, VII, 316 et note 3, 339.
POTHOS, VI, 172 note.
POTITUS, VII, 149.
POU (saint), III, 565. Voir PAUL.
POURIM (fête de), V, 513 note 2 ; VI, 288-289.
POURPRE, III, 146.
POUVOIR CIVIL, vient de Dieu, III, **476** ; V, **329-330** ; VI, V ; VII, 587-588, 593, **594, 615-616**, 618, 625. — Soumission due, III, 477, 478 ; IV, 40, 41, **116**, 118, 350 ; V, **329 - 330**. — Pas de pouvoir civil en théocratie sémitique, IV, 229. — vient de Satan, IV, 238, 350. — Christianisme ami du pouvoir, VI, 308-309 ; VII, 186. — Avantage que le pouvoir en tire, VI, 370. — On peut s'entendre, VI, 457-458. — Le pouvoir protecteur de la vérité, VII, 186-187. — Antireprésentatif, VII, 594. — Suppor-

ter mauvaise république, VII, 594 note 1.
Pouvoirs spirituels, III, 405 et suiv., 406, 407, 450.
Pouzzoles, phénomènes volcaniques, leur importance historique, I, xliii note 2; IV, 329, 330, 331-332. — Caligula, II, 195. — Christianisme à Pouzzoles, III, 5, **113-114**, 558-559, 561; IV, 7, **10** et note 3, 17; VI, 404 note 2. — Port de l'Orient, III, 558; IV, 17, 331, 397. — Paul à Pouzzoles, III, 558-559. — Allusions dans Hénoch, IV, 333 et suiv. — dans l'Apocalypse, IV, 396-397, 445 note 2.
Præsens (Lucius Pupius), III, 39.
Pratiques, dans le judaïsme, VI, 248-250, 258. Voir Rites. — serrent et séparent, VI, 250, 258. — eussent tout empêché, VI, 258.
Praxéas ou Épigone, VI, 434; VII, 230 et note, 508.
Praxède (sainte), IV, 31 note.
Précepteurs grecs, III, 186-187, **199-200**.
Pré-christianisme, VI, 387-389. Voir Socrate, Platon.
Précurseurs du Messie, I, **206** et suiv. — Jean précurseur, I, **208** et suiv.
Prédestination, V, 361, 364.
Prédication apostolique, I, 304-305; II, **102** et suiv., **105**, **150** et suiv., **162**; III, 96-97, 475; V, 269 note 2; VII, 563. — Prédication juive, V, 66. — Prédication philosophique, V, 333, 385; VII, 45. — chrétienne

VI, 375, 399, 400 et note 1; VII, 45, 93.
Préface de la messe, VII, 518.
Préfet de Rome (en 64), V, 226.
Préfets du prétoire, IV, 5-6. — Prétoriens, IV, 309, 310; V, 377-378.
Premiers seront derniers, V, 202 et note 1, 203, 522 et note 1, 525.
Prépon l'Assyrien, VII, 157-158 et note 1.
Presbyteri, les anciens, chez les juifs, I, 141. — chez les chrétiens, II, 94; III, xxxvii, 54, **238-239**, 406 note; V, 427 et note 2; VII, **408, 416**. — Synonyme d'*episcopos*, III, 238-239; IV, ix; V, xvii, 137-138, 155, 156, 171, 298, 325 et note 3, 332 et note 1, 498; VI, 88, 89; VII, 516. — Anciens d'Éphèse et Paul, III, 502-503. — nommés par l'Esprit, III, 503. — Anciens de Jérusalem, III, 512, 513, 514, 518, 522, 536. — guérissent par l'huile, IV, 56, 57. — Respect dû, IV, 118; V, 320, 324, 329. — Presbytérat, IV, 291; V, ii, xvii, 317, **332**; VI, 88, 89 et note 7. — *Presbyteri* d'Irénée, VI, 80 et note 5. Voir Irénée. — Titre VI, 79 note 1. — Le *Presbyteros*, VI, 80. — distincts de l'*episcopos*, V, xviii. — Clément Romain, V, 325, 326. — Abdications successives, V, 332. — établis par les apôtres, V, 332. Voir Diadoché. — non destituables, V, 333. — absorbent l'*ecclesia*, VI, 88. — Épiscopat naît du presbytérat, VI,

88-89. — Conseils des *presbyteri*, VI, 89 et note 7. — Égalité primitive, VI, 90, 420. — Presbytérat en Hermas, VI, 420 et notes 3 et 4. — Apôtres appelés *presbyteri*, VI, 436. — Gnostiques, VII, 148. — Charismes, VII, 213. — Femmes presbytres, VII, 217. — Hyacinthe, VII, 287 et note 2. — représentent les apôtres, VII, 418. — Les *presbyteri* et l'évêque, VII, 418-419, 533, 633. — à Rome, VII, 451. — dans l'église, VII, 516, 517, 519. Voir Prêtres.

Presbyteros. Voir Joannes (*Presbyteros*) et Jean (saint). — appelé tout court *Presbyteros*, V, 427; VI, 78, 79. — Épîtres du *Presbyteros*. — *Presbyteros* par excellence, VI, 79 note 1.

Prescription contre les hérétiques, VI, 451; VII, 409.

Préséance, VI, 86 et notes, 88-89, 90 et notes, 92.

Présence, VI, 64 et note 2.

Présentation, fête, VI, 510, 511, 517.

Prétextat (saint), catacombe, VII, 539 note 5, 578 note 1.

Prétoire de Jérusalem, I, 412, 421.
— V. Préfets du prétoire.

Prêtres. Voir Presbyteri. Le prêtre hébreu, I, 7; IV, 224, 229, 380-381 note; V, 279, 519.
— Le prêtre païen, I, 92. — Sacerdoce juif à Jérusalem, I, **224** et suiv., 359, 360, **375-376**, 434-435; V, 454; VI, 356.
— épicuriens, I, 226-227. — Le grand prêtre, I, **225** et suiv., **376-378**; V, 29 note 1.
— contre Jésus, I, 375, 392, 406, 418, 419, 421, 452; VI, 277.
— Abaissement, IV, 50, 51. — Gourmandise, IV, 50. — Opposition avec la nation, IV, 52.
— Violences, IV, 52. — Prêtres pauvres, IV, 52. — Jésus grand prêtre, IV, 214, 225, 361 note 4; V, 331. — Haut et bas clergé, IV, 244. — Changement sous le siège, IV, 282. — Au sort, IV, 283. — Massacre, IV, 283. — Leur fin, IV, 285-286, 287, 288. — Royaume de prêtres, IV, 383.
— se battent, IV, 509. — Fin du sacerdoce juif, V, 4-5, 268 et note 1. — Entre 70 et Adrien, préceptes lévitiques, VI, 25. —
— Prêtre chrétien, II, 94; VI, 101-102. — Droit de reprendre, *ibid*. — en lettre d'Adrien, VI, 189. — Obscénités, VII, 64, 65.
— Constitutions, VII, 96, 97.
— Dîme et offrande, VII, 98.
— Titre de prêtre, VII, 316. — font les révolutions religieuses, VII, 567 et note. — Le prêtre en général, IV, 534, 543; V, 213. — Impostures, VI, 292.
— mithriaques, VII, 578 et note 4. — Cultes orientaux, VII, 584.

Priène, IV, 377 note 5.

Prière, I, **90-91-92**, 267; II, 94; VI, 388. — Les prières symbolisées, IV, 383, 392-393. — portées à Dieu, VI, 232. — publique pour tous, VI, 373, 375, 456; VII, 548 et note 1, 571. — entrent et sortent, VI, 530-531. — Celse, VII, 364. —

Prières des chrétiens. Voir Legio Fulminata.—établiront l'hérédité, VII, 385.
Primitivus, curateur du spoliaire, IV, 196 note 1.
Primus d'Alexandrie, V, 171.
Primus, évêque de Corinthe, VII, 71-72.
Prion (mont), III, 332, 341, 342 note 3, 428.
Prisca ou Priscille, femme d'Aquila, III, xxxiv, lxvi-lxvii, 111, 112 et note 2, 214, 279, 280, 339, 341, 432; IV, xxi, 30-31 note; VI, 29 note.
Priscille, montaniste, VII, 116, 150, **215-217**, 223, 225, 227, 230, 298.— Sa vision, VII, 216. — condamnée, VII, 219.— Priscilliens, VII, 237.
Priscus, père de saint Justin, VI, 271, 368.
Prison, en Orient, I, 116. — à l'époque romaine, III, 539. — à Rome, dureté, IV, 162, 217. — Geôliers payés, V, 489 et note 1.
Privatus de Lambèse, VII, 417.
Proarché, VI, 170.
Probatique (piscine), VI, 260 et note 1.
Prochain (le), I, 241.
Prochore (faux), II, 119; IV, 374-375 note.
Proclus, montaniste, IV, 342 note 1, 564; VII, 219, 227.
Proclus néoplatonicien, I, lxxxix, 267 note 2.
Proconsuls, IV, 407, 413, 431, 433, 435, 444. — Persécuteurs, V, 483-484 et note.
Proculus, philosophe, VII, 33.
Procurateurs de Judée, I, 60, 361 note, 376, **411,** 452; II, 251, 252, 253; III, 523, 532, 535, 536, 541; IV, 231, 240; VI, 193 note 1.
Prodicus, Prodiciens, VII, 125, 126.
Prodiges, III, 255; IV, 323 et suiv., 324-325, 328. — Monstruosités, IV, 325. — Idées populaires, IV, 328 et suiv.
Prodigue (l'Enfant), I, 193; V, 265, 277. — Celse, VII, 364-365.
Proéranistrie, II, 352.
Professio, V, 236 note 3.
Projectus, VII, 611 note 3.
Promiscuités, VI, 481.
Prône du IIe siècle, VI, 399-400.
Pronostics, III, 255; IV, 35, **239.** — vers le temps de l'Apocalypse, IV, **321** et suiv., 323, 324 et note, 338-339, 356 note 2, 392, 483.— sous Titus, V, 149. — sous Nerva, V, 348.
Propagande juive, II, 254, 260, **285** et suiv., **291** et suiv. — Propagande chrétienne, I, 304-305; II, 102 et suiv., **231** et suiv.; **260** et suiv.; **368** et suiv.; III, 287; V, 239; VI, 469. — anonyme, IV, 63.
Propator, VI, 170.
Properce, IV, 332.
Prophètes, le rôle du prophète en Israël, I, 7, 92; III, 63, 64, 470; IV, 213, 218, **223, 224,** 227, 229; VII, 211.— L'homme de douleur, I, 8. — Prophètes, partie de la Bible, I, 38-39; VII, 180, 353, 388, 502, 503. — Vie des anciens prophètes, I, 100. — tribuns populaires, I, 187 et suiv. — socialistes, II, 130. — Pas de prophètes en

Galilée, I, 217. — ont prédit Jésus, I, 265-266 ; V, 208 ; VII, 180. — Prophètes chrétiens, II, **94, 99**, 106, 237 ; VII, 502. — Prophétie (don de), III, 247, **258, 259** et suiv., 344, 381, 406, 408, 410, 412, 475, **506-507** ; IV, 342, 343, 366, 400, 402, 454, **455**, 462, 463 ; VII, **211-212, 218**, 232, 407, 502, 503, 516. — Rôle, IV, 286. — Faux prophètes, IV, 290, 291, 419 ; V, 524. — Le faux prophète de l'Apocalypse, IV, 419-420 note, 420-421, 423, 427, 445, 448, 460, 488 note ; VI, **538-539**. — Esprit des prophètes juifs, IV, 471, 474-475 ; V, 14, 45, 65, 90, 457 ; VI, 15, 58, 236, 258, 556 ; VII, 548, 549 note 6. — Prophéties flaviennes, IV, 490, 491 et note. — Fin de la prophétie juive, V, 4. — Canon, V, 34-35. — Jésus prophète, V, 48, 49. — Homme-Dieu, V, 49. — Liste close, V, 160. — Le prophète promis, V, 451. — chez esséniens, V, 458-459. — en Phrygie, VI, II. — Prophéties messianiques, VI, 265. Voir Messie. — Tombeaux des prophètes, VI, 240. — Les prophètes et Platon, VI, 273. — Prophéties pessimistes, VI, 297 et note 1, 298, 299. — Lecture des prophètes, VI, 375, 400, 422 ; VII, 72, 108, 180. — Argument des prophètes, VI, 376-377. — Continuation de la prophétie, VI, **395** et suiv., 437, 464. — Abus, VI, 395-396, 434. — libre, VI, 421. — Eldad et Modad, VI, 396, 421. — Épuisement, VI, 397, 424. — close, VI, 401 note, 421, 422. — Montanisme, VI, 424-425, 437. Voir ce mot. — Apocalypses, VI, 526, 527, 528. — Religion pure, VII, VI. — Vaticinateurs, VII, 48 note 3. — Le vrai prophète, VII, 82 note 5, 83 note 1, 86. — Prophètes successifs, un seul prophète, VII, 83, 84, 85. — Prophètes mauvais, VII, 153, 164. — Doutes, VII, 156. — Méliton prophète, VII, 179, 183 et note 2. — Traité sur la prophétie, VII, 182, 183. — Renaissance par le montanisme, VII, **207** et suiv., **210**, 215, 298. — Nombreux prophètes, VII, 210, 218. — Prophétie ecclésiastique, VII, 212, 218. — Prophétesses, VII, 216, 217, 218, 229. — Prophéties de Markos, VII, 292-293. — Prophéties nouvelles au Canon, VII, 227, 234. — La prophétie supprimée par l'épiscopat, VI, 91 ; VII, 235. — Irénée, la libre prophétie, VII, 301. — remplacée par les synodes, VII, 533. — contre l'empire, VII, 593. — Prophètes païens, VII, 348.

Propontide, VII, 450.

Prosélytes chez les juifs, I, 13. — peu estimés, I, 14, **239**. — Diverses sortes, I, **229**, 388 ; II, 109, 134, 145, 147, 224, **254, 255, 256, 258, 259, 260**. — craignant Dieu, III, 147, 158-159, 163, 165, 189, 216, 217 ; IV, 497 ; V, 228, 376, 392. — Opposition des juifs contre les prosélytes, V, 11 ; VI, **253**. —

Juifs renoncent au prosélytisme, VI, 241, 253-254.
PROSEUQUES, III, **146,** 158.
PROTAGORAS, II, 315.
PROTÉE, surnom de Peregrinus, VI, 464.
PROTESTANTISME, comparaison, III, 287, 327. — La Réforme et saint Paul, III, 566-567; IV, 551, 552 note, 554, 558-559; V, 318; VII, 625. — La Réforme et les apocryphes, VI, 519. — sauvera-t-il le christianisme? VII, 639, 641.
PROTÉVANGILE, V, 102.— Ouvrage appelé protévangile de Jacques, V, 279 note 1, 543 et note 1; VI, 344, 385, **509-513.** — Influence sur les fêtes et sur l'art, VI, 509-510. — Demi-inspiration, lu en l'église, VI, **510.** — judéo-chrétien, VI, 510. — Caractère, VI, 510-513. — connu à Lyon, VII, 290 et note 3.
PROVERBES, V, 35; VI, 65, 117.
PROVIDENCE, doutes du juif, VI, 217-218. — Ironie du païen, VI, 218. — Héroïsme pour justifier Dieu, VI, 219-220, 231, 250.— Naïvetés, VI, 219 note 3. — Tobie, VI, 230-231.— Marc-Aurèle, VII, 16, 482. — Élien, VI, 310 note 3; VII, 351, 378. — Justin, VI, 380, 389. — Fronton, VI, 493-494. — Cæcilius, VII, 80, 82, **393, 394.**— Celse, VII, 349. — Coq guéri, VII, 378. — Minucius, VII, 399-400, 402. — Christ, VII, 505.
PROVINCES, leur bonheur relatif, II, **310** et suiv., 325; III, 49. — Libertés, II, 311, 313-314, 349-350. — Provinces artificielles, III, 50-51. — en Apocalypse, IV, 407, 413, 433. — Idées des juifs, IV, 435, 436. — Cultes provinciaux, V, 294. — Provinces ecclésiastiques, VII, 178, **205** et note, **411-412, 417.** — Réactions de la province, VII, 492, 493, 497, 498.
PROXÉNÈS, chrétien, VII, 55 note 2.
PRUDENCE (poème attribué à), VII, 568 note, 570 note, 573 note 3, 580 note 2.
PRUNICE, VI, 171, 172. — Sens de *prounicos,* VI, 172 note. — *Prunice* et l'hémorrhoïsse, VI, **172** et note, **346** note.
PSALTES ou chantres, VII, 533.
PSAUMES, leur beauté et leur influence, I, 12, 38, 39; II, 99; IV, 221; V, 45 et note 3, 65, 91; VI, 78; VII, 353.— Psaumes du pèlerinage, I, 71. — censés prophétiques, I, 266; V, 41.— Psaumes chrétiens, II, **78, 99**, 100; III, 258, 412, 470; IV, 443.— Canon, V, 34, 68, 96; VI, 265. — gnostiques, VI, 163, 528 et note 2; VII, 121 note. — *A ligno,* VI, 265-266 et note, 382 note 1. — Les clous, VI, 377, 382 note 2. — marcionites, VII, 160. — Récitatif, VII, 526.
PSÉPHINA (tour), IV, 502.
PSYCHÉ, V, 343 note 1; VII, 542, 563 et note 3.
PSYCHIQUE (l'élément), VI, 145, 173, **174-175.** — Psychiques, VII, 119.
PTOLÉMAÏDE. Voir ACRE.
PTOLÉMÉES (les), II, 315; IV, 228, 269; VI, 143.
PTOLÉMÉE PHILADELPHE, VI, 377.

PTOLÉMÉE, l'astronome et géographe, II, 332; VII, 262.
PTOLÉMÉE, chrétien, VI, 486, 487.
PTOLÉMÉE, guostique, I, LXXIV note 2; VII, 82 note 5, **117, 118**.
PUBLICAINS, I, 159, **167**, 186, 195, 345, 346; V, 215, 267, 268.
PUBLICITÉ RAPIDE, V, 374 note 4.
PUBLICIUS MARCELLUS, VI, 205.
PUBLIUS SYRUS, VII, 567 note.
PUBLIUS, *princeps* de Malte, III, 557.
PUBLIUS, évêque d'Athènes, VI, 40 note 2; VII, 176.
PUDENS, PUDENTIENNE, III, XXXIV; IV, 13, 14 note 1; IV, 30-31 note.
PUDICITÉ CHRÉTIENNE, III, 243. Voir CHASTETÉ. — Rapports avec les impurs, III, 392. — Nudités, voiles, III, 402 et note. — Pudeur chrétienne sous les yeux de Néron, IV, 172-173, 180-181. — contre la pudeur, VI, 185, 524. — Équivoques, innocence première, VI, 185, 524. — Hermas, VI, 404, 406, 424. — Fin de la pudeur, VI, 185, 524 et note 2; VII, 168. — Théorie, VII, 245, 246 et notes. — Dangers, VII, 247-248. — Pudicité païenne, VII, 562 note 2.
PUERI ET PUELLÆ VARIORUM NOMINUM, VII, 21 et note 4.
PUISSANCES DIVINES, I, 258. — chez Simon, II, **268, 270**. — La Grande, II, 268, 269. — Puissances, anges, III, 470; IV, 79.
PUITS de Jacob, I, 243.
PURIFICATION du temple, fête, I, 370.
PYRÉNÉES, VII, 292 note.
PYRRHUS, de Bérée, III, 458.
PYTHAGORE, légende, 1, 468; II, 339; IV, 378; VI, 148, 388 note 2; VII, 44-45, **125**, 357, 434. — Pseudo-Pythagore, V, 161. — en gnosticisme, VI, 180. — Néo-pythagoriciens, VII, 44, 45.
PYTHAGORE = DORYPHORE, IV, 179 note 2.
PYTHONISSE de Philippes, III, 150 et suiv.

O

QUADES, campagnes de Marc-Aurèle, VII, 249, 252, 255, 273, 274, 276, 281, 287.
QUADRATUS, diffusion de ce nom, VI, 41 note.
QUADRATUS (Ummidius), VII, 287.
QUADRATUS (Statius), proconsul d'Asie, IV, 566; VI, 41 note, 452 note, **455, 457**.
QUADRATUS l'apologiste, V, 65 note 1, VI, 38 note 3. — Son ouvrage, VI, **40, 42**, 274, 316, 495; VII, 108 note 1, 281.
QUADRATUS, prophète, VI, 40-41 note, 434; VII, 212.

QUADRATUS, évêque d'Athènes, VI, 40-41 note 2 ; VII, 176-177.
QUARANTE ANS, V, 41, 42.
QUARTODÉCIMANS, IV, 558 ; VI, 348 ; VII, 198 et notes, **204** et notes, 452.
QUARTUS, III, 218.
QUIÉTISME, VI, 152-153, **163-164, 175, 179, 180,** 528 ; VII, 137. — Markos, VII, 295-296. Voir MYSTICISME.
QUINTILIEN, II, 292, 306, 332 ; V, 131, 142, 147, 224 et note 2 ; 226 note 4, 230-231 et notes. — Son opinion sur la superstition judaïque, V, **230-231** et note 5. — Bassesse, V, 290-291. — Niaiserie, V, 292 notes 1 et 2. — Honnêteté, V, 386.
QUINTILLE, VII, 215. Voir PRISCILLE. — Quintilliens, sectaires, VII, 237.
QUINTUS le Phrygien, VI, 453 et note 1. — Sa chute, VI, 454, 455, 463.
QUIRINIUS, I, **60.** — Recensement, I, XIII, LXXXIV note 5, **20-21** note, 63, 249, 376 ; V, 254 note 2 ; VI, 266, 378.
QUIRINUS (saint), faux actes, VI, 293 note 1.
QOLASTA, V, 463 note 4.

R

RABBINAT, ordination, VII, 527.
RABBINIQUE (science), I, 37 ; VII, 71. — Rabbin, IV, 286 ; V, 5. — Paroles des rabbins, V, 80. — Voyage des quatre rabbins, V, 307-310.
RACES et christianisme, VII, 636-637.
RAHAB la prostituée, IV, 218 ; V, 187 et note 4, 190.
RAÏAS, II, 144 ; IV, **229-230, 540-541** ; V, 23, 482 ; VI, 227 et note 2.
RAISON, V, 304. — Religion de la raison (*logos*), VI, 65, 77. — chez Justin, VI, 370, **387-389.** — Voir EMPIRE DE LA RAISON (traité de l'). — La raison et les masses, VII, 567.
RAMA, VI, 202 note 4.
RAMET-EL-KHALIL, V, 27 note.
RAMIEL, ange, V, 358 note 4, 526.
RAPHAEL, ange, V, 373 ; VI, 232.
RATIONALISME, VI, 166 ; VII, 433, 632, 633, 634, 639, 641. — chez les juifs, VI, 248-250 ; VII, 632. — Apologistes rationalistes, VII, 107.
RÉACTION religieuse, II, 341, 342.
RECENSEMENT, odieux aux juifs, I, 62, 249 note 4. Voir QUIRINIUS.
RÉCHABITES, I, 101 ; IV, 68.
RÉCOGNITIONS, VII, **74** et suiv. Voir CLÉMENT (pseudo-).
RECONNAISSANCES, VII, **74** et suiv. Voir CLÉMENT (pseudo-).
RECUTITI, V, 236.
RÉDEMPTION, III, 275-276, 309 ; IV, 115.
REGIA, IV, 145 note 2.

Reggio en Calabre, III, 559.
Religion. Milieu où naissent les religions, I, xxii. — Leur légitimité, I, xxx-xxxi. — Notion générale de la religion, I, 2 et suiv. — Ses progrès, I, 3 et suiv. — Religion pure, II, lx et suiv. ; IV, xlix et suiv. — Religion pure voulue par Jésus, I, **89-94, 230-232, 233-234**. — La Samaritaine, I, **243-244, 294-296, 460** et suiv. ; III, **58** et suiv., **71-72, 474**; IV, 452, 453 ; VI, 77 ; VII, 642. — Essais parallèles, I, 179. — Esséniens, I, 231. — Marc-Aurèle, VII, 262 et suiv. — *Religio*, II, 360 note 2 ; VII, 540 note. — Principes à suivre dans la critique des religions, II, **LI** et suiv.; IV, 535. — Leur valeur relative, VII, 634, 635-636. — Isaïe et les prophètes, IV, 224. — Le judaïsme religion pure, III, **64** et suiv. — Fanatisme, IV, 177 et suiv. — Infériorité religieuse de nos races, IV, 534. — Secret, V, 268 et note 5. — Fondateur hérétique, VI, **282-284**. — Unité des religions, VI, 389. — Religions de l'antiquité, VII, 131. — se fondent en Jésus, VII, 131, 134, 136. — Religions antiques, leur impuissance, II, **335-336**; VII, 564, 569-570. — Pas d'édification, II, 337. — Méfaits des dieux, II, 337. — Besoins du temps, II, 338. — Principes romains, V, 404-405. — Religion d'État, II, **346** et suiv. ; V, **481**. — mélange de faiblesse et d'imposture, II, 376-377. — Œuvres populaires, II, 383-384. — essentielle à l'humanité, II, 384-385. — Religion impériale, V, 292. — Religions étrangères, V, 294, 392-393, 396, 404 et note 1. — nouvelles, V, 404-405-406 et notes. — Droits des municipes, V, 405. — Police, V, 405. — Lois, VII, 57 et notes 3 et 4, 496 note 3. — Réactions religieuses, VII, 254. — Religion nationale selon Celse, VI, 494 ; VII, 348, 349, 365-366. — Religion d'État selon Celse et Cæcilius, VII, 51, **349-350, 391-393**, 400. — absolue, VII, 365-366. — Culte établi, VII, 372, 392. — Cæcilius, VII, **321** et suiv. — Vrai et faux, VII, 392-393. — Privilège de l'ancienneté, VII, 392. — combattu par Méliton, VII, 188. — Surnaturel, VII, 346. — Bienveillance, VII, 373. — Doutes essentiels, VII, 264-265. — Religions nouvelles, VII, 496 note 3. — Émotions religieuses, VII, 496 note 3. — Religion de la haute Asie, V, 454 ; VII, 432. — Christianisme religion nouvelle, VI, 155. — Religion politique, Fronton, VI, 494. — Religion épuisant l'État, VII, 499.
Reliques, VII, 629.
Renaissance, IV, 94-95 ; VII, 326, 330.
Rénégats. Voir Apostats.
Renoncement, I, **324** et suiv.
Repas, scrupules des phari-

siens, I, 192 et suiv., 235, 345, 365 note 2. — Repas de Jésus, eucharistie, I, 316-317; III, 403 et suiv. — Repas des collèges, II, 358-359, III, **265.** — Les Juifs et les repas, III, 67, **69-71,** 268. — Repas chrétiens, III, **264** et suiv. — Transformation, III, **266** et suiv. — distincts de l'eucharistie, III, 267 et suiv. — supprimés, III, 267-268. — Invocation en mangeant, III, 268. — Abus à Corinthe, III, 381 et suiv. — Repas après les sacrifices, III, 399. — Repas chez les païens, III, 400. — Règles de Paul, III, 405.

RÉPUBLICANISME, III, 187. — Gérusie juive, V, 29 note 1, 33. — Parti républicain à Rome, V, 141-142, 289, 380. — se soumet à la nécessité, V, 380 et note 3, 381. — Empire républicain, V, 381, 388-389; VII, 5, 6. — Républicanisme juif, VI, 548. — République chrétienne, VII, 424 note 3, 426, 428. — Supporter mauvaise république, VII, 594 note 1.

RESPECT, IV, 116.

RÉSURRECTION (dogme de la), I, **56-57, 290** et suiv.; II, **97-98**; III, 189 et note, **196-197, 379** et note, **413** et suiv., **529-530,** 537, 545; IV, 8, 21, 467; V, 452; VI, 58, 534; VII, 501. — Objection tirée de la destruction du corps, III, 379 note. — Quel corps, III, **414-415**; V, 524. — Modifications, IV, 76. — Première résurrection, IV, 447, 466, 467; VI, 132, **137.** — Seconde résurrection, IV, 468. — en Sibyllin de 80, V, 166. — Résurrection des justes, V, 276. — en pseudo-Esdras, V, 355. — en pseudo-Baruch, V, 524. — Résurrections des morts, V, 414, 522. — Difficultés, V, 524. — Absurdité touchante, VI, **460** note 3; VI, 139. — est déjà faite, VI, 104, 152, 167. — en gnose, VI, 152, 167. — Chair ne ressuscite pas, VI, 167 note 4, 179, 180, 321, 356. — La résurrection et la destruction du corps, VII, **338.** Voir CORPS. — Celse, VII, 355-356, 357-358. — Athénagore, VII, 383, 385-386. — Objections, VII, 385, 386 et note, 397, 398. — Traité sur la résurrection attribué à saint Justin, VII, 385 note 2. — Minucius Félix, VII, 398, 399. — Bardesane, VII, 438. — La résurrection et l'immortalité de l'âme, VII, 505-506. — Soin du corps, VII, 524. Voir SÉPULTURE.

RÉSURRECTION de Jésus, I, **XVI, XIX, 448-450, 531** et suiv.; II, 1 et suiv.; III, 196, 413-414, 463; IV, 360 et note 6, 361; V, 121-122, **181, 183, 192,** 207, 280; VI, 269, 375; VII, 511, 512. Pour le détail, voir JÉSUS et APÔTRES. — Résurrection de prophètes, I, 105-106, 262. — de Lazare, I, **372** et suiv. — Récits, IV, 61, 115; V, 85. — Durée de la vie du ressuscité, VI, 177. — Résurrection de Jésus, base de celle des morts, III, 413-414, 545; IV, 79, 80.

— Son corps n'est pas ressuscité, VI, 180. — Corps volé, I, 445 note 1, 449. — Récit de l'Épître de Barnabé, V, 217 note 2. — Argumentation, I, 445 note 1. — Foi en la résurrection de Jésus, II, 91 ; VII, 501. — Textes, les Évangiles, saint Paul, II, VIII. — Apparition à Jacques, V, **107, 108**, 207. — Récits en Marc, V, 121. — Dimanche, V, 376; VII, 523. — Cérinthe, V, 419. — Sépulture, VII, 535. — En justice, VI, 375. — En Hermas, VI, 419. — Pâque, VI, 445, 446, 449 ; VII, 198-199. — Gnostiques nient, VII, 137-138. — Polycrate, VII, 200, 201. — Celse, VII, **357-359**.

Réunion (droit de), V, 474.

Révélation. Révélation permanente, VI, **387-389** ; VII, 84-85, 212. — Révélation angélique, VI, 422 et note 6. — successives, VII, 84 et note 1. — Révélation=théocratie, VII, 587-588. — Miracle, VII, 639, 641.

Révélations particulières, III, 295, 407 note, 412 ; V, 42, 317-318 ; VI, 162, 324, **395-397** ; VII, 86, **407**, 530. — Montanisme, VII, **209-210, 212, 213, 216**, 298 note 1, 530. — supprimées par l'épiscopat, VII, 235.

Révoltes juives, monnayages, I, 361 note. — Première révolte, IV, **226** et suiv., 247 ; V, 517 note 2 ; VI, 559, 560. — Chrétiens sympathiques, IV, 350 ; V, 38. — Dernières convulsions, IV, 536. — en pseudo-Esdras, V, **351, 354** et note 2, 369-370. — recommenceront, V, 370, **483**. — Chrétiens ne se révoltent pas, V, 482-483, VI, **196**, 207 ; VII, 606, 613. — Ruptures, VI, 257. — 2° révolte, V, 370. — Révolte sous Trajan, V, **503** et suiv., **508** et suiv., 513-514, 517 note 2, 546 note 2. — Sa fin, VI, 1, 2 et note 1. — Révolte sous Adrien, V, 370 ; VI, **190** et suiv., 544. — Séparation définitive des chrétiens, V, 517 note 2 ; VI, **196, 207**. — Limites, VI, 202. — Argent de la révolte, VI, 204, 547. — Guerre, VI, **204** et suiv., **543, 546**. — Pausanias, VI, 213 et note. — Critique, VI, 211-213. — Historiens, VI, 267 et note 1. — Sépultures, Tobie (?), VI, 554. — Confusion des deux révoltes, VI, 544, 545, 546, 552-553. — Numismatique des révoltes, VI, **546** et suiv. Voir Monnaie.

Révolution. Le royaume de Dieu conçu comme la révolution, I, **121** et suiv. ; IV, 119. — Le christianisme et la révolution, I, 456 ; III, 477 ; IV, 42 ; VII, 606, 613. — Révolutionnaires juifs, II, 265. — dans l'Épître aux Hébreux, III, lxi. — Éviter les apparences, IV, 119. — Révolution en Judée et à Jérusalem, I, 64 ; IV, **226** et suiv., 236, 256, 258, 262 note 1. — Sa loi, IV, **288-289**. — Divisions, IV, 495. — perd et sauve, IV, 543-544. — Monde renversé, VII, 598. — Esclavage, VII, 606, 613. — Christianisme opposé à la révolte. Voir Révolte. — Révolution française, VII, 614, 625.

Rhampsinit, VII, 357.

Rhéteurs opposés aux philosophes, VII, 8, 11.

Rhétie, VII, 252.

Rhin, V, 378, 500; VI, 8, 11; VII, 249, 579.

Rhodé, servante, II, 248-249.

Rhodé, nom fictif, VI, 403 et note 2, 404, 405, 406.

Rhodes, II, 327, 351, 353; III, 179, 504. — Sculpture, IV, 171.

Rhodon, VII, 102, **150-151**, 158, 162 note 1, 227 note. — Conversation avec Apelle, VII, 155-156. — Polémique contre Tatien, VII, 165. — Sur les six jours, VII, 165.

Rhone, VI, 468, 470, 477 note 1; VII, 129, 290, 292, 298, 303 et note 2, 337 et note 3, 342.

Rhossus, ville, VI, 500 note 3; VII, 178.

Riches (les), I, **181-182-183**, **186** et suiv., 195; III, 511; VII, 598, 599. — La richesse en Orient, III, 511. — Riches et pauvres à Jérusalem, IV, 48, 49. — Riches persécuteurs, IV, 49. — amis des Romains, IV, 52. — Contre eux, IV, 53. — Le jeune riche, V, 193. — Riches dans l'Église, V, 318, 333; VI, 409; VII, **99-100**, 453, 601. — Hermas, VI, 409. — font tout le mal, VI, 532-533; VII, 96. — sacrifiés, VII, **601-605**. — Déclamations, VII, 602 et note 1. — Destruction des riches, VII, 602-603. — L'usure, VII, 603.

Rieti, V, 151, 152.

Riswan, VI, 160 note 1.

Rites, rituelles (lois), III, 72; V, 49, 210, 238, 249, 268 et note 5, 450; VI, 83-84, 449.

Robert Grosse-Tête, VI, 271 note 3.

Rois d'Orient, II, 142-143, 246, 247, 305 note 2, 311; III, 355, 356; IV, 332 et note; V, 131, 145, 467.

Roman chrétien, VI, 328, 341, 343; VII, **242-248**. — Roman juif. Voir Tobie.

Rome, Romains, II, 215 note 3. — Grandeur, IV, 7. — Politique, IV, 250, 255. — Mœurs, II, 317. — Lois, II, 322 et suiv.; VII, 512, 539. — Famille, mariage, VII, 383, 548, 549 note 6. — Célibat, VII, 550 note 2. — Code pénal, VI, 314. — Appel à Rome, VII, 325. — Honnêteté romaine, VI, III. — Pas de curiosité, VI, 4. — Voyages à Rome, IV, 374 note 2, 560-561; V, 307 et suiv., 491. — Romains à Malte, III, 556. — Trophées, VI, 377. — Incendies à Rome, IV, 148 note.

Rome échoue en religion, VII, 566, 585. — Religion romaine, II, 335-336, **346** et suiv.; IV, 529; VII, 254, 351, **564** et suiv. — Respect pour la religion, IV, 37. — Religion politique, VI, 494. — Culte de Rome et Auguste, III, **28-29**,

180; IV, 414, 419; VII, 303-304. Voir Auguste. — Culte de Rome et de l'administration, VII, 565, 566 et note. — Temples romains en province, VI, 26, 27 et note 1, 28. — Culte de Vénus et Rome, VI, 28. — Culte romain insuffisant, V, 229, 232; VI, 472. — Dames romaines attirées aux cultes étrangers, V, 233-234. — Cultes étrangers, VII, 574 et suiv., 580. — Isis, VII, 571 et notes 2 et 3, 572. — Rome rendez-vous des cultes, III, 97. — Politique religieuse, II, 374; V, 239, 294; VII, 585-586. — en province et dans la Ville, V, 294, 298.—Le Romain pas libre, V, 294, 297-298. — Législation religieuse, II, 350 et suiv. — Persécutions, II, 351 et suiv.; IV, 39, 46. Voir Persécutions. — Collèges à Rome, II, **354** et suiv. — Politique sur les confréries, II, **354** et suiv. — Dieux des Romains vainqueurs, ont fait la prospérité de Rome, VII, 351, 366, 369, 392, **397**. — Cæcilius, idées romaines, VII, **391** et suiv. — Rome accepte tous les rites, VII, 392. — contre Sibyllins, VI, 300. — Romains et les miracles, III, 16-18. — Antithéocratie, VII, **587-588**. — Droit romain laïque, VII, 587-588.

L'empire romain, sa nécessité, VII, 492, 498. — État du monde romain vers le milieu du Iᵉʳ siècle, I, ıı; II, **304** et suiv. — Esprit romain, II, **306** et suiv. — Politique dans la division des provinces, III, 50-51. — Effets bienfaisants, I, 18; II, 281. — Progrès social sous l'empire, II, 324; IV, 37, 38; VI, 290-291. — Splendeur, VI, 298, 319. — Pessimisme, VI, 298. — Rome et la province, II, 325-326.—État intellectuel, II, **326** et suiv. — Goût, II, 330 et suiv., **332** et suiv. — Rome secondaire par l'esprit, II, 330. — n'a pas d'école, II, 331. — Le bien et le mal, II, 343. — État religieux, II, 334. — Travaux publics, VI, 225-226.

La ville de Rome, VI, 320. — Population, V, 234 et notes; VI, 319. — Grecs à Rome, VI, 319. — Romains et Grecs, VII, 41 note. — La langue grecque à Rome, III, 17, 98; IV, 17; VII, **69-70**, **454-455** et notes. — L'Orient à Rome, II, 221; IV, 16-17. —*La Grèce et Rome, III, **167**, **168**, **170-171**, 177, 178, 180, 182, **192**.

Rome et l'empire sous Néron, IV, **127** et suiv., **139** et suiv. — Fêtes, IV, 130-131, 138. — Antipathie de Néron contre les Romains, IV, 137, 138. — Demeures impériales, IV, 141. — Maison Transitoire, maison Dorée, IV, 142, 149, 150.—Projet de rebâtir Rome, IV, 142. — Description, IV, 143, 146, 150. — Incendie, IV, **123** et suiv., **145** et suiv. — Raisons de l'incendie, IV, 150-151. — Esprit conservateur, IV, 150-151, 153. — Renouvellement,

IV, 151. — Mécontentement, IV, 151, 152. — Rêve chrétien de l'incendie de Rome, IV, **156**. — Chrétiens connus à Rome et distingués des juifs, IV, 157, 160 et note 2. — Cabales juives, IV, 157-158. — Arrestations, IV, 162. — Supplices, IV, **163** et suiv., **165, 166, 167**, 409.—Flambeaux vivants, IV, 165. — L'opinion à Rome, IV, 166-167. — Affaiblissement de l'empire, IV, 247-248, 272, 322. — Orient révolté, IV, 247-248. — Réaction en Syrie, IV, 248.

De Néron à Vespasien, IV, 323, 326, 354, 402, 456. — Guerres civiles après la mort de Néron, V, 164. — Famine, IV, 328. — Coup d'État, IV, 481. — Anarchie militaire, IV, 481, 483, 484. — Unité menacée, IV, 482, 483. — Astrologues, IV, 484. — Incendie de 80, V, 149. — Les philosophes, V, 287. — Les philosophes chassés, V, 289. — Terreur, V, 290.

Résurrection de l'empire par Trajan, V, **379** et suiv. — Noblesse romaine s'adoucit, s'améliore, V, 382, 386, 392-393. — Influence grecque, V, 382 et suiv.—Tradition, fierté, V, 384, 387, 390, 393-394, 404. — Restauration des anciennes familles, V, 389. — Les Orientaux abaissés, V, 390. — Religion romaine restaurée, V, **394** et suiv., 396 et note 1. — Principes, V, 404-405. — Unification de l'Orient, V, 467.

— Comble de la puissance, V, 468. — Bonheur, V, 469. — Rome et l'Orient, V, 499, 503. — Les Izates, V, 501-502. — Conquête de Babylone, VI, 12 note.

Adrien à Rome, VI, 9, 186. — Guerres civiles, VI, 12 note. — Haine des sibyllins contre Rome, VI, 12 note, 13. — Administration sous Adrien, VI, 191, 192.

Marc-Aurèle romain, VII, 266. — Philosophes, VII, 257. — Celse, VII, 351. — Réaction romaine contre les philosophes de Marc, VII, 37-39. — Cours publics, VII, 45. — Alexandre d'Abonotique à Rome, VII, 49, 50. — Retour à l'ancien culte, VII, 63, 254. — L'empereur vraiment romain est persécuteur, VII, 68, **491-492**. — Rome et les Germains, VII, 252, 253. — L'armée, VII, 253-254. — Apulée à Rome, VII, 455 note 3. — Marc-Aurèle à Rome, VII, 484. — Sépulture de Marc-Aurèle, VII, 486. — Princes étrangers tolérants, VII, 492. — Maximes romaines finissent avec Marc, VII, 492, 494, 495, 498. — Les empereurs syriens, VII, 494, 495. — indifférents au culte romain, VII, 495. — Culte centralisé à Rome, VII, 496 et note 2. — Guerres en Orient, VII, 436 note, 437 note, 440 note 2, 458.

Domination romaine en Judée, I, 59, 123, 247, 422, 424. — Tolérance, I, 221, **417-418**

IV, 250-251. — Droit de vie et de mort, I, 411-412; II, 141. — Les Romains dans la Passion, V, 85, 105 note 4. — Rome désignée à mots couverts, II, xxiii note. — Rome et l'Orient. Condescendance, II, **143-144**; IV, 231.

Juifs de Rome, II, 246 note, **287-288, 295**; IV, **7** et note, **8**, 14 et note 2, 504 note 2. — Premier quartier juif, III, 101, 102. — Autres quartiers juifs, VI, 227. — Premiers juifs à Rome, III, 102 et suiv. — Vie intérieure des synagogues de Rome, III, 104-105. — Propagande juive à Rome, III, **105-106**. — Haine des juifs contre Rome, I, 53; IV, 233. — Rome grande ville juive, V, 128, 313-314. — Culte à son choix, V, 132-133 et notes. — Josèphe et les Romains, V, 134. — Romains en Judée, III, 523, 524, 525; V, 17. — aimés des riches à Jérusalem, IV, 52. — Rome et les juifs, IV, 230 et suiv., 280 note, 284, 288 note 1, 331. — Administration, IV, 231. — Torts, IV, 232.

Révolte juive, VI, 200 et suiv. — Rome et la théocratie, IV, 233-234. — Service militaire, IV, 234, 235. — Rapports avec les sadducéens, IV, 235-236. — Rapports avec les pharisiens, IV, 236. — Collision, IV, 241. — Vœux pour Rome, IV, 244. — Romains forcés, IV, 246. — capitulent, tués, IV, 246. — Siège de Jérusalem, IV, 502, 503, 504 note 2, 508. — Enseignes romaines sur le temple, IV, 518. — Prise des tours, IV, 518. — Triomphe de Titus, IV, 529. — Victoire de Rome, VI, 207, 209, 238, 290. — Sa légitimité, IV, 534; VI, 212. — Triomphe infructueux, IV, 534. — Revanche, IV, 534.

Juifs à Rome sous les Flavius, IV, 538; V, **234-235**, 255, 313-314. — Le sabbat, V, 235. — Dureté de Rome, IV, 541. — Redoublement de la haine des juifs, V, 2, 11, 13, 14, 22. — Béther, V, 27 note, 28. — Empire romain=Nabuchodonosor, V, 30. — *Judith* à Rome, allusions, V, 34. — Romains en Batanée, V, 43. — Romains et la race de David, V, 61. — Voyages des Juifs à Rome, V, 307 et suiv. — Les quatre rabbins, V, 307-310. — Pseudo-Esdras, V, 351 et note. — Philosophie de l'empire selon pseudo-Esdras, V, **365** et suiv. — Fin de l'empire escomptée par les juifs, V, 366, 367, **369**, 379. — Châtiment de Rome, V, 368-369. — Empire romain dans Baruch, V, 522 et suiv. — Empire du mal, V, 522, 523; VI, 15. — tué par le Messie, V, 523.

L'Église et l'empire, V, 11. — Rome et le christianisme, II, 281, 316; III, 214, 420; IV, 11. — Le christianisme deviendra la religion de Rome, II, 282. — Établissement du christianisme à Rome, III, **97** et suiv., 339. — Église romaine, II, xxiii ; IV, 7. — Luc et l'Église romaine, II, xxiii-xxiv. — *Pastorales* composées à Rome, III, li-lii. — Rome et la hiérarchie, III, lii. — Aquila et Priscille, III, lxvii. — Importance, IV, 4-5. — Noms des premiers fidèles, IV, 13-14. — Nombre, IV, 14 et note. — Simon et simoniens à Rome, II, 273. — Aspect de la ville, III, 107. — Superstitions romaines, III, 109. — Première Église de Rome, III, 110. — Nouvelle Église, III, 111. — Ses affinités, III, 117. — Paul et la police romaine, III, 164. — Église de Rome judéo-chrétienne et ébionite, III, **115-116**, 462, 479, 483, 493-494. — Païens convertis, prosélytes, III, 483 et notes. — Paul et Rome, III, 493-494. — Paul à Rome en apôtre des gentils, III, 494, 530, 542-543, **546**, 552. — Émissaires à Rome, IV, 14. — L'autorité romaine et Paul, III, **220** et suiv., **222** et suiv., **224**. — Rome et l'Antechrist, III, 254. — Phrygiens à Rome, III, 364. — Paul veut voir Rome, III, 420. — adresse à Rome l'épitre dite aux Romains, III, 461, 483. — Paul s'approche de Rome, III, 559, 561.

Paul à Rome, III, xxxi, xxxiii ; IV, 5, 13, 95. — Guerre avec les judéo-chrétiens, IV, 101. — Majorité judéo-chrétienne, IV, 101. — — Jean et Rome, IV, xxx. — Séparation des juifs et des chrétiens à Rome, IV, 13. — Pierre à Rome, IV, xliii, **26** et suiv., **29-31** note, **551** et suiv. ; V, 317. — Idée de la primauté de Rome, IV, 34-35 ; V, **316-317**. — Crimes de Rome, IV, 36.

Danaïdes et Dircés, IV, **167** et suiv., **169** et suiv.— Autres persécutés, IV, 174. — Église de Rome consacrée par le martyre, IV, 173-174, 175, 177, 182, 183. — Rome devient la ville des martyrs, IV, 178. — Pierre et Paul, VII, 412, 414. — Martyre des deux apôtres, VII, 412, 414. — Rome lieu des martyres, IV, 555. — L'angoisse à Rome, V, 41. — Topographie sacrée de Rome, IV, **182-183**, **191-197**. — Trophées des apôtres, IV, **191** et suiv.— Tombeaux des apôtres, IV, **192** et suiv. — Basiliques, IV, 194. — Travail légendaire, IV, 195-196. — Lucine, IV, 197 note 1.— Porte Latine, IV, 198, 199. — Réconciliation future, VII, 277, 285.— Haine des chrétiens d'Asie, IV, xxxviii, 350. — Empire romain et Messie, IV, 384-385, 407 note 4. — personnifié, IV, 384-385, 411. — Rome impénitente, IV, 398-399, 427. — Le dragon à sept têtes et dix cornes, IV, 406 et suiv., 414 note 3. — La Bête, IV, 410, **411**. — Sa destruction prédite, IV, 412, 423. — Rome en Sibyllins, IV,

412. — Empire de Satan, IV, 413. — Idolâtrie, IV, 423 note 5. — Lendemain de la crise, IV, 202 et suiv. — Désarroi du christianisme à Rome, IV, 205-206, 209.

Épître aux Hébreux, adressée aux Romains, III, xvııı et suiv., **xıx, xx**; IV, 211 et suiv. et note 2. — exclut Pierre à Rome, IV, 554. — Allusions aux massacres de 62 et aux prisonniers, IV, **217** et note 1, **218-219, 220** et notes. — Renégats, IV, 219.— Rome appelée Babylone, IV, 36, 132, 178, 423 et note, 430, 439, 440, 441, 459. Voir Babylone. — Ville de la Bête, IV, 427. — Royaume de la Bête, *ibid.* — Jugement de Rome, IV, **429** et suiv., 459, 461. — Incendie de Rome annoncé, IV, 431, 433, 439. — La Courtisane, IV, 431. — Ville de l'idolâtrie, IV, 430, 432 et note 3. — Juifs croient à la fin de l'empire, IV, 435, 494 et note 2. — humiliée, IV, 436. — Faux Néron, IV, 437. — Chant sur la ruine de Rome, IV, 439 et suiv. — Fête au ciel, IV, 442, 444, 446.

Rome lieu de rédaction de l'Évangile grec, V, 114, 125-126, 214.—Marc à Rome, V, 115, 125-126. — Rome et le christianisme sous les Flavius. V, **128** et suiv.— Massacres de 64, terreur de 68, V, 137. — Église de Rome sous les Flavius, V, **137-139**, 154.— Liste des *presbyteri* ou *episcopi*, V, **137-138**, 156, 157 note 1, 298, 311. — Persécution de Domitien à Rome, V, 297-298, 320. — Concile de Jérusalem rédigé à Rome, V, 228 note 2. — Église de Rome, V, 315-316 et note 2, **333**, 347. — Société chrétienne de Rome sous les Flavius, V, 254.— Rome et Corinthe, V, **318** et suiv. — Ordre, hiérarchie, V, 318. — Plénipotentiaires, V, 320. — Épître de Clément, V, **318** et suiv. — Esprit, V, 330. — Empire romain modèle, V, 331. — Origine du catholicisme, V, **333**. — Épître aux Hébreux, à Rome, V, 334. — Attraction sur les sectaires, VI, 274. — Ébionites, nazaréens, etc., à Rome, VI, 281, **322** et suiv. — Gnostiques à Rome, VI, 320, 321, 322. — Elchasaïtes à Rome, VI, 322. — Églises de Paul, VI, 323. — Légende de Pierre, avenir, VI, **322** et suiv., 332, **342**. — Dernière bataille de Pierre et de Paul, VI, 323. — Primauté de Pierre, VI, 332. — Réconciliation de Pierre et Paul, VI, **333** et suiv. — Fondateurs de l'Église de Rome, VI, **334-335-336, 339, 342**. — Suprématie fondée, VI, **335**. — Évangile de Pierre, VI, **344**. — Centre du mouvement chrétien, VI, 348-349, 352-353, 360, 426, 445. — Hérésies à Rome, VI, 348, 349 et note 1, 352, 360. — Canon de Muratori, VI, 349 note 1. — Esprit clérical, VI, 353, 360. — Simon de Gitton à Rome, VI, 371.— Justin, VI, 274. — Préfets de Rome, VI, 384. — Rome persécutrice, VI, 368.

Réconciliation de Pierre et Paul se fait à Rome, V, 441. — Deux Églises, V, 442. — Fusion, ibid. — Confesseurs renvoyés à Rome, V, 477, 486, 487, 491 ; VI, 442. — Voyages à Rome, V, 491. — Grec langue chrétienne à Rome, V, 476 note 3. — Sévérité sur le martyre, V, 490 note 1. — Paix, V, 498. — Suite des *presbyteri* = papes, V, 498 ; VI, 293 et note 1. — *Pastorales* à Rome, VI, 96. — Édition de Paul à Rome, VI, 105 et note 2. — *II^a Petri* à Rome, VI, 109. — Rome et Alexandrie, VI, 143.

Importance de l'Église de Rome, VI, 319, 320. — Église toute grecque, VI, 319. — toute pratique, VI, 320. — Unité forte, VI, 322. — Hermas, VI, 422. — Organisation disciplinaire, VI, 390. — Prône romain, VI, 399-400. — *Pasteur*, VI, 401 et note, 402, 403. — Sectes à Rome, VI, 440, 449 ; VII, 361. — Église sous Marc-Aurèle, VII, 69 et suiv. — Point culminant, VII, 69 et note 2, 173. — Église fondée par Pierre et Paul, VII, 70. — Autorité, VII, **70, 71** et note 1. — Ancienneté, VII, 71 et note 1. — Richesse et ordre, VII, 73, 174. — Judée, Grèce et Rome, VII, 73-74. — Politique et fraudes, VII, 74, 96. — *Reconnaissances*, VII, 78, 337. — Théologie, VI, 96. — Tatien, VII, 102, 103. — Gnostiques, VII, 117, 125. — Apelle, VII, 151, 157. — Encratites, VII, 167. — centre de l'épiscopat, VII, 172, 173. — tribunal central, VII, 173. — Denys de Corinthe, Pierre et Paul, VII, 174. — Rome et l'Asie, VII, 178, 195-196. — Rome et la pâque, VI, 446 et note 4, 448, 449 ; VII, 195-196, 197 et note 3, **199** et suiv., 203-204. — Polycarpe et Rome, VI, 445, 566. — Uniformité, VII, 202, 203, 206. — Préséance, VII, 206. — Montanisme, haine contre l'empire, VII, 215. — Rome et le montanisme, VII, 227, 229, 230, 239, 301. — Prêtre de l'Église de Rome, VII, 287 et note 2. — centre d'appel, VII, 301, 403. — Athénagore, VII, 385. — Minucius Félix à Rome, VII, 390. — Hégésippe, VII, 421, 422-423. — Rome et les artémonites, VII, 413, 508-509.

Statistique de l'Église de Rome, VII, 449, **454** et notes 2 et 3. — Primauté se dessine de plus en plus, VII, 70, **412-416, 422-423**, 510. — Primauté de Céphas acceptée, VII, 412. — Évêque des évêques, VII, 412. — Canon et symbole, VII, 412. — Formation de la catholicité, Rome centre, V, II ; VII, 96, 173, 174. — Rome, centre d'unité, V, 400. — IIIe siècle, VII, **414-415**. — Organisation, administration, VII, 415. — Papauté, dernière transformation, VII, 416.

Fin de l'Empire escomptée par les chrétiens, IV, 272, 321, 349-350, 356, 457, 482, 494,

497-498; V, 366, 508-509. — Origine romaine des Églises d'Afrique, VI, 478. — Lutte à Rome, VI, 480 et suiv., 485. — Cancans, VI, 481. — Martyrs, VI, 303 ; VII, III. — Organisation, VII, III. — Catacombes, VII, 535 et suiv. — Rome papale et Jérusalem, IV, 548, 549. — Rome remplace Jérusalem comme ville sainte, III, **116-117**, 285 ; IV, II ; V, 139, 313; VII, 69, 71, 423. Voir Pierre. — Jésus et Rome, IV, 552-553.

Position réciproque du christianisme et de l'Empire. Deux opinions, VII, 510. — Rome et le mal, IV, 297 note 4. — Diatribe, VI, 15. — Sa fin, *ibid.* — Rome sera prise, détruite, pillée, VI, 17, 18, 298, **533, 534**. — à cause de la ruine de Jérusalem, VI, 19. — « Femme » des apocalypses, VI, 532 note 2. — Date de sa ruine, VI, 534, 539-540. — Ennemis irréconciliables, VII, 616.

Opinion favorable à une réconciliation. Voir Athénagore, Méliton. — Chrétiens fidèles à l'empire, VI, 196. — Chrétiens respectueux envers Rome, II, 316 note 2 ; IV, 40-41. Voir Luc. — Le Dieu des chrétiens aime les Romains, VII, 276. — Méliton et l'Empire, VII, **283, 284-286, 362, 369-371**. — En quel sens le christianisme est la religion romaine, VII, 585-586. — Chrétiens insensibles à la grandeur de Rome, VII, 400. — L'empire limite de la prédication chrétienne, IV, 63. — Rome centre du christianisme, VII, 619. — L'Empire romain et l'Église, IV, 460, 466 ; V, 392 et suiv. — Réconciliation de Rome et du christianisme, VII, 615 et suiv. — Le christianisme tue Rome, I, 455. — Christianisme hors de l'empire, VII, 461. — Société romaine épuisée par le christianisme, VII, 99. — Empereurs romains et non romains, VII, 620. — Constantin, coup qu'il porte à Rome, VII, 622-623. — Abaissement, VII, 623, 624. — Travail intérieur, VII, 624. — Secrets d'empire, VII, 624. — Carlovingiens, VII, 624.

Romains (Épître aux) II, XLI ; III, **IV-V**, XIII, XXII, XLIV, 117 ; IV, IV. — Intégrité, hypothèse sur les finales, III, **LXIII** et suiv. ; VI, 105 note 2. — Les salutations, III, **LXV** et suiv., **LXX** et suiv. — Hypothèse, III, **LXXII** et suiv., **340** note, 432 note 1, **461** note 1, 562 note 2. — Paul l'écrit comme circulaire, III, 113, **460** et suiv., 483-484 ; VI, 105 note 2. — Résumé de la théologie chrétienne, III, 113, **462** et suiv., 570 ; IV, 211. — Importance et sens de cet écrit, III, **485** et suiv. ; IV, 93, 225 ; V, 269 note 1, 526 note. — Usage en *Iª Petri*, IV, 112 et note. — Variantes, III, 461. — Analogue pour les finales, VI, **462** et note 3.

Romains (Épître d'Ignace aux), V, xii, xv, xvii, xix, xxi, xxiv, xxxiii, **488** et suiv. — Fabrication de fausses épîtres, V, xiv. — Discussion et distinction, V, **xxi** et suiv. — Texte, V, xxiv. — Place à part, V, xxiii-xxvi, xxviii, xxxi-xxxii. — Passage célèbre, V, xxv, xxxi. — citée, V, xxv-xxvi note, xxxi-xxxii. — altérée, V, xxvi-xxvii. — Autorité, V, 490. — Irénée et l'épitre d'Ignace aux Romains, VI, 443 note 1.

Romulus et Remus, IV, 188-189; VII, 70.

Rouah, V, 103 note 2, 106 note 2, 176 note, 185 et note 3, 455 note 3; VI, 66, 525. Voir Esprit.

Rouge (mer), IV, 425. — Symbolisme, V, 137.

Rousseau (J.-J.), VII, 614.

Roxolans, VII, 252.

Royaume de Dieu, idée première, I, lxxviii, **82** et suiv. — Développement, I, **117-133**. — La révolution, I, **121** et suiv., 173; VI, 75; VII, 501, 643. — Signes, I, 83. — Places dans le royaume de Dieu, I, 165, 200. — Royaume de Dieu pour les pauvres, I, 185 et suiv.; V, **275-276**. — pour les enfants, I, **199-200**; V, 283. — Vrai royaume de Dieu, I, 201, 293 et suiv., 455, 461; VI, 370. — Jean précurseur du royaume, I, 206. — Avènement, I, 246, 248. — Malades guéris, I, 271-272. — Forme complète, I, **281** et suiv. — Apocalypse et royaume de Dieu I, 298 et suiv. — Revanche du pauvre et de l'homme vertueux, I, 301; V, 68, 275-276. — Approche du royaume, I, 320-321, 382-383. — Exaltation, I, 331 et suiv. — vers l'an 54-58, III, 416-417. — Jésus l'aîné, III, 468; V, 84. — change chez les apôtres, I, 480. — Révolution, IV, 119, 237; V, 399. — Royaume du ciel, V, 126 note 5. — Renoncer à tout pour lui, V, 192, 274. — Les sept paraboles, V, 201 et suiv. — Le royaume, V, 308. — proche, V, 413. — Vignes, VI, 133 note 2. — Riches, VII, 601.

Royauté vient de Dieu, V, 330.

Rubellius Plautus, VII, 41.

Rufin, traducteur, VI, 32 note 2, 193 note; VII, 75 notes 2 et 3, 95 note 1, 183 note 2.

Rufus (Annius), I, 60. — Ce nom par erreur en saint Jérôme, VI, 193 note.

Rufus, fils de Simon de Cyrène, I, 431; V, 115 note 1.

Rufus, chrétien d'Éphèse, III, 433.

Rufus, associé à Ignace, V, 495-496.

Rufus (Tyrannus). Voir Terentius, Tyrannus et Tineius Rufus.

Rufus d'Éphèse, médecin, II, 332, 339 note 2.

Rusticus (Arulenus), V, 142, 287.

Rusticus (Junius), n'est pour rien dans le martyre de saint Justin, VI, 492 note. — Rusticus et Marc-Aurèle, VII, 8,

33, 259, 261, 488. — Préfet de Rome, VII, 33.
RUTH, V, 187.

RUTILIANUS, disciple d'Alexandre d'Abonotique, VI, 429; VII, 49, 50.

S

SABAOTH, VI, 160 note 2; VII, 143.
SABAZIUS, II, 346; VII, 579 et note 2. — En Thrace, III, 142 et note; VII, 563 et note 2. — Sabaziens à Rome, VII, 537, 579. — Sabazies, VII, 579.
SABBAT, Jésus le viole, I, **234-235**, 442, 448; III, 144, 158, 216; V, 210; VI, 274. — Les juifs libéraux et le sabbat, III, 60. — Dieu le viole, V, 210. — Le sabbat chez les païens, II, 295; V, 231 et note 3. — Chrétiens le célèbrent d'abord, III, **263-264**; VII, 523. — Sabbat final, IV, 470. — Nazaréens, V, 40. — *Metuens sabbata*, V, 231 et note, **234, 235**. — Le sabbat à Rome, V, 235. — supprimé, V, **376**; VII, 523. — Elchasaïtes, V, 457. — défendu, VI, 214, 275; VII, 523. — toléré, VI, 274-275. — mauvais, VI, 382, 383. — Superstition, VII, 425 et note 2. — Chrétiens l'observant, VII, 508, 509.
SABBATIQUES (rivières), I, 234.
SABELLIANISME, VII, 237 note 3.
SABINA (Julia), V, 143, 225-226.
SABINUS (Flavius), V, 222, **226** et note 4, 227.

SABISME, I, 102-103, 211; V, 456 note 1, **462** et suiv., 465; VII, 85 note 3, 134-135. — Sabéisme, erreur, V, 462 note 5.
SAC monastique, VII, 159, 169.
SACCOPHORES, VII, 169.
SACERDOCE. Voir PRÊTRES. — Sacerdoce de Jésus, IV, 214.
SACRÉE (Voie), IV, 530, 531.
SACREMENTS, I, 312; IV, 56; VI, 101; VII, 527-528. — Charismes=sacrements, VI, 91, 93; VII, 533. — Sacrements gnostiques, VI, 151, 155; VII, 144. — deviennent catholiques, VI, 155; VII, 144. — de Markos, VII, 127, 292, 296. — Montanisme, VII, 232-233, 236, 244.
SACRIFICES, IV, 115-116, **214-215**, 221. — Histoire du sacrifice, IV, **222-223**. — Suppression, IV, **222** et suiv., **225**; V, 51; VII, 522. — Prophètes et Isaïe, IV, 223 et suiv.; V, 14. — Sacrifice de Jésus, IV, 225; VII, 522. — après la destruction du temple, V, 14, 15; VI, 25. — Répugnance, abolition, V, 162, 376, 458; VI, 16 note 5, 383; VII, 88 et note 4, 373, 382, 400, 583-584. — Habitude païenne, V, 484. — Sacrifices humains, VI, 3. — juifs, VII,

425 et note 1. — Eucharistie, messe, VII, 522.
SACRILÈGE, V, 401.
SADDUCÉENS, I, 55, 56, 63, 179, **225**, 226, 227 note, 291, 359, 378; II, 113, 136; III, 59-60, 511-512, 529, 530, 540; IV, XIII, 46, 66, 235-236, 271, 283, 287, 291, 540, 543. — Leur fin, IV, **284-285-286**, 288; V, **2-3**, 4; VI, 228. — Emploi abusif du mot, V, 72 note 3.
SADOK, pharisien, I, 63.
SADOK, pieux juif, V, 13.
SADOKITES, I, 225, 247 note. Voir SADDUCÉENS.
SAFED, I, 30, 69, 149; VI, 240.
SAGARIS de Laodicée, VI, 436; VII, **193**, 194. — Pâque, VII, 194, 197, 200.
SAGESSE du monde, III, 387, 389.
SAGESSE (la) de Dieu, I, 258, 259 note 1, 309. — Paroles qu'on lui prête, IV, 294. — Hypostase, VI, 64, 65, 66 et note 3, 67, 68, 388.
SAGESSE (livre de la), I, 236, 259; VI, 66.
SAINTETÉ, bienfaisante, VI, 427.
SAINTS, le règne des saints, I, 82, 121. — Saints juges du monde, II, 413. — Saints de Jérusalem, III, 491, **511**; IV, XIV, XVIII, 67, 78, 413, V, 39, 40, 47; VI, 13. — Saints des derniers jours, IV, 80, 81, 115; VII, 209. — Saints prophètes et martyrs, IV, 229, 430, 432, 441, 442, 443. — Résurrection, V, 181. — Dépôts, V, 357 et note 6. — Église société de saints, VII, 99, 100, 167, 208, 501, 502, 626-627. — Montanisme, VII, 222, 223, 238, 240. — Vengeance des saints, VII, 499-500. — Les saints et le monde, VII, 559-560. — Culte des saints, VII, 631.
SAINT-SÉBASTIEN (catacombe de) IV, 192-193 notes.
SAINT-SIMONISME, III, 260 note 2, 288-289.
SALAMIS ou SALAMINE, en Chypre, III, 14; V, 505-506.
SALARIA (Via), IV, 310.
SALATHIEL, V, 264 note 5, 273.
SALETTE (miracle de la) II, 41-42.
SALIENS, V, 396; VII, 7.
SALIM, I, 105.
SALLUSTE, VII, 390.
SALLUSTIUS LUCULLUS, V, 222.
SALMANASAR, VI, 229 et note 4, 230, 236 note 1, 237.
SALOMÉ, femme de Zébédée, I, 157, 165, 382, 435, 525; II, 6. — dans l'Évangile selon les Égyptiens, VI, 185.
SALOMÉ, fille d'Hérodiade, I, 204-205.
SALMONÉ (cap), ou SALMONIUM, SAMONIUM, III, 548.
SALOMON, I, 15, 58, 59, 256, 337, 369; IV, 543; V, 188; VI, 66; VII, 548. — Portique de Salomon. Voir TEMPLE. — Tombeau prétendu, VI, 542. — Psautier de Salomon, V, 37, 160; VI, 117, 527 note 4. — Psaumes gnostiques, VI, 528 note 2. — Mot théurgique, VII, 142.
SALT, village de Palestine, VII, 508.
SALVIENNES (Eaux), IV, 192 et note, 194 note; VI, 342.

SALVIUS JULIANUS, l'Édit perpétuel, VII, 22.
SALVIUS VALENS, jurisconsulte, VII, 22.
SAMACHONITIS (lac) ou Houleh, I, 148, 236 note 1.
SAMARIE, I, 30, 60, 71 note 4, **239-240**, 266; II, 150, 244; IV, 275 note 3; VI, 537 note 4. Voir SÉBASTE. — Samarie ancienne, VI, 259 note 2. — prêchée par Philippe, II, **152-154**. — par Pierre et Jean, II, **156**. — Chrétiens de Samarie II, 198; III, 76; V, 44. — Ses illuminés, II, 264, 266. — Troubles, IV, 298, 302. — Sentiments de Jésus, V, 266. — Matthieu et Luc, V, 266. — Héliogabale, VII, 496 note 2. — Sectes vers l'an 100, V, **450-452**. — Origine du gnosticisme, VI, 146-147, 148. — Saint Justin, VI, 271 et suiv. — Symmaque et Théodotion, VI, 287. — Simon de Gitton, VI, 371. Voir ce mot. — Culte de Simon chez les Samaritains, VI, 371. — Marc-Aurèle et les Samaritains, VII, 286-287.
SAMARITAINS, I, 61; II, 152; IV, xxx. — Jésus les préfère, I, 186, **239-243**; V, 267. — méprisés des juifs, I, **240**, 368; IV, 36 note 4; V, 72 note 3, 535. — Parabole du bon Samaritain, I, 241; V, 265, 267, 268 et note 1. — La Samaritaine, I, 169, **242-243**, **493-494**, 517; VI, 62 note 2. — Leurs thaumaturges, I, 258. — Leurs révolutionnaires, II, 152. — Simon. Voir SIMON DE GITTON.

— plagiaires, II, 272, 274. — en lettre d'Adrien, VI, 189. - persécutés après la révolte juive, VI, 222-223. — maudissent Bar-Coziba, VI, 223. — *Samaritæ*, VI, 297 note 1, 365. — Respect pour Simon, II, 273-274. — Leur destruction, II, 274.
SAMÉ, ville, VII, 123.
SAMOS, III, 501; IV, 578; VII, 435 note.
SAMOSATE, IV, 65; VII, 346.
SAMOTHRACE, III, 135, 139.
SAMPSÉENS ou SAMSÉENS, I, 103 note 2; V, 460 et note 1, 461.
SAMSON, IV, 218; VI, 511.
SAMUEL, IV, 218; V, 189, 543; VI, 511 et note 2.
SANCHONIATHON, VII, 185. Voir PHILON DE BYBLOS.
SANCTUS, diacre de Vienne, VI, 473 et note 6, 477. — Supplice, VII, 310-311, 322, 324.
SANDALPHON, I, 311; VI, 67 note 2.
SANG, interdiction d'en manger, III, **90, 91**. — Sang du Christ, III, 403-404; IV, **78**, 115, 214-215, 221, 360; V, 492; VII, 569. — Vision de sang, IV, 326, 393, 426; V, 137.
SANHÉDRIN, I, 409, 410; III, 528; IV, 67; V, 13, 21, 105 note 4; VI, 548. — Migrations du sanhédrin, V, 21 note 3. — Sanhédrin de Jérusalem, V, 32, 33, 271, 531 note 4. — de Iabné à Ouscha, V, 531. — Translations, V, 531 note 4.
SAONE, VI, 468; VII, 289, 303 et note 2, 337 note 3.
SAPHA, IV, 261.
SAPHIRE. Voir ANANIE.

Saphra (rabbi), VI, 381 note 4.
Sara, IV, 119, 218.
Sara, fille de Raguël, VI, 232.
Sara, nom de convertie, V, 234.
Sarcophage, VII, 535, 546.
Sardaigne, déportations, IV, 204; V, 406 note; VII, 67, 279, 288, 491.
Sardes, III, 23 note 1, 126, 336, 351 et note, 366, 369. — Autorité de Jean, IV, 347, 361. — en Apocalypse, IV, 367. — Voir Méliton. — Tombeau de Méliton, VII, 188, 200.
Sarmates, VI, 1 ; VII, 252, 287, 381. — Projet d'une province de Sarmatie, VII, 256, 257.
Sarmentitii ou Sarmentarii, IV, 173.
Saron (plaine de), II, 198.
Sasa, II, 177.
Satan, I, 50, 72-73, 92. — tente Jésus, I, 117-118, 124. — Roi de ce monde, I, 120. — Voir Diable. — auteur du mal et des maladies, I, 88, 93 ; II, 172 ; III, 252, 253, 305, 368, 369, 391, 392, 442, 445, 449 note 4 ; IV, 18, 36, 41, 78, 83 note, 238, 351, 408-409, 411, 412-413, 414, 417, 418 et note, 427-428 ; V, 219, 377 ; VI, 182 ; VII, 222, 326, 339 note 4, 502.—Satan=idolâtrie, IV, 364, 365 et note, 368, 407, 413. — Profondeurs de Satan, IV, 366 et note 3. — détracteur, IV, 408-409. — vaincu par Michel, IV, 409, 445. — Satan et Rome, IV, 445. — vaincu et lié, IV, 445, 446. — délivré, IV, 447, 468. — précipité dans l'étang, IV, 448. — Satan propriétaire, V, 276-277. — Les riches et Satan, V, 276-277 ; VI, 99. — en gnose dualiste, VI, 177, 178. — L'homme satanique, VI, 178, 179. — Le mariage VI, 179. — Épître de Lyon, VII, 326, 339 note 4, 340. — Satan singe du Christ, VII, 576-577. Voir Mithra.
Satornile, VI, 177 et note 4. Voir Saturnin.
Saturne (prêtres de), IV, 168.
Saturnin, VI, 148. — Système, VI, **177-179** ; VII, **117**, 165. — L'homme, VI, 178. — Le bien et le mal, VI, 178-179. — Docétisme, VI, 184. — École, VII, 122.
Saul, premier nom de Paul, III, 18-19. Voir Paul.
Sauterelles, IV, 396 et note 2, 397-398 et notes.
Scandale. Éviter le scandale, principe de Paul, III, 398-399, 400, 401, 480-481, 518.
Sceaux en Apocalypse, IV, 382 et suiv. — Ouverture des sept sceaux, IV, 384 et suiv. — Symbolisme, IV, 472. — Sceau de Dieu, IV, 389.
Scénorrhapte, II, 168.
Sceptique (bonté du), VII, 483.
Schammaï, I, xciv, 95, 229, 343 ; III, 61, 64 ; V, 12 et notes 1 et 2, 201 ; VI, 257.
Schammaschin, diacres, II, 120.
Schefaram, V, 530 note 4 ; VI, 239.
Schekina, VI, 64 et note 2.
Schema, prière juive, VI, 247, 248, 249.
Schemaïa, I, 93, 95 ; IV, 287 note 2.

SCHEMITTA, IV, 401 et note 2. 406, 408, 410, 411, 433 note 1.

SCHEMONÉ ESRÉ, prière, V, 72.

SCHEOL, IV, 386, 395 note 6, 430 note 3, 448, 449 ; V, 358-359, 519, 521, 525. Voir ENFER et ENFERS.

SCHERBIL, martyr, IV, 65 note ; V, 480 note 1, 483 note 1, 486 note 2.

SCHISME, V, XIX, 327 ; VII, **239**, 301, **408**.

SCHOLA, II, 358. — *Scholæ*, III, 345-346 ; V, 344 ; VII, 538.

SCIENCE positive grecque, I, 36, 42, 267 ; V, 406. — La science, VI, 143, 144. — Décadence, VI, 144, 145, 146 ; VII, 47. — Christianisme et science, VI, 167-168. — inventée par les anges pervers, VII, 380.

SCIENCE (don de), III, 406, 408 ; IV, 77.

SCILLIUM, martyrs scillitains, VII, 279 note 5, **456** note 1, **457, 491**. — Actes en grec, VII, 456 note 1, 457 note 5, 503 note 2.

SCLAVUS, VII, 614 note 3.

SCOLOPS de saint Paul, II, 171.

SCOPUS (le mont), IV, 261, 262.

SCRIBES. Voir SOFER, I, 33, 215 ; V, 193.

SCRUPULES, III, 486 et suiv., 488 ; IV, 231.

SCULPTURE, frappée de mort, VII, **597-598**.

SCYTHES, IV, 64, 81, 447 note.

SCYTHIANUS, VII, 136 note 3.

SCYTHOPOLIS, IV, 256, 298-299.

SÉBASTE, I, 41, 216 note 1. — Église de Sébaste, II, 152, 154, 156, 244 ; III, 15 ; IV, 235, 256 ; VI, 537 et note 4.

SÉBUÉENS, V, 451.

SECOURS MUTUELS, II, 128.

SECRET (goût des chrétiens pour le), VI, 307, 330 et suiv., 481 et note 1 ; VII, 360, 374, **394, 395, 396, 520**. — Isiastes, VII, 572, 573.

SECTES. La secte et l'Église, V, 446. — Efficacité pour fonder, VII, 570. — Voir HÉRÉSIES.

SECULUM, au sens de Æon, VI, 160 note 2.

SECUNDUS de Thessalonique, III, 161, 458, 491.

SECUNDUS, Valentinien, VII, 117.

SECUNDUS CARINAS, III, 171.

SECUNDUS, roman philosophique, VI, 23 note, 39 note 1.

SÉDUCTEURS, IV, 290, 291, 292, 414, 417-418, 419.

SÉGUSIAVES, VI, 469 ; VII, 312 note.

SEL, sens mystique, V, 458.

SELAM (le), I, 306.

SÉLEUCIDES, II, 216, 223 ; IV, 228 ; V, 467 ; VI, 35.

SÉLEUCIE DE PIÉRIE, II, 222 ; III, 1 et suiv., 13, 54, 120.

SÉLEUCIE sur le Tigre, IV, 65 note 3, 122 note.

SÉLEUCUS NICATOR, II, 218-219, 223.

SÉLINONTE en Cilicie, VI, 1.

SEMAINE, IV, 469-470, 472.

SEMAINE SAINTE, VI, 399, 449 ; VII, 205.

SEMAXII, IV, 173 et note 4.

SÉMIRAMIS, VII, 494.

SÉMITIQUE (race), fonde la religion, I, 5-6. — Esprit prophétique du Sémite, I, 49 ; IV, 358. — Idées étroites, IV, 474-

475. — Établissement en Asie Mineure, III, 359 et note. — antimythologique, IV, 85; VI, 286. — Théocratie, IV, 229, 244 et note 2. — ennemie de la science, VII, 638. — Sémitisme de l'Évangile, V, 99. — Narration sémitique, V, 101. — Monothéisme syro-arabe, VI, 285-286. — opposé au christianisme hellénisé, VI, 285-286. — opposé à la civilisation grecque, VII, II. — Sémitisme de nos jours, VII, 636, 637.

SEMO SANCUS, II, 275 note 1; VI, 326, 378.

SEMPRONIUS PROCULUS, II, 330.

SÉNAT ROMAIN, saint Justin, VI, 367 note 4, 368, 378, 388, 490, 491. — *Hiera syncletos*, VI, 488. — sous Marc-Aurèle, VI, 6. — Femmes, VII, 495.

SÉNÉCION, V, 142, 233, 287, 361.

SÉNÈQUE, II, 292, 309, 329, 330, 333-334; III, **220**; IV, 2, 6, 190, 339 note 1; V, 148, 383, 384 note 2, 406; VII, 29-30, 32, 593 note 3. — Sénèque et Néron, IV, **125, 126,** 135. — Tragédies, IV, 129. — Paul et Sénèque, IV, **12-13** note. — Sénèque et les juifs, IV, **13** note. — Sénèque et les chrétiens, IV, **135.** — Sa mort, IV, 203. — Idées sur les philosophes, VII, 32, 40. — consolateur, VII, 43 et note 3. — lu, VII, 390. — L'esclavage, VII, 614.

SÉNEVÉ, parabole, V, 202.

SENNACHÉRIB, V, 526 note 1; VI, 230.

SÉPARATION de la religion et de l'État, I, 455-456.

SEPHIROTH de la *Cabbale*, I, 258; VI, 160 note 1; VII, 141.

SÉPHORIS, I, 78; V, 531 note 4, 533; VI, 239 et note 5. — Sanhédrin y réside, VI, 239.

SEPT (les), II, **119** et suiv.; V, 59, 441. Voir DIACRES.

SEPT ÉGLISES (les), IV, 357, 359, 360, 361, 362, 364, 380. — Nombre sept, IV, 361, 362, 363, 367, 380-381, 383, 399, 406, 425, **472.** — Origine babylonienne, IV, 472.

SEPTANTE. Voir GRECQUE (version). III, LIX; V, 126, 176 note, 181, 186 et note 3, 188, 264, 271, 313 note 4, 326 note 1; VI, 115, 268 et note 4. — Usage chez les chrétiens, VI, 117, **118-119, 121,** 265, 377, 382. — haïe des juifs, VI, 118, 122, 381.

SEPTIME-SÉVÈRE, IV, 358 note 1, 359; V, 378, 500, 508; VI, 6, 240 note 5, 242 note 3. — Fin du monde, VI, 539-540; VII, 280, 437 note, 450, 487, 493, 499 note, 596.

SÉPULCRE (saint), I, **447-448** note. — Adrien, VI, 225 note 4.

SÉPULTURE juive et chrétienne, II, 98; III, 105 note; V, 342 et notes; VII, 535, 536, 537. — Collèges pour la sépulture, II, **359** et suiv. Voir CIMETIÈRES juifs et chrétiens, CATACOMBES, TOMBEAUX. — Belle sépulture, VI, 219 note 4, 235. — Soin des sépultures, VI, 230, 554; VII, 397, **535-540.** — Conte, Tobie, VI, 560-561. — Changement, VII, 536 et suiv. — Classement par religions, VII, 537. **539-540**. — Lois romaines et catacombes, VII, 539. — Inscriptions païennes et chrétiennes, II, 317, 320 ; VII, 562 note 2.

Séra, Sères, V, 455 et note 4.

Sérapeum de Memphis, reclus, II, 79, 325 ; VI, 188 note 2.

Séraphim, IV, 381 ; VI, 530, 531.

Sérapion, évêque d'Antioche, VII, 178 note 3, 226, 458.

Sérapion, père de Mara. Voir Mara.

Sérapis, II, 342, 346, 347; VI, 224 ; VII, 391, 433, 546. — Sérapis et Christ, VI, 189. — Culte répandu, VII, 571 note 2, **573-574**. — Caractère, VII, 573. — identifié avec Jupiter, VII, 573 et note 4.

Sergius Paulus, II, xxii note 2; 164 note 1; III, **14-18**.

Sergius Paullus (L.), proconsul d'Asie, VII, 193 et note 4.

Serenius, faute, VI, 33 note 1.

Serment, VI, 331-332. — à l'empereur, VII, 368-369.

Sermons, V, 319 note 2 ; VII, 516.

Serpents (art de manier les), I, 307. — Guérison, V, 533 ; VII, 132 et note 10. — d'Alexandre d'Abonotique, VI, 428, 430 ; VII, 48-51. — Ophiolâtrie. Voir Ophites.

Serrenses (sodales), VII, 540 note.

Servien, beau-frère d'Adrien, VI, 188.

Servius Tullius, IV, 152; V, 234.

Seth, révélations, VI, 528, 529 ; VII, 135. — Littérature séthienne, VII, 135. — Séthiens, VII, 135. — Cosmogonies, VII, 135.

Séthi Ier (syringe de), IV, 170.

Sévère Alexandre. Voir Alexandre Sévère.

Sévère, gnostique ou marcionite, VII, 157, 168-169. — Sévériens, VII, 169.

Sévère, architecte, IV, 142.

Sévères (les). Voir Syriens (empereurs).

Sévérien, légat de Cappadoce, VI, 429 ; VII, 49.

Severus, dit frère de Marc-Aurèle, VII, 260, 261.

Severus, le péripatéticien. Voir Claudius Severus.

Severus (Sextus Julius), VI, 204 et note 1, 544. — Distinctions, VI, 205 note 1. — Sa tactique, VI, 206. — Récompenses, VI, 209.

Severus (Julius), propréteur de Palestine, VI, 205 note 1.

Sévirs, VII, 565. Voir Augustales.

Sexes (relations des deux), III, **242** et suiv. ; VII, 170. — Séparation dans l'église, VII, 520. — Passage de l'Évangile selon les Égyptiens, VI, 185 ; VII, 607. — Jules Cassien, VII, 168.

Sextius, le père et le fils, V, 382.

Sextus, le pythagoricien, V, 498 note 2. Voir Xyste, pape.

Sextus Attius Sénécion, VI, 205 note 4.

Sextus de Chéronée, VII, 10, 37, 260.

Sibylle, Sibyllistes, Sibyllins (oracles), I, xlii, xliii, 18, 50, 210, 292; III, 66 et note; IV, 320 note, 335 note 1, 337, 35

et note, 412, 447 note ; V, 444.
— à Rome, IV, 152. — Poème sibyllin de 80, IV, 458 ; V, 149, **159-168, 163** et suiv. — Retour de Néron, V, 165. — chrétien? V, 167-168. — Prologue, V, 169. — Sibyllisme italiote, IV, 470 note 2. — La Sibylle vit toujours, VI, 18 note 1. — Foi, VI, 346 note 1. — Monothéisme, idée dominante du sibyllisme, V, 159, 161 ; VI, 346. — Naissance, V, **159-163, 168.** — Fables païennes, V, 161. — Sibylles païennes, V, 161-162. — Imitations juives et plagiats, V, 162 — Rapports avec l'essénisme, V, 168. — Conflagration, V, 170.

Sibyllin de l'an 120 à peu près, VI, 12 et note, 13 et note 3 ; 533. — Éloge d'Adrien, VI, 13-14 et note, 44 et note 2. — Haine, VI, 44 note 2. — juif, VI, 13 note 3. — Date, VI, 13 note 3, 14 note 2. — Néron, VI, 14, 17. — Jérusalem nouvelle, VI, 15-17, 18. — Le prêtre vêtu de lin, VI, 18-19. — Fin du monde, VI, 19, 297, 298. — Pessimisme, VI, 14, 297 et note 1, 298 et note 1, 299, 316, 532 et suiv., 536. — Trouble des esprits, VI, 537. — Ruine de Rome, VI, 299, 532. — Livres condamnés, VI, 299 et note 5, **536.** — Sibylle citée en *Cérygmes*, VI, 340. — Sibyllisme chrétien, VI, 13 note 2, 346, **378.** — Interpolations, VI, 346. — Discrédit, VI, 347. — Peine de mort, VI, **378** et note 4. — en Hermas, VI, 407.— Sibylle sous Antonin, IV, 458 ; VI, **532** et suiv. — Haine contre l'Italie et Rome, VI, 13, 14-15, 17-18, 532-533 ; VII, 616. — Adrien et ses successeurs, VI, 533. — Acrostiche, VI, 535 ; VII, 297. — Traduction latine par Cicéron, VI, 536. — Rapports des diverses parties, VI, 538 et note 1. — Néron reviendra, VI, 533, 538. — Faux prophète = Simon, VI, 538-539. — Sibylle du IIIe siècle, VII, 59 et note, 284 note 3. — Sur la *Legio fulminata*, VII, 273 note 1, 278 et note 1. — Usage qu'en font les apologistes, VII, 107, 108. — Méliton, VII, 185. — Vogue des sibyllistes, VII, 210, 435 note, 436 note 2. — Celse, VI, 346 ; VII, 353, **359**, 362. — Théophile d'Antioche, VII, 388. — Le sibylliste égyptophile, VII, 433. — Livre 8e, VI, 44 note 2, 532 note 1.

SICAIRES juifs, I, 61, 235 note 4 ; II, 264 ; III, 535 ; IV, 236, 237, **238** et note 4, 280 note 1, 282 note 1, 484, 493, 536 ; V, 2, 352 ; VI, 241. Voir ZÉLOTES.

SICHEM, I, 29, 71 et note, 240-241, 493 ; VI, 271 note 5, 272. — Colonie, VI, 272. Voir NAPLOUSE.

SICILE, III, 552 ; VII, 432.

SIDON, I, 151, 186, 236, 336 ; II, 249 ; III, 283, 547.

SIFRA et SIFRÉ, VI, 242 note 4.

SIGÉ, VII, 127. Voir SILENCE.

SIGNES du royaume de Dieu, I, 83 ; IV, 325-326. — Signes

au ciel, bolides, IV, 325-326, 339; V, 183, **521**, 524. Voir MESSIE, signes.

SILAS, III, 94. — s'attache à Paul, III, 95. — part avec Paul, III, 122. — Voyages d'Asie Mineure, III, 122 et suiv., 139 et suiv.; IV, 121. — en Macédoine, III, 139, 144 et suiv., 151. — bâtonné, III, 152. — citoyen romain, III, 152-153. — à Amphipolis, III, 154. — à Thessalonique, III, 161, 162. — à Bérée, III, 163. — reste en Macédoine, III, 164, 170, 189, 313 note 2. — rejoint Paul, III, 215, 235, 279. — reste à Jérusalem, III, 289. — Son caractère, III, 289. — auteur de *Hebr.*, IV, XVII. — Silvanus de *I^a Petri*, VI, 112 note 2, 121. — Prophète, VII, 212.

SILAS de Babylone, IV, 260.

SILENCE, au sens gnostique, VI, 170. Voir SIGÉ.

SILO, I, 71.

SILOÉ (piscine de), SILOAM, I, 503; IV, 519, 520; V, 260.

SILPIUS (mont), II, 221.

SILVA (Fulvius), IV, 536-537.

SILVANUS. Voir SILAS.

SILVANUS de *I^a Petri*, IV, 112 note 2, 121. Voir SILAS.

SIMÉON. Voir SIMON.

SIMÉON le Juste, I, 93.

SIMÉON (le vieillard), I, 18-19, 251; III, 134; V, 278.

SIMÉON ou SIMON, fils de Cléopas, I, 26; IV, 68, 72; V, 55-56 et note, 466-467 et note 3, **496-497**, 537, 539, **540, 541, 544, 545, 546,** 547. — Martyre de Siméon I ou Siméon II. Voir SIMÉON II.

SIMÉON II, arrière petit-fils de Clopas, V, 466, 467 note. — martyrisé sous Trajan, V, 467, **496-497.** — Date, V, 497 note 2. — Supplices, V, 497-498. — Hypothèse, V, 545-546, 547.

SIMÉON NIGER, II, 237.

SIMÉON (Rabbi), II, 250.

SIMÉON (Rabbi), sur les œuvres, IV, 55.

SIMÉON BEN GAMALIEL, IV, 271, 274 note 2, 283; VI, 547.

SIMÉON, nom prétendu de Bar-Coziba, VI, 197 note 3.

SIMÉON NASI D'ISRAEL (monnaies au type de), VI, 547, 548 et note 3, 549.

SIMÉON de Mizpa, V, 7.

SIMÉON BEN JOCHAÏ, VI, 226.

SIMÉON BEN-AZAÏ. Voir BEN-AZAÏ.

SIMON. Voir SIMÉON.

SIMON MACCHABÉE, VI, 204, 548.

SIMON le lépreux, I, XV, 354, **373-374, 384** et suiv., **507.** Voir LAZARE.

SIMON le Cyrénéen, I, 424, 431, 523-524; V, 115 note 1; VI, 161.

SIMON-PIERRE, I, 135. Voir PIERRE.

SIMON le Zélote, apôtre, I, 159, 302-303; V, 548.

SIMON, fils de Juda le Gaulonite, II, 263.

SIMON de Gitton ou le Magicien, I, 266; II, IV; VI, 537 note 4. — Réalité de son existence, II, **152-153** et note; V, XXXIV, 456 note 1; VI, 324 note 1. — Rapports avec les chrétiens, II, **154, 270, 271, 272.** — Haine des chrétiens, II, 274. — Simonie, II, 154. — Contrefaçon du christianisme, II, 154-155, 270-271.—Légendes, II, 155. — Ses miracles et impostures, II, **266** et suiv.— Sa doctrine, II, **266** et suiv.; IV, 83. — Livre prétendu, II, **267** et suiv., **270** et suiv.; V, 451; VI, 147. — Incarnation, II, 268-269. — Apparitions successives, II, **271**. — Ses connaissances, II, 269.

Simon pseudonyme de Paul, II, 153 note, 276; VII, 87. — Pourquoi donné pour ancêtre du gnosticisme, II, **271**. — Origine du gnosticisme, VI, 146-147, 177 note 5. — En quel sens le livre qu'on lui prête est de lui, II, 271-272. — Son caractère, II, 272, 342. — Miracles, III, 253; IV, 419-420. — Son école, II, 153 note. — Simon de Gitton à Rome, II, 273; IV, **28** et note, **43-44**, 419-420 note. — Sa conversion IV, 28 note 2. — Simon et Pierre, IV, 30 note, 555-556; V, 422. — Chute du ciel, IV, 44. — Opinion des *Actes*, II, 276. — Simon dans les *Actes*, III, 514 note 4; IV, 28 note 2. — Simon cause de la mort des apôtres, massacres de 64, IV, **161**. — Légende, II, 274, 275; III, 15; IV, 419-420 et note; V, 422. — Statue, II, 275; VI, 326. — Caricature, II, 275-276; IV, 30-31. — Simon et Paul, III, 288 note 2, **303** et suiv., 514 et note; IV, 30, 31 et note, 555. — dans l'Apocalypse, IV, 419-420 et note. — Simon et Néron, IV, 419-420 note; VI, 326, 539.

— Sectes se rattachant à lui, V, 451, 452. — Rapport avec Jésus, V, 457. — Saint Justin, VI, 273, 371, 378. — Antechrist, VI, 324, 539. — Pierre adversaire, VI, 324, 327. — se fait adorer, VI, 326. — Chute, VI, 326. — Simon sacrifié à la réconciliation de Pierre et Paul, VI, **335-336**. — Hélène, VII, 116, 150. — Miracles, VI, 371. — en Sibyllins, VI, 537 et suiv. — Magie, VI, 537-538. — en *Reconnaissances*, VII, 77, 78, 79, 80, 87. — Secte simonienne, II, 273 et suiv.; VI, 147 note 1. — à Antioche, à Rome, II, 273.

Simon de Chypre, II, 276.

Simon, fils de Gioras, IV, 260, 274 note 2, 542-543, 544. — Commencements, IV, 275.—Sa tyrannie, IV, 485, 496 note, 507. — Monnaies (?), IV, 496 note, 497; VI, 547.—Dernière résistance, IV, 518, 520 note 2. — caché, apparition, IV, 522, 527, 529. — Prisonnier, IV, 522. — au triomphe, IV, 530. — tué, IV, 531; VI, 237.

Simplicia (l'intendant de), VII, 612 note 2.

Sinaï (mont), III, 138, 272; V, 91 note 3.

Sincérité, nuances en Orient, I, **262-264**.

Singon (rue de), à Antioche, II, 227.

Sinope, ville d'Asie Mineure, VI, 28, 29 note, 351-352.

Sion (mont), I, 453; IV, 422, 518; V, 28, 40, 90, 353, 354, 355, 519, 520, 523; VI, 194. — Prise

de Sion, IV, 518, 519-520. — Restes, IV, 523 ; V, 57-58. — Cénacle, V, 18, 57 ; VI, 21, 224.
SIRMIUM, VII, 255, 485.
SIROUZÉ, VI, 529.
SISENNA, IV, 352 note, 436.
SKÉVAS, III, 347.
SLAVES, VII, 252. Voir SCLAVUS.
SMYRNE, III, 126, 351, 366, 368 ; IV, 567 ; VII, 405 note. — Persécution, IV, 183, 184 note 2. — Autorité de Jean, IV, 347, 361. — en Apocalypse, IV, 364, 560. — Épître d'Ignace, V, XII, XXIV, 488. — Relation du martyre de Polycarpe, V, XXV-XXVI note. — Polycarpe à Smyrne, V, 425 et note 1, 487-488 ; VI, 75 note 2, 437, 456 et suiv. ; VII, 200. — Martyre, VI, 452, 453-454, 461, 467 ; VII, III. — Aristion, V, 423. — Ignace, V, 487-488. — Tradition apostolique, VI, 126. — Quintus le Phrygien, VI, 453. — Arrestations, Philadelphiens, VI, 453. — Colonie à Lyon, VI, 467-468 ; VII, 290, 312 note. — Martyre de Thraséas, VII, 193, 200. — Marc-Aurèle à Smyrne, VII, 286.
SOBIAÏ, V, 456 et note 1.
SOBRIÉTÉ, IV, 121.
SOCIALES (questions), sont l'âme du judaïsme, I, 10. — et de la Thora, I, 11 ; II, **113-114, 115** et suiv., **120**. — Idéal, II, **127-128, 129-130** et suiv. — Socialisme de la Loi juive, II, 130-131. — essence du christianisme, II, 374-375 ; VI, 297. — au IIe siècle, VI, 296-297. — en villes industrielles d'Asie, VI, 432-433. — Lucien, VII, 374.
SOCRATE, I, 468, 315 ; III, 205 ; V, 213, 446 note 2 ; VI, 60. — martyr, VI, 370, 387, 465, 489. — précurseur, VI, **386, 387, 388** ; VII, 109, 483.
SODOME, mot symbolique, IV, 296, 402. — Apologistes, VI, 182, 358.
SOÈMES (les), V, 467. Voir SOHEYM.
SOÈMIE (Julia), VII, 495, 497 note 1.
SŒURS de charité, II, 123, 200. — Sœurs des apôtres et frères du Seigneur, III, 281-282, 283 ; VII, 534. — *Soror* de Tertullien, VII, 233 note 2, 530-531. — Sœur spirituelle, VII, 247 et note 1.
SOEURS de Jésus, I, 27.
SOFER ou scribe, I, 33, 215, 225, 360, 362 et suiv.
SOHEYM, II, 143, 188. Voir SOÈMES.
SOIXANTE ou SOIXANTE-DOUZE, nombre sacramentel, V, 271 et notes 2 et 3.
SOLEIL (culte du), V, 508 ; VII, 368, 575. — Père, V, 64. — Jour du Soleil, VI, 374, 375. Voir DIMANCHE.
SOLFATARE, IV, 329, 320, 331 et note, 333 note 1, 334, **396-397-398**, 445 note 2. Voir POUZZOLES.
SOLITAIRES. Voir VIE ÉRÉMITIQUE.
SOLON, VI, 36.
SOLYMES, III, 23 note 3, 24 note 2.
SONGES, III, 127, 134, 439, 502 notes. — médicaux, VI, 430-431

et note 1; VII, 48, 350-351, 372, 393.
SOPATROS ou SOSIPATROS, fils de Pyrrhus, III, 163, 458, 461 note 3, 491.
SOPHÈNE, IV, 489.
SOPHIA, VI, 160, 171; VII, 296, 297, 298. Voir SAGESSE et HAKAMOTH. — *Pisté Sophia*, VII, 121. Voir PISTIS SOPHIA.
SOPHIA PRUNICOS. Voir PRUNICE.
SOPHISTE crucifié, VII, 375 et note 2, 436 note.
SOPHONIE, Apocalypse, VI, 527.
SOSIGÈNE, II, 331.
Sosiosch, messie de la Perse, I, 15; IV, 471.
SOSIPATROS. Voir SOPATROS.
SOSTHÈNE, juif, III, 222, 223, 224.
SOSTHÈNE, disciple de Paul, III, 386.
SOSTRATE, VII, 48.
SOTADIENNES (farces), VI, 490.
SOTAS, évêque d'Anchiale, VII, 218, 219.
SOTER, pape, VII, 173, 174, 202, 230 note, 301.
SOTION d'Alexandrie, V, 382.
SOUCOUPES EUCHARISTIQUES, III, 266 et notes; VII, 546.
SOUFFLE DE DIEU, I, 251, 258; II, **60-61**; VI, 66. Voir ESPRIT DE DIEU ou ESPRIT SAINT.
SOUFRE (lac de), IV, 445 et note 2, 448, 449.
SOUS-INTRODUITES, III, **283-284**; VII, **532-534**.
SPADONES, VII, 287 note 2, 534 note 3.
SPARTACUS, VII, 613.
SPARTE, III, 167, 168; VII, 513.
SPARTIEN, VI, 2 note 1, 215 note.
SPECTACLES, IV, 130-131 et notes.

Voir THÉATRES et AMPHITHÉATRES. — Spectacles de Néron, massacre des chrétiens, IV, 165 et suiv. — Danaïdes et Dircés, IV, 167 et suiv., 169 et suiv. — Représentations scéniques entraînant la mort, IV, 167 et suiv., 171. — Mascarades sanglantes, IV, 168. — Horreurs, V, 224 et note 3, 232, 410. — Gnostiques, VI, 153; VII, 119. — Réforme de Marc-Aurèle, VII, 30, 31. — interdits, VII, 98, 103, 384, 397, 555.
SPERATUS, martyr, VII, 457 et note 4, 503 note 2.
SPHÈRES (théorie des), VII, 141 note 3.
SPHRAGIS du baptême, VI, 525; VII, 527.
SPICULUS, IV, 310.
SPINOZA, comparé à Jésus, I, 467; III, 416; V, 213.
SPIRITES, spiritisme, III, 387; VII, 570. Voir CHARISMES. — Exercices, III, 410; VII, 406, 530, 531. — à Lyon, VI, 472 note 2; VII, 294 note 1.—La *soror*, VII, 530-531. — Rapprochements avec le spiritisme, II, 61, 72, 236-237. — à Lyon, VI, 476 et note 2. — Montanisme, VII, 233.
SPIRITUELS, III, 239-240, 259, 388; V, 317, 318; VI, 434. — Hommes spirituels, VI, 145, 161. Voir PNEUMATIQUES. — Dons spirituels. Voir CHARISMES.
SPORUS, IV, 310, 342.
STACE, III, 221; V, 147, 221, 395.
STACHYS, III, 433.

STADE, II, 321 ; VI, 453. — de Smyrne, VI, 456 et suiv.
STATIO, VI, 412 note 2 ; VII, 524.
STATUES à Ælia, VI, 223, 225 et note 1. — à Jésus, VII, **541-542**. Voir HÉMORRHOÏSSE, MARCELLINE, ART CHRÉTIEN. — à Rome, VII, 103.
STATUT personnel, V, 4, 23.
STAVRIN (mont), à Antioche, II, 227.
STAVROS, éon, VI, 171.
STAVROS, en acrostiche, VI, 535 et note 1.
STEPHANAS, III, 216, 217, 218, 382, 384, 385, 386, 418, 424, 459.
STÉPHANÉPHORE. Voir STÉPHANAS.
STEPHANUS. Voir ETIENNE. — Nom de Stéphanos, IV, 44, 135 ; V, 340 note 3.
STEPHANUS de Domitille, V, 340 et note 3, 341.
STICHOMÉTRIE, III, LIII et note ; V, 529 note 2 ; VI, 106 et note, 117 note 2, 422 note 3, 423 note 5.
STOÏCISME, II, 316, 328, 333, 340, **344, 345** ; V, 170, 305 et note 4 ; VII, 521 et note 2. — Les stoïciens et l'empire, V, 288, 289 ; VII, 5. — et le culte public, VI, 311-312. — Les stoïciens et le christianisme, III, 190, 436 ; V, 398 ; VI, **311-312,** 476 ; VII, I-II, 55, 56, 108, 583, 591 note 2. — Les stoïciens et le gnosticisme, VI, 158. — Les stoïciens et les juifs, V, 305-306 et note. — Les stoïciens et les martyrs, VI, 312 ; VII, 55-56. — Justin, VI, 387, 388 et note 2. — Stoïcisme porté à Rome, V, 382 et suiv. — pénètre la législation,

VI, 294 ; VII, 22, 25, **28, 29**. — Cosmopolitisme, VII, 593 et note 3. — Stoïciens et Marc-Aurèle, VII, 8, 9, 10, 270. — En quoi le stoïcisme a réussi, VII, 28-29. — Côtés faibles, VII, 48, 55, 270-271, **568**.
STRABON, II, 330 ; III, 23 note 1, 25 note 3 ; III, 61 note 1 ; IV, 249-250, **287** note 3.
STRATIOTIQUES, VII, 138.
STRYMON, III, 140, 143, 155.
SUBIACO, IV, 137.
SUBLIME (traité du), VII, 436 et note 2. — Citation de la Genèse, *ibid*.
SUBURE, III, 101 note 3.
SUÉTONE, II, 262, 292 ; III, 99, 110 ; IV, 136, 145 note 1, 147 note 2, 148 note 1, 163, 179, 183 note 1, 323-324 note, 386, 407 et note 2, 408 note 1, 471 ; VII, 350 note 4.
SUÈVES, VII, 252.
SUEZ (isthme de), V, 507.
SUILLIUS NERULLINUS, VI, 430 note 3.
SULAMITE, I, 29, 66.
SULPICE-SÉVÈRE et Tacite, IV, 505 note 2. — millénaire, VI, 136.
SULPICIA, V, 147, 289.
SUNNA, VI, 243 note.
SUPERSTITION, I, 4 ; II, 328-330, **336** ; VII, 566 note. — Dégoût de la Grèce pour la superstition, III, 169. — Grecs superstitieux, VII, 377 note 2. — Fléaux l'entretiennent, IV, 329 ; VII, 60-61. — sous les Antonins, V, 405-406, 407, 482 note 4 ; VII, 395, 397. — Adrien, VI, 37. — Juifs, VI, 250-251,

258. — Progrès de la superstition, II, 370 ; VI, 294 ; VII 48. — Loi contre, VII, 57 et note 3. — Populace, VII, 60. — Celse et Lucien, VII, 346, 347, 373, 374, 377-378 et notes. — Juifs superstitieux, VII, 424-425 et notes, 596 note 2. — Masses superstitieuses, VII, 628-629. — L'Église pactise, VII, 629-630.— Chrétiens, juifs, VII, 629. — Celtes, Italiotes, VII, 629, 630.

SUPPLICES, IV, 163 et notes, 164 et suiv., 165 et notes, 215 ; VI, 303-304, 458 ; VII, **67, 320-321** et notes. — Brûlés vifs, IV, 163-164, 165-166 et notes, 173 et note 4. — Polycarpe, VI, 458 et suiv. — Représentations scéniques, IV, 167 et suiv., 171. — Mascarades, IV, 168. — Croix, IV, 189-190. — Flambeaux vivants, huile bouillante, IV, 198. Voir AMPHITHÉATRE. — Lions, VI, 34. — Nécessité, VI, 313. — Inutilité, VII, 345. — Lyon, VII, 323 et notes, 324, 333 et note, 335, 340. — plaisent à Dieu, VII, 340.

SURNATUREL, I, IV-VII, IX, **128-129**, 256-257 ; V, 407 ; VI, 472, 507 ; VII, I, 345-346, 377. — Chrétiens et épicuriens, VI, 309. — Élien, VI, 310 note 3. Marc-Aurèle, VII, 16, 55, 262, 263, 272, 372. — Celse, VII, 348, 350, 372.—Lucien, VII, 373. — Part de surnaturel dans le christianisme, VII, 582, 583, 638, 639. — Négation du surnaturel, VII, **637** et suiv.

SUSANNE, V, 37.

SUSANNE, femme de Khouza, I, 158 ; II, 31.

SYCHAR, I, 242 note 2, 493. Voir SICHEM.

SYLLA, III, 170, 177, 181.

SYLVAIN (dieu), III, 142.

SYMBOLE de foi, VII, 414, 527.

SYMBOLES gnostiques devenus catholiques, VII, 145. — chrétiens, VII, **529**, 542.

SYMMAQUE, traducteur, VI, **286-287**, 560.

SYMPHORIEN (saint), VII, 290 note 1.

SYMPHOROSE (saint), actes faux, VI, 293 note 1.

SYNAGOGUES, I, 330, 356, 363. — Importance, vie intérieure, I, **140** et suiv. ; III, **8** et suiv., 119 ; VII, 587, 592, 620. — modèles des églises, I, 309. — Synagogues de Jérusalem, II, 109. — Synagogue précède l'église, II, 284-285 ; IV, I, II. — Leur indépendance, II, 287. — Leur correspondance, III, 228-229 et note. — dans les thiases, II, 353 note. — Rôle dans la propagation du christianisme, III, 34, 35, 40, 87, 103, 144-145, 158, 189, 216, 340, 344, 345 ; IV, 7 ; V, 73 ; VI, 277, 380 ; VII, 60 note 1. — Synagogues de Rome, III, 103 et note, 104-105 ; IV, 7. — Églises appelées synagogues, IV, 47, 48. — Synagogue de Satan, IV, 364, 368. — Nom des églises chez les nazaréens et autres, V, 51 et note 3 ; VII, 507. — Synagogue but du judaïsme, IV, 228, 526, 533. — Séparation de l'Église, V, ɪɪ, 282. — Synagogue de Iabné, V, 22. — Les 7 synagogues de Sion, V, 57. — Haine des synagogues, V, 71, 72 note 1, 73. — d'Alexandrie, V, 512. — en Orient, V, 516. — Pas de clergé, VI, 87. — Églises-synagogues sans clergé, VI, 95. — Archisynagogue, VI, 189. — de Galilée, VI, 239 note 2, 240. — regagne parfois, VI, 393. — Littérature, VI, 557. — Synagogues des marcionites, VII, 159 et note 1. — La femme à la synagogue, VII, 246-247. — Chose citadine, VII, 410. — Vie synagogale, VII, 562. — Synagogues mithriaques, VII, 577, 578 note 2.

SYNCHRONISMES de l'humanité, I, 469.

SYNCRÉTISME, V, 465 ; VI, 143, 146, 148 ; VII, 131, 134, 142, 143, 433-434. — des récits mythologiques et bibliques, VII, 185.

SYNÉRÔS, VII, 149, 157.

SYNNADE, ville de Phrygie, III, 128, 362 ; VII, 228-229.

SYNODES provinciaux, VII, 178 et note 3, 199, 201, **205, 206, 417, 533.**

SYNOPTIQUES (Évangiles), I, xɪɪɪ, 213-214 note, 259, 477-478. — Dernière pâque, I, 396-397 note, 399 note 1, 404 note 2, 498-499, 519 ; II, xlɪ, xlɪɪ. — Passion, I, 432 note 3, 435 notes 4 et 6. — Comparaison suivie des synoptiques et du quatrième Évangile, I, **478-541,** 479. — A priori dans les synoptiques, I, 484, 489. — Séjours à Jérusalem, I, 487-488. — idylliques et légendaires, I, 500 ; IV, xlɪɪ. — Gethsémani, I, 517-518. — Dernière soirée, arrangements, I, 518, 529. — Cène, I, **518-519.** — Invraisemblances, I, 520, **523-524.** — Barabbas, I, 524. — Rapports avec Jacques, IV, 47. — Pas de vie aux enfers, IV, 59. — Rapports avec la Batanée et la famille de Jésus, IV, 300. — Voir ÉVANGILES, rédaction. — Généalogies, V, xxɪɪɪ, 105. — Au tombeau, V, 105 note 4. — Rapports des trois, V, 257-258, 261. — Famille de Jésus, V, 537, 539, 541. — Supérieurs et inférieurs au quatrième, VI, 54, 58, 59, 62. — Inconscience, VI, 51. — Quatrième Évangile, autre vie de Jésus, VI, 57. — peu connus en Asie, VI, 57. — Les synoptiques dans le quatrième, VI, 57 note 3. — Échos entre les synoptiques et le quatrième, VI, 69 note 1. — Cadre ordinaire, VI, 73. — Contre les pharisiens, VI, 257. — Objections, Marcion, VI, 357. — Caractère juif, VI, 357. — Justin, VI, 385. — Diatessaron, VI, 503-504. — Naissance des apocryphes, VI, 505 et suiv. — Pâque et semaine sainte, VII, 196, 205.

SYNTYCHÉ, III, 147 ; IV, 19, 22.

SYRACUSE, III, 558 ; VII, 537.

SYRIE, sa place dans l'histoire de la religion, I, 3-4 ; II, 282, 284, 299 ; IV, 85, 88 ; VII, 631. — Voyages de Paul, II, 213, 254, 311, 312, 373, 374 ; III, 2, 4,

33, 48, 316, 354, 541 ; IV, 413 note 1, 502 ; V, xxviii. — Caractère du Syrien, II, 164, **295** et suiv. — Femme syrienne, III, 149. 150. — Émigrants syriens, II, 297. — Cultes de village, II, 297. — Effet de ce culte à l'étranger, II, 298. — Influence des Syriennes, II, 298-299. — Le *Syrus*, II, **299-302**, 355 ; III, 104. — Syriens à Rome, III, **97** et suiv., 98, 102, 109-110, 137 ; IV, 16-17 ; V, 390, 394 ; VII, 35. — à Pouzzoles, III, 114. — Syrie évangélisée par Pierre, III, 281. — pays des judéo-chrétiens, III, 324-325 ; V, 73, 416. — Précocité du christianisme, III, 561. — Juifs de Syrie, IV, 504 note 2 ; V, 431 note 2.— Pâque, VII, 198. — Réaction de fidélité à Rome, IV, 248. — Titus en Syrie, IV, 525, 526. — Haine des juifs, IV, 526. — Syriens en grandes villes, III, 335, 376. — Massacre des Juifs en Syrie, IV, 249 et suiv., 255, 256, 298, 299. — Représailles, IV, 256. — Haine, IV, 260. — centre des affaires vers 66, IV, 269, 317 note, 352 et note, 436, 437, 486, 487. — Nouveaux massacres, IV, 270. — Syriens à Pella, IV, 299. — Syrie pour les Flavius, IV, 486, 487, 488, 491, 493, 500. — Flavius favorables aux Syriens, IV, 492. — Sadducéens en Syrie, V, 2. — Ébionim, V, 47, 54, 61. — Conversion de juifs, V, 73.— Évangile hébreu, V, 102, 103, 104, 111, 113, 186.

— Centre du christianisme, V, 126, 300, 586, 621, 622.— Rois, V, 131. — Matthieu écrit en Syrie, V, 214. — Mode syrien de sépulture, VII, 535.—Riches détruits, VII, 602. — Travail diminué, VII, 604. — Sectes syriennes, VII, 623.—Mahomet, VII, 632, 633. — Sectes de Syrie, V, 448 et suiv., 465-466 ; VI, 284, 329.—Schisme syrien, V, 461 ; VI, 284. — Hérésies syriennes, VI, 285. — Disparition du royaume nabatéen, V, 467.—des autres royaumes, V, 467. — Unification, V, 467, 468. — Désert de Syrie, V, 467-468, 499, 500. — L'évêque de Syrie, V, 490 ; VI, 465. — Voyage de Syrie à Rome, V, 490, 494. — Révolte juive, V, 508 ; VI, 213 et note.— Adrien, V, 509, 510 ; VI, 11, 22, 27, 187, 188, 190, 201, 379. — Temples de Syrie, architecture, VI, 27 et note 3. — Platonisme, VI, 144. — Gnosticisme, VI, 157, 177, 321, 322, 354. — Martyrs juifs, VI, 215. — Paix, VI, 238, 261, 262. — Pierre en Syrie, VI, 327. — Syriens en Gaule, VI, 468 et note 2, 469 ; VII, 303 note 3, 320, 343 note 3, 452. — Apocryphes, VI, 516. — Haute Syrie, VI, 559, 561. — Haine contre la Grèce, VII, 103, 106. — Sectes, VII, 131, 407, 507. — Pâque, VII, 199-200 note. — Révolte d'Avidius Cassius, VII, 279. — Syriens et Marc-Aurèle, VII, 279, 287. — Hermias,VII, 379 et note 3.—Ébionites, VII, 407, 423. — Éclectiques, VII, 434, 435, 436. — Bardesane, VII, 443, 445. Voir ce mot. — Statistique du christianisme, VII, 450. — Vieux cultes, VII, 459. — Penchant vers le christianisme, VII, 461. — Judéo-chrétiens, VII, 505, 507, 508. — Culte de Marie, VII, 145 note 1.

Syriaque (langue), II, 228, 256 note; III, 413; IV, 47, 112, 275 note 2 ; V, 83 note, 449. — Bible syriaque, *Peschito*, IV, 460 note 2 ; V, 187 note 3; VI, 287-288. — Le *Syrus* de Méliton, VII, 180 note 3.— Ignace syrien, V, xv-xvi, xxxii.— Traduction syriaque du Nouveau Testament, V, 98 note, 350. — à Antioche, V, 156. — Elchasaïtes, V, 455 et note 3.— Liturgie, V, 527 note 3, 529. — Pseudo-Baruch, V, 529. — Constitutions apostoliques, VII, 94. — Sophistications, VII, 184 note. — Bardesane, texte, VII, 440-441 note, 459 note 3. — Diodore, VII, 441 note 3.— Littérature syriaque, VII, 139, **442 et suiv., 460-461.** — Version des deux Testaments, VII, **460.** — Apocryphes, VII, 460. — Syriens et Arméniens, VII, 461 note 5.

Syrie (déesse de), VII, 575.
Syriens (empereurs dits), caractère de leur époque, I, xxxiv-xxxv; VI, 539; VII, 28, 29, 55 note 2, 226, **493** et suiv. — Bons côtés, VII, 493-494.— pas romains, VII, 494. — en religion, VII, **494-496.**—Femmes, II, 298-299; VII, 495-496. — Tolérance, VII, 68, 496. — Utopies, VII, 495. — Le christianisme et les empereurs syriens, VII, 495, 496, 497 et note 1. — Chrétiens de leur entourage, VII, 497 note 1, 618. — Leur réforme, VII, 497. — Rapports avec le christianisme, VII, 618, 620.

Syringes de Thèbes, IV, 170.
Syro-chaldaïque, I, lxxxiii. — Langue de Jésus, I, **34-35**; II, 110, 111, 166. — Paul le parle, III, 526; V, **82** et notes, **97-98**, 114. Voir Araméen. — Mots syro-chaldaïques dans les Évangiles, V, 82 note 3. — Paroles de Jésus, V, 83, 97, 173. — Évangile livre syrien, V, 99. — Josèphe, V, 133. — *Logia*, V, 262-263 et note 1, 514-515.

Syzygies gnostiques, II, 269; VI, 170; VII, 296, 438.
Syzygos, sens de ce mot en saint Paul, III, 148-149.

T

T, représentant la croix, VII, 529.
Tabari, V, vii note 1.

Taberna meritoria, III, 108.
Tabernacles (fête des), I, 281, 348, 349; V, 307, 308 et note 1.

TABITHA, II, 199 et suiv.; III, 149.

TABLE sainte, III, 266; VII, 516, 522, 543.

TABLEAUX VIVANTS, IV, 130, 171.

TACITE, II, 262, 292, 302, 306, 332; IV, 435, 467; V, 147-148, 153 note, 381, 386, 407. — Tacite et les chrétiens, IV, II, XI, 13 note 1, 37-38, 109, 145 notes, 512, 556; V, 231 note 2; VI, 479. — Récit de l'incendie, IV, 147-148 et notes, 162 notes, 163, 176, 186, 189 note 1, 504 note 2, 505. — Son récit de la guerre juive, IV, 280 note, 502 note 1; V, 243. — Ses idées, IV, 324, 395. — — Mépris des juifs et chrétiens, IV, 512. — Tacite et Sulpice Sévère, IV, 504 note 2, 511 note 1. — Discours de Titus, l'incendie du temple, IV, 511, 512, 513, 545. — Ses opinions politiques, V, 142; VII, 5. — sur les juifs, V, 392, 393. — sur le christianisme, V, 471. — Germanie, VII, 251. — Surnaturel, VII, 350.

TALION, interdit par Jésus, I, 89.

TALMUD, I, XXXIX, XLV-XLVII, XCIV, 37, 95, 215 note, 266 note 2, 509. — L'Évangile dans le Talmud, I, 85-86 note, 88, 95 note 3, 245 note, 406-407, 409, 411, 427 note; V, **449**; VI, 247. — Passages sur Jésus, I, 459; II, 112, 113, 167, 168, 262; III, 63, 486; IV, 258, 544; V, 168. — Origine, V, 6-7. — Pays, V, 25, 26-27 et notes, 28 note 4, 65, 67, 69, 71, 72-73 note, 210, 534; VI, 23, 193 note 2, 195, 197, 211 note 5, 226, 249. — inspire orgueil, V, **67**. — Ouscha, V, 531. — oral, V, 96-97. — Citations de mémoire, V, 97. — opposé à *agada*, V, 100. — Clemens, Calonyme, etc., VI, 29 note. — Rédaction, VI, **242** et suiv., 557. — comparé au Nouveau-Testament, VI, 245. — Barbarie, VI, 245, 246. — parti héroïque, VI, 247. — lien unique, VI, 247, 250. — Talmud fait *ghetto*, VI, 250, 251, 256, 257. — Mauvais effets, VI, 251, 256. — Amusement, VI, 252-253. — lubrique, VI, 254-255. — Traités méthodiques, VI, 244 note 1. — Fétichisme de la Thora, VI, 258. — Exégèse, VI, 265. — Renseignements historiques, VI, 545 et notes, 549, 552, 554.

TAMID, traité talmudique, V, 7; VI, 245 note 1.

TAMMUZ, V, 87.

TANAGRE (coq de), VII, 378.

TANAÏM, VI, 243 note.

TAPIS (industrie des) apportée par les juifs, III, 364.

TARGATHA, déesse en Syrie, VII 459.

TARGUMS chaldéens, leur théorie du Verbe, I, 259; II, 270; IV, **82**, 213 note 3; VI, 288. — Gog et Magog, IV, 447 note.

TARICHÉE, I, 148; IV, 277.

TARPÉIENNE (roche), IV, 531.

TARPHON (Rabbi), caractère et légende, V, **69**, 515. — Sentences, V, 70. — connu des chrétiens, Justin, V, 70 et note 4. Voir TRYPHON. — opposé au christianisme, V, 70-71. — connaît les Évangiles, V, 71.

Tarse, II, 163, **165,** 213, 231, 232; III, 4, 13, 23 note 1, 34, 123, 313 note 2, 526 note; V, 52; VI, 36 note 2. — Épître d'Ignace, V, xii.

Tartare, IV, 170.

Tascodrugites, VII, 220, 237.

Tatien, VI, 386 note, 436, **484-485.** — L'hellénisme, VI, 484. — Les Écritures hébraïques, VI, 484. — Disciple de Justin, VI, 485, 492; VII, 163. — Crescent, VI, 485 et note 3, 486, 492 note. — Aberrations, VI, 385. — laïque, VII, 431. — Ses Évangiles, I, lvii note 1, lxiv, lxxxvii, lxxxviii, 530, 497, 500 note 2, 503 et note 1. — Actes, V, 446 note 3. — Martyre, VI, 316. — *Diatessaron*, VI, 501, **503-504;** VII, **164-165** et notes, **166,** 387 note 2. — Fortune, VI, 503-504; VII, 165. — hérétique, VI, 503-504. — à Rome, VII, 70, 102, 162, 166. — *Contre les Grecs,* VII, **102** et suiv. — Haine contre l'hellénisme, VII, 103, 104, 110, 351, 388. — non romain, VII, 103 note 1, 351. — Système d'apologie, VII, **104** et suiv., **106** et suiv. — omet juifs, chrétiens, Jésus, VII, 104 note. — Érudition, VII, 104, 105, 110. — antiphilosophe, VII, 109, 374, 379 et note 2. — Jugements, VII, 110. — devient hérétique, VII, 106, 111. — Erreurs, VII, 111. — sur l'âme, VII, 111. — Rigorisme, VII, 111. — Isolement, VII, 112. — Grecs ont tout emprunté, VII, 351. — Hérésies, VII, **162** et suiv., 192, 231, 300. — Retour en Assyrie, VII, 162. — Rhodon, VII, 162 note 1. — Exégèse, VII, 163, 164, 168. — *Problèmes,* VII, 164, 165. — Polémique, VII, 165. — Erreurs christologiques, VII, **165** et suiv. — *De la pureté selon le Sauveur,* VII, 166 note 2. — Préceptes et conseils, VII, 167. — Caractère, VII, 168. — Sévérité, VII, 244 et note 2.

Taureau farnèse, IV, 170-171 et notes.

Tauroboles, VII, **568-569,** 578.

Taurus, (mont), III, 4, 27, 42, 44, 123, 335.

Télesphore, évêque de Rome, V, 316 note, 498 note 3. — martyr, VI, 293 et note 1, 446; VII, 202.

Télesphore, rétiaire, IV, 196 note 1.

Tell-hum, I, 138 note 1, 145, **146-147,** 236 note 1.

Témoins (les deux), IV, 402, 403, 404, 408 note 2, 471; V, 437. — Les témoins elchasaïtes et osséens, V, 458; VI, 323, 331 note 2, **332.** — Les trois témoins, VI, 50 note 3.

Temple de Jérusalem. — Fausse idée que s'en font les chrétiens, I, lxxxiii-lxxxiv. — Temple d'Hérode, I, **219-222,** 369-370. — Tableau de la vie qui s'y déployait, I, **220** et suiv. — Aversion de Jésus, I, 222 et suiv., **351-352.** — Aversion des chrétiens, I, 223-224. — L'islam relève, I, 224. — Mot de Jésus sur le temple, I, **367-368, 409-437, 489-490.** — Purification, I, 370. — Apôtres au temple, II, 58, 80, 103. — Caligula, II, 194. — Sa splendeur, II, 253. — centre des judéo-chrétiens, III, 286, 496, 512. — Piété, IV, 237. — Paul contre le temple, III, 523, 537, 542. — Destruction du temple, III, ii. — Culte, IV, xvi, xix, 355 note 1. — Prodiges au temple, IV, 239-240. — Capitaine du temple, IV, 244. — Temple souillé, IV, 282, 293 note 2, 484, 485, 496. — Fin du temple, IV, 286, 287, 288, 293 note 2, 295-296. — Temple sauvé selon l'Apocalypse, IV, 401. — Plus de temple, IV, 452. — Défense militaire, IV, 502, 503, **508** et suiv. — indestructible, IV, 507. — Cessation des sacrifices, IV, 508. — Premier incendie, IV, 510. — Titus et le temple, IV, **510** et suiv. — Dernier effort, IV, 513-514. — Incendie, IV, **513** et suiv. — Carnage sur l'autel, IV, 516-517. — Scènes finales, IV, 517-519, 521 et note. — Restes, IV, 522, 523 et notes. — Triomphe, IV, 530, 531 note 1. — Jeûnes, IV, 509 note 2, 513 note 1. — Argent du temple, IV, 538, 546. — eût arrêté le christianisme, IV, 546. — Les chrétiens et le temple, IV, 547 et note ; V, 40, 124, 313 note 2, 314 note 1. — Juifs après la destruction du temple, V, **1** et suiv., 352. — Succédanés du temple, V, 5, 450, 454. — Sacrifices après la destruction. V, 14. — Visites, V, 18. — Chrétiens et la destruction, V, 40. — Voile ou linteau, V, 105 note 3. — modèle de la liturgie chrétienne, V, 325. — Barnabé contre, V, 375. — ne se relèvera plus, V, 375. — détruit par les anges, V, 518. — Contre les destructeurs du temple, VI, 12 note, 13 note 3, 18 et note 1, 19. — État du lieu, VI, 21. — *Aratum templum*, VI, 22 note 2, 208 note 4, **552, 553.** — Chrétiens opposés à la reconstruction, VI, 24, 277-278 et note 1. — Juifs essaient de le rebâtir, VI, 24 note 2. — Reconstruction spirituelle, *ibid.* — Jupiter Capitolin, VI, 26-27. — Champ en jachère, VI, 27 note. — Immondices, Omar, VI, 27 note, 278, 286. — Restes de l'ancien temple, VI, 27 note. — Plus d'espérance, VI, 220 et suiv. — sera rebâti, VI, 236. — Pèlerinages, VI, 261. — Omar, VI, 278, **286.** — Punition de la destruction, VI, 299. — Temple sur les monnaies, VI, 547, 550. — Second temple, VI, 550, **555.** — Espérance, VI, 550. — Quatrième temple, rétablissement du culte, VI, 551, 552. — Prophétie de Tobie, VI, 555. — Temple éternel, VI, 555. — Influence du temple de Jérusalem sur l'architecture chrétienne, VII, 517.

Temples, II, 335 ; IV, 152, 153. — Chrétiens n'ont pas de temples, VII, 396, 400. — Juifs en ont eu, VII, 397. — Les chrétiens et les temples, IV, 37, 153; V, 293, 483, 484. — Protestation, V, 163. — L'église devient temple, VII, 521-522. — Temples païens, aversion, V, 293; VI, 308; VII, 61, 349, 372, 382. — Redevances, VII, 186 et note 1. — Plus de temple, V, 163, 375; VII, **521** et note 2, 522.

TÉNÈBRES, I, LXXIX; IV, 77, 78, 81; V, 163, 167; VI, 56.

TÉNÈBRES EXTÉRIEURES, I, 286.

TENUIORES, V, 397; VII, 599. Voir HUMILIORES.

TÉRATOLOGIE, VI, 41-42.

TÉRÉBINTHE de la place Saint-Pierre, IV, 182, 188 note, 191-192. — Térébinthe d'Hébron, VI, 210. — Foire du Térébinthe, VI, 210.

TERENTIUS RUFUS, IV, 522, 526, 527; VI, 552. Voir TYRANNUS RUFUS.

TERPNOS, IV, 137, 314.

TERRE, témoin elchasaïte, V, 458; VI, 323.

TERRE SAINTE, limites, V, 24. Voir PALESTINE.

TERREUR, son essence et sa force, IV, 280-281 et note, 282 et note, **288** et suiv., 495, 496.

TERREURS des derniers jours, I, 284 et suiv. — Terreurs religieuses, V, 406 note.

TERTIUS, disciple de Paul, III, 458, 481.

TERTULLIEN, I, LX note 2, LXI note; IV, XVII et note, XXXV, 184 note 4, 185, 187, 188 notes; V, 229 note, 288, 343 note, 362 note 4, 398 note, 470 note 3, 476 note 3. — Système sur les bons et les mauvais empereurs' V, 470 note 3. — millénaire, VI, 135, 266 note 3, 317, 318, 377 note 4, 385, 386 note 2, 492 note, 545; VII, 231. — Pilate, VI, 347-348 note. — *Pasteur*, VI, 413, 422, 478. — Grec et latin, VI, 479 note 1; VII, III, 126, 372 note 1, 448, 450-451, **455-456**, 485 note 1, 509 note 3, 510 note 1, 534 note 3, 560, 576. — Sur Marc-Aurèle, VII, 58, 59. — antirationnel, VII, 109. — Miracles, VII, 530, 532-533 et note. — Analogies avec Tatien, VII, 111, 168. — Haine des gnostiques, VII, 140.—Contre Apelle, VII, 157. — Contre Marcion, VII, 158. — *Prescriptions*, VII, 228 note 2. — Montanisme, VII, **232-233-234**. — Thecla, VII, 244 note 3. — Opinion sur l'empire, VII, 284 note 3, 285-286. — comparé à Irénée, VII, 342. — Hermogène, VII, 387 note 1. — Minucius Félix, VII, 389 note 3. — Prescription, VII, 409. — Ouvrages, style, VII, 255 et note 5, 456. — Menaces, VII, 499-500. — Politique, VII, 593-594, 616 et note 5.

TERTULLIEN (senatus-consulte), VII, 27.

TERTULLUS, III, 536-537.

TERUMA, VI, 230.

TESSÈRES, IV, 353-354, 365-366 et note, 415, 418, 423, 426.

TESTAMENT (ancien), V, 45. — Connaissance que Jésus en eut, I, 38 et suiv. — Les maximes de Jésus tirées de l'ancien

Testament, I, 85, 88. — L'ancien et le nouveau Testament, III, 230-231. Voir BIBLE, ÉCRITURES. — Exemples, V, 322. — Sens de « testament » en *Hébr.*, IV, 214-215, 221 et note 1. — Citations de l'ancien dans le nouveau, V, 96 note 3, 126, 174 note 2, 305 note 5, 334. — Canon, V, 306, 335, 370, 530. Voir CANON. — Symboles, V, 376. — Impuissance, VI, 56 note 5. — Fin des apocryphes, V, 530. — L'ancien Testament chez les chrétiens, VI, **114** et suiv. — chez les gnostiques, VI, 151; VII, 137. — chez Marcion, VI, 357, 359, 361; VII, 154. — Erreurs, VII, 83 et note 5. — Apelle, VII, 153, 154. — Saint Paul, VII, 156-157, 163. — Tatien, VII, 163, 164. — Ignorance, VII, 179. — Méliton, VII, 179-180. — Version syriaque, VII, 460.

TESTAMENT (nouveau), V, III, 334, 336. — en Clément Romain, V, **334-335.** — Quand complet, VI, I, 112-113; VII, 503. — Indécision, VI, 113; VII, 509. — Théopneustie, Écritures, VI, 113 et note 3, 128 note 3. — Les deux Bibles, VI, 115-116. — Langue, VI, 115. — Styles, VI, 116. — Basilide, VI, 162. — en Testament des douze patriarches, VI, 269. — Marcion, VI, 357, 361; VII, 154, 163. — annule le reste, VII, 108. — Gnostiques, VII, 137. — Apelle, VII, 153, 154. — Tatien, VII, 163, 164. — Méliton, VII, 181. — Monta-

nistes, VII, 227. — Celse, VII, 353. — Version syriaque, VII, 460. — Style, VII, 513 et note 2.

TESTAMENT DES DOUZE PATRIARCHES, IV, 358 note 1; VI, **268-271**. — Ce qu'était l'auteur, VI, 268-269. — La Nef de Jacob, VI, 269-270. — Canonicité et fortune, VI, 270-271. — Doctrine, VI, 270-271. — antijuif, VI, 271. — Femmes, VII, 246 et note 3.

TÊTES (les sept) du Dragon, IV, 406 et suiv., 410, 411, 413, 417, 430, **431, 432.** — en pseudo-Esdras, V, 366, 367.

TÉTRADE gnostique, VII, 127, 129, 138 note 2.

TÉTRADE des Évangiles, VI, 73.

TÉTRASTYLE, II, 358.

THABOR (mont), I, 29; V, 92 et note 1, 106.

THADDÉE, I, 159, 303. — à Édesse, IV, 64 note.

THALLUS, IV, 11 note 3, 135.

THAMAR, V, 187, 190.

THASOS, III, 135.

THAUMATURGIE, II, 328, 330; V, 407; VI, 429; VII, 374, 629. Voir MIRACLES.

THÉAGÈNE, ses cours, VII, 45.

THÉATRES, II, 311, 322. — Horribles représentations, II, 320 et suiv.; IV, **130** et suiv. — Lieux décriés, II, 322. — Troubles au théâtre, III, 351 et note. — Opposition des chrétiens, IV, 36, 217 et note 1, 555.

THÉBAÏDE, V, 507; VII, 465.

THÈBES en Égypte, IV, 170.

THÉBUTIS, V, 453; VII, 422.

THÉCLA (roman de), I, XXVII; III, XLVIII, **40,** 244 note 2; VI,

523 et notes; VII, 324 note, 335 note 1. — montaniste, VII, **244-245** et notes. — Le lion baptisé, VII, 244 note 3.

Thégri, ange des bêtes féroces, VI, 410 et note 1.

Thémison, VII, 219, 222, 224.

Thenæ, VI, 9 note 1.

Théocratie, I, 62, 63; II, 351. — Rome et la théocratie, II, 364-365; IV, 532-533. — Théocratie juive et musulmane, IV, 229, 233, 238, 245, 532-533, 534-535, 541-542; VI, 212, 356. — en christianisme, V, 399; VII, 98, 587-588, 622, 625. — Méliton, VII, 186-187.

Théocrite, III, 204.

Théodadès ou Théodas, VI, 176.

Théodore l'Athée, II, 315.

Théodoret, VI, 285; VII, 127 note, 160, 437 note.

Théodose Ier (empereur), VII, 617, **621, 622, 625.**

Théodose II (loi de), VII, 352 note 4.

Théodote, montaniste, VII, 219, 315.

Théodote, le gnostique, VII, 117, 118 et notes.

Théodote de Byzance ou le corroyeur, III, 116 note; V, 49 note 2; VII, 189, 508.

Théodote, dont parle Marc-Aurèle, VII, 261.

Théodotion, traducteur, VI, **286-287,** 352, 560.

Théodulphe (Bible de), VII, 181 note 1.

Théologie, juive, VI, 64, 248. — Jésus n'en a guère, I, 309 et suiv., 311, 462; VI, 82, 141-142; VII, 515. — Chose antichrétienne, I, 460; VI, 83-84 141-142; VII, 515. — Apôtres n'en ont pas, II, 91. — Théologie de Paul, IV, 93-94. — des écrits johanniques, VI, 55 et suiv., 74, 142. — Différences du judaïsme et du christianisme, VI, 248-250. — du IVe et du Ve siècle, VI, 285-286. — Celse, Justin, VII, 354. — Largeur, VII, 408-409. — Alexandrie, VII, 432. — Travail d'élimination, VII, 504, 505, 509. — Esprit du théologien, IV, 558-559; V, 214. — Fausseté de la méthode théologique, IV, IV-VI, XI. — Marche de la théologie chrétienne, IV, 74-75.

Théomneste, III, 179.

Théon, II, 332.

Théophanies, V, 91 et note 3; VI, 68.

Théophile, fils de Hanan, II, 174.

Théophile de Luc, II, X, XXIV-XXV; V, 255, 256 et note, 257.

Théophile d'Antioche, I, LXIII; III, L; IV, XXXIV; V, 169, 247; VI, 73 note 1; VII, 107, 158, **386-389.** — Trois livres à Antolyque, VII, **387-389.** — Son esprit, VII, 388-389.

Théophile de Césarée, VII, 199.

Théophore, surnom d'Ignace, V, XXVIII.

Théophraste, idées sur la piété, III, 225 note 1, 474 note 3, 584 note 1.

Théosophie, V, 407, 449; VI, 55, 144, 145, 164, 185, 280, 525; VII, 87.

Théou-Prosopon, V, 91 note 3.

Théra, île, IV, 336, 377 et note 3, **393-394.**

THÉRAPEUTES, I, 36-37, 95, 179; II, 78, 283. — Prétendus chrétiens, V, **158,** 166 note 2; VII, 403, 550. — Poème de l'an 80, V, 159. — Sibyllisme et christianisme, V, 168. — Esclavage, VII, 613. Voir Esséniens.

THÉSÉE, VI, 37.

THESSALONIQUE, II, 222, 374; III, xxxiv, 10, 140, 214, 330. — Histoire et description, III, **157** et suiv. — Synagogue, III, 158. — Femmes, III, 158-159. — Église de Thessalonique, III, **159** et suiv., 165. — Paul l'aime, III, 159, 161, 520. — Sa conduite avec elle, III, 160. — modèle, III, 161. — Émeute juive, III, 161, 162. — Persécutions des Juifs, III, 162. — Juifs de Thessalonique persécutent Paul à Bérée, III, 163 et suiv. — Nuages, préoccupations de Paul, III, 201. — Excellentes nouvelles, III, 215, 217, 219-220, 225-226. — Premiers morts, III, 249. — Nouveau séjour de Paul, III, 439. — Y touche-t-il? III, 498. — Démas de Thessalonique, IV, 73. — Rescrit d'Antonin, VI, 301; VII, 284.

THESSALONICIENS (Épître aux), I, 480; II, xli, III, **vi-vii,** xiii, **235-237,** 313 note 2. — *Rom.* adressé aux Thessaloniciens, III, lxxiii. — Caractère ouvrier, III, **246-247.** — La parousie, III, **248** et suiv. — L'Antechrist, III, **251** et suiv.; IV, 420.

THEUDAS, I, lxxxiv, 63 note 2, 124, **263,** 265.

THÉURGIE, VI, 145, 155, 163. — Théurgique et sacramentel, VI, 155. — Markos, VII, 127. — Noms divins théurgiques, VII, **141-143.**

TRIASARQUE, II, 358 note 3; VI, 464.

THIASES, II, **351** et suiv.

THIBILIS, VI, 493.

THISBÉ, prétendue ville, VI, 229 notes 1 et 3.

THOMAS-DIDYME, I, 159, 302; V, 433; VI, 126. — à la résurrection, II, 23-24. — en Galilée, II, 31. — chez les Parthes, IV, 64; VII, 463 note. — Tombeau à Édesse, VII, 463 note.

THOMAS (Actes de saint), VI, **523-525,** 528; VII, 136 note 3, **245, 462-463** et note. — Partie de certaines Bibles, VI, 525 et note 3. — Attributs, VI, 526 note 1. — Thomas dans l'Inde, VII, 462-463 et note.

THOMAS L'ISRAÉLITE (Évangile de), I, lxi, 277 note 3; VI, 505 note 1, **513-514;** VII, 122 note 1, 133. — origine des Enfances, VI, 513, 515. — Ineptie, VI, 513-515. — Succès, VI, 513, 515. — Prétendu Thomas, disciple de Manès, VI, 515 note 2.

THOMAS D'AQUIN, III, 570.

THORA, I, 6. — Rédaction, VI, 58, 78. — Ses développements, I, 9, 38. — Fanatisme, I, 10; IV, 500, 533-534. — Caractère, I, 11, 39; III, 87 note 2. — Étude exclusive, I, 215. — Jésus et la Thora, I, **230-232, 242-244,** 245, 344; V, 50, 51. — Exagérations des Juifs, I, 343.

— Obstacle au progrès, I, **414**.
— armée du glaive, I, 425-426.—Les chrétiens et la Thora, II, 99; III, **58** et suiv., 73; IV, 424 et note; V, 135, 136, 208, 210, 274. — condamne à mort pour crime religieux, II, 141. — Parti de la Thora à Jérusalem, III, 73 et suiv., 83, 87, 288, 295.—Paul et la Thora, III, 297 et notes, 318-319, 320, 321, 323, **463** et suiv., 465-466, 467, 470-471, 472, 487, 489, 509-510, 514, 517, 518, 519, 523, 537; IV, 21, 47, **80**. — Jacques et la Thora, IV, 54, 55. — en *Hébr*., IV, 213 note 3, 220. — Jean et la Thora, IV, 367 et note. — Thora, rien de civil, IV, 227. — Rédaction, IV, 227. — Interprétation, IV, 229. — Opposition aux Romains, IV, 233, 234. — reste seule, IV, 286, 287, 541; V, 3, 4. — Exemplaire au triomphe, IV, 530, 531. — La *Thora* survit, V, **3** et suiv. — Casuistique, V, 4-5, 9. — Éternité, V, 15-16, 30, 52. — Observation rigide, V, 30, 31, 32, 33, 50, 51, 66, 67.— Canon, V, 34, 35. — Nazaréens la gardent, V, 48, 49, 53-54. — Esprit de la Thora, V, 65. — Fanatisme de la Thora, V, 67, 168, 235, 305. — Jésus accomplit la Loi, V, 84, 279. — orale, V, 96. — en Marc, V, 128. — Étude exclusive, V, 244 et note 4. — bonne pour Israël, V, 249. — remplacée par Jésus, V, 267, 330. — supprimée, V, 376, 439, 450; VI, 76, 382. — Elchasaïtes, V, 457. — Paul, VI, 76. — Fidélité, VI, 195, 199, 212. — poursuivie, VI, 214, 215. — Violations permises, VI, 217. — Enseigner, VI, 217. — Thora et paradis, VI, 220. — Livre de piété, VI, 237. — Code, VI, 237. — Bonheur qu'elle donne, VI, 238, 240-241. — Thora et Talmud, VI, 242, 243, 244. — seule étude, VI, 246. — lien de race, VI, 247. — n'a pas converti, VI, 257, 258. — abolie, VI, 259, 283. — Chrétiens la pratiquant, VI, 262, **274**, **275**, **276**. — tolérée, VI, 275, 279. — exclue par d'autres, *ibid*. — Saint Justin, VI, **275-276**. — Origène, VI, **276**. — fanatique, VI, 291. — Ébionites, VI, **330**, 342 note 1. — Marcion, VI, 354, 355, 356. — mauvaise, VI, 383. — Hégésippe, VII, 72. — critiquée par Apelle, VII, 154-155. — Saint Paul, VII, 157, 163. — œuvre du démiurge, VII, 163, 164. — Méliton, VII, 180. — Pâque, VII, 196. — n'est pas de Moïse, VII, 83 note 2. — Celse, VII, 353. — Théophile, VII, 388, 389. — Passages contre le monothéisme, VI, 264. — Longin, VII, 436 et note 2. — Polygamie, VII, 546-547 et notes. — Célibat pour l'étudier, VII, 550. — abrogée, VII, 635.

THRACE, II, 311. — Caractère et race, III, **134-135**, 140, 141. — Mystères, III, 142; VI, 145; VII, 218, 219, **563** et note 2, 621.

THRASÉA, II, 309; IV, 18, 132,

203, 266; V, 141, 287, 381; VII, 5, 42, 260.

THRASÉAS, évêque d'Euménie, VI, 436; VII, **193**. — Pâque, VII, 197, 200.

THYATIRES, III, 126, 146, 351, 355, 366, 368. — Autorité de Jean, IV, 347, 361. — en Apocalypse, IV, 366-367. — Montanisme, VII, 228.

THYESTE (festins de), III, 270. — Récit, VI, 481, 482-493; VII, 304, 382, **395-396**. — Rôle de Thyeste, IV, 266.

TIBÉRIADE, I, 41, 68-69, 138, 144, 150, 236 note 1, 335; IV, 84, 237 note. — Lac de Tibériade, I, 63, 67 note, **144** et suiv., **147** et suiv.; IV, 276-277. — Pêcheries, I, 154, 315-316. — Prédications du lac, I, **171** et suiv., 336. — Visions du lac, II, 32-33; III, 13. — prise par les Romains, IV, 277, 281 note 2. — Massacre sur le lac, IV, 277-278. — Centre du Talmud, V, 25. — Livres hébreux chrétiens, V, 102 note 2. — Hérode Agrippa II, V, 129. — Sanhédrin s'y établit, V, 239, 531 note 4. — Hadrianée, VI, 43. — Nouveau centre du judaïsme, VI, 240.

TIBÈRE, I, 59, 69, 127, 361 note, 376, 422, 424; II, 133, 142, 174, 288, 305, 320, 326, 337, 341; III, 356; IV, 11 note 3, 141, 407 et note 2, 432; V, 150, 152, 244, 288, 366, 374, 395; VII, 158, 166. — en religion, II, 348. — Tibère et Jésus-Christ, II, 348 note 3; VI, 348; VII, 285. — Génie, V, 378. —

Méchanceté, V, 218-219, 224, 468. — Rapport à Tibère, VI, 266, **347-348** et note.

TIBÈRE ALEXANDRE, II, 252; III, 106-107 et note; IV, 158, 159-160, 235, 257, 418. — crée les Flavius, IV, 489, 493, 495; V, 129. — au siège, IV, 501, 503, 510. — Faveur, IV, 527 et note 2, 538; V, 129, 390, 391.

TIBÉRIEN, apocryphe, V, 480 note 1.

TIBRE, IV, 150, 165, 310, 312, 328; VI, 404.

TIBRE (île du), II, 275 note 1; III, 101 note 3; VI, 326, 371.

TIBULLE, II, 318; III, 206; VII, 574.

TIBUR, VI, 291.

TIÉDEUR, TIÈDES, VI, 393-395.

TIGELLIN, IV, 6, 18, 126, 140, 149, 161 et note 5, 204.

TIGRE, II, 280; V, 462, 500, 501, 502, 503.

TIKVA, VI, 220.

TIMÉE de Platon, VI, 66 note 1, 389.

TIMON, diacre, II, 119.

TIMOTHÉE, disciple de Paul, II, XI, XVII; III, XII, XVIII, XXI et note. — Sa vie d'après les *Pastorales*, III, XXIV-XXV, XXVIII et suiv., XXXIV et suiv. — dans l'Épître aux Hébreux, III, LXI. — de Lystres; sa famille, sa conversion, III, 46-47, 53. — Paul se l'attache, III, 123-124. — Son caractère, III, **124**, 132, 289. — Sa circoncision, III, 125, 313. — en Macédoine, III, 139, 144. — à Philippes, III, 148, 154. — reste en Macédoine, III, 164, 170. — part pour Athènes, III, 189. — part pour Thessalonique, III, 201, 208. — à Corinthe, III, 215, 216, 384, 385, 418, 425. — Activité, III, 228. — Sa part en correspondance de Paul, III, 232, 235. — Pages de lui, III, 232. Voir Pastorales. — Ses itinéraires, III, 279-280. — Paul le recommande, III, 418-419. — à Éphèse, III, 424. — part avec Paul, III, 431. — écrit II^a Cor., III, 443. — avec Paul, III, 459, 491, 539, 546. — disparaît, III, 564, 566. — Épître aux Hébreux, IV, xv, xvi, xviii, xix, xxi. — à Rome, IV, 9, 13, 20, 73, 91 note 2, 99-100. — à Philippes, IV, 24-25. — en Col., IV, 91 et notes, 96. — arrêté, IV, 191, 210. — Timothée et Barnabé, IV, 210. — Rapports avec Luc, V, 436 note 1. — ordonné par Paul, ordonne, VI, 89 note 7.

Timothée (épîtres à) II, xvi, xvii, xviii, xli ; III, **vi,** xi, xix, xx; IV, iv, vii note 1, viii, xi, xiii, 100, 101, 103 notes, 104, 105 et notes, 106 note ; V, xii. —Discussion générale de l'authenticité des épîtres à Timothée et à Tite, III, xxiii-lii, 419 notes 2 et 3, 434-435 notes, 539 notes 3 et 4. — Caractère de ces épîtres, III, **xxiv-xxvi,** xxvii. — sont du même auteur, III, xxvi.

Tineius Rufus, VI, **192-193** et note, 193 note 2, 205, 552. Voir Tyrannus Rufus.

Tiridate, roi d'Arménie, IV, 318 et note 2, 430 note 2.

Tite-Live, V, 222.

Titius Justus, III, 216, 217.

Titus (l'empereur), IV, 148 note 1, 269, 279, 481 note 1 ; V, 44, 56 note 1. — Josèphe et Titus, IV, 278, 280 note, 512 notes 1 et 3 ; V, **131-135,** 242, 303, 351, 540. — Type, IV, 532 note 4. — Mœurs, V, 390. — Titus et le Temple, IV, 293 note 2 ; V, 164. — Faux Néron, IV, 319-320 notes ; V, 165. — Intrigue, IV, 486, 487, 491. — Titus et Bérénice, IV, 488, 489 ; V, 130-131. — Titus et les Juifs, IV, 491 ; V, 28. — Suspension de la guerre juive, IV, 493, 495. — Reprise, IV, 500, 501, 502, 503. — Offres, IV, 503-504, 509. — Humanité et plan pour le Temple, IV, 504-505 note 2. —Cruauté, IV, 505, 507. — Circonvallation, IV, 504 et suiv. — pressé d'en finir, IV, 508. — Sape, IV, 508.— Approches du Temple, IV, 509-510. — Feu au Temple, IV, 510, **513**. — Conseil de guerre, IV, **510** et suiv., 545. — Doutes, IV, 510 et suiv. — Caractère double, IV, 513. — Dernière attaque, IV, 513. — Incendie du Temple, deux récits, IV, **514** et suiv. ; V, 1. — Version chère à Titus, IV, 515-516 ; V, 134-135. — Délices du genre humain, IV, 516 ; V, 135, 150. — Images et objets du triomphe, IV, 516, 519, 521, 522. — Destruction, IV, 519 ; V, 135 ; VI, 541, 543, 544, 545, 552 ; VII, 366. — Grâces, IV, 519. — en Syrie, IV, 525. — Pitié, mirage d'empire oriental,

IV, 527. — Faveur des Juifs, IV, 527, 538. — Rêve d'une mission providentielle, IV, 527-528, 532; V, 135. — Retour à Rome et triomphe, IV, **528** et suiv. — Arc de triomphe, IV, 531 et note 2; V, 518 note 1. — Adulation, V, 17 note 5. — Rapports avec les Juifs, V, 129. — avec Josèphe, V, 131, 133. — approuve la Guerre juive, V, 134. — Coterie juive, V, 134. — Deux versions, V, 135. — Titus et les chrétiens, V, 135, 136, 148, 228 note 3. — Gouvernement, V, 139. — Titus et Domitien, V, 143, 224-225, 303. — succède à Vespasien, V, 145. — renvoie Bérénice, V, 145-146. — Gageure de bonté, V, 150, 224-225. — Caractère, V, 145, 150-151, 226. — Affaiblissement et mort, V, 151-153, 159, 225. — Colisée, V, 224. — Mémoires, V, 243 et note 1. — en pseudo-Esdras, V, 367. — en Barnabé, V, 374. — en Sibylle, VI, 12 note, 19 note 4. — Lupanar de juives, VI, 17 note 3. — Nabuchodonosor, VI, 555.

Titus, disciple de Paul, I, xvii. — Sa vocation, III, **58**. — avec saint Paul à Jérusalem, III, 75-76. — fut-il circoncis II, xxxv-xxxvi; III, 58, 73, 76. — en Dalmatie (?), III, xxxiv. — à Jérusalem, III, **83**, **316**. — Affaire de sa circoncision, III **87-89**, 125, 313, **316**. — Retour à Antioche, III, 94. — Paul le retrouve, III, 290 et note. — part avec Paul pour la troisième mission, III, 330, 424. — envoyé à Corinthe, III, 424, 425, 426, 430, 431, 438, 439, 440, 441, 443, 451, **454** et note, 456, 459. — disparaît, III, 564, 566; IV, 73, 100.

Titus (Épitre à), II, xli; III, vi, xi, xix, xx, 484-485 note; IV, iv, vii note 1, viii, xi, xiii; V, xii. Voir Pastorales. — Pour la discussion, voir Timothée. — Discussion particulière, III, xxxvii et suiv. — ordonné par Paul, ordonne, VI, 89 note 7.

Tmolus, III, 355, 359; IV, 335 note 4, 336.

Tobie, V, 37, 38; VI, 117, **211** note 4, 219, **228-237**. — Discussion, VI, **554-561**. — Forme de mémoires, VI, 559. — Traductions, VI, 228 et note 2, 229 et note 1, 560, 561. — Original hébreu, VI, 229 note 1, 558, 561. — Remaniements, VI, 229 note 1, **236-237**. — Remarques philologiques, VI, 229 notes. — Problème, VI, 230, 231, 232. — Idylle, VI, 232 et suiv., 237. — Analogie avec Job, VI, 230-231, 234-235. — Vogue chez les chrétiens, VI, 236, 557, 560, 561. — Analogues, VI, 510. — Allusions à Bar-Coziba (?), VI, 554, 557. — Date de la composition, VI, **554** et suiv., 558, 561. — Prophétie, VI, 554-555, — Reconstruction du temple, VI, 555, 556. — Sérénité, VI, 558. — Pays, VI, 558-559, 561. — Le schisme, VI, 558. — Jérusalem éternelle, VI, 559. — Citations, VI, 228 note 2, 559,

560. — Sa place dans la littérature des contes, VI, **560-561**. — Sépulture, VI, 560, 561. — La famille, VII, 548 note 3.

TOBIEL, VI, 229.

TOITS, V, 262-263 notes.

TOLÈDE (conciles de), VII 603 note 2.

TOMBEAUX, I, 364, 365, **447-448**. — du val de Cédron, I, 370. — de Jésus, II, 8; V, 181, 183, 192. — Tombeaux des apôtres, IV, 192-193 et note, 193 et note 2, 194 note, 195. — *Domus æterna, locus æternus*, VI, 231 note 2, 239 note 2.

TONNERRE. Idées des Hébreux, II, 181. — en Apocalypse, IV, 381, 406.

TONSURE, VII, 572, 581.

TORPACION, VII, 497 note 1.

TOTAPHOTH. Voir PHYLACTÈRES.

TOURNUS, VII, 289.

TRACHONITIDE, II, 243.

TRADITIONS, des pharisiens, I, **344**, 345, 359, 369; V, 4-5, 259. — Tradition orale, V, 76-77, 78 note 1, 96, 217 note 1, 259, 261, 262, 269; VI, 243 note, 498-499. — Tradition préférée aux livres, V, 433; VI, **125-126**; VII, 430. — Livres la remplacent, VII, 430, 431.

TRADUCTIONS de la Bible. Voir SEPTANTE. — littérales, VI, 118-119. Voir AQUILA. — Traducteurs ébionites, VI, **286-287**. — judéo-chrétiens, VI, 561.

TRAJAN père, IV, 481 note 1.

TRAJAN, l'empereur, II, 308, 323, 331, 351, 362; III, 114 note; IV, 65 note, 319 note 2, 457, 512; V, II, XVIII, 147, 410, 412, 413 note, 454; VI, 40; VII, 6, 490, 494, 512. — Trajan et saint Ignace, V, XXVII, XXXIII, 486 note 2, 487 note. — rétablit l'empire, V, 349 note, 369, 378. — adopté par Nerva, V, 378. — Règne, V, 379 et suiv. — Caractère, V, 379 et suiv. — Libéralisme, V, 380, 381. — Philosophes, V, 384, 387. — Lois, V, 387 et suiv. — Assistance publique, V, 387-388 et note; VII, 20, 21. — État politique, V, 388-389. — État religieux, V, 392-393, 408; VII, 58, 68. — Réformes, V, 390. — Rapports de Trajan avec le judaïsme et le christianisme, V, 390 et suiv., 392 et suiv., 395 et suiv., 398, 444; VI, 6. — Lois contre les hétéries, V, 396 et suiv., 400, 401. — à Antioche, V, 486 note 2. — Sectes, V, 454, 455 et note 2, 466. — Apocalypses, V, 457. — Martyrs, V, 466 note 3, 467 note. — Actes faux, V, 471 note, 483 note 1, 486 note 2. — persécuteur, V, **469** et suiv. — Correspondance avec Pline, V, 474, 475 note 3, 476 note 3. — Lettre, V, **479-480**. — Législation qui en résulte, V, **480-484**. — pardonne, V, 470-471 note. — Apocryphes, V, 480 note 1, 486 note 2. — Campagne de Mésopotamie, V, 369, 486 note 2. — Révolte juive, V, 370. — Trajan et les Clopides, V, 496, 497 note 2, 540, 545, 546, 547, 549.

Fin de Trajan, V, **499** et

suiv. — Projets sur l'Orient, V, 499 et suiv. — Faute, V, 500-501; VI, 6. — Conquêtes, V, 501-502; VI, 12 note; VII, 249. — Révoltes, V, 503, 504. — Les juifs, IV, 540; V, 501, 502, **503** et suiv., **508** et suiv., 530; VI, 546 et note 2. — Échecs, V, 507-508. — Retraite, V, 503, 508. — Triste retour, V, 504, 508, 509. — Révolte en Judée, V, 510. — en Égypte, etc., V, 510-511. — Les juifs et Trajan, V, 504 note, 511 note 2; VI, 2 note 1, 12. — Iom Traïanos, V, 513. — Agada sur sa mort, V, 513. — Trajan, cèdre de pseudo-Baruch, V, 523. — Mort, VI, 1, 6. — Trajan et Adrien, VI, 7, 13, 290. — Monnaies, VI, 203. — Dion Chrysostome, VII, 44. — Gymnase de Trajan, VII, 45.

TRALLES, III, 126, 332, 351 et note, 354 note 2, 355; IV, 335-336 et note; VI, 458, 468 note 3. — Épître d'Ignace, V, XII, XXIV, 488.

TRANSFIGURATION. Voir THABOR, V, 282 note 1.

TRANSITOIRE (maison), IV, 142, 146, 147, 149.

TRANSMIGRATIONS, VI, 356.

TRAVAIL, diminué par le christianisme, VII, 603 et suiv., 613-614.

TREBONIANUS GALLUS, empereur, VI, 430 note 2; VII, 51 note 4.

TREMBLEMENTS de terre, III, 356, 358 note; IV, 99, 322, **328** et suiv., 335 et suiv., 338, 339, 387-388 et note, 403, 406, 429;

V, 123 note 3, 150, 164, 181, 502; VI, 298 et note 2.

TRIBONIEN, VII, 28.

TRIBUS (les dix), V, 355, 527.

TRIMALCION, IV, 332.

TRINITÉ, origine, I, 309; VI, 84, 285. — en Matthieu, V, 197. — en Égypte, VI, 64 et note 1. — en Psaume, VI, 66 note 5. — en Justin, VI, 370, 385. — en Théophile, VII, 387-388. — vers 180, VII, 504, 505.

TRIOMPHE de Titus, IV, 528 et suiv. — Arc de triomphe, IV, 531 et note 2.

TRIPOLI, III, 283.

TRISAGION, IV, 382; VI, 330.

TROAS, II, XII; III, XXXIII, XXXIV, XXXV, 37, 52 note, 128, 144. — colonie latine, III, 438-439. — Paul à Troas, III, 130. — s'y adjoint Luc, III, 130-131 note, 134, 139. — De nouveau, III, 431, 433, 498, 499, 500. — Paul y prêche, III, 438-439. — Église, miracle, III, 499. — Nombre des chrétiens, III, 563 note. — Ignace, V, 488. — Nerullinus, VI, 430.

TROGYLE, III, 501.

TROIE (incendie de), IV, 144, 147. — Pièces sur, IV, 144, 147-148 note 4.

TROIS TAVERNES, III, 559.

TROMPETTE FINALE, III, 415. — en Apocalypse, IV, 361, 392 note 2. — en Paul, IV, 392 note 2. — Origine, ibid. — Les sept trompettes, IV, 391 note 5, **392** et suiv. — en Sibyllins, V, 166. — en pseudo-Esdras, V, 359.

TRÔNES, IV, 79. — Le Trône, IV, 360, 390 et note, 408, 448, 452,

473; V, 525 et note 1; VII, 517. — Trônes au ciel, IV, 360, 370, 380, 382.

TROPHÉES des apôtres, IV, 191, 192, 193 et note 2, 194 et notes.

TROPHIME d'Éphèse, III, XXXIII, XXXV, 431, 434, 459, 491, 566 note 2. — Incident à Jérusalem, III, 521, 522. — suit Paul, III, 539.

TRYPHÈNE, III, 433.

TRYPHON, V, 70 et note 4. Voir TARPHON. — Justin et Tryphon, VI, 380 et note, 383.

TRYPHOSE, III, 433.

TUNICA MOLESTA, IV, 166, 168 et note 2.

TUNIQUE sans couture, I, 525; V, 91.

TURBO (Marcius), général romain, V, 511; VI, 2 note 2, 7, 26.

TURIA, II, 306-337.

TYANE, III, 26, 44-45; IV, 543.

TYCHIQUE, disciple de Paul, III, XX, XXI, XXXIV, XXXVI, XXXVII, XXXIX, XL, XLIII, 431, 434, 459, 491, 539; IV, 73, 90, 91, 93, 95.

TYMIUM, VII, 210, 223.

TYR, I, 151, 152, 186, 236, 336; II, 249, 275 et note; III, 283, 504; IV, 227, 439, 442 et note 2. — Église de Tyr, III, 505. — Paul et l'Église de Tyr, III, 505. — Massacres, IV, 256, 257. — École, VII, 179.

TYRANNUS (*schola* de), III, 345-346.

TYRANNUS RUFUS, V, 310 note 1; VI, 193 et note, 215. — Noms analogues, VI, 193 note.

TYRANS (haine contre les), V, 305, 381, 383 et note 3, 384, 386.

U

UCHAMAS, IV, 64 note.

ULPIEN, VII, 30, 378 note 2, 494, 614.

ULPIUS MARCELLUS, jurisconsulte, VII, 22.

UMMIDIUS. Voir QUADRATUS.

UNIVERSITÉ d'Athènes, III, **185** et suiv.

URANOPOLIS, VII, 591 et note 1.

URBANUS d'Éphèse, III, 432.

URIEL, dans Esdras, V, 351, 354, 363, **373** et notes. — dans Hénoch, V, 358 note 4, 373 note 2. — dans le Testament d'Adam, VI, 430.

USURE, interdite, I, 89; VII, 603. — Conséquence, VI, 227-228; VII, **603**.

UTOPIE chrétienne, I, 129-130, 327 et suiv.; II, **117** et suiv.

V

VALENS de Polycarpe, VI, 443 note.

VALENTIN, I, LXIV, LXXIV-LXXV note, 489; II, 269; V, XIX; VI,

71 et note 2, 148, 162, **165-177**; VII, **117,** 139, 141, 143 note, 165. — Orignes, VI, 165-166. — tolérant, VI, 166-167. — Sa position dans l'Église, VI, 167-169, 176, 451. — Vérité supérieure, VI, 168. — Livres, V, 169 et notes 2 et 3, 174 note 1. — Système, VI, **170** et suiv., 407 note 1. — Sens, VI, **175-176.** — Anti-chrétien, VI, 175-176. — Hypocrisie, VI, 176. — Impostures, VI, 176-177. — Son Évangile, VI, 176-177, 504. — Quatrième Évangile, VI, 177 note 1. — Docétisme, VI, 184. — à Rome, VI, **320,** 349 et note 1, 360, 451. — Mort, VI, 349. — Justin le combat, VI, 365, 366. — Florinus, VI, 440; VII, 291. — Conversion, VI, 450-451. — Psaumes, VII, 121. — Hymnes, VII, 442.

VALENTINIENS, I, LXXIV-LXXV note, 281 note. — Doctrine sur le martyre, VII, 115. — d'Orient et d'Italie, VII, 117. — Importance, VII, 117-118. — Dédain pour l'Église, VII, 118-119. — Les femmes, VII, 119, 120 note. — Exégèse, VII, 119, 120. — Évangiles, VII, 120. — Livres, VII, 120 et suiv. — Collèges fréquentés, VII, 122 et note 3. — Épitaphe de la voie Latine, VII, 146-147. — à Lyon, VII, 291, 292. — Inscription d'Autun, VII, 297-298. Voir VALENTIN.

VALÈRE MAXIME, II, 341-342; V, 395.

VALÉRIEN, empereur, sa persécution, IV, XXXVI; VII, 337 note 2, 492, 539 note 4.

VALÉRIEN (saint), VII, 290 note 1.

VALERIUS BITON, V, 320.

VALERIUS FLACCUS, IV, 516.

VALLÉE des pleurs, I, 72.

VANDALES, VII, 252.

VARUS, VII, 251.

VATICAN, prédestiné, IV, 178, **183,** 188 note, 305. — Souvenir de Pierre au Vatican, IV, 191, 195, 197.

VAUDOIS, VII, 344.

VÉDAS, V, 96; VI, 289.

VEIENTO, V, 345.

VÉLABRE, IV, 145; VII, 499 note.

VÉNASES, III, 26.

VENDREDI saint, VI, 449; VII, 205.

VENTIDIUS CUMANUS, II, 143 note 2, 253, 264.

VENTRILOQUE, III, 150-151.

VÉNUS, culte, II, 337-338; III, 213, 218-219; IV, 181; VI, 28, 375 note. — Vénus et Rome, VI, 28. — Temple à Jérusalem sur le Golgotha, I, 431 note; VI, 27-28, 225. — Vénus *aversa*, VII, 579 note 1.

VERBE (le), I, **257-260,** 310; IV, 443, 565; VI, 64, 71, 74, 75; VII, 382. Voir LOGOS. — chez mendaïtes, V, 464 note 8. — en quatrième évangile, V, **55** et suiv. — dans la philosophie égyptienne VI, 63-64 et notes. — synonyme de Dieu, VI, **65,** 66. — Tatien et Apelle, VII, 111. — Naissance, VII, 166. — inspirateur, VII, 383. — Théophile, VII, 288.

VERGE de fer, IV, 367 et note 1, 408, 444.

VERGES, supplice, VII, 67.

VERGINIUS RUFUS, IV, 327, 354, 434; V, 380, 381.

Vᴇʀɪᴀɴɪ, VII, 21 note 4.
Vᴇ́ʀɪᴛᴇ́, I, ʟxxɪx; VI, 57, 71, 170.
Vᴇ́ʀɪᴛᴇ́ (Évangile de la), VI, 120, 176-177.
Vᴇ́ʀᴏɴɪǫᴜᴇ, VI, 172 note, **345-346** et note, 517; VII, 460 note 1. — Voir Bᴇ́ʀᴇ́ɴɪᴄᴇ et Pᴇ́ᴛʀᴏɴɪᴄᴇ. — Fables édessiennes, VII, 460 note 1.
Vᴇʀᴛᴜs ᴅɪᴠɪɴᴇs, II, 270; V, 451, 456 note 1. Voir Pᴜɪssᴀɴᴄᴇs.
Vᴇʀᴜs (Lucius) ou Æʟɪᴜs Vᴇʀᴜs (Ceionius Commodus), père de l'empereur, VI, 190 et note 1, 293-294, 368 note 2.
Vᴇʀᴜs (Lucius), l'empereur, V, 500; VI, 6, 14 note 2, 225, 294, 367, 368 et notes, 376, 430, 486 note, 487 note 1, 532 note 1; VII, 15, 38, 184 note, 261, 282 note. — Campagne en Orient, VII, 247, 436 note, 437 note, 458. — Verus et Marc, VII, 468-469, 475, 477.
Vᴇsᴘᴀsɪᴇɴ, II, 329, 343, 345; III, 168, 177 note 5, 339; IV, 157, 324 note, 434, 435, 526, 531; V, 44, 344 note, 367, 374; VI, 544; VII, 493. — Sa campagne de Galilée, IV, 264, 268, **276** et suiv., 277, 278, 279, **301**, 355 note. — Josèphe et Vespasien, IV, 278, 490-491 note; V, 131, 132. — devient empereur, IV, 456, 481 note 1. — à Césarée, IV, 486, 487, 488, 491; V, 129. — Vespasien et le judaïsme, IV, 491; V, 129. — devant Jérusalem, IV, 492; V, 20 et note 6. — Délais, IV, 493. — proclamé, IV, 493. — Caractère, IV, 494. — sauve l'empire, IV, 494 et note. — Retour à Rome, IV, 495. — sévère, IV, 501. — Triomphe, IV, 528 et suiv.; V, 518 note 1. — Type, IV, 532 note 4. — Idée de rebâtir Jérusalem, IV, 537. — Retour, IV, 538, 539. — Prédictions, V, 13. — Vespasien et la race de David, V, 61. — Miracles, V, 118, 136-137. — Juifs et chrétiens tranquilles, V, 129. — Vieillesse, gouvernement, V, 139 et suiv., 144. — Parti honnête, V, 140. — Économie, V, 140, 141. — Opposition des philosophes, V, **141-142**, 289. — Ses deux fils, V, 143, 144, 226. — Mort, V, 144-145 et note 1, 367. — Plaisanteries, V, 144, 146 note 5. — Lettres, instruction publique, V, 146-147. — Familiarité, V, 224. — Mémoires, V, 243 note 1. — Fables rabbiniques, V, 367. — sibyllines, VI, 12 note, 19 note 4. — *Polémos*, V, 514. — Tribut à Jupiter Capitolin, VI, 27, 214. — Colonies, VI, 272.
Vᴇsᴛᴀ (temple de), à Rome, IV, 145 note 2. — Feu s'éteindra, VI, 18 et note 1.
Vᴇ́sᴜᴠᴇ, IV, 10. — Éruptions au 1ᵉʳ siècle, leur importance historique, I, xʟɪɪɪ note 2; IV, **329** et suiv., 333 note 1. — Vésuve dans Hénoch, IV, 333 note 1, 334. — Dans l'Apocalypse, IV, 397. — Éruption de 79, V, 131, **148** et suiv. — Influence sur les Apocalypses, V, 149. — Punition de la ruine de Jérusalem, IV, 149. — Poème sibyllin, V, 164, 165.

Vettius Epagathus, VI, 473, 467;
VII, 298, 305, 339, 340 note.
— au tribunal, VII, 306-307
et note.

Veturia Paulla, V, 234 et note 1.

Veuves, organisation, II, **123** et
suiv., **200**, 410; VI, 89; VII,
97, 99, **552**.—Devoirs, règles,
VI, **97-99**. — Jeunes veuves,
VI, 98. — nourries, VII, 451
et note 3.

Via maris, I, 167.

Viandes (distinction des), III,
67, **69-71, 90, 91, 93**; IV,
220, 476; V, 305; VI, 103; VII,
425, 426, 556. — Viandes sacrifiées, III, **70-71, 90, 91,** 92
note 2, **398** et suiv.; IV, 364
note 2. — Abstinence de
viandes, III, 479 et note, 364
note 2; V, 51; VII, 166, 320,
556.

Vibia. Voir Vincentius.

Vibius Marsus, II, 246.

Victime (Jésus), III; 464, 465;
IV, 115.

Victor, pape, V, 425 note 2; VI,
447 note 2; VII, 178 note 4,
199 et suiv., 412, 413. —
blâmé, VII, 206.

Victor de Capoue, VI, 442 note 2.

Victorin de Pettau, IV, 459; VI,
136 et note 4.

Victovales, VII, 252.

Vie, I, lxxix; IV, 77, 368, 450,
451; V, xxiii, 167; VI, 56, 71,
170. — Fleuve de vie, IV, 452,
455. — Arbre de vie, IV, 452,
456. — Porte de la vie, VI, 59
note 2.

Vieil homme, III, 466; IV, 81, 94.

Vieillards de l'Apocalypse, IV,
380 et suiv., 382, 383, 384, 405,
442; VII, 517. — Devoirs des
vieillards, VI, 99.—Les marier,
VII, 92, 551.

Vienne en France, Syriens et
Asiates, VI, 468 et notes 2
et 3. — Grec, VI, 470 et note 2,
472. — Chrétienté, VI, **470** et
suiv.; VII, 289, 452, 453. —
Rapports avec Lyon, VI, 472.
Voir Lyon. — avec les indigènes, VI, 472. — Sanctus,
VI, 473 et note 6; VII, 310-312.
— Excellence. Voir Lyon. —
Montanisme, VII, 218, 290. —
Gnosticisme, etc. Voir Lyon.
— Martyrs, VII, **302** et suiv.,
308. — amenés à Lyon, VII,
308. Voir Lyon. — Traces de
grec conservées, VII, 343 et
note 2. — Épître des Églises
de Lyon et de Vienne, VII,
339-340. Voir Lyon.

Vienne (Autriche), VII, 255, 485.

Vierge, être sacré, VII, 550. —
Vierge chrétienne, IV, 172-173,
179-181. — Filles de Philippe,
IV, 342-343. — Église vierge,
V, 75, 453; VII, 299. — Les
douze vierges d'Hermas, VI,
414, 415, 416. — Vierges lampadophores des montanistes,
VII, 217. — Vierge martyre,
VII, 242.— Vierge d'Antioche,
VII, 245. — d'Alexandrie, VII,
246 note 2. — voilées, VII,
534, 535 et note 1. — Vierges
sages et vierges folles, V,
203.

Vierge (naissance d'une), I, **250-
251**; V, 542, 543; VI, 263, 287.
Voir Marie, mère de Jésus.

Vigilance, hérétique, V, 362 note,
363 note, 371.

VIGELLIUS SATURNINUS, VII, 279 et note 5.

VIGNA RANDANINI, nécropole juive, IV, 192, 193 notes. Voir SÉPULTURES JUIVES, CATACOMBES.

VILLES, le christianisme et les villes, III, 12, 48, 333-334. — Grandes villes, III, 168-169, 214, 333. — Tableau, III, 333, 334, 335. — Juifs, III, 334-335.

VIN, VI, 373, 375; VII, 166 et note 4, 515, 519. Voir PAIN et EUCHARISTIE. — Abstinence de vin, III, 480; VII, 160, 166 et note 4, 220. Voir ENCRATITES.

VINCENT DE BEAUVAIS, VI, 518 note 1.

VINCENTIUS, tombeau, III, 269; VII, **578-579** et notes.

VINDEX (C. Julius), IV, 306, 307, 309, 321, 327, 354, 385, 434.

VIRGILE, ses pressentiments, I, 18, 50; II, 318; III, 143, 179, 206; IV, 330-331, 490.

VIRGINITÉ, III, **244**, 257; IV, 422; V, 459; VII, 91, 92, 175, 200. — de Marie. Voir MARIE, mère de Jésus. — Juifs, VII, 91, 549-550. — Valentiniens, marcionites, etc., VII, 119-120 note, 125, 159. — Idées chrétiennes, VII, 549 et suiv. — Précepte et conseil, VII, 558. Voir VIERGE.

VIRGINIUS, VIRGINIA, III, 244-245.

VISCHNOU, IV, 85; V, 458.

VISIGOTHS, VI, 227.

VISIONS, objections contre Paul, III, 292-294, 303 note 8, 304, 305, 377, 450. — Vision ou Apocalypse, IV, 357-358. Voir APOCALYPSE. — Visions, VI, 472 et note 2. — Montanistes, VII, 233, 237.

VITELLIUS (Lucius), II, 141-142, 174, 175.

VITELLIUS (l'empereur), IV, 316, 355, 419 note 1, 434 et note 1, 438 note 2, 456, 481 note 1, 483, 487; V, 366, 367. — continue Néron, IV, 487. — supprimé, V, 374 et note 5.

VITRUVE, II, 330.

VŒUX, III, 279, 519. — Vœu de Paul, III, 515 et suiv.

VOILE des femmes, III, 242-243, **402**; VII, **246-247**, 534-535, **552-553**.

VOILE du temple, allégorie, V, 105 note 3, 181.

VOLCANIQUES (phénomènes), III, 114; IV, **329** et suiv. — Mythes titaniques, IV, 331 et note. — en Hénoch, IV, 333. — en Apocalypse, IV, 397; V, 149. — en Sibylle, VI, 534.

VOLOGÈSE, IV, 318 note 2.

VOLTAIRE, VII, 354-355, 376, 559-560, 614, 639.

VOLTINIA (tribu), III, 141.

VOLUMNUS (synagogue de), V, 234 et note 1.

VOLUPTÉ chrétienne, VII, 245-248.

VOLUSIUS MŒCIANUS, VII, 22.

VOPISCUS, VI, 188-189 note.

W

WAHBALLATH, VII, 461 note 2.

WASITH, V, 462.

INDEX GÉNÉRAL

X

XÉNOPHON, comparé aux Évangiles synoptiques, I, LXXIX; V, 213.
XERXÈS, I, 52.

XYSTE, pape, V, 138 et note 1, 498; VI, 446; VII, 202. — Confusion, V, 498 note 2.
XYSTES, VII, 555-556.

Y

YÉMEN, Messies dans l'Yémen, IV, 346 note 1. — Juifs, VI, 239. — Inde veut dire l'Yémen, VII, 462 et note 2.
YOGUI, I, 99; VII, 235, 590. Voir MOUNIS.

Z

ZACHARIE, prophète, II, 294; IV, XXXIII et note, 357; V, 90 et note 1, 182; VI, 544.
ZACHARIE, supposé père de Jean-Baptiste, III, 134; V, 279; VI, 511. — Ascète selon le Protévangile, VI, 473, 509 notes 2 et 4. — Apocalypse, VI, 527.
ZACHARIE, fils de Joïada, confondu avec le fils de Barachie, I, 366 et note; IV, 294 note 3.
ZACHARIE, fils de Baruch, confusions, IV, 289, 294 et note 3; V, 105-106 note, **124**.
ZACHÉE, publicain, I, 371; V, 268; VI, 514.
ZAMA, VI, 9 note 1.
ZAMOLXIS, VII, 357.
ZÉBÉDÉE et ses fils, I, LXVI, LXVII, **156-157, 161**; V, 270 note 2; VI, 338. — Question de préséance, I, 165 et suiv., 302, **306**; II, 31, 90. — Paradis matériel, IV, 347 note.
ZÈLE exagéré, IV, 42-43.
ZÉLOTES, I, 61, 159; II, **89, 264-265**; III, 68, 511, 525, 530-531; IV, 41, 69, 236, **238** et note 4, 282 et note, 283, 286, 288, 289, 484, 496, 533, 536, 538, 543; V, 33; VI, 212. — Zélotes et chrétiens, IV, 290, 291, 292 et note 1, 293 note 2, 295, 297, 298 note; V, 135. — Fin des Zélotes, IV, 540; V, 3. — Derniers Zélotes, V, 351, 352.
ZÉNAS, III, XXXVII, 218.
ZENDIK, VII, 446.
ZÉNOBIE, sa religion, V, 3; VII, 436 note 2, 461 note 2, 620, 632.
ZÉNON, fondateur de la secte stoïcienne, VII, 44, 593 note 3.

Zéphyrin, pape, VII, 227, **229**, **230** et note, 509, 537.
Zéthus, IV, 170.
Zeus, à Lystres, III, 45. Voir Jupiter.
Zizith, I, 363 note 2.
Zoé, éon, VI, 171.
Zoroastre et Zoroastrisme. Voir Perse. — Zoroastrisme dans le livre d'Adam, VI, 529.
Zorobabel, V, 187; VI, 555.
Zosime, associé à Ignace, V, 495-496.
Zotique de Comane, VII, 218, 219.
Zotique d'Otre, VII, 228.

FIN

TABLEAU CHRONOLOGIQUE

DE LA PREMIÈRE LITTÉRATURE CHRÉTIENNE, SELON L'ORDRE ADOPTÉ DANS CET OUVRAGE

Vers l'an 54.

Épîtres de Paul aux Thessaloniciens. — Épître aux Galates. - Épître de Jude ou censée de lui.

Vers 57.

Épîtres de Paul aux Corinthiens.

Vers 58.

Épître circulaire de Paul, dite aux Romains.

Vers 61.

Épître de Paul aux Philippiens.

Vers 62.

Épître de Jacques, frère du Seigneur, ou censée de lui. — Épîtres de Paul aux Colossiens et à Philémon. — Épître circulaire de Paul, dite Épître aux Éphésiens, écrit retouché et remanié.

Vers 63.

Épître de Pierre ou censée de lui (*I^a Petri*).

Vers 65.

Épître aux Hébreux.

Fin de 68 ou commencement de 69.

Apocalypse attribuée à Jean.

Vers 75.

Première rédaction en hébreu de l'Évangile synoptique.

Vers 76.

Évangile de Marc.

Vers 77.

Les livres sur la *Guerre juive* de Josèphe.

Vers 79.

Le livre de Judith.

Vers 80.

Premières Mischnas, traités *Eduïoth, Joma, Middoth,* ou parties de ces traités.

Vers 82.

Poème sibyllin (livre IV et prologue).

Vers 85.

Dernière rédaction de l'Évangile actuel de Mathieu. — Juste de Tibériade : Histoire de la guerre de Judée.

Vers 92.

Antiquités judaïques de Josèphe et Autobiographie du même. — Livre d'Antonius Julianus sur la Guerre juive.

Vers 93.

Josèphe, *Contre Apion.*

Vers 94.

Évangile de Luc.

Vers 95.

Traité *De rationis imperio.*

Vers 96.

Épître dite de Clément Romain.

Vers 97.

Apocalypse d'Esdras. — Traité connu sous le nom d'Épître de Barnabé.

Vers 100.

Actes des apôtres. — Écrits elchasaïtes.

Vers 112.

Lettre de Pline sur les chrétiens. — *Annales* de Tacite. — Épîtres authentiques d'Ignace d'Antioche, perdues, sauf peut-être quelques parcelles.

Vers 117.

Apocalypse de Baruch.

Vers 120.

Histoires de Tacite.

Vers 121.

Poème sibyllin (V^e livre).

Vers 125.

Apologies de Quadratus et d'Aristide.

Vers 126.

Épîtres pseudo-johanniques et Évangile attribués à Jean.

Vers 127.

Épîtres supposées de Paul à Tite et à Timothée.

Vers 128.

Deuxième épître (*II^a Petri*) supposée de Pierre.

Vers 129.

Traductions bibliques d'Aquila; l'Ecclésiaste en grec.

Vers 130.

Exégèses des paroles du Seigneur de Papias. — Premiers écrits gnostiques. — Valentin. — Vingt-quatre livres d'expositions allégoriques sur l'Évangile, de Basilide.

Vers 134.

Traduction grecque du livre de Tobie.

Vers 135.

Dialogue de Jason et Papiscus.

Vers 136.

Testament des douze patriarches.

Vers 140.

Divers manifestes sibyllins. — Pseudo-Hystaspe. — Premières rédactions des *Cérygmes* et des *Periodi*. — Variétés de l'Évangile ébionite. — Évangile selon les Égyptiens. — Évangile des douze apôtres ou de Pierre. — *Genna Marias*. — Actes de Pilate. — Mischna de Rabbi Akiba, fixation du cadre de la Mischna.

Vers 144.

Antithèses de Marcion.

Vers 150.

Première Apologie de saint Justin.

Vers 151.

Prophétie d'Eldad et Modad. — Apocalypse de Pierre. — Sermon connu sous le nom de Seconde épître de Clément.

Vers 152.

Le *Pasteur* attribué à Hermas.

Vers 153.

Lettre de Polycarpe, si elle est authentique.

Vers 155.

Lettre des Smyrniotes aux Philoméliens sur la mort de Polycarpe. — Dialogue contre Tryphon, de Justin. — Livre contre les hérésies, du même.

Vers 160.

Deuxième Apologie de saint Justin. — Protévangile de Jacques et Nativité de Marie selon Thomas. — Roman de Thécla. — Actes de saint Thomas, saint Philippe, saint André. — Ascension de Paul. — Apocalypse d'Élie, etc. — Nouvelles émissions sibyllines (l. VIII, § 1). — Faux rescrit d'Antonin. — Invective de Fronton contre les chrétiens.

Vers 163.

Le roman des *Reconnaissances*. — Premier noyau des Constitutions apostoliques et de la littérature pseudo-clémentine (*Didachæ*, Didascalies, etc.)

Vers 164.

Traité de Tatien contre les Grecs. — *Logos parænetikos*, *Logos* aux Hellènes, Traité *De monarchia*, attribués à Justin.

Vers 165.

Pisté Sophia. — Interrogations de Marie. — Écrits gnostiques d'Héracléon, de Théodore, de Ptolémée. — *Évangile de la vérité*. — Livres ophites. — Livre *Baruch* de Justin l'hérétique. — *Syllogismes* d'Apelle. — *Problèmes* et écrits divers de Tatien. — *Diatessaron* du même.

Épîtres de Denys de Corinthe. — Lettre de Pinytus. — Écrit sexégétiques et théologiques de Méliton : traité de la *Vérité*, la *Clef*, etc. — Premiers écrits de Claudius Apollinaire, de Miltiade, de Musanus, de Modestus, de Polycrate.

Vers 166.

Controverse sur la pâque : traités de Méliton, d'Apollinaire.

Vers 168.

Premières prophéties montanistes, Montan, Thémison, Théodore, Alcibiade, Proclus.

Vers 170.

Controverse générale sur le montanisme. Écrits polémiques d'Apollinaire, Zotique, Sotas, Julien d'Apamée, Miltiade.

Vers 175.

Apologies d'Apollinaire, de Miltiade, de Méliton.

En 177.

Correspondance des confesseurs de Lyon avec les Églises d'Asie et le pape Eleuthère sur le montanisme. — Lettre des Églises de Lyon et de Vienne aux Églises d'Asie sur les martyrs de l'an 177. — Premiers écrits d'Irénée.

Vers 178.

Écrits de Lucien où il est question du christianisme. — *Discours véritable* de Celse. — Apologies d'Athénagore, de Théophile d'Antioche, de Minucius Félix.

Vers 179.

Épîtres supposées d'Ignace. — *Mémoires* d'Hégésippe. — Épître à

Diognète. — Écrits de Numénius d'Apamée. — Mara, fils de Sérapion. — Bardesane d'Édesse : Hymmes, Dialogue *De fato*.

Vers 180.

Premières traductions latines de l'Ancien et du Nouveau Testament. — Version syriaque dite *Peschito*. — Écrits d'Axionicus, d'Épiphane, fils de Carpocrate, et en général de la seconde génération des gnostiques et des marcionites. — Actes des martyrs Scillitains. — Écrit dont fit partie le fragment connu sous le nom de *Canon de Muratori*.

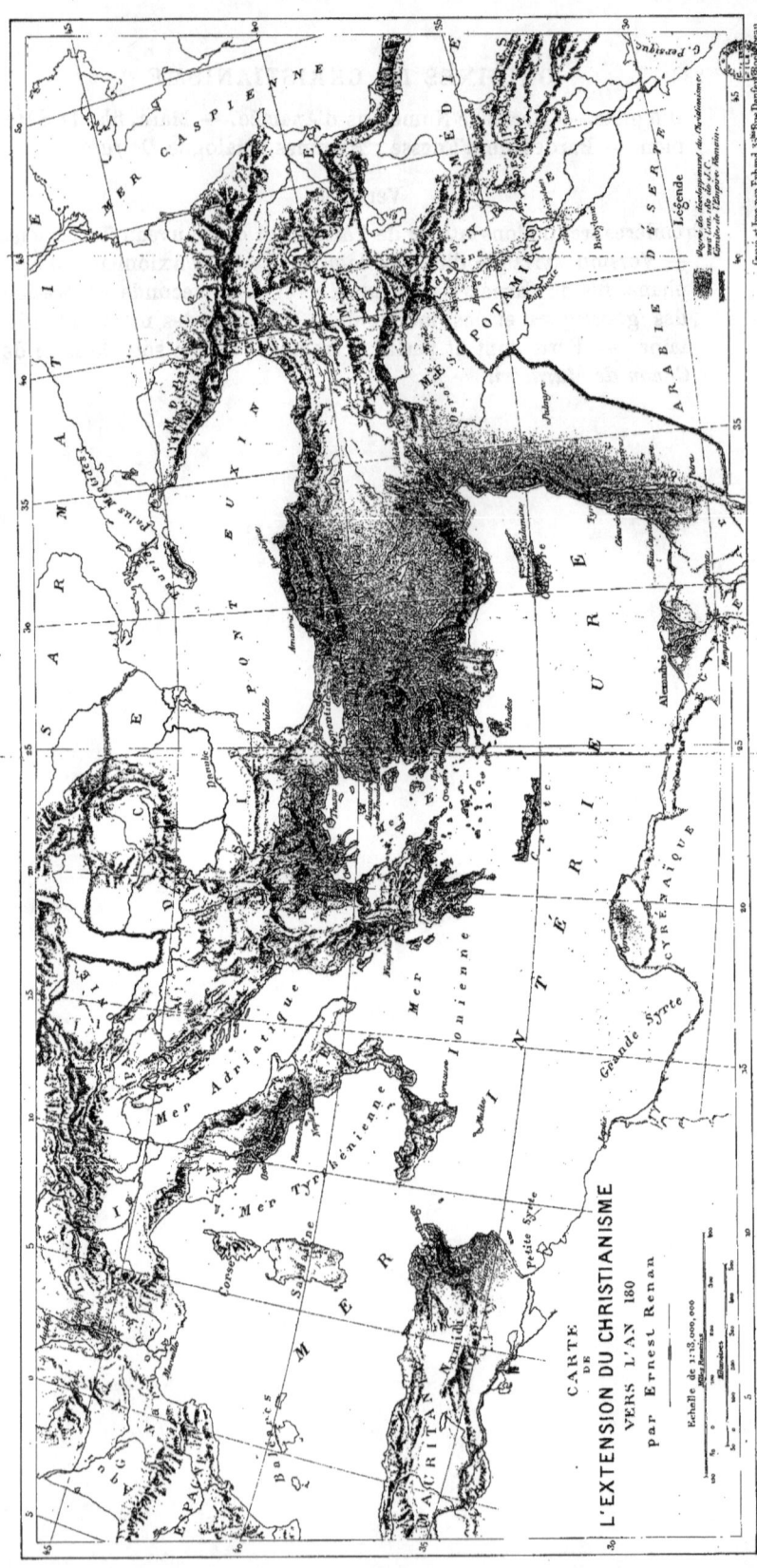

FAUTES A CORRIGER

Tome I

P. 21, note 1 : mettre ch. xv au lieu de ch. xiv
P. 23, note 3 : mettre ch. xv au lieu de ch. xiv.
P. 551, ligne 10 : mettre 74 au lieu de 73.

Tome II

P. 264, ligne 14 : au lieu de *kenaïm*, lisez *kanaïm*.

Tome III

P. lxi, ligne 6 : mettre x au lieu de v.
P. 147, ligne 13 : lisez *Evhodie*.
P. 255, dernière ligne : au lieu de *sonnaient*, mettez *étaient*.
P. 364, note 1, ligne 7 : au lieu de 364, mettre 644.

Tome V

P. 327, ligne 12 : au lieu de *Apollon*, mettre *Apollos*.
P. 460, note 2, ligne 1 : lisez *anacephalæosis*.
P. 467, ligne 1 : au lieu d'*Édesse*, lisez *Émèse*.
P. 510, ligne 9 : au lieu de *Lucius*, mettez *Lusius*.

Tome VI

P. 31. La note 2 doit devenir la note 3, et la note 3 devenir la note 2.

P. 336, note : il faut un point après *perdu*, et un autre poin
après *OEcumenius*.

P. 369, note 1 : lisez δεισιδαίμονες.

P. 347, ligne 5 : mettez un *heth* au lieu d'un *hé*.

Tome VII

P. 26, note 3 : mettez XXXVIII, 1, *De operis...*

P. 261, ligne 18 : lisez *Rusticus* au lieu de *Rusticius*.

P. 277, ligne 3 du bas : lisez *par laquelle il*.

P. 386, ligne 4 du bas : lisez *catéchiste*.

P. 436, note 2, ligne 7 : lisez *du* au lieu de *de*.

P. 574, ligne 12 : lisez *féries* et non *féeries*.

TABLE DE CONCORDANCE

Entre les pages des douze premières éditions de la *Vie de Jésus* et les pages des autres éditions à partir de la treizième.

N. B. — La colonne de droite indique la page et la ligne de la treizième édition et des suivantes, où commence chaque page des douze premières éditions.

PAGES des douze premières éditions.	PAGES de la treizième édition et des suivantes.		PAGES des douze premières éditions.	PAGES de la treizième édition et des suivantes.	
I	I	ligne 1	XXIII	LVI	ligne 15
II	II	— 1	XXIV	LVIII	— 1
III	XXXIII	— 1	XXV	LXI	— 18
IV	XXXIV	— 1	XXVI	LXIII	— 13
V	XXXIV	— 26	XXVII	LXV	— 10
VI	XXXVI	— 1	XXVIII	LXVI	— 14
VII	XXXVII	— 1	XXIX	LXVIII	— 8
VIII	XXXVIII	— 15	XXX	LXIX	— 13
IX	XXXIX	— 10	XXXI	LXX	— 12
X	XL	— 19	XXXII	LXXII	— 6
XI	XLI	— 14	XXXIII	LXXVI	— 16
XII	XLIV	— 14	XXXIV	LXXVII	— 19
XIII	XLV	— 18	XXXV	LXXVIII	— 19
XIV	XLVI	— 17	XXXVI	LXXIX	— 26
XV	XLVII	— 18	XXXVII	LXXX	— 18
XVI	XLVIII	— 15	XXXVIII	LXXXI	— 17
XVII	XLIX	— 9	XXXIX	LXXXIII	— 6
XVIII	L	— 14	XL	LXXXIV	— 6
XIX	LII	— 2	XLI	LXXXV	— 15
XX	LIII	— 5	XLII	LXXXVI	— 15
XXI	LIV	— 3	XLIII	LXXXVIII	— 1
XXII	LV	— 9	XLIV	LXXXIX	— 5

PAGES des douze premières éditions.	PAGES de la treizième édition et des suivantes.		PAGES des douze premières éditions.	PAGES de la treizième édition et des suivantes.	
XLV	XC	ligne 5	26	27	ligne 17
XLVI	XCI	— 6	27	28	— 19
XLVII	XCII	— 5	28	29	— 19
LXVIII	XCIII	— 6	29	30	— 22
LXIX	XCIV	— 6	30	32	— 1
L	XCV	— 7	31	33	— 12
LI	XCVI	— 8	32	34	— 3
LII	XCVII	— 9	33	35	— 2
LIII	XCVIII	— 10	34	36	— 4
LIV	XCIX	— 8	35	37	— 5
LV	C	— 11	36	38	— 7
LVI	CI	— 11	37	39	— 9
LVII	CII	— 12	38	40	— 8
LVIII	CIII	— 14	39	41	— 10
LIX	CIV	— 15	40	42	— 8
1	1	— 1	41	43	— 10
2	2	— 1	42	44	— 9
3	3	— 1	43	45	— 8
4	4	— 1	44	46	— 1
5	4	— 26	45	46	— 16
6	6	— 3	46	47	— 24
7	7	— 3	47	48	— 24
8	8	— 6	48	50	— 1
9	9	— 6	49	51	— 1
10	10	— 5	50	52	— 3
11	11	— 6	51	53	— 3
12	12	— 5	52	54	— 6
13	13	— 6	53	55	— 6
14	14	— 5	54	56	— 4
15	15	— 8	55	57	— 8
16	16	— 15	56	58	— 8
17	17	— 17	57	59	— 9
18	18	— 13	58	60	— 5
19	20	— 1	59	61	— 10
20	21	— 1	60	62	— 12
21	22	— 2	61	63	— 11
22	23	— 9	62	64	— 16
23	24	— 10	63	65	— 18
24	25	— 8	64	66	— 19
25	27	— 1	65	67	— 13

TABLE DE CONCORDANCE

PAGES des douze premières éditions.	PAGES de la treizième édition et des suivantes.	PAGES des douze premières éditions.	PAGES de la treizième édition et des suivantes.
66	68 .... ligne 18	106	110 .... ligne 5
67	69 .... — 13	107	111 .... — 6
68	70 .... — 20	108	112 .... — 4
69	71 .... — 12	109	113 .... — 6
70	72 .... — 19	110	114 .... — 5
71	74 .... — 1	111	115 .... — 4
72	75 .... — 1	112	116 .... — 6
73	76 .... — 4	113	117 .... — 1
74	77 .... — 5	114	117 .... — 13
75	78 .... — 4	115	119 .... — 1
76	79 .... — 6	116	120 .... — 1
77	80 .... — 6	117	121 .... — 1
78	81 .... — 6	118	122 .... — 1
79	82 .... — 5	119	122 .... — 21
80	83 .... — 12	120	124 .... — 2
81	84 .... — 16	121	125 .... — 3
82	85 .... — 19	122	126 .... — 4
83	86 .... — 14	123	127 .... — 4
84	87 .... — 14	124	128 .... — 4
85	88 .... — 22	125	129 .... — 5
86	90 .... — 1	126	130 .... — 5
87	91 .... — 1	127	131 .... — 3
88	92 .... — 5	128	132 .... — 5
89	93 .... — 6	129	133 .... — 3
90	94 .... — 6	130	134 .... — 1
91	95 .... — 6	131	135 .... — 2
92	96 .... — 9	132	136 .... — 3
93	97 .... — 8	133	137 .... — 9
94	98 .... — 1	134	138 .... — 6
95	98 .... — 15	135	139 .... — 11
96	99 .... — 16	136	140 .... — 13
97	100 .... — 17	137	141 .... — 14
98	102 .... — 3	138	142 .... — 11
99	103 .... — 2	139	143 .... — 18
100	104 .... — 1	140	144 .... — 20
101	105 .... — 2	141	145 .... — 22
102	106 .... — 4	142	147 .... — 1
103	107 .... — 3	143	148 .... — 6
104	108 .... — 3	144	149 .... — 8
105	109 .... — 3	145	150 .... — 7

PAGES des douze premières éditions.	PAGES de la treizième édition et des suivantes	PAGES des douze premières éditions.	PAGES de la treizième édition et des suivantes.
146.	151 ....ligne 2	186.	193 ....ligne 3
147.	152 .... — 6	187.	194 .... — 4
148.	154 .... — 1	188.	195 .... — 5
149.	154 .... — 13	189.	196 .... — 6
150.	156 .... — 2	190.	197 .... — 4
151.	157 .... — 5	191.	198 .... — 7
152.	158 .... — 9	192.	199 .... — 5
153.	159 .... — 9	193.	200 .... — 6
154.	160 .... — 11	194.	201 .... — 6
155.	161 .... — 17	195.	202 .... — 1
156.	162 .... — 17	196.	202 .... — 14
157.	163 .... — 14	197.	203 .... — 24
158.	164 .... — 12	198.	205 .... — 1
159.	165 .... — 11	199.	206 .... — 1
160.	166 .... — 18	200.	207 .... — 1
161.	167 .... — 10	201.	208 .... — 4
162.	168 .... — 17	202.	209 .... — 6
163.	170 .... — 3	203.	210 .... — 10
164.	171 .... — 1	204.	211 .... — 8
165.	171 .... — 14	205.	213 .... — 1
166.	173 .... — 1	206.	214 .... — 2
167.	174 .... — 2	207.	215 .... — 10
168.	175 .... — 1	208.	216 .... — 11
169.	176 .... — 3	209.	217 .... — 9
170.	177 .... — 1	210.	218 .... — 15
171.	178 .... — 1	211.	219 .... — 13
172.	179 .... — 3	212.	220 .... — 13
173.	180 .... — 6	213.	221 .... — 14
174.	181 .... — 8	214.	222 .... — 15
175.	182 .... — 8	215.	223 .... — 16
176.	183 .... — 6	216.	224 .... — 18
177.	184 .... — 8	217.	225 .... — 18
178.	185 .... — 1	218.	226 .... — 19
179.	185 .... — 15	219.	227 .... — 15
180.	186 .... — 22	220.	229 .... — 2
181.	188 .... — 1	221.	230 .... — 3
182.	189 .... — 2	222.	231 .... — 3
183.	190 .... — 4	223.	232 .... — 4
184.	191 .... — 4	224.	233 .... — 1
185.	192 .... — 2	225.	233 .... — 11

TABLE DE CONCORDANCE

PAGES des douze premières éditions.	PAGES de la treizième édition et des suivantes.	PAGES des douze premières éditions.	PAGES de la treizième édition et des suivantes.
226	234 .... ligne 17	266	276 .... ligne 23
227	235 .... — 21	267	278 .... — 1
228	236 .... — 15	268	279 .... — 1
229	237 .... — 16	269	280 .... — 5
230	239 .... — 1	270	281 .... — 1
231	240 .... — 1	271	282 .... — 8
232	241 .... — 1	272	283 .... — 5
233	242 .... — 8	273	284 .... — 6
234	243 .... — 11	274	285 .... —
235	244 .... — 11	275	286 .... — 7
236	245 .... — 1	276	287 .... — 6
237	245 .... — 8	277	288 .... — 10
238	247 .... — 1	278	289 .... — 10
239	248 .... — 8	279	290 .... — 15
240	249 .... — 6	280	291 .... — 11
241	250 .... — 8	281	292 .... — 11
242	251 .... — 14	282	293 .... — 19
243	252 .... — 17	283	294 .... — 22
244	253 .... — 14	284	295 .... — 23
245	254 .... — 15	285	296 .... — 21
246	256 .... — 1	286	298 .... — 10
247	259 .... — 3	287	299 .... — 6
248	258 .... — 1	288	300 .... — 12
249	257 .... — 2	289	301 .... — 11
250	260 .... — 1	290	302 .... — 1
251	261 .... — 2	291	303 .... — 1
252	262 .... — 3	292	303 .... — 19
253	263 .... — 4	293	305 .... — 3
254	264 .... — 19	294	306 .... — 3
255	265 .... — 1	295	307 .... — 3
256	265 .... — 14	296	308 .... — 4
257	267 .... — 1	297	309 .... — 6
258	268 .... — 2	298	310 .... — 11
259	269 .... — 1	299	311 .... — 11
260	270 .... — 5	300	312 .... — 12
261	271 .... — 9	301	313 .... — 12
262	272 .... — 10	302	314 .... — 8
263	273 .... — 10	303	315 .... — 9
264	274 .... — 8	304	316 .... — 18
265	275 .... — 12	305	317 .... — 23

PAGES des douze premières éditions.	PAGES de la treizième édition et des suivantes.	PAGES des douze premières éditions.	PAGES de la treizième édition et des suivantes.
306	318 .... ligne 20	346	358 .... ligne 8
307	320 .... — 1	347	359 .... — 15
308	320 .... — 13	348	360 .... — 15
309	321 .... — 19	349	362 .... — 4
310	322 .... — 19	350	363 .... — 4
311	323 .... — 21	351	364 .... — 4
312	324 .... — 21	352	365 .... — 1
313	325 .... — 22	353	366 .... — 3
314	326 .... — 22	354	367 .... — 7
315	327 .... — 22	355	368 .... — 10
316	328 .... — 24	356	369 .... — 1
317	329 .... — 21	357	370 .... — 1
318	330 .... — 20	358	371 .... — 2
319	331 .... — 20	359	372 .... — 5
320	333 .... — 2	360	372 .... — 22
321	334 .... — 1	361	373 .... — 1
322	334 .... — 12	362	374 .... — 1
323	335 .... — 21	363	375 .... — 6
324	336 .... — 22	364	375 .... — 16
325	337 .... — 18	365	376 .... — 16
326	338 .... — 17	366	377 .... — 14
327	339 .... — 17	367	378 .... — 16
328	340 .... — 16	368	379 .... — 19
329	341 .... — 13	369	380 .... — 19
330	342 .... — 19	370	382 .... — 1
331	343 .... — 15	371	382 .... — 13
332	344 .... — 18	372	383 .... — 20
333	345 .... — 16	373	385 .... — 4
334	346 .... — 16	374	386 .... — 6
335	347 .... — 17	375	387 .... — 1
336	348 .... — 1	376	388 .... — 8
337	348 .... — 13	377	389 .... — 11
338	350 .... — 1	378	390 .... — 11
339	351 .... — 1	379	391 .... — 15
340	351 .... — 22	380	392 .... — 14
341	352 .... — 20	381	393 .... — 20
342	353 .... — 19	382	395 .... — 1
343	355 .... — 3	383	396 .... — 1
344	356 .... — 8	384	397 .... — 3
345	357 .... — 10	385	398 .... — 9

TABLE DE CONCORDANCE

PAGES des douze premières éditions.	PAGES de la treizième édition et des suivantes.	PAGES des douze premières éditions.	PAGES de la treizième édition et des suivantes.
386	399 .... ligne 13	423	436 .... ligne 5
387	400 .... — 17	424	437 .... — 5
388	401 .... — 15	425	438 .... — 9
389	402 .... — 8	426	440 .... — 7
390	403 .... — 13	427	442 .... — 1
391	404 .... — 1	428	442 .... — 10
392	405 .... — 1	429	444 .... — 7
393	405 .... — 19	430	445 .... — 6
394	407 .... — 1	431	446 .... — 7
395	408 .... — 1	432	447 .... — 10
396	409 .... — 1	433	448 .... — 7
397	409 .... — 21	434	449 .... — 13
398	411 .... — 1	435	451 .... — 1
399	412 .... — 2	436	452 .... — 1
400	413 .... — 1	437	452 .... — 22
401	414 .... — 2	438	454 .... — 1
402	415 .... — 2	439	455 .... — 2
403	416 .... — 2	440	456 .... — 3
404	417 .... — 1	441	457 .... — 3
405	418 .... — 2	442	458 .... — 1
406	419 .... — 3	443	458 .... — 14
407	420 .... — 5	444	459 .... — 17
408	421 .... — 5	445	461 .... — 2
409	422 .... — 4	446	462 .... — 3
410	423 .... — 5	447	463 .... — 3
411	424 .... — 9	448	464 .... — 4
412	425 .... — 7	449	465 .... — 3
413	426 .... — 9	450	466 .... — 4
414	427 .... — 1	451	467 .... — 4
415	427 .... — 11	452	468 .... — 4
416	429 .... — 3	453	469 .... — 6
417	430 .... — 2	454	470 .... — 6
418	431 .... — 1	455	471 .... — 7
419	432 .... — 7	456	472 .... — 8
420	433 .... — 5	457	473 .... — 10
421	434 .... — 2	458	474 .... — 9
422	435 .... — 6	459	475 .... — 9

TABLE

Préface	1
Index général	1
Tableau chronologique de la première littérature chrétienne, selon l'ordre adopté dans cet ouvrage	283
Fautes à corriger	289
Table de concordance entre les pages des douze premières éditions de la *Vie de Jésus* et les pages des autres éditions à partir de la treizième	291
Carte de l'extension du christianisme vers l'an 180.	

Paris. — Impr. S^{té} anon. public. périod. — P. Mouillot. — 28344.

www.ingramcontent.com/pod-product-compliance
Lightning Source LLC
Chambersburg PA
CBHW071505160426
43196CB00010B/1431